LE GUIDE SOTHEBY'S DE LA PECHE A LA MOUCHE POUR LA TRUITE

LE GUIDE SOTHEBY'S DE LA PECHE A LA MOUCHE POUR LA TRUITE

CHARLES JARDINE

PHOTOGRAPHIES DE PETER GATHERCOLE

EDITIONS DU SPORT

EDITIONS DU SPORT

Maquette Michael Wood
Direction éditorial Carolyn King
Direction éditorial artistique Nick Harri
Traduction française 3i
Adaptation Studio Pluvinage

Dépôt légal 4e trimestre 1993

Première publication en Grande-Bretagne
en 1991 par Dorling Kindersley Limited,
9 Henrietta Street, Londres WC2E 8PS

ISBN 2-7404-0296-1

Sommaire

Sommaire

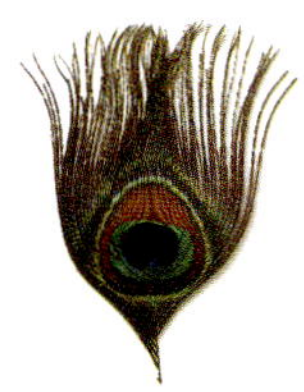

Fresque représentant un pêcheur
Cette fresque minéenne a été découverte à Santorini.
Elle est datée du second millénaire avant J.-C.

La Pêche A La Mouche : Introduction

CE LIVRE S'ADRESSE principalement au novice, mais le pêcheur à la mouche chevronné y trouvera des conseils intéressants ainsi que des informations précieuses sur les patrons de mouches. Avant d'entrer dans le vif du sujet et d'aborder la multiplicité des petites informations relatives à la pêche à la mouche, j'exposerai dans cette introduction certains éléments sur les origines de ce sport, et je montrerai qu'il a subi peu de changements depuis ses origines, qu'il s'agisse de son concept ou de son fonctionnement. Le chapitre suivant, intitulé "La proie", analysera la physiologie de la truite et son régime alimentaire.

En effet, son mode de vision, son habitat et ses habitudes de vie sont autant d'éléments qui affectent profondément l'approche du pêcheur à la mouche. La pêche à la mouche pratiquée avec discernement peut contribuer à la protection et à la préservation de la truite et des ressources naturelles.

Le chapitre intitulé "L'équipement" guidera le novice dans l'univers incroyablement varié des appâts et des accessoires nécessaires à la pêche à la mouche. On y trouvera également quelques trucs pour faire des économies dans certains domaines comme celui des boîtes à mouches. De la simple boîte en fer-blanc ou en plastique au compartiment d'aluminium à couvercle à ressort, les récipients ont un seul but : maintenir les mouches au sec, les conserver à portée de main dans un ordre rationnel.

A l'évidence, la notion de sécheresse et de chaleur est particulièrement importante, surtout dans des régions comme l'Alaska ou la Finlande. On sera donc bien inspiré de s'intéresser aux vêtements de pêche. Au moment du lancer, la mobilité est essentielle : ne l'oubliez pas lorsque vous choisirez vos vêtements. A la pêche à la mouche, le lancer est le geste le plus important — et c'est parfois le plus difficile à apprendre. Lisez donc le chapitre "Techniques de lancer" et prenez deux ou trois heures de cours avec un professionnel : vous vous éviterez ainsi les longs mois de déceptions qui sont souvent le lot du débutant.

Mais évidemment, pour le pêcheur à la mouche, la plus grande gloire réside dans le choix des patrons de mouches artificielles. Dans le chapitre "La mouche", je les ai classés en fonction des eaux auxquelles ils se destinent. Dans chaque catégorie, je commence par la nymphe lourde qui conviendra au lit de la rivière et je termine par la mouche adulte adaptée à la pêche en surface. Le chapitre suivant, "Des eaux et des tactiques", souligne un certain nombre de techniques spécifiques. "La prise" décrit une série d'expéditions de pêche à la truite pour des espèces particulières. "Les nœuds" fournit au débutant les bases des nœuds d'attache de mouche ; ce chapitre est complété par un "Guide des garnitures" dans lequel on trouvera des informations sur les différentes composantes d'une mouche.

Le Guide Sotheby's de la pêche à la mouche constitue une introduction à ce sport excitant et motivant.

Je souhaite qu'il vous procure autant de moments (et de truites) heureux qu'à moi-même.

LA PÊCHE A LA MOUCHE est bien autre chose qu'une méthode pour attirer un poisson hors de l'eau. Pour ce faire, il existe des techniques plus simples et plus efficaces — filets, pièges, courant électrique — mais aucune d'entre elles ne saurait rivaliser en intérêt avec la cérémonie sacrée du poisson que l'on célèbre au bord du petit lac Masomo, situé sur l'île de Vanua Mbalavu, dans l'archipel des Fidji. Le rite veut que cent insulaires, entièrement nus à l'exception d'une copieuse couche d'huile, nagent ensemble une nuit durant : au matin, si l'on en croit la tradition, les poissons s'offrent à eux. D'ailleurs, c'est exactement ce qui se produit. Mais on dispose d'une explication très prosaïque : l'agitation de l'eau provoque un soulèvement de la vase du fond ; du coup, les poissons asphyxiés remontent à la surface.

Pêcheurs tunisiens
Cette mosaïque romaine découverte à Utique, en Tunisie, remonte au quatrième siècle.

IL SERAIT VAIN DE CHERCHER À DATER exactement les origines de la pêche. On sait néanmoins que l'homme a toujours eu envie de prendre du poisson. La gorge est l'ancêtre de l'hameçon. Cachée à l'intérieur de l'appât, elle était avalée par le poisson que l'on pouvait alors tirer hors de l'eau. C'est en France, pays particulièrement fertile en méthodes de pêche ingénieuses, qu'on a retrouvé une gorge qui avait au moins 7000 ans. Dans la ville de Ur, vieille de 5000 ans, au bord d'un ancien canal de l'Euphrate, on a découvert des hameçons. La canne à pêche est déjà dépeinte sur une fresque murale égyptienne datant d'environ 2000 avant J.-C.

Un étendard de paix
Détail montrant l'étendard brandi par les pacificateurs de Ur en 2500 avant J.-C.

Les Chinois furent parmi les premiers à valoriser l'aspect sportif de la pêche. Il faut dire qu'ils avaient la chance de bénéficier de matériaux particulièrement adaptés à cette activité : le bambou du Tonkin, la ligne de soie qui caractérisent la période la plus artistique de la pêche à la mouche sont tous originaires de Chine. Dans la dynastie Chou, vers 400 avant J.-C., la pêche à la ligne constituait un loisir contemplatif. Le philosophe Chiang Tzu-Ya poussait si loin l'éthique sportive qu'il avait tout bonnement supprimé l'hameçon. Cette pratique, néanmoins, constituait une impasse dans le domaine de la pêche. De tels raffinements ésotériques n'étaient guère dans la nature des Romains. C'est un auteur romain qui, le premier, décrit ce que l'on peut rapprocher de la pêche à la mouche. La première description sans équivoque coïncide avec la première apparition de la truite dans les textes sur la pêche. Ce n'est d'ailleurs pas une coïncidence : en effet, si l'on veut voir un poisson s'alimenter, le plus facile est certainement d'observer une truite bondissant hors de l'onde cristalline. Il serait fort surprenant que des artisans aussi achevés que les Grecs n'aient pas tenté d'imiter ces mouches à l'aide de plume, de fourrure et de laine.

Pêcheurs assyriens
Détail d'une frise qui se trouvait dans le Palais de Sennacherib, en Assyrie, montrant les pêcheurs et leur précieux butin.

Fyshynge Wyth an Angle
(La pêche à la ligne)
Détail de l'édition de 1496 de l'ouvrage de Dame Juliana berner, Treatise of Fyshynge Wyth an Angle (Traité de pêche à la ligne)

DANS SON OUVRAGE *De Animalium Naturae*, dès le début du troisième siècle de notre ère, Claudius Aelianus décrivait en ces termes la technique de la pêche à la mouche: “Les pêcheurs enroulent de la laine rouge autour de leur hameçon et fixent à la laine deux plumes comme celles que l’on trouve sous la barbe du coq, couleur de cire foncée.” On ne sait pas exactement si les plumes évoquées par Aelianus servaient d’ailes ou étaient fixées le long du corps. Les deux méthodes étaient efficaces avec ces “poissons à la peau mouchetée”. La rivière décrite se trouvait en Macédoine, quelque part entre “Beroea (aujourd’hui Stara Zagopra) et Thessalonique”. On trouve d’ailleurs encore de la truite de montagne dans les monts Rhodopi, au sud de la Bulgarie.

C’est au quatrième siècle qu’on baptisa la truite. On doit ce nom au poète Ausonius qui l’utilisa dans une ode adressée à sa rivière bien-aimée, la Moselle. On trouve encore des truites au nord de cette rivière, au moment où elle dévale les Vosges, ou dans certains affluents comme la Kyll dans les monts Eifel, en Allemagne.

Etau et portefeuille anciens
L’étau, daté de 1870, est un des premiers de son espèce. Il est probablement américain. Pour une meilleure stabilité, sa base est lestée de plomb. Les mouches éphémères placées dans le portefeuille à mouches ont été façonnées à partir de plumes de colvert sauvage teintes, et datent de la même époque.

L’aube matin du pêcheur à la ligne
Scène pastorale de pêche à la mouche

Panier de jonc
Le panier de jonc tressé demeure le meilleur moyen de conserver sa pêche au frais sur un lit d’herbe humide. Cette pièce qui date de la fin du XIXème est équipée d’un instrument de mesure fixé le long de sa charnière.

NÉANMOINS, IL FALLUT ATTENDRE quelque mille années avant que la pêche à la mouche ne sorte du grand silence de l'histoire. En 1496, elle est d'ores et déjà un sport reconnu à part entière, et on parle de "pêcher à l'aide d'une ligne", si l'on en croit la plume improbable de l'abbesse du Prieuré de Sopwell, près de St Albans, dans le Hertfordshire. Nonne fort dévote, Dame Juliana Berners fait preuve d'un savoir remarquable sur tous les aspects du sport. Elle décrit la technique de fabrication d'une douzaine de mouches artificielles adaptées aux proies les plus importantes tout au long de la saison. Une de ses garnitures évoque "la laine rouge" et "les plumes de chapon rouge" dont parlait déjà Aelianus à propos des Macédoniens. Le prieuré de Dame Juliana se trouvait sur les bords de la petite rivière Ver qui coule entre deux rivières "chalkstream", la Gade et la Lea. Cent cinquante ans plus tard, le plus célèbre des pêcheurs à la ligne, Izaak Walton, allait y exercer son art. Son ouvrage, *Le parfait pêcheur à la ligne* est sans aucun doute l'œuvre la plus connue et la plus appréciée dans le fertile domaine de la pêche à la ligne. Son titre est révélateur. Aelianus décrivait la pêche à la mouche du point de vue de l'observateur ; Dame Juliana offrait une pléthore de détails pratiques et de conseils sur l'art de la pêche à la ligne ; mais c'est Walton qui insufflera vie et âme à ce sport. Sa réflexion philosophique envoûte le lecteur et le transporte dans l'Angleterre du passé, idyllique et pastorale.

Boîte à mouches ancienne
Tiroirs de bois extraits d'un cabinet contenant des garnitures de mouches anciennes et des ustensiles de fixation.

En vérité, les informations techniques et tactiques de Walton n'apportaient pas grand-chose de nouveau. Depuis les lances de quinze pieds décrites par Dame Juliana, les cannes n'avaient guère changé. Les mouches artificielles qu'il recommande dans les premières éditions sont toujours les mêmes, mais il faut préciser que Walton pêchait surtout en aval de la rivière Lea, où le moyen le plus sûr d'attraper la truite était d'utiliser un vairon ou un ver.

Quand il quitta Londres pour le Staffordshire, en 1642, Walton avait cinquante ans. Pendant les dix années qui suivirent, il rédigea *Le parfait pêcheur à la ligne.* C'est dans les courants calcaires et transparents proches des Derbyshire Dales qu'il allait découvrir une espèce de truite différente et une autre race d'appât. La truite de la rivière Dove, qui est alimentée par un torrent, saute gracieusement et librement pour attraper les mouches aquatiques. Le long de cette rivière, la pêche à la mouche s'était déjà bien développée, et techniques et mouches ne manquaient pas.

C'est là que Izaak Walton allait rencontrer Charles Cotton. Cotton faisait partie de la bonne société des propriétaires terriens. Cultivé, bien éduqué et fort dissipé, Cotton était un pêcheur à la mouche de premier ordre. Lui et Walton devinrent bientôt d'inséparables partenaires de pêche. Le fameux pavillon de pêche édifié par Cotton en 1674 au bord de la Dove porte encore leurs initiales entrelacées sur la serrure de l'entrée.

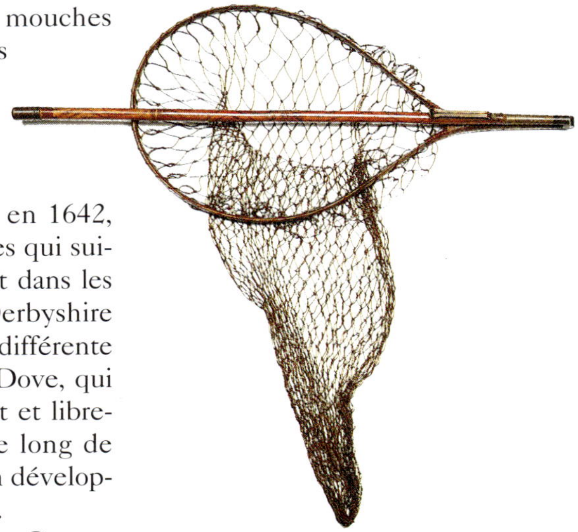

Epuisette pliante
Cette épuisette est faite de cordon enduit de cire. Son manche est en canne marbrée, à capuchon de cuivre.

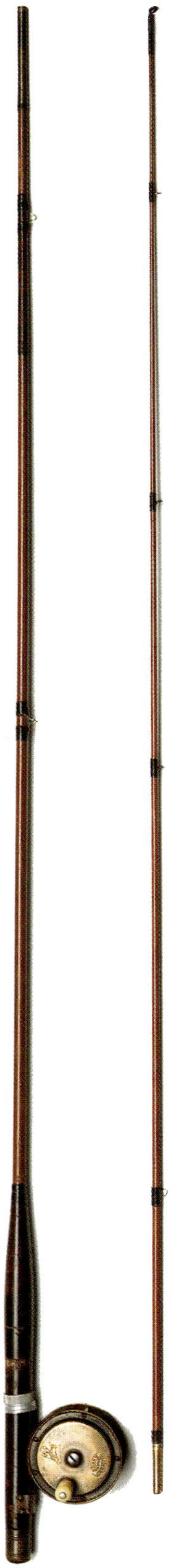

Canne anglaise
Canne de frêne de la fin du XVIIIème siècle, avec manivelle de cuivre.

Moulinets anciens
La manivelle (à gauche) date de 1765, sa poignée est en os. Un système de cliquet (à gauche) permet d'opposer une certaine résistance au poisson. La manivelle de cuivre (ci-dessus) est fixée autour de la poignée de la canne.

Un loch écossais
Le Loch Leven (à droite) est un excellent site de pêche à la mouche. Il a donné son nom à une truite argentée.

Canne de pêche à la mouche pour ruisseau
Canne Greenheart en deux morceaux avec manivelle à poignée d'os, vers 1830. La ligne est en lin tressé.

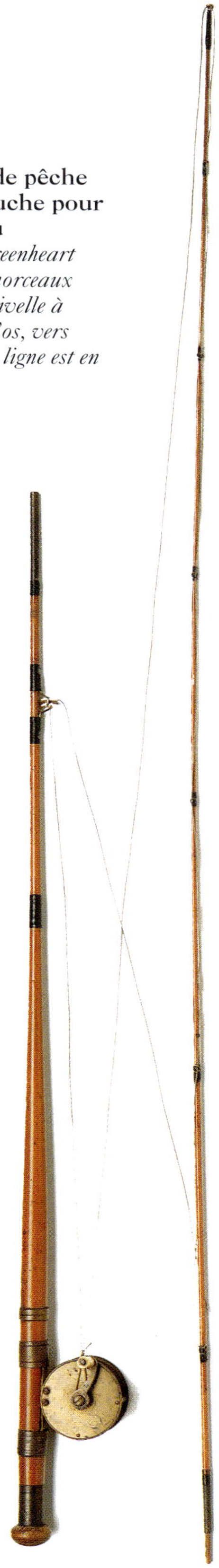

LA CINQUIEME ÉDITION du *Parfait pêcheur à la ligne*, publiée en 1676, comportait une section nouvelle intitulée "Instructions sur la pêche à la ligne pour la truite ou l'ombre en eau claire". Elle comportait des conseils pratiques sur la pêche à la mouche et la garniture des mouches et fournissait des détails sur la construction des ailes, le montage d'un corps de fourrure, et pas moins de 65 patrons de mouches artificielles utilisables dans les rivières de la région. L'auteur était Charles Cotton, le père de la pêche à la mouche moderne.

Les documents consacrés à la tactique s'accompagnaient de changements significatifs dans le domaine du matériel. Les pêcheurs à la mouche macédoniens décrits par Claudius Aelanius utilisaient une canne de 2 m à laquelle ils fixaient une longueur similaire de crin de cheval tressé. Au mieux, ils pouvaient lancer ce Red Spinner, ou Palmer, à 4 m. La canne longue présente un certain nombre d'avantages : plus la canne est longue, plus on peut lancer la mouche loin. Mais plus elle est longue, plus elle devient lourde. A la fin du XVème siècle, Dame Juliana recommandait une canne de 5 m pourvue d'un talon de "noisetier, de saule ou de frêne" et une extrémité d'épine noire.

Moulinets et manivelles
Les premiers moulinets étaient de simples manivelles destinées à recevoir une réserve de ligne. Souvent, la ligne était faite de crin de cheval tressé. Plutarque recommandait le crin d'étalon.

Blue Dun
La Blue Dun est un patron classique de mouche sèche.

IL FALLUT ATTENDRE L'IMPORTATION de bois exotiques provenant des forêts de Guyane pour que l'on puisse fabriquer des cannes plus longues (jusqu'à 6 m de long). L'avènement de la canne fendue révolutionna la fabrication des cannes à pêche. C'est probablement à Londres qu'on fit les premières tentatives, mais ce furent les constructeurs américains de la deuxième moitié du XIXème siècle qui perfectionnèrent la technique. Ce nouveau matériau était idéal mais couteux ; au début, on ne l'utilisait que pour les extrémités, car c'est là que ses propriétés se révélaient le plus efficaces. L'invention du moulinet et du guide-ligne permit de réduire la longueur nécessaire. La légèreté et la solidité de la canne fendue, combinées à la mode de la mouche sèche en vogue au XIXème siècle, aboutirent à la création de la canne à truite en deux morceaux, longue de 2,50m ou 3 m, qui se pesait en grammes et non plus en livres. On l'utilise encore aujourd'hui. Jusqu'au siècle dernier, la canne changea peu, et la ligne encore moins, puisqu'on utilisait encore le crin de cheval tressé.

Pêche à gué
La Wharfe, rivère du Yorkshire du nord, est riche en truite et en ombre.

Plume de canard
Autrefois, on utilisait volontiers les plumes de canard de Caroline pour de nombreux modèles de mouches. Aujourd'hui, elles sont pratiquement abandonnées.

Pêcher, puis relâcher
Afin de satisfaire un nombre croissant de pêcheurs à la mouche, la Cottington Fishery, dans le Kent, a adopté la politique qui consiste à relâcher le poisson pêché.

Plume de paon
Cette plume ("quill") est utilisée pour confectionner le corps de mouches sèches et de mouches noyées comme l'Alexandra.

AUTREFOIS COMME AUJOURD'HUI, les pêcheurs à la ligne ne se privaient pas de se vanter de leurs prouesses et de leurs capacités à ramener de gros poissons à l'aide de lignes fines. Au XIXème siècle, on utilisait généralement le boyau de ver à soie comme plomb. A partir du milieu du XIXème siècle, on utilisa des fibres de coton et de lin tressées, en même temps que du crin et de la soie. A la fin du même siècle apparut la ligne de soie polie. Le moulinet est d'apparition relativement récente en matière de pêche à la mouche. Même après son avènement, Cotton continuait à fixer sa ligne à l'extrémité de la canne.

De plus en plus souvent, les petits moulinets allaient venir orner les hampes des cannes les plus pesantes. Il s'agissait de treuils dépourvus de tout système de traînage ou de freinage, simple tambour tournant sur lequel s'enroulait la réserve de ligne. Mais ce moulinet allait libérer le pêcheur à la mouche de la tyrannie des longues cannes. Dès la première moitié du XIXème siècle, le pêcheur avait à sa disposition des cannes de ruisseau de moins de 2,10 m de long. Les cannes plus légères exigeaient des moulinets plus sophistiqués. Aujourd'hui encore, les spécialistes de l'équipement continuent à s'ingénier pour mettre au point l'attirail le plus adapté à toutes les contingences de la pêche à la mouche.

Un "lough" irlandais
Scène irlandaise typique : le thé, le bateau et la truite sauvage.

La Grey Goose de Sawyer
Cette nymphe est un des premiers modèles lestés.

La Proie

La truite fait partie de la vaste famille des salmonidés dont les membres partagent un signe de reconnaissance distinctif, la nageoire adipeuse (voir pp. 20-21). Les salmonidés sont des prédateurs de constitution svelte, ce qui leur confère endurance et rapidité. Leur corps musclé les fait apprécier aussi bien à table que par l'amateur de sport de pêche. La plupart des salmonidés, y compris les trois principales espèces de truite, ont la capacité inhabituelle de vivre aussi bien en eau salée (océans et estuaires) qu'en eau douce (rivières et lacs). Ils peuvent migrer entre ces habitats différents. C'est ce qui a permis aux salmonidés de proliférer dans les eaux les plus fraîches de l'hémisphère nord, où les rivières permettent aux poissons en période de frai de trouver un habitat d'eau douce frais et riche en oxygène, sur un lit de pierres et de gravier. Là, la femelle peut creuser une tranchée dans laquelle elle pondra ses œufs. Néanmoins la migration d'eau douce en eau salée pose de graves problèmes d'ordre biochimique : les tissus biologiques se gorgent d'eau en permanence lorsque le poisson se trouve en eau douce ; puis ils perdent cette eau lorsque l'animal se trouve en mer. Les avantages de cette souplesse peuvent être considérables : la truite adulte et résistante est capable de tirer une nourriture riche de l'océan qui est un milieu dangereux ; les œufs vulnérables et les alevins commencent leur vie dans les eaux peu profondes des sources de rivières ; la nourriture y est rare, mais les prédateurs aussi. Ces habitudes migratoires posent également des problèmes au zoologiste. Les rivières et les lacs sont parfois peuplés par des poissons provenant de la mer. Un changement de climat, ou même une simple chute de rochers, peut isoler une population qui continue alors à vivre et à proliférer en eau douce et qui évolue afin de s'adapter à la situation. A l'intérieur d'une population donnée, on peut assister à des variations de couleurs et de formes consécutives à des modifications de régime alimentaire et de contexte. Tout ceci a abouti à un kaléidoscope de sous-espèces, de variétés et de races.

LA FAMILLE DES SALMONIDÉS : ÉVOLUTION & RÉPARTITION

LA TRUITE ET LE SAUMON appartiennent à la famille des salmonidés, une des familles les plus primitives des téléostéens qui ont fait leur apparition au Crétacé, il y a environ 100 millions d'années. Il y a environ 70 millions d'années, au moment où les dinosaures approchaient la fin d'un règne de 150 millions d'années, le groupe des poissons blancs, parent le plus éloigné de la truite, se sépara de l'arbre généalogique. Les poissons blancs (les corégones) portent tous le signe distinctif de la famille des salmonidés : la nageoire adipeuse. Leur forme rappelle celle du hareng ; ils présentent de grandes écailles argentées et de petites bouches pointues.

AIRS DE FAMILLE

L'ombre (espèce des *Thymallus*) partage un certain nombre de ces caractéristiques. Le fossile le plus ancien qui s'apparente à la truite, l'Eosalmo (saumon de l'aube) a été découvert dans une roche éocène vieille de 40 millions d'années en Colombie britannique.

Ombre à grande nageoire
L'élégance de l'ombre (ci-dessus) est frappante.

L'ERE GLACIAIRE

Par la suite, l'histoire de ces deux groupes semble avoir suivi des chemins similaires. La survenue de l'ère glaciaire, ou ère pléistocène, il y a environ 2 à 3 millions d'années, a provoqué la formation de couches de glace successives en Europe du nord, en Asie et en Amérique. Le changement de température a eu pour conséquence l'émergence de formes à prédominance marine (plusieurs saumons du Pacifique ainsi que le saumon de l'Atlantique) et à prédominance d'eau douce (la "gorge fendue" du Nouveau Monde, la truite arc-en-ciel et la truite fario européenne). Ces changements climatiques ont engendré des températures plus fraîches aux régions méridionales. C'est par le biais des mers refroidies que l'Afrique du nord, l'Asie du sud et l'Amérique centrale ont été colonisées.

CHANGEMENTS GÉNÉRAUX

Suite au retrait de la glace, des espèces qui, en principe, ne migrent pas vers la mer (comme l'ombre) ont pu se réimplanter dans les rivières septentrionales.
Au sud, les populations qui avaient colonisé les highlands froides au zénith de la glaciation furent arrêtées par la chaleur des rivières.
D'autres populations furent piégées au moment où les glaciers déroutèrent les systèmes de drainage.
La truite des régions méridionales a donc essaimé en une étonnante multitude de variétés et d'espèces : la truite dorée de Californie et du Mexique, les variétés de truite brune des mers Arale et Caspienne, des montagnes de l'Atlas en Afrique du nord.

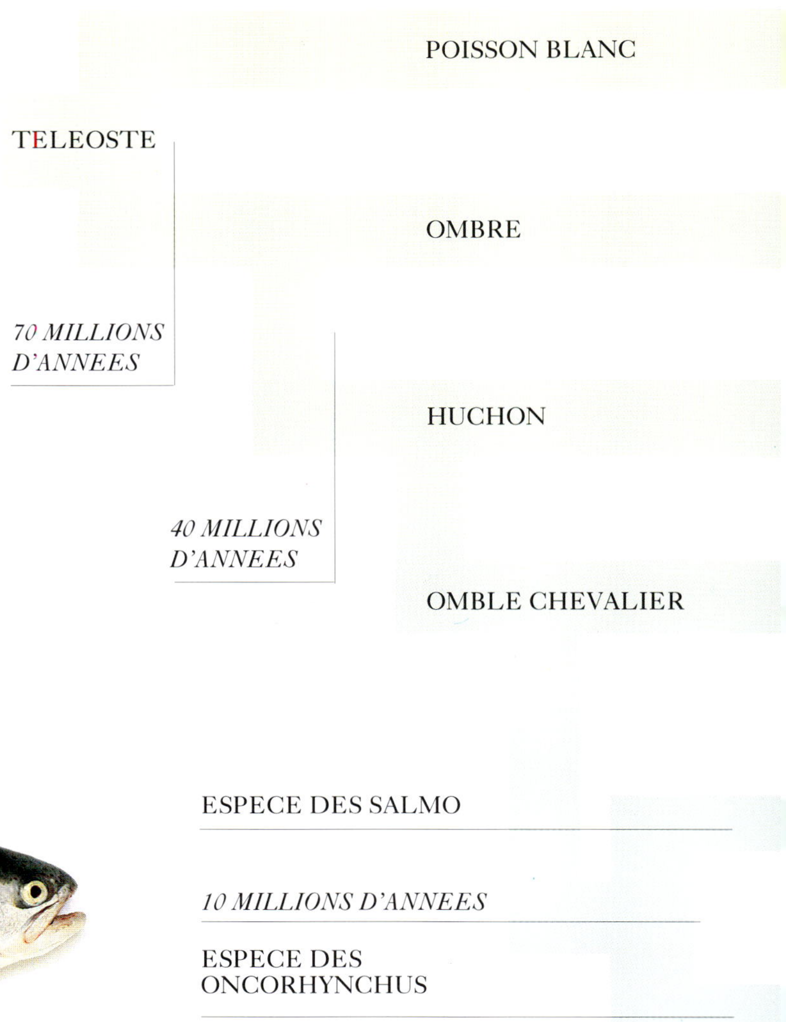

Truite arc-en-ciel
Le corps de la truite arc-en-ciel est généralement argenté, avec une zone rosée de chaque côté de la ligne latérale. Le corps et les nageoires sont parsemés de taches noires.

Au cours des 30 millions d'années qui suivirent, trois nouvelles branches latérales apparurent sur l'arbre généalogique des salmonidés.
Les deux premières produisirent les lignées des *Brachystymax* et des *Hucho*, qui se retrouvent aujourd'hui exclusivement dans les rivières de la Sibérie sous la forme d'un unique représentant, le huchon, et dans les eaux européennes où il livre une bataille d'arrière-garde dans les eaux polluées du bassin du Danube.
La troisième branche de la famille des salmonidés, l'omble-chevalier (espèce des *Salvelinus*), s'est répandue dans toutes les eaux froides de l'hémisphère nord.
Il y a à peu près 10 millions d'années, la dérive des continents isola le Bassin Pacifique en jetant un pont de terre entre l'Amérique et l'Asie. L'isolement qui en a résulté a abouti à la séparation de lignées ancestrales. Le saumon et la truite de l'Ancien Monde (espèce des *Salmo*) se séparèrent de ceux du Nouveau Monde (espèce des *Oncorhynchus*).

Omble
Un cousin de l'omble Chevalier (ci-dessus).

Les poissons blancs
La famille des Coregonidae *constitue un groupe de poissons en forme de hareng, au corps mince, à la queue profondément fendue en fourche et à la grande bouche. Leurs dents, petites ou inexistantes, sont adaptées à leur alimentation de crustacés planctoniques et de petits animaux de fond d'eau.*

L'ombre
L'ombre (espèce des Thymallus*) a un certain nombre de caractéristiques en commun avec les poissons blancs ; il s'est différencié de la lignée des truites au cours des 30 millions d'années qui ont suivi. En Allemagne, dans des dépôts datant du miocène, on a découvert un fossile apparenté à l'ombre, le* Protothymallus.

Le huchon
Le huchon est un grand salmonidé du bassin du Danube. Son dos est de couleur vert foncé, et ses flancs cuivrés présentent les taches communes à beaucoup de salmonidés. Il est plus long et plus mince que la truite typique ; il constitue un gibier de premier choix.

L'omble chevalier
Les ombles chevaliers (espèce des Salvelinus*) se trouvent dans l'hémisphère nord. En apparence, ils ressemblent à la truite véritable. La truite de ruisseau américaine (*S. fontinalis*) et la truite de lac amétricaine (*S. namauycush*) sont deux espèces d'omble chevalier.*

La truite fario
*La truite fario (*Salmo trutta*) est le résultat des changements de températures de l'ère glaciaire. Il en existe une grande quantité de formes et de tailles. Elle peut être argentée et grasse avec de petites taches noires ; petite, mince et noirâtre, ou bien massive et tachetée de façon caractéristique.*

La truite arc-en-ciel
*Les truites arc-en-ciel (*Oncorhynchus mykiss*) se distinguent généralement par de nombreuses petites taches foncées sur la nageoire dorsale que l'on ne retrouve sur aucune autre truite en Europe. Le corps est argenté, avec une zone rosâtre des deux côtés de la ligne latérale. Le corps et les nageoires sont également tachetés.*

L'HABITAT DES POISSONS BLANCS

Les poissons blancs vivent généralement dans les grands lacs profonds de l'hémisphère nord, mais on en trouve des formes migratoires en rivière, en eau saumâtre et en mer. Les populations lacustres présentent souvent de petites variantes d'un lac à l'autre, variantes qui désespèrent quiconque veut faire œuvre de classification.
Pour compliquer encore un peu les choses, chacune de ces variétés porte un nom local.
Une chose est certaine : toutes les variétés de poissons blancs ont une nageoire adipeuse. Leur aspect incolore, leur queue fourchue et leur petite bouche les distinguent de toutes les espèces à l'exception de l'omble, qu'on trouve très rarement en milieu lacustre.
Il porte une nageoire dorsale caractéristique, de très grande taille, bordée d'une couleur rouge-brune. Sa petite nageoire adipeuse ressemble à celle de la truite et du saumon.

UN CHANGEMENT D'APPELLATION

La classification et l'appellation de la truite arc-en-ciel et de la truite à gorge fendue ont récemment fait l'objet de débats chez les zoologistes du monde entier.
Autrefois, la truite arc-en-ciel et la truite à gorge fendue étaient toutes deux incluses dans le genre *Salmo*, avec la truite fario commune (*Salmo trutta*) et le saumon atlantique (*Salmo salar*).
Aujourd'hui, néanmoins, on pense généralement que ces truites du Nouveau Monde sont en réalité plus proches des différents saumons du Pacifique (genre *Oncorhynchus*).
Ce changement de classification signifie qu'à présent, on désigne la truite arc-en-ciel du nom de *Oncorynchus mykiss* et la truite à gorge fendue de celui d'*Oncorhynchus clarki*.

La truite brune irlandaise
On trouve la truite brune irlandaise (ci-dessus) dans tout l'ouest de l'Irlande. Elle présente de nombreuses taches, mais elle est de couleur argentée et sa forme rappelle le saumon.

L'Anatomie de la Truite

Une connaissance de base de l'anatomie de la truite peut aider considérablement le pêcheur à la mouche. La truite est un prédateur : elle maintient sa proie à l'aide de ses nombreuses petites dents. Puis la victime est avalée tout rond et passe dans l'estomac. Afin de faciliter son adaptation en termes de flottabilité, la truite dispose d'une vessie natatoire remplie d'air reliée par un tube étroit vers l'œsophage et la bouche. La truite est recouverte de peau. De petites écailles sont incrustées dans la couche extérieure de la peau (l'épiderme), qui contient également des glandes sécrétant du mucus. C'est ce mucus qui lui permet de conserver en permanence une surface lisse et glissante.

La couleur vient de cellules de pigmentation (les chromatophores) contenues dans la peau. Il peut exister de considérables différences de couleur entre les individus, même chez ceux d'une même espèce habitant le même lac ou le même torrent. A côté de la queue, la truite présente sept nageoires. Sa stabilité est garantie par les nageoires appariées et les nageoires dorsale et anale. La truite est faite pour les accélérations rapides plutôt que pour une vitesse élevée et continue. Sa queue large lui permet de se propulser de façon puissante au début du mouvement.

La Bouche et l'Estomac

Les dents qui garnissent la mâchoire, la langue et le palais servent à agripper plutôt qu'à mâcher : en effet, la proie est avalée d'un seul coup. Les sucs digestifs sécrétés par les parois musculaires de l'estomac en forme de U peuvent alors dissoudre la nourriture. Les aliments semi-digérés passent ensuite par un sphincter et sont transmis à l'intestin. De nombreux filaments qu'on appelle les caeca pyloriques, augmentent la surface de l'intestin. Un examen de la nourriture absorbée par une truite peut être effectué en extrayant les aliments par l'extrémité avant de l'estomac : cet examen peut être très utile au pêcheur à la mouche. Cette opération peut s'effectuer sans endommager le poisson grâce à un dispositif de succion ou à une cuiller à moelle (voir p. 68).

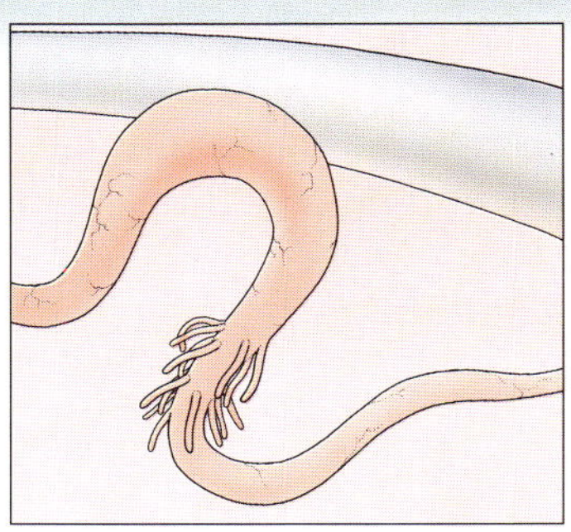

Les caeca pyloriques
Les caeca pyloriques augmentent la surface de digestion de l'intestin

La Vessie Natatoire

La vessie natatoire présente la particularité de pouvoir se dégonfler et se gonfler, permettant ainsi à la truite de s'adapter aux modifications de salinité et de profondeur d'eau. La salinité se modifie au moment où la truite quitte la rivière pour entrer en mer ; la profondeur change de façon spectaculaire quand, par exemple, le poisson est bien accroché par une ligne qui s'enfonce rapidement.

LES NAGEOIRES

Beaucoup de poissons présentent une deuxième nageoire dorsale. Chez les salmonidés, cette nageoire se réduit à une proéminence qu'on appelle la nageoire adipeuse. Il est étrange que cette caractéristique se retrouve chez tous les membres de la famille, car il semble qu'elle n'ait aucune fonction, tout en provoquant un ralentissement certain. La truite utilise ses nageoires anale et dorsale pour contrôler les mouvements giratoires et rectilignes. Si on les supprime, la vitesse n'en souffre pas mais on assiste à des phénomènes de roulis et de tangage.

LES NAGEOIRES APPARIÉES

Les nageoires appariées de la truite servent à maintenir une constante stabilité, avec de petits mouvements de balancier. Sans les nageoires appariées, le poisson serait incapable de garder son équilibre et se renverserait. Les nageoires appariées servent aussi de frein. Utilisées individuellement, elles ont également une fonction de gouvernail et permettent des mouvements rapides de changement de direction. Les jeunes alevins qui reposent au fond de l'eau s'appuient sur leurs nageoires pelviennes.

LES ÉCAILLES

Les truites nouvellement écloses n'ont pas d'écailles. Ces dernières se développent chez les alevins, proportionnellement. Leur évolution se fait par les bords, formant des "anneaux de croissance" dont les différentes circonférences révèlent les cycles annuels de croissance rapide et les périodes plus calmes correspondant au frai. De légers reflets provoqués par d'infimes cristaux de guanine sont à l'origine de l'effet argenté. Bien que les cristaux soient disposés différemment sur les écailles, leurs faces réfléchissantes sont généralement orientées verticalement. Ils réfléchissent la lumière latérale, permettant ainsi à la truite de se fondre dans son environnement. La lumière verticale passe entre les cristaux : c'est pourquoi la truite apparaît sombre si on la voit du dessus, car elle ne reflète que peu de lumière. Quand la truite se retourne, le côté du flanc réfléchissant se tourne vers le haut et on peut entrevoir au fond de l'eau un éclair argenté.

La nageoire adipeuse
La nageoire dorsale postérieure qui caractérise la truite, le saumon et les espèces apparentées

La nageoire caudale
La nageoire caudale, ou queue, sert à la propulsion

La nageoire anale
Nageoire unique, médiane et ventrale qui contribue à l'équilibre de la truite

La structure des écailles
Les "anneaux de croissance" des écailles sont bien visibles sur cet agrandissement.

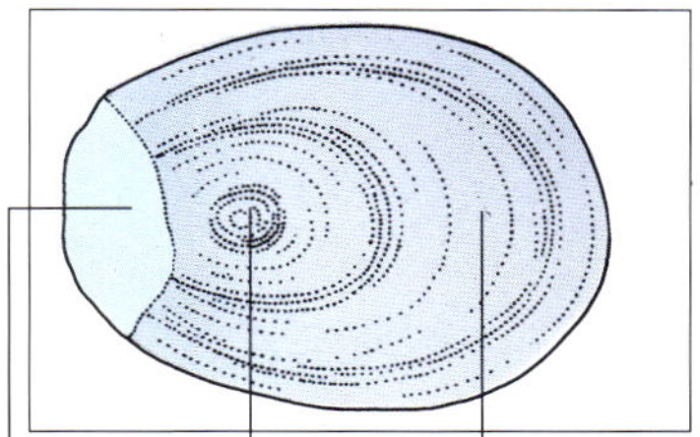

Coupe de la peau
Cette vue en coupe montre les écailles enchâssées dans le derme

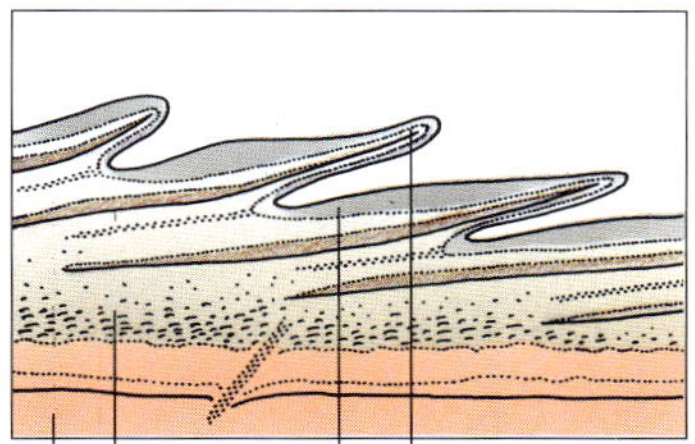

Les écailles de la truite
Les jolis reflets argentés qui caractérisent les écailles de la truite sont provoqués par les reflets de lumière qu'engendrent de minuscules cristaux de guanine situés dans le derme du poisson.

La position de la vessie natatoire est embarrassante : la poussée verticale de la vessie flottante est centrée juste sous le centre de gravité du poisson, menaçant ainsi de le faire basculer. Cette fâcheuse tendance est équilibrée grâce des ajustements constants des nageoires appariées. Dans la pratique, cette instabilité peut être utile car elle permet à la truite d'accomplir un tour rapide et d'effectuer des manœuvres très vite.

LA NAGEOIRE CAUDALE

Départ arrêté, la poussée de la nageoire caudale peut produire, l'espace d'un instant, une force six fois supérieure à la gravité — voilà pourquoi il faut maintenir la canne l'extrémité vers le haut, pour que la courbure puisse absorber ce premier choc. En vitesse de croisière, la queue produit un effet de ralentissement. Pour obtenir une vitesse soutenue, il faudrait une queue de la forme de celle du thon, ou encore une queue de martinet !

LA COULEUR

La plupart des truites sont tachetées ; le dos est foncé, et la couleur se dégrade jusqu'au ventre, beaucoup plus pâle. Ce schéma de clair-obscur est commun chez beaucoup d'animaux. Il constitue un excellent camouflage car il atténue les ombres révélatrices provoquées par une couleur claire sur tout le corps. Les variations de couleur de la truite à l'intérieur d'une même espèce peuvent être causées par des différences de concentrations des pigments dans l'alimentation. Elles constituent aussi parfois une réaction de la truite à son environnement. Par un phénomène de contraction ou d'expansion de ses chromatophores, la truite est capable de modifier sa couleur afin de s'adapter à son contexte — sur fond de sable clair, la truite sera pâle. D'ailleurs, les poissons aveugles sont toujours de couleur sombre. Beaucoup de salmonidés prennent une couleur vive au moment du frai.

L'Appareil Sensoriel de la Truite

La truite chasse à vue. Sa vision du monde est très différente de celle de l'homme, en partie parce qu'elle a des yeux bien adaptés à son mode de vie, en partie parce qu'elle vit dans l'eau qui présente des propriétés optiques spécifiques.

La Vision dans l'Eau

Lorsqu'une truite — ou un homme — qui se trouve sous l'eau dirige son regard vers le haut, si la surface est calme, elle voit le monde extérieur par une grande fenêtre ronde d'un diamètre double de la profondeur à laquelle elle se trouve. Même si la quasi-totalité du monde extérieur est visible grâce à cette fenêtre, les objets situés au bord (ceux qui se trouvent plus près de la surface de l'eau) apparaissent de plus en plus flous et distordus ; les objets situés au plus bas disparaissent. Tout autour de la fenêtre, la surface ressemble à un miroir qui reflète le monde sub-aquatique.
On dit souvent qu'une truite plus profondément immergée dispose d'une "fenêtre" plus vaste et donc d'une vision plus large sur le monde extérieur. Cette affirmation est trompeuse : si la profondeur est double, le diamètre de la fenêtre double à son tour — mais il ne faut pas oublier que la truite est donc deux fois plus loin de la fenêtre. Il est néanmoins exact que plus la profondeur est importante, plus l'image que l'on perçoit par la "fenêtre" change. Tous les objets extérieurs semblent plus petits, mais on peut percevoir les objets les plus proches de la surface. L'ensemble de la fenêtre devient flou car l'eau absorbe davantage de lumière. Il est exact que les truites sont plus faciles à approcher lorsqu'elles viennent s'alimenter à proximité de la surface, mais c'est sans doute parce que le pêcheur est invisible pour elle.
Quand la surface est agitée, la fenêtre et le miroir se brisent, engendrant une grande confusion. Le poisson éprouve des difficultés à détecter les objets, mais il y parvient néanmoins. Il est facile de repérer une truite lorsque la surface de l'eau est agitée ; on peut présumer que la truite, elle aussi, peut nous percevoir : après tout, notre camouflage est moins parfait. Dans la pratique, on préférera pêcher près de la surface sur des eaux plates et calmes.

La Rétine

La rétine de la truite, comme celle de l'homme, comporte deux types de structures sensibles à la lumière : les bâtonnets et les cônes.
Les bâtonnets sont extrêmement sensibles aux changements et à la lumière peu abondante. L'œil de la truite contient plus de bâtonnets que l'œil humain, et ils sont répartis de façon plus homogène sur toute la rétine. L'œil de la truite est capable de détecter les mouvements sur un champ de vision de 180°, et elle conserve cet avantage lorsqu'il fait sombre. Dans la pratique, lorsqu'on est près d'un poisson, on évitera tout mouvement. Si c'est impossible, par exemple lorsqu'il faut lancer la ligne, on minimisera le geste en la lançant sur le côté.
Les cônes sont moins sensibles que les bâtonnets, mais sont capables de différencier les couleurs. La rétine de la truite est particulièrement réceptive au rouge et à l'orange, elle l'est moins aux bleus. Dans l'œil humain, les cônes sont concentrés sur un tout petit emplacement de la rétine. Chez la truite, ils sont mieux répartis et positionnés de telle sorte qu'ils lui permettent d'obtenir une vision optimale des objets situés immédiatement en avant et légèrement au-dessus.
Même si vous pêchez la truite sous l'eau, vous préférerez une attaque par dessous. Dans la pratique, les mouches, et particulièrement les mouches artificielles noyées, seront particulièrement visibles par la truite lorsque ses garnitures comporteront la couleur rouge.

Vision de la truite
Au delà de l'angle de vision de 97,6 °, le poisson (ic-dessus) est plongé dans le noir, sauf dans une eau bien éclairée, où il voit la réflexion du fond.

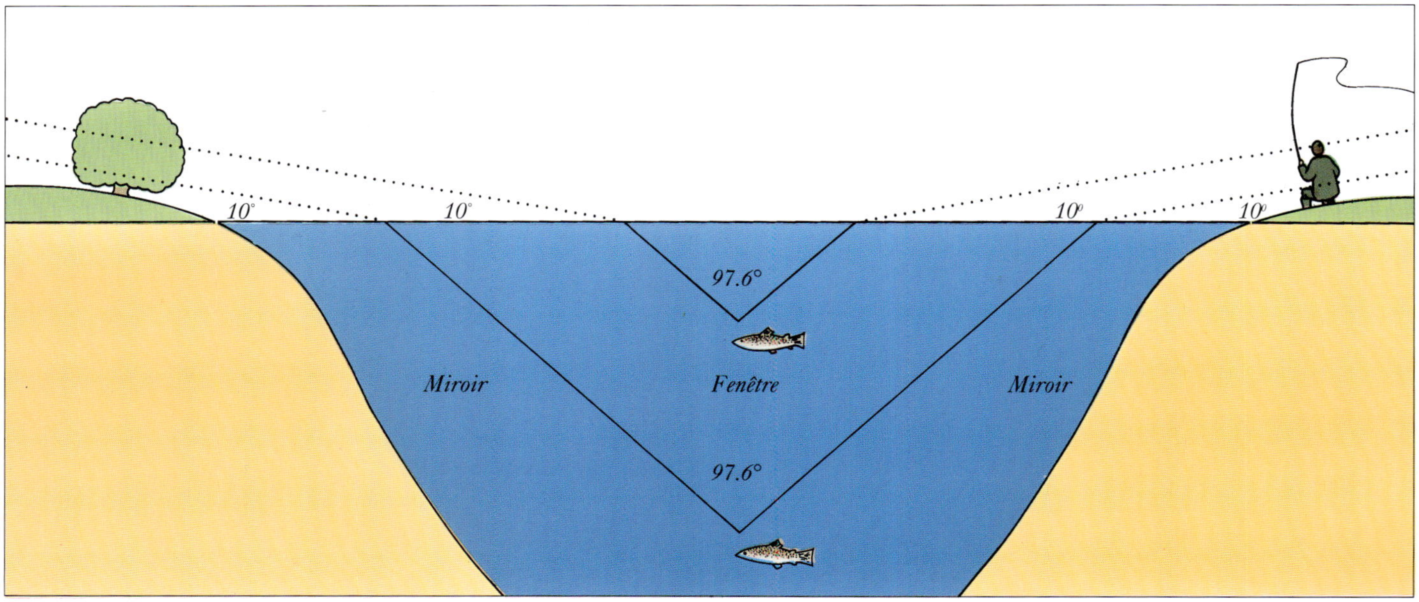

LE CRISTALLIN

Le cristallin de l'œil de la truite présente un angle de vision de 180°. Grâce à sa rétine pourvue de bâtonnets bien répartis, la truite est capable d'accommoder son regard sur des objets répartis sur un vaste champ. Grâce à la courte focale de son cristallin, la profondeur de champ est optimale. Entre 60 cm et l'infini, elle est capable de faire le point sur tous les objets. Quand la truite fait le point sur un objet très proche, les objets éloignés sont hors de son champ et donc moins discernables. Dans la pratique, un lancer en aval sera moins remarqué si la truite s'alimente à proximité de la surface.

LA STRUCTURE DE L'ŒIL

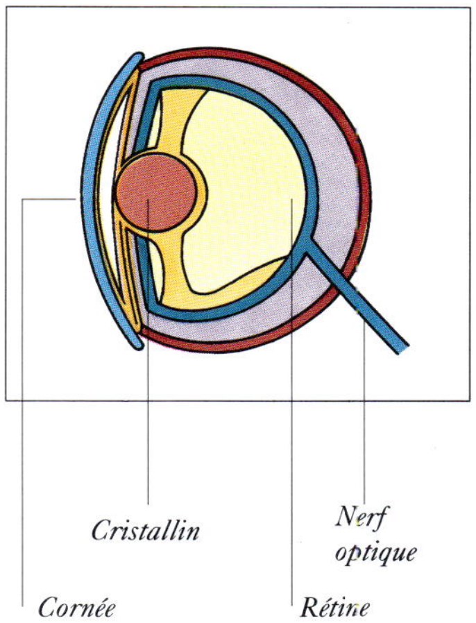

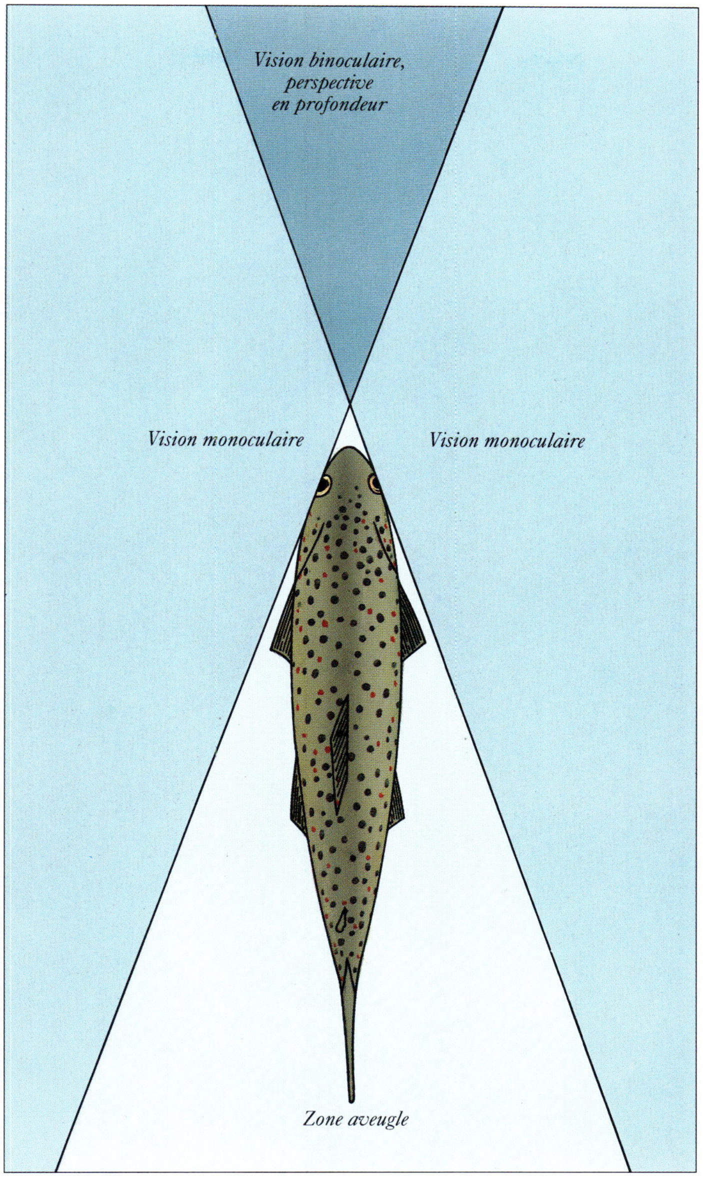

LE GOUT ET L'ODORAT

Le saumon, et sans doute aussi la truite, sont guidés vers leurs eaux natales en grande partie grâce au goût et à l'odorat. Pour le pêcheur à la mouche, ces deux sens n'ont guère d'importance — mais on observera que lorsque différentes mouches se trouvent sur l'eau, la truite semble choisir une espèce et négliger les autres. Peut-être certaines mouches ont-elles meilleur goût que les autres.

LA LIGNE LATÉRALE

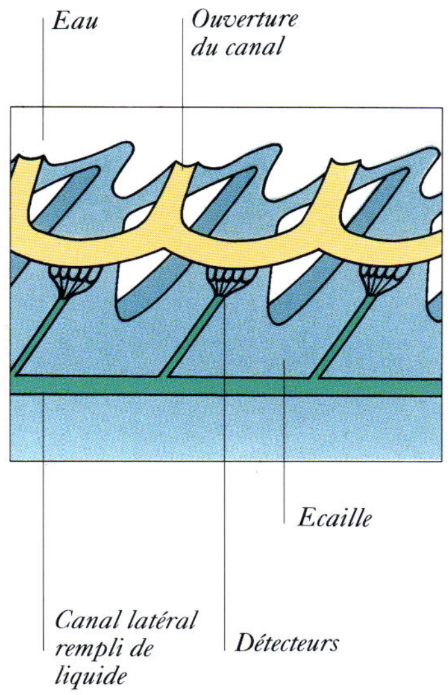

LA POSITION DE L'ŒIL

Les espèces animales à vocation de proie doivent disposer d'un champ de vision aussi large que possible si elles veulent rester en vie — elles ont des yeux sur les côtés. Les espèces prédatrices ont besoin d'une vision binoculaire et de champs de vision qui se recoupent : elles peuvent ainsi mieux apprécier la profondeur — leurs yeux sont situés vers l'avant. La truite est à la fois prédateur et proie potentielle d'autres prédateurs : la position de ses yeux reflète bien cette position intermédiaire. Son champ de vision se recoupe d'environ 30° à l'avant et au-dessus. Cette zone est sa favorite pour l'attaque, à cause de la concentration des cônes sur la rétine. Prix à payer pour la truite : elle est affligée d'un angle mort de 30° juste derrière elle.

Dans la pratique, il est possible d'approcher la truite de très près par l'arrière, si l'on est discret. Au moment où on lance dans la zone d'attaque, il est parfois difficile d'éviter que la ligne ne tombe sur le poisson, révélant ainsi la présence du pêcheur.

L'OUIE

La truite dispose de deux moyens pour percevoir les vibrations. Elle détecte les vibrations à basse fréquence (bruits de pas prononcés, bruit d'un autre poisson qui nage) grâce à une ligne latérale qui passe de chaque côté de son corps et traverse la tête. Les vibrations de l'eau provoquent un mouvement dans un liquide situé dans un canal sous la peau. Ce mouvement est détecté par des récepteurs disposés tout le long du canal. Dans la pratique, on évitera tout mouvement important et tout bruit de pas, surtout si l'on pêche dans l'eau. La truite a peur des pierres mobiles et des graviers.

La truite détecte les vibrations à haute fréquence grâce à des oreilles internes. Dans la famille des carpes, la vessie natatoire sert de tympan, et l'ouïe est excellente. Heureusement pour le pêcheur, la truite ne bénéficie pas de cet avantage. Elle perçoit partiellement les sons qui viennent de sous l'eau ; elle n'entend absolument pas les sons aériens (une conversation entre pêcheurs, par exemple). Dans la pratique, vous pouvez discuter autant que vous le voulez.

L'Environnement de la Truite

A l'origine de toute eau douce, il y a la pluie. Elle contient de l'oxygène et de l'oxyde de carbone sous forme d'acide carbonique dilué. Dans une rivière alimentée par la pluie, l'eau, très rapidement, se répartit en différents cours. Dans une rivière alimentée par une source, il arrive que l'eau ait circulé sous la terre pendant des siècles avant d'émerger sous forme de source. Les deux types de rivières peuvent être interrompus dans leur cheminement vers la mer par des lacs naturels ou artificiels. Toutes ces variations exerceront un impact sur la population des truites.

Flore et Faune
Les fleurs qui, comme celles-ci (à droite), poussent au bord de l'eau, ne fleurissent que dans un environnement non pollué. La vigueur de la flore joue un rôle déterminant dans la fourniture d'une alimentation adéquate.

Environnement
Ce diagramme (ci-dessous) explique l'inter-relation entre les diverses composantes de l'environnement de la truite, nécessaire pour garantir un habitat sain à cette dernière.

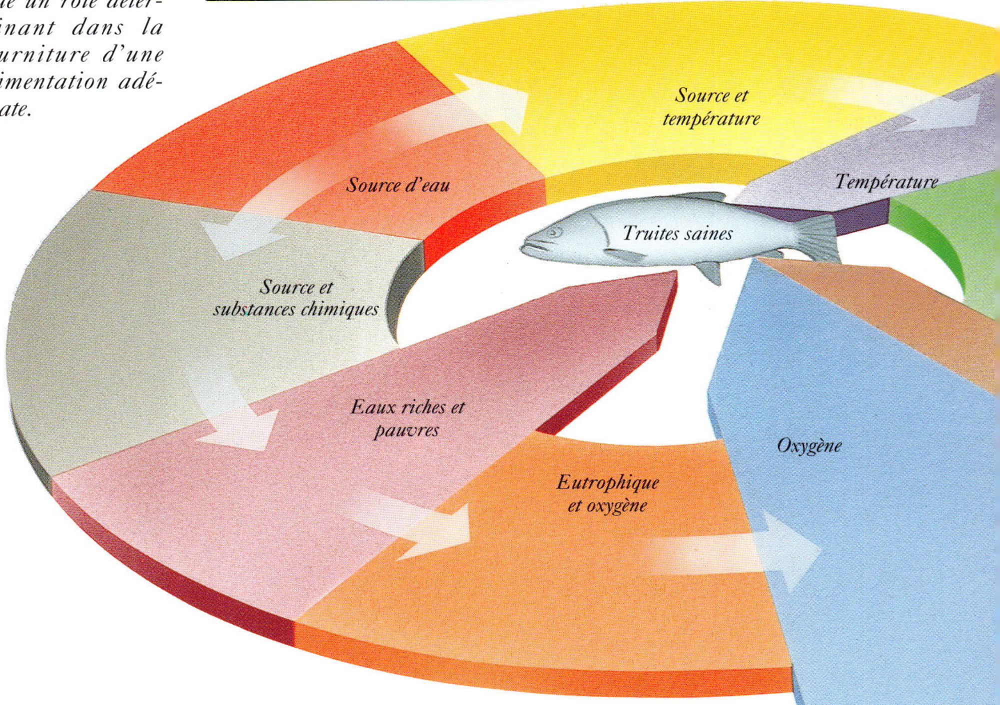

La Source et la Température

La source déterminera la température. La température des cours d'eau alimentés par la pluie varie, elle, en fonction de la température de l'air. Par temps chaud et sec, le flux ralentit et l'eau se réchauffe considérablement. L'eau de source souterraine est généralement froide et subit peu de variations de flux et de température. Les grands lacs et leurs affluents résistent aux fluctuations de température et de flux qui peuvent endommager les invertébrés qui vivent dans l'eau.

La Température et l'Oxygene

Au fur et à mesure que s'élève la température de l'eau, la truite a besoin de plus d'oxygène. Mais plus l'eau se réchauffe, moins elle dégage d'oxygène. A 5°C, l'eau renferme environ 13 ppm (parties par million) — c'est-à-dire le double de ce qu'elle contient à 25°C. L'oxygène se dissout à la surface de l'eau, particulièrement là où il existe des turbulences ou une forte pression d'air. L'oxygène est également dégagé par les plantes aquatiques sous la forme d'un sous-produit de la photosynthèse qui ne se forme qu'à la lumière du soleil. Néanmoins, la respiration de ces plantes aquatiques et le processus de dégradation des matières organiques consomment de l'oxygène et produisent de l'oxyde de carbone.
La truite n'est capable de supporter de faibles niveaux d'oxygène (moins de 4 ppm) que lorsque la température est basse, lorsqu'il y a peu d'oxyde de carbone. Elle survit à des températures supérieures à 20°C si l'eau est saturée d'oxygène. La truite est un animal à sang froid : la température de l'eau dans laquelle elle évolue détermine la température de son corps. Cette dernière, à son tour, détermine son métabolisme, son appétit, ses besoins et ses dépenses en énergie — bref, sa chimie corporelle.
La truite est un animal d'eau froide. Elle survit entre 0 et 25°C, mais sa croissance sera très lente en-dehors de la fourchette 7-19°C. Cette zone de température est très répandue dans la moitié nord de l'hémisphère nord, qui constitue l'habitat naturel de la truite ; plus au sud, on trouve des truites à haute altitude dans les Montagnes Rocheuses et dans les montagnes élevées du Mexique, dans l'Atlas au Maroc, dans les chaînes de l'Himalaya. On est parvenu à introduire la truite dans les eaux les plus fraîches d'Amérique du sud, de Nouvelle-Zélande et d'Australie.

LA CHIMIE AQUATIQUE

Les cours d'eau qui parcourent ou traversent les terres recueillent les substances chimiques et nutritives qui constituent les premiers maillons de la chaîne alimentaire qui donnera la vie à la mouche et, bien sûr, à la truite. Ces substances déterminent le degré d'alcalinité (la dureté) de l'eau. La plupart des cours d'eau alimentés par une source partent d'une roche de craie poreuse ou de rochers calcaires qui se dissolvent aisément et génèrent une eau alcaline riche en nutriments — constituant ainsi un milieu idéal pour le poisson.
Le roc granitique et résistant se dissout peu et ne génère que peu de nutriments pour les végétaux et les insectes.

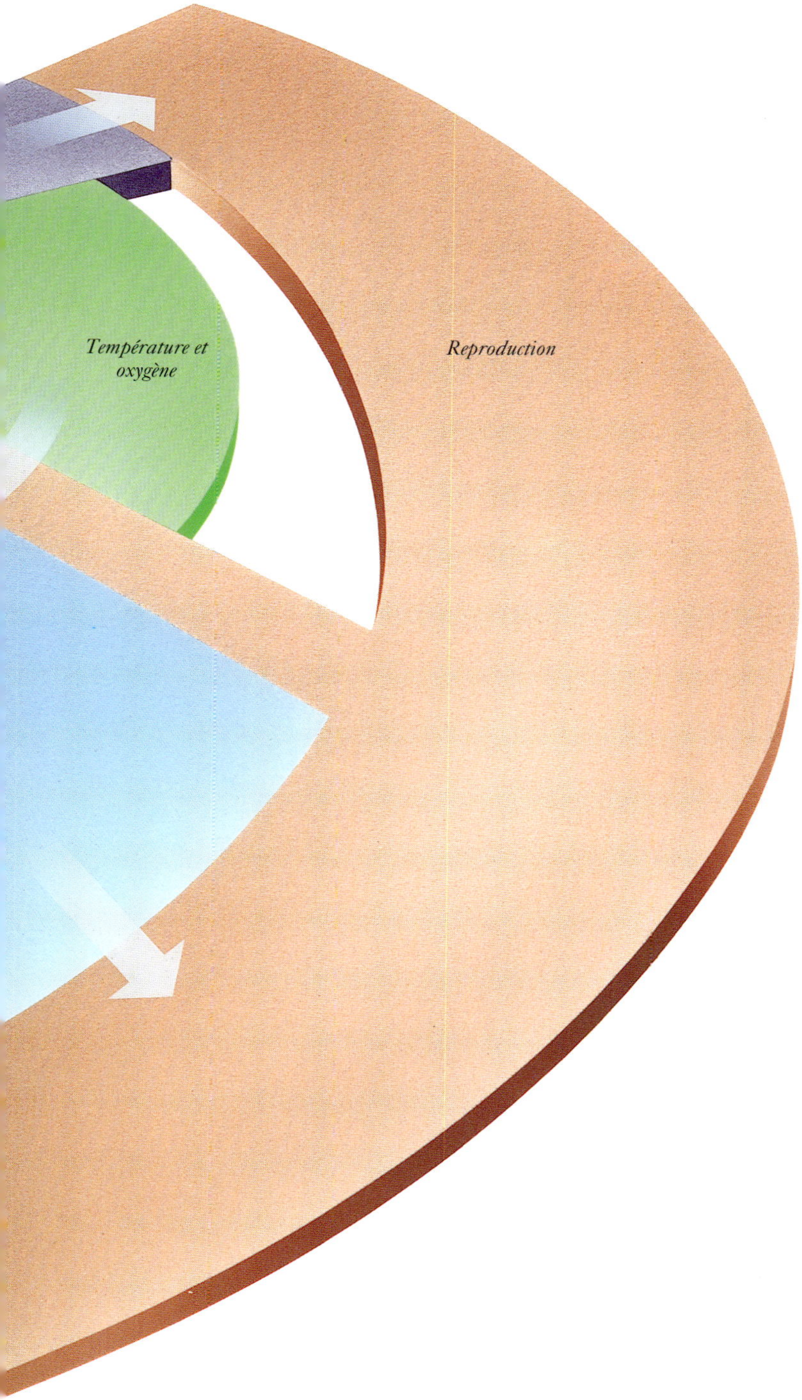

EAUX RICHES, EAUX PAUVRES

On appelle eaux oligotrophiques les eaux qui ne dégagent que peu de nutriments. Ces eaux sont situées près des sources, dans des zones de roches dures qui font des sites parfaits pour le frai. Il est possible d'améliorer la qualité des lacs oligotrophiques grâce à des procédés de fertilisation artificielle : ils deviennent alors mésotrophiques (de fertilité moyenne).
On appelle eaux eutropiques les rivières et les lacs riches en nutriments qui peuvent nourrir une vaste population de végétaux et d'animaux. Paradoxalement, la richesse même de l'eau, qui provoque la croissance en abondance de plantes générant de l'oxygène, peut avoir pour résultat désastreux la mort des poissons par déplétion d'oxygène.

LAREPRODUCTION

La plupart des truites fraient en eau courante. Certaines, faute d'accès à des cours d'eau courante, fraient en eau stagnante.
La taille de la rivière ou du ruisseau n'a que peu d'importance. Ce qui compte, c'est la qualité du substrat, le fond, généralement constitué d'un mélange de pierres et de cailloux. Il doit être suffisamment meuble pour que la femelle puisse y creuser un sillon à l'aide de la poussée qu'elle exerce avec ses flancs et sa queue. Un courant un peu fort contribuera à déplacer les pierres qu'elle bougera.

TEMPS D'INCUBATION

Après la ponte et la fécondation, les œufs sont enterrés par la femelle. Le temps d'incubation dépend de la température de l'eau, mais la mortalité est élevée hors de la fourchette 5-13°C.
Les alevins fraîchement éclos sont parfois mangés par leurs parents ; c'est pourquoi un cours d'eau oligotrophique qui n'abritera que peu d'adultes constituera souvent une frayère plus efficace qu'un cours d'eau fertile.

LES EAUX EUTROPHIQUES

Le phénomène de la photosynthèse extrait de l'eau l'oxyde de carbone dissout et libère de l'oxygène. Dans l'obscurité, le processus s'inverse. Certaines hécatombes hivernales de poissons sont observées dans les lacs où l'eau riche en végétaux, recouverte d'une couche de glace et de neige qui empêche la lumière de passer, consomme l'oxygène et augmente le niveau d'oxyde de carbone au-dessus du seuil mortel.
Les eaux eutrophiques peuvent également subir des phénomènes de croissance végétale incontrôlée par temps très chaud, lorsque la production d'oxygène par l'eau est peu élevée. Le pourrissement accéléré de cette masse de végétaux prive l'eau de son oxygène et provoque la mort des poissons.

La Protection

Pour éliminer une population de truites, il n'est pas nécessaire de les tuer ou de les empêcher de se reproduire. Il suffit parfois, pour provoquer la catastrophe, de faire pencher la balance en faveur d'une espèce concurrente.
L'agriculture, qui est la plus ancienne activité de l'homme moderne, a exercé une influence considérable sur la flore et la faune naturelles de la planète, et ses effets sur la truite ne sont pas des moindres. La pollution industrielle, les déchets des mines, les produits chimiques toxiques et les pluies acides surabondent.
Mais l'un des problèmes les plus cruciaux demeure la pêche : un poisson dans l'assiette, c'est un poisson de moins dans la rivière. Pour compenser cette déperdition, deux systèmes se sont développés: celui du réapprovisionnement systématique, où à chaque fois qu'un pêcheur prend une truite, on procède régulièrement à son remplacement par un animal d'élevage, et celui qui consiste à remettre tout bonnement à l'eau les poissons pêchés.

L'agriculture

La pratique du labourage a pour conséquence un accroissement du drainage et de la quantité de vase qui en découle. La vase en surplus forme des masses qui s'accumulent le long des lits de cailloux qui sont indispensables à une reproduction satisfaisante puisque c'est là que les œufs sont pondus. La déforestation produit également de grandes quantités de vase qui perturbent la montaison de la truite et du saumon migrateurs aux Etats-Unis, au Canada et en Angleterre. L'envasement des fonds modifie également la nature des végétaux et de la nourriture aquatiques. Le flottage du bois et le drainage des plateaux dans une perspective d'agriculture augmentent l'écoulement après les pluies. Ce phénomène engendre des migrations plus importantes entre la crue et la décrue, qui mettent en péril le fragile équilibre des écosystèmes fluviaux. Il arrive que les engrais se répandent dans l'eau, provoquant ainsi une croissance des plantes et un développement des invertébrés et des truites. Dans les eaux eutrophiques, toute augmentation de fertilité est susceptible d'engendrer une explosion de croissance qui peut être désastreuse pour une pêcherie.

La protection
Les systèmes du réapprovisionnement et de la remise à l'eau (ci-dessus) préservent la survie de la truite.

L'urbanisation
L'expansion démographique (à gauche) a engendré un débordement de la ville sur la campagne.

Les Villes et l'Industrie

L'extraction d'eau à usage domestique et industriel porte parfois le nom justifié d'"emprunt". L'eau est restituée à son lieu d'origine après avoir alimenté l'usine, la centrale électrique ou l'appareil digestif de l'homme. Il en résulte un enrichissement de l'eau en nutriments et/ou un réchauffement — du coup, l'eau est mieux adaptée aux espèces qui vivent dans les régions en contrebas, en eau plus chaude.
Souvent, l'eau est extraite des régions en altitude qui servent d'habitat à la truite ; elle est ensuite utilisée et reversée ailleurs: l'eau extraite d'Ullswater, dans la Région des lacs, en Angleterre, est consommée puis reversée dans les eaux de Manchester, où il n'y a pas de truites.
La conséquence d'une telle extraction est l'exacerbation de tous les autres problèmes préexistants dans les eaux sources. Les polluants et autres substances sont concentrés, les courants sont accentués, les flux plus lents se réchauffent, perdant ainsi beaucoup de leur oxygène.
Les réservoirs destinés à l'extraction d'eau pour les centrales électriques hydrauliques sont généralement construits en altitude, là où l'eau est abondante — c'est-à-dire au pays des truites. Dans ce cas, ce sont les poissons migrateurs — truite de mer —qui souffrent de la situation au moment où on construit les barrages à travers les vallées, bloquant ainsi leur itinéraire entre la mer et les lieux de nidation.
Mais l'extraction peut également être bénéfique aux truites. Les réservoirs constitués le long des rivières sans truites à l'origine sont alors alimentés artificiellement ; en Angleterre, dans les Midlands, on compte aujourd'hui beaucoup plus de truites qu'il y a un siècle. On a également implanté d'extraordinaires pêcheries dans les eaux fraîches provenant des profonds réservoirs du Tennessee, du Nouveau Mexique et des montagnes Ozark.

Le Système du Réapprovisionnement

Cette méthode est séduisante en ce que tout poisson attrapé ne l'a jamais été auparavant — dans la mesure où le poisson est implanté de façon "naturelle". Certains pêcheurs répugnent à infliger à la truite, en pure perte, l'angoisse d'une prise à l'hameçon sans autre raison que le plaisir de la capture. Ce système convient mieux aux eaux dormantes et étendues qui ne comportent pas de truites à l'état naturel.

Le Système de la Prise et de la Remise à l'eau

L'avantage de cette méthode est que le poisson demeure longtemps dans l'eau. Idéalement, il s'agit d'une population indigène, capable de se sustenter elle-même.

L'inconvénient est que le poisson peut être pris de multiples fois, et qu'il cesse du même coup d'être sauvage. La réussite de cette méthode dépend des poissons qui survivent à l'épreuve. Si on ne procède pas avec de grandes précautions de manipulation, elle peut avoir pour conséquence la mort de nombreux spécimens.

Elle est généralement mieux adaptée à des rivières qui contiennent une bonne quantité de truites à l'état naturel, et présentent de bonnes conditions de nidation.

La Libération de la Truite

Là où cette méthode est appliquée, il convient d'attacher la mouche sur des hameçons sans fil de fer.

La truite est capable de lutter au-delà de l'épuisement. On limitera ce phénomène en utilisant un équipement qui exercera sur la truite une pression puissante. Après avoir amené la truite dans le filet, on la déposera rapidement et doucement. Si l'on n'utilise pas de filet, on maintiendra fermement le poisson qui se débat, car sinon la truite risque de subir des commotions internes. Il arrive également que le poisson qui se débat échappe à la main : il faut donc assurer une prise ferme.

Avec un hameçon sans fil de fer, il est facile d'ôter la mouche, mais il faudra veiller à toujours avoir avec soi un "forceps" chirurgical pour extraire un hameçon qui se sera enfoncé dans les profondeurs inaccessibles de la gorge ou de l'ouïe.

Ne jamais jeter ou laisser tomber une truite à l'eau. Logez-la dans le creux du filet ou des mains, la tête vers le courant si vous êtes en rivière, jusqu'à ce qu'elle se mette à nager toute seule. En eau stagnante, il est parfois nécessaire de pousser le poisson pour lui redonner sa vivacité. Veillez à ce que les ouïes aient retrouvé leur régularité de mouvement avant de relâcher le poisson. Prenez pour libérer le poisson autant de temps que pour le capturer.

La Gestion de la Population

Là où il existe une population naturelle et où la pêche est relativement peu exercée, le repeuplement peut être inutile, sinon désastreux pour la population indigène. Les poissons d'élevage adultes chassent parfois les indigènes plus jeunes de leurs lieux d'alimentation et de nidation. Lorsqu'elle est de même espèce, la population indigène qui aura su, à travers les millénaires, évoluer et s'adapter aux conditions de l'eau peut être vaincue ou absorbée par une population que l'homme aura façonnée pour convenir aux besoins de la pêcherie.

La remise à l'eau d'un ombre commun
Ci-dessus, la remise à l'eau d'un ombre commun, en parfait état.

La pêche pour tous
Une canne à mouche peut être installée presque n'importe où (à gauche).

Le Cycle de Vie de la Truite

L'œuf fécondé, bien à l'abri dans le lit caillouteux de la rivière, se transforme au bout de 30 à 50 jours en alevin, embryon de truite pourvu d'une vaste membrane vitelline. Quand cette réserve alimentaire est proche de l'épuisement, le tout petit poisson se fraie à grand-peine un chemin à travers les cailloux, vers la lumière : il devient une truite miniature, qu'on appelle le fretin.

Le fretin demeure au fond, et il remonte pour intercepter tout organisme susceptible de le nourrir. Bientôt, il remonte en eau intermédiaire où il se constitue un petit territoire alimentaire. En se développant, il acquiert petit à petit les marques caractéristiques sur ses flancs : le fretin devient une petite truite.

Le rythme de croissance, y compris dans une même eau, est très variable. Le poisson le plus gros occupe la zone qui présente le plus de nutriments : la différence de taille s'accentue d'autant. La jeune truite demeure à ce stade dans la rivière ou le lac pendant un à trois ans. Pendant cette période, il est impossible de distinguer les truites qui resteront en rivière de celles qui passeront la majeure partie de leur vie adulte en mer.

A ce stade, la jeune truite commence à perdre ses marques distinctives de petit poisson ; certaines prennent la couleur des adultes d'eau douce. Chez d'autres, les couleurs se fondent sous une couche argentée ; celles-là s'acheminent vers l'aval de la rivière : elles sont devenues des smolts.

La Pratique de l'Acheminement Vers la Mer

Toutes les truites ont le potentiel génétique de quitter les eaux douces où elles sont nées pour gagner la mer et ses nutriments abondants. Que la truite exerce ou non ce potentiel pendant sa durée de vie dépend de plusieurs facteurs.

Un de ces facteurs semble héréditaire, mais non génétique. Les œufs de la truite de mer, débarrassée des adultes migrateurs, fécondés et élevés en pêcherie, acquièrent la couleur argentée des poissons migrateurs. Si on les empêche de migrer, leurs rejetons perdront leur héritage. Ils ne deviendront pas des smolts, et pourtant leur bagage génétique est le même que celui de leurs parents et de leurs grand-parents, qui étaient des migrateurs.

De la même façon, des œufs de truite de rivière amenés à maturité dans une pêcherie deviendront adultes sans passer par l'étape du smolt. Élevée dans une rivière dépourvue de truites à l'état naturel, dans l'hémisphère sud, une colonie de truites de mer se développera et envahira les rivières environnantes.

La couvaison chez la truite arc-en-ciel
L'alevin (ci-dessus) est particulièrement fragile face aux prédateurs.

Fretin de truite arc-en-ciel
Fretin de trois mois (à droite). Ces petits poissons peuvent se reposer sur leur nageoire dorsale.

L'Instinct de Survie

Certaines truites passent leur vie adulte dans des estuaires saumâtres ; d'autres, formant des hordes argentées, s'acheminent vers l'océan.

On ne sait pas vraiment ce qui déclenche la pratique de l'acheminement vers la mer chez certaines truites et pas chez d'autres. La faim est peut-être un des éléments de réponse. Quoiqu'il en soit, cette pratique offre à la truite une stratégie très efficace pour lutter contre les calamités naturelles, car n'importe quelle zone de son habitat peut être re-colonisée rapidement à partir de la mer ou de la source une fois le désastre fini.

Truite de mer
Il arrive que la truite de mer (à gauche) devienne argentée en eau salée.

La Truite Fario d'Europe du Nord

La truite fario (Salmo trutta) est la truite indigène en Europe et en Asie occidentale. Toute description de la "fario" typique souffrira forcément une exception ; en effet, elle peut présenter une variété infinie de différences en termes de couleurs et de motifs, y compris dans une même eau.

Le dos est le plus souvent d'un brun verdâtre, parfois abondamment marqué de grosses taches noires, marron foncé ou rouges. Ces taches foncées sont généralement entourées d'une auréole pâle, ce qui les fait ressortir. Les taches rouges sont la plupart du temps situées sur les flancs. Les taches recouvrent également la nageoire dorsale, mais ne vont jamais, ou rarement, jusqu'à l'extrémité de la nageoire caudale fourchue.

Les nageoires varient du noir au rouge orangé ; la nageoire adipeuse rouge, lorsqu'elle est présente, est le signe distinctif de la truite fario.

La truite fario vit à l'état naturel dans toutes les mers et tous les cours d'eau d'Europe, depuis l'Islande au nord-ouest jusqu'à l'Espagne au sud-ouest, depuis la côte Arctique de la CEI jusqu'au pôle.

Autrefois, il y a peut-être eu des truites fario en Méditerranée, à une période où cette mer était encore reliée à la Mer Caspienne et à la Mer d'Aral, car on trouve des truites fario dans les eaux qui se jettent dans ces mers intérieures.

Présence de la Truite Fario

Présence de la truite fario
La carte ci-dessus indique la présence naturelle de la truite fario dans les eaux d'Europe du nord.

Truite fario d'élevage
Un spécimen vigoureux (ci-dessous) présentant toutes les caractéristiques d'une truite fario d'élevage.

La Migration de la Truite de Mer

Aujourd'hui, il n'y a plus de truites de mer dans les eaux chaudes de la Méditerranée, mais on trouve des populations de truites fario à l'état naturel dans les Montagnes de l'Atlas, au Maroc, ainsi qu'en Corse et en Sardaigne. Là où il n'y a pas de migration de truites de mer, ces populations isolées ont évolué et sont devenues des sous-espèces différentes.

Beaucoup de truites fario prospèrent là où nulle truite de mer n'a jamais nagé. La première opération réussie de transfert d'œufs à partir de Itchen, dans le Hampshire, aux Antipodes, aboutit en Tasmanie en 1864. Les rejetons de cette première vague servirent plus tard à repeupler les eaux d'Australie et de Nouvelle Zélande. En 1868, on introduisit dans le sud de l'Inde des truites provenant du Loch Leven (en Écosse). A partir de 1892, le Cap ainsi que les Monts Drakensberg du Natal (Afrique du sud) bénéficièrent de populations prospères. Au début de ce siècle, certaines rivières du Kenya et du Tanganyika prirent le relais.

Les premières truites fario à traverser l'Atlantique, en 1883, provenaient d'Allemagne. L'année suivante, elles furent rejointes par des poissons en provenance de l'Itchen et du Loch Leven. Ces spécimens peuplèrent les rivières orientales de la Pennsylvanie et de l'État de New York. Depuis lors, on les a introduits avec succès dans 44 autres États américains ainsi que dans les eaux canadiennes.

Durant les dix premières années de ce siècle, on introduisit des truites fario en Argentine, aux Malouines et au Chili, où aujourd'hui elles atteignent des poids record.

Une truite fario parfaite
La truite fario (ci-dessus) est facile à distinguer de la truite arc-en-ciel car elle ne présente pas de taches sur la nageoire caudale. En outre, elle arbore sur le corps des taches prononcées, parfois rouges.

Coloration brune caractéristique de la truite

La Truite Fario en Rivières et en Lacs

La truite fario fraie en novembre et en décembre. Entre mars et mai, le fretin sort pour se nourrir. Son rythme de croissance dépend de la température et de l'alimentation disponible, mais certaines souches grandissent plus vite que les autres.

Dans les eaux riches en nutriments d'un courant ou d'un lac calcaire, la longueur moyenne d'une truite fario de trois ans atteint environ 30 cm. Dans les eaux oligotrophiques d'un courant ou d'un petit lac de montagne, la même atteindra environ 15 cm., et pèsera environ un huitième du poids de sa cousine d'eau calcaire.

La truite fario des rivières est plutôt sédentaire. Elle pourra résider dans une zone de nutrition donnée pendant plusieurs mois ou plusieurs années, les spécimens les plus gros se réservant les zones les plus riches jusqu'à ce qu'ils soient éliminés par l'âge ... ou le pêcheur. Dans ces zones de permanence, la truite changera de couleur pour se fondre avec le fond. Son régime alimentaire affectera également sa couleur. Les taches rouges sont produites par le carotène. Si la truite consomme beaucoup de crustacés contenant ce pigment, elle acquerra une chair rose vif et ses flancs prendront des taches rouges. La truite du Loch Leven fait néanmoins exception à la règle: célèbre pour son esprit combatif et sa chair ferme et rose, elle ne présente aucune tache rouge.

Variations sur un Thème

Lorsque la truite fario consomme une nourriture bien spécifique, il arrive que se développent dans un même lac plusieurs variétés très distinctes. Dans le Lough Melvin, proche de la côte nord-ouest de l'Irlande, on en compte au moins trois : la truite sonagnen est un petit poisson de couleur foncée pourvu de nageoires noires et d'une grande queue. Elle passe toute sa vie en eau profonde et se nourrit de brins de microscopique plancton animal.
Les truites gillaroo, elles, sont ornées de taches rouge vif et noires. Leur paroi stomacale est tapissée de muscles épais adaptés à leur régime alimentaire d'escargots et de crustacés glanés sur les rochers des bords creux. Les habitudes alimentaires de ces deux variétés ont pour conséquence qu'elles ne se rencontrent presque jamais. Même leur frai s'opère dans des courants différents : ainsi, les deux races demeurent distinctes, sur le plan génétique comme sur le plan structurel. La troisième variété qu'on peut trouver dans le Lough Melvin (et ailleurs) s'appelle Salmo ferox. Il s'agit d'une grande truite pourvue d'une grosse tête et de fortes mâchoires, et qui se nourrit principalement de poissons. On n'a pas encore déterminé s'il convenait de la classer dans une variété distincte. Sa longévité est considérable (une caractéristique qui distingue la truite fario de la truite arc-en-ciel) et une bonne partie de ses caractéristiques est peut-être tout simplement une conséquence de l'âge et des dimensions.

Une prise de truite fario
Il est important de savoir imiter les aliments préférés de la truite (à gauche) à l'aide d'une mouche appropriée.

La Truite Fario de Lac

Les truites fario de lac émigrent pour frayer vers les courants riches en nutriments. Elles se rassemblent au moment des crues lorsque les jours raccourcissent, à la mi-automne. Le croneen que l'on rencontre dans le Lough Derg, près du Shannon, en Irlande (ainsi que les truites fario d'autres grands lacs) a un comportement proche de celui de la truite de mer. Ces grands poissons argent pénètrent dans les affluents à la mi-été, imitant ainsi les montaisons de nidation de la véritable truite de mer.

Truite fario d'Irlande
Jolie truite de lac (ci-dessous)

La Truite Fario de Mer

Les petits poissons argentés déferlent des sources en bancs désordonnés et s'égaillent dans la mer. Généralement, ils ne s'aventurent pas au large et préfèrent se gorger des concentrations d'anguilles de sable, de harenguets, de crabes et de crevettes ainsi que de leurs larves et leurs petits en Mer du Nord et sur les côtes atlantiques de l'Europe. La jeune truite de mer a une croissance rapide. Certaines d'entre elles retourneront en eau douce après quelques mois. Il arrive que ces petites truites fraient, mais la plupart retourneront en mer au bout d'un mois environ. Pourquoi certaines truites de mer demeurent-elles en mer plus longtemps que les autres ? Nous n'avons pas de réponse à cette question. Quoiqu'il en soit, toutes doivent regagner les eaux douces pour frayer. Les poissons, sur le chemin du retour, constituent des bancs fluides qui longent la côte avant de revenir à la familiarité des eaux de leur jeunesse : la truite de mer, comme le saumon, se fie à son odorat et à son goût pour retrouver ses eaux natales. Mais contrairement au saumon, elle n'a pas besoin de crue pour remonter la rivière. Par les sombres nuits d'été, on peut entendre la truite de mer qui bruisse à travers les creux d'eau en remontant la rivière. Néanmoins, une crue favorisera l'arrivée de plus grands nombres de truites. Ces dernières arrivent au début de l'été et continuent à affluer pendant toute la saison. Mais on peut prendre les premières truites migrantes dès la mi-printemps.

Les Caractéristiques de la Truite de Mer

Quand elle arrive de la mer, la truite de mer est de couleur argent clair, avec des taches sombres. Petit à petit, elle prend des taches couleur cuivre et se teinte de la nuance brun-rouge terne du poisson adulte en période de frai.

La truite de mer de l'Atlantique ne retrouve pas entièrement la couleur de sa petite sœur non migratrice, la truite fario d'eau douce.

Les Sous-Espèces Européennes

Là où s'est trouvée isolée une population de truites fario, surtout si le phénomène dure depuis plusieurs millénaires, il existe une chance pour qu'elle se soit suffisamment différenciée pour constituer une véritable sous-espèce ; mais ceci demeure avant tout une question d'opinion scientifique. Ce qui est important pour le pêcheur, c'est la richesse et la diversité des formes que peut prendre la truite fario.

Chaque mer intérieure — la mer d'Aral, la Caspienne, la Mer Noire et la Méditerranée — possède ainsi sa propre forme de truite fario. Dans la Méditerranée, l'absence de truite de mer a engendré un isolement accru de certaines réserves d'eau: les rivières de la Yougoslavie s'enorgueillissent de plusieurs variétés uniques. Deux de ces variétés, la truite marbrée (*Salmo marmoratus*), au nord, et la truite du lac Ohrid, au sud (*Salmothymus ohridius*) sont des espèces bien distinctes de la truite fario du bassin méditerranéen (*Salmo truta macrostigmata*).

Ces truites méditerranéennes se retrouvent également dans les monts de l'Atlas, en Corse et en Sardaigne, et, ce qui nous rappelle singulièrement les tout premiers pêcheurs à la mouche de Macédoine évoqués par Claudius Aelianus, dans les hautes montagnes de Grèce.

Truite alpine
Cette truite (ci-dessus) vient d'être pêchée: c'est un spécimen typique de truite alpine au sommet de sa santé.

La Situation de la Truite

Le cas de la petite truite de Grèce illustre bien la menace qui pèse sur plusieurs variétés de truite fario. En été, la Grèce est un pays sec dont les côtes sont envahies par des flots de touristes. L'eau puisée dans les rivières des montagnes pour satisfaire les besoins des touristes manque cruellement aux truites fario de la région. L'élevage des truites arc-en-ciel, qui grandissent plus vite, n'a fait qu'aggraver la situation des truites fario.

Prise et posée
Une truite fario d'élevage, prise très appréciée.

La Truite du Nouveau Monde

L'Amérique du Nord compte quatre espèces communément appelées "truites". Deux d'entre elles, la truite de ruisseau et la truite de lac, sont en réalité des ombles chevaliers, proches parents de la véritable truite. Les deux autres espèces sont originaires de la côte Pacifique et de l'ouest des Rocheuses. Elles ont pour ancêtre commun les saumons du Pacifique (*Oncorhynchus*) et sont aujourd'hui reconnues comme appartenant à ce groupe plutôt qu'à l'espèce Salmo d'Europe. La truite arc-en-ciel (*Oncorhynchus mykiss*, autrefois dénommée *Salmo gairdneri*) tire son nom de ses couleurs iridescentes, qui évoluent du vert olive sur le dos jusqu'à une bande rosée ou violette qui parcourt la longueur de son flanc, jusqu'à un ventre plus pâle. A l'approche du frai d'hiver, les couleurs s'accentuent.

Les taches qui parsèment le dos et les flancs sont plus petites que celles de la truite fario, et n'ont pas d'auréole pâle. Contrairement aux taches de la fario, celles de l'arc-en-ciel vont jusqu'à la nageoire caudale. La truite arc-en-ciel est originaire des rivières tumultueuses de la côte ouest et de celles du Détroit de Bering, au nord, jusqu'aux cours d'eau mexicains du Golfe de Californie.

En passant par le Détroit de Bering, cette espèce remonte les rivières d'Union soviétique jusqu'à la frontière chinoise au sud.

Répartition

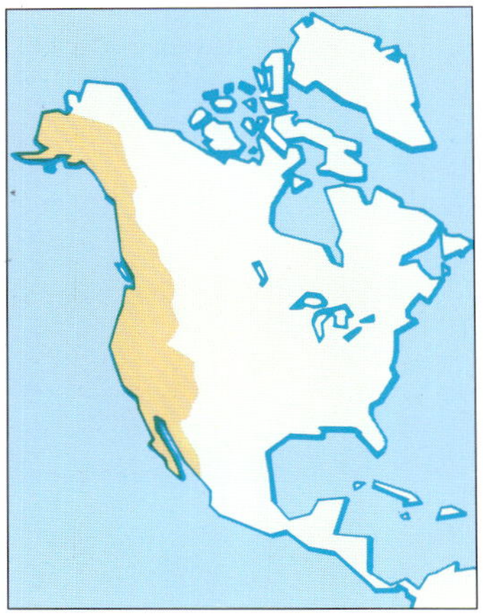

Présence de la truite arc-en-ciel
La carte (à gauche) montre la présence de la truite dorée et de la truite arc-en-ciel.

La Truite Vagabonde

On retrouve la truite arc-en-ciel presque partout dans le monde. Elle est facile à élever en pêcherie et supporte une grande variété d'eaux, de températures et de conditions. C'est la truite domestique type, et pourtant elle a conservé les étonnantes qualités combatives acquises dans les rivières rapides de ses origines. Dans les célèbres réserves de truites arc-en-ciel des Montagnes Rocheuses (et des rivières qui s'acheminent vers l'est), il n'y avait pas de truites arc-en-ciel indigènes. Ces réserves furent les premières à être approvisionnées, avec celles des états de l'Est et du Mid-West (les truites furent baptisées "arc-en-ciel" par les premiers importateurs de l'est).

Dans beaucoup de cours d'eau, ces intrus vigoureux ont supplanté la truite indigène. Là où il n'existe pas de concurrence de la part de la truite indigène, leur rythme de croissance peut atteindre des vitesses étonnantes ; c'est ce qui s'est produit dans les célèbres réserves de Nouvelle Zélande et dans les eaux puissantes du Chili et de l'Argentine. Paradoxalement, c'est là qu'on retrouvera les variétés d'élevage originelles les plus "pures". En Europe, les truites arc-en-ciel sont rares à l'état naturel; c'est la truite arc-en-ciel d'élevage qui a fait les beaux jours de la pêche à la mouche en eau dormante et dans les réserves commerciales.

Truite arc-en-ciel
Une truite arc-en-ciel (à gauche) en pleine santé.

Omble de fontaine
L'omble de fontaine (Salvelinus fontinalis) fut d'abord introduite en Nouvelle Zélande (à droite) en 1877, où elle prospère encore.

La Truite Arc-en-Ciel en Eau Douce

La truite arc-en-ciel est une grande voyageuse. On en connaît des souches non migratrices (comme la célèbre variété des shasta, dans la rivière McCloud, au nord de la Californie, et celle des kamloops qu'on trouve dans les lacs proches de la rivière Thompson, en Colombie britannique), mais elles résultent généralement de barrières posées pour empêcher la migration. Là où c'est possible, la plupart des arc-en-ciel remonte vers la mer. A leur retour, elles sont devenues des truites de mer du Pacifique.

Le jeune poisson qui migrera est impossible à distinguer de celui qui passera toute sa vie en rivière. Les jeunes arc-en-ciel grandissent plus vite que la truite fario, et leur croissance plus rapide correspond à un appétit plus féroce.

La truite arc-en-ciel est une vorace. Là où la truite fario de rivière se contente d'occuper une couche d'eau et d'attraper tout aliment qui passe à sa portée, la truite arc-en-ciel se met en chasse. Comme on peut s'y attendre, la truite arc-en-ciel a un régime alimentaire plus grossier que la fario. Elle accepte une plus grande variété d'aliments. Pour ce qui intéresse le pêcheur à la mouche, il sera beaucoup plus délicat de trouver l'aliment adapté à la truite fario, plus méfiante et plus difficile. Mais de plus en plus, cet art est nécessaire pour les truites arc-en-ciel les plus difficiles à pêcher : celles de l'ouest.

Mode de Vie

C'est dans sa deuxième ou troisième année que la truite arc-en-ciel migratrice descend les rivières en direction des eaux du Pacifique au large de l'Amérique du nord et, plus récemment, de la Nouvelle Zélande.

En mer, elle gagne le large ou bien, plus généralement, demeure près des côtes et se gorge des bancs abondants de poissons et de crustacés provenant du Mexique et de l'Alaska. Ce comportement est peut-être la conséquence de la sélection naturelle, dans ces rivières agitées et puissantes : seuls les poissons les plus grands sont capables de revenir et de frayer avec succès. Les truites arc-en-ciel fraient à la fin de l'hiver et au printemps, quand les premières fontes des neiges produisent une abondante eau fraîche.

Les groupes de poisson pénètrent dans la rivière en automne et à l'hiver, ce qui différencie bien leur pêche des chaudes nuits d'été de pêche à la truite de mer de l'Atlantique. Au moment où le poisson aborde la rivière, il prend les couleurs de l'arc-en-ciel d'eau douce. Les arc-en-ciels qui viennent de la mer se différencient difficilement des sédentaires, excepté par leur taille.

Truite arc-en-ciel adulte
Cette truite arc-en-ciel (ci-dessous) a été prise dans le New Jersey. L'espérance de vie moyenne d'une truite arc-en-ciel est de six ans.

La taille d'une truite arc-en-ciel
Une truite arc-en-ciel âgée de deux saisons (ci-dessus) peut atteindre 15-19 cm, et jusqu'à 32 cm. dans les eaux riches en nutriments.

Pour attraper une truite arc-en-ciel
Quiconque a déjà amorcé et attrapé une truite arc-en-ciel (ci-dessus) dans une rivière à courant pourra témoigner de sa musculature et de sa combativité. Généralement, elle meurt plus jeune que la truite fario, peut-être fatiguée par un mode de vie exubérant.

Truite Cuttthroat "Gorge fendue"

L'Oncorynchus clarki (ex *Salmo clarki*) est la deuxième truite de l'ouest américain. Son nom commun lui vient des deux stries rouges qui barrent sa gorge sous la mâchoire inférieure. Ces stries rouges sont plus saillantes en période de frai, et sont présentes sur toutes les variétés. Il est heureux que cette caractéristique leur soit commune, car l'oncorynchus clarki varie énormément en taille, en robe et en couleur. En général, il est plutôt petit, bien qu'une de ses sous-espèces que l'on trouvait dans le lac Pyramid (aujourd'hui hélas disparue, soit naturellement, soit suite à des métissages) soit à l'origine du poids moyen le plus élevé chez les truites d'eau douce (aux environs de 12 kg).

Comme pour la truite de lac, cette espèce a été utilisée en Europe pour introduire des poissons dans des réserves, et on connaît un certain nombre de cas d'hybrides entre cette espèce et l'arc-en-ciel. Le dos et les côtés de l'Oncorynchus clarki sont généralement d'un vert olive qui évolue vers un ventre ocre jaune pour atteindre une couleur pâle ou blanche entre les nageoires appariées.

Très souvent, il comporte de très nombreuses taches dans la région de la queue et du dos, sur la nageoire dorsale, la queue et la nageoire adipeuse.

Répartition

Présence de la truite "cutthroat"
Présence originelle de la "cutthroat" (ci-dessus). Les parcs nationaux protègent partiellement cette espèce.

Localisation de l'Oncorynchus clarki

C'est une truite qu'on trouve dans les rivières de la côte ouest et en altitude, dans les eaux froides des montagnes. C'est la truite indigène des Rocheuses, et on la trouve à l'état natif dans les rivières qui partent à l'est et à l'ouest de la division continentale. A l'ouest, on la trouve dans les mêmes rivières que l'arc-en-ciel, mais sa place forte réside dans les sources froides, en altitude. Dans l'idéal, il existe une barrière infranchissable entre son domaine et celui de son cousin exubérant.
Avec l'arrivée de l'homme, on a assisté à un réchauffement et à une pollution de la température des courants. L'habitat de l'Oncorhynchus clarki a subi une certaine pression, et le remède à court terme au déclin de la population — la mise en réserve de l'arc-en-ciel, plus résistante — n'a fait que hâter son déclin. La carte de répartition montre son habitat d'origine, mais en beaucoup de lieux, les souches indigènes sont menacées, éteintes ou irrémédiablement gâchées par l'hybridation avec son parent proche, l'arc-en-ciel omniprésente.

L'habitat de montagne

Les populations d'Oncorhynchus clarki se sont souvent retrouvées isolées dans leurs rapides montagnards. Cet isolement a eu pour résultat une myriade de variétés locales et de souches qui font la joie du pêcheur qui apprécie ces belles truites, parfois petites, mais toujours étonnamment belles.
Les Oncorhynchus de Yellowstone sont exemptes de toute menace. Dans ce parc national en effet, on les a protégés de toute introduction d'espèces et de la pêche abusive. Plus au sud, et de l'autre côté de la ligne de partage, une variété d'Oncorhynchus (*O. lewisi*) a pour place forte les eaux du Snake et de ses affluents à l'intérieur du Grand parc national du Wyoming.

L'Oncorynchus du Colorado

L'Oncorhynchus du Colorado (*O. pleuriticus*) se trouvait autrefois dans toutes les eaux septentrionales du fleuve Colorado ; aujourd'hui, on ne la rencontre plus qu'à la source et dans certains lacs d'altitude.
L'histoire est à peu près similaire pour les espèces du Rio Grande (*O. virginalis*) et de la rivière Gila. Les espèces du bassin du Lahontin (aux environs des déserts de Reno et du Nevada) sont elles aussi isolées (*O. henshawi*). Cette sous-espèce mangeuse de poissons produisit autrefois l'énorme poisson du lac Pyramid, aujourd'hui disparu à jamais, mais on utilise des populations survivantes des eaux isolées du Lahontin pour réapprovisionner les lacs du Lahontin, comme le lac Tahoe et le lac Pyramid.

"Cutthroat" albinos
Un spécimen inhabituel (ci-dessus) provenant du lac Pyramid.

Petites "cutthroat"
Chez la cutthroat, les variations de couleurs sont innombrables (à gauche).

Les Cutthroats des Côtes

Dans les rivières qui longent le front de mer occidental de l'Amérique du nord, de l'Alaska au nord de la Californie, on trouve des cutthroats qui migrent vers la mer. Les spécimens du nord peuvent être gros mais, contrairement à la truite de mer de l'Atlantique, ils sont rarement plus gros que les cutthroats qui ne quittent jamais l'eau douce. Ces cutthroats de mer ne se dispersent pas le long de la côte: ils restent à proximité de l'estuaire, en bancs, et regagnent les rivières après seulement quelques mois passés en eau salée.

On peut voir les grands bancs de cutthroats argentés, avec leurs taches caractéristiques, s'acheminer vers les rivières à la fin de l'été. Ces truites sont les proies de la côte ouest. Les fortes pulsions migratrices de la truite arc-en-ciel ont empêché l'isolement et les variations qui caractérisent les cutthroats.

Dans le nord du Mexique et au sud-ouest des Etats-Unis, la chaleur des étendues d'eau les plus basses et la fréquence des mouvements sismiques ont piégé plusieurs populations à la source des cours d'eau et dans les lacs de montagne des chaînes les plus élevées. A une telle altitude, l'eau est froide et peut accueillir plusieurs variétés de petites truites qui, grâce à leur couleur d'un or iridescent, font partie des plus beaux salmonidés.

Les Origines de la Truite Dorée

La truite dorée fait partie de la variété des arc-en-ciel et est semblable à la truite arc-en-ciel de la rivière Kern, dans la Sierra Nevada. La truite dorée (*Salmo aguabonita*), origine de l'estuaire sud de la Kern, peuple les eaux de montagne où soit il n'existait aucune truite indigène, soit les truites dorées indigènes avaient disparu à cause de l'introduction de truites arc-en-ciel d'élevage et autres espèces.

La truite dorée
Cette exquise truite dorée (ci-dessus) est originaire de la rivière Kern. Elle a été pêchée en Californie

Un spécimen parfait
Cette cutthroat (ci-dessus) est de forme typique : petite et délicate.

Les Variétés Pures

Aujourd'hui, on ne trouve de populations pures de truites dorées que dans les eaux situées au-delà de barrières infranchissables.
Dans toutes les régions élevées et sèches du sud-ouest, il existait des truites dorées à l'état naturel. Les plus méridionaux de ces salmonidés sont les rares truites dorées du Mexique que l'on trouve dans les hautes montagnes de Chihuahua.

Les Variétés de Truites Dorées

La truite dorée du Mexique est la plus divergente de toutes les sous-espèces de truites, mais elle se rapproche beaucoup des truites dorées Apaches de l'Arizona, que l'on voit encore dans le Little Colorado, et, de l'autre côté de la ligne de partage, dans les rivières Black et White, affluents du Gila. La source du Gila se trouve au Nouveau Mexique et possède sa propre truite dorée (*S. Gilae*), une variété proche de la cutthroat qui ressemble étonnamment à la cutthroat du Rio Grande que l'on trouve à la source de ce fleuve.
Une hypothèse consiste à affirmer que ces anciennes truites dorées, d'une grande beauté, sont peut-être la dernière trace d'un pont génétique ancestral reliant la truite arc-en-ciel à la truite cutthroat du Nouveau Monde.

Superbes truites orientales
Ces truites dorées japonaises aux couleurs chatoyantes (ci-dessous) ont peut-être un lien ancestral avec la truite d'Amérique du nord.

LA TRUITE DE FONTAINE, L'OMBLE CHEVALIER ET LA DOLLY VARDEN

L'OMBLE (SALVELINUS) EST un proche parent de la truite et leur croisement produit un poisson beau mais stérile. En période de frai, il est souvent très coloré : généralement, il porte des marques claires sur fond plus sombre (chez la truite, c'est l'inverse).

La truite de fontaine est indigène dans les régions nord-est et dans le Mid-West en Amérique. Son dos est gris-vert et présente un motif plus clair, ondulant et diapré, qui continue jusqu'à la nageoire dorsale. Les côtés sont plus pâles, le ventre est blanc teinté de jaune orangé qui fonce et devient plus orange à l'approche du frai.

La forme du corps est épaisse, compacte, accentuée par une nageoire caudale carrée. Les nageoires inférieures sont d'un orangé vif, avec des bords blancs ourlés d'une bande noire. Natifs des eaux arctiques et des lacs froids des latitudes plus tempérées, ces poissons sont argent clair jusqu'au frai ; à ce moment, le dos se teinte de rouge, le ventre pâle et les taches prennent une couleur éclatante rouge orangé.

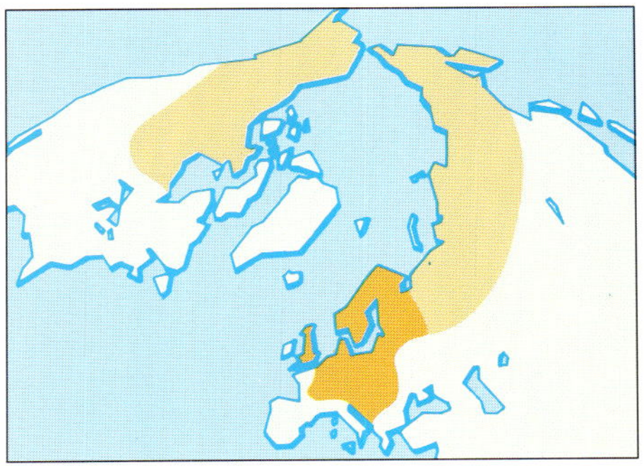

Répartition de l'omble chevalier et du Pacifique
La carte ci-dessus montre la présence naturelle très étendue de ces deux truites.

LA RÉPARTITION DE LA TRUITE DE FONTAINE

La truite de fontaine se trouvait à l'état indigène dans les eaux froides de l'est de l'Amérique du nord. La présence de l'homme ayant réchauffé ces eaux, la truite de fontaine s'est repliée vers le nord. Aujourd'hui, les réserves naturelles les plus intéressantes se trouvent au Canada. La truite de fontaine a été implantée avec succès en Nouvelle Zélande, en Argentine et au Chili. Là, elle peut atteindre un poids de 5 kg au cours de sa courte de vie (4 à 5 ans).
En Europe, la truite de fontaine est beaucoup utilisée dans les réserves où l'on pratique la remise à l'eau. Elles sont moins sophistiquées que la truite fario indigène, et une grande partie d'entre elles est prise aussitôt après leur mise en réserve.

Répartition de la truite de fontaine
La truite de fontaine (ci-dessus) prospère à l'est de l'Amérique du nord.

L'omble chevalier
Cette omble (à gauche) vit dans le lac Umiakovik, dans le Labrador.

L'OMBLE ET LA DOLLY VARDEN

L'omble chevalier (*Salvelinus alpinus*) se retrouve exclusivement dans les rivières du nord, mais on en retrouve de nombreuses populations dans les régions post-glaciaires d'Europe, d'Asie et d'Amérique du nord. En Angleterre, la région des lacs dispose de populations extrêmement vivaces, ainsi que certains lacs d'Irlande et des Alpes. Une sous-espèce de l'omble chevalier, nommée la Dolly Varden ou omble du Pacifique, se rencontre dans les rivières côtières du Pacifique, du nord de la Californie jusqu'à l'Alaska.

L'omble du Canada (*S. namaycush*) est originaire des lacs canadiens, au nord à partir des grands lacs. Il a été introduit avec succès en Suisse, et on le pêche rarement à la mouche artificielle.

La Dolly Varden
Un omble chevalier fréquentant la mer.

L'Ombre Commun

De tous les salmonidés que l'on pêche à la mouche, l'ombre commun (*thymallus thymallus*) est sans doute celui qui ressemble le moins à la truite. Par son apparence, il ressemble davantage aux poissons blancs, cette espèce argentée ressemblant au hareng, qui fut la première à diverger de la famille des truites ; l'ombre commun fut la deuxième.

L'ombre commun est un poisson à écailles argentées et ne présente aucune des variations de couleurs qui caractérisent la truite ou l'omble. Son dos est sombre et ses flancs argentés présentent une iridescence fascinante qui disparaît à la mort de l'animal. Ses écailles sont beaucoup plus grandes que celles de la truite et sont disposées en rangées sur toute la longueur du poisson.

La caractéristique la plus distinctive de l'ombre commun est son énorme nageoire dorsale, particulièrement spectaculaire au printemps, en période de frai. Il est probable que ce gigantesque étendard, teinté de violet avec des taches sombres, constitue un signal, au même titre que les couleurs vives que prend l'omble en période de frai. Derrière la nageoire dorsale se trouve une petite nageoire adipeuse, ainsi qu'une queue fourchue. La bouche de l'ombre est petite, légèrement en arrière du nez, comme il sied à un poisson qui trouve sa nourriture au fond de l'eau.

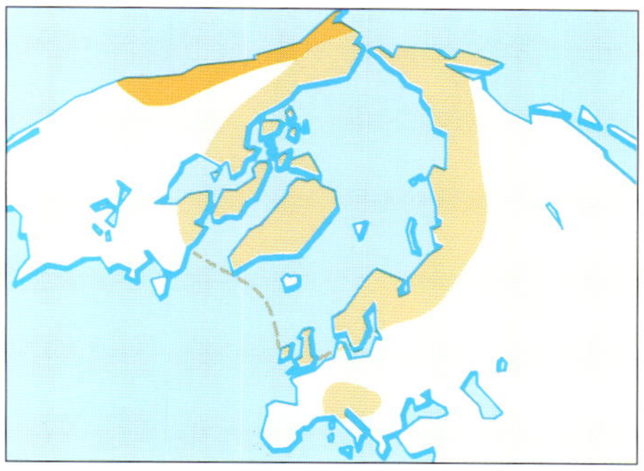

Présence naturelle de l'ombre commun
La carte (ci-dessus) indique les zones peuplées par les deux espèces d'ombres.

Répartition

Les deux espèces d'ombre intéressant le pêcheur sont les plus répandues de toute la famille des salmonidés. L'habitat indigène de l'ombre européen est le même que celui de la truite fario, à l'exception des régions plus chaudes du sud — l'ombre a besoin d'eaux froides — et des îles où l'ombre n'a pas pu s'établir.

L'Ombre dans la Région Arctique

Cet habitat est d'autant plus étonnant pour un poisson qui n'est ni purement anadrome (il tolère l'eau saumâtre), ni un grand sauteur de torrents: la plus petite barrière peut l'empêcher de se répandre. L'ombre arctique (*T. arcticus*) est encore plus répandu que l'ombre européen, on le retrouve, au sud, jusqu'en Sibérie, puis jusqu'à la région des lacs au Canada.

Habitudes alimentaires
L'ombre commun (ci-dessus à gauche) peut franchir plusieurs mètres d'eau pour attraper une mouche sèche.

L'ombre européen
L'espèce ci-dessus prospère dans les rivières européennes.

Variation saisonnière
Là où la truite est immangeable, l'ombre (à gauche) est parfait.

LA MOUCHE DE MAI (MAYFLY)

ORDRE DES ÉPHÉMÉROPTÈRES

DE TOUS LES ALIMENTS couramment imités par le pêcheur à la mouche, la mouche de mai, avec ses ailes à la verticale, est sans doute la plus appréciée. Sa vie débute sous la forme d'un œuf qui, au bout de quelques semaines, se transforme en nymphe. Cette dernière parvient à maturité en douze mois.

Les différentes espèces (flèche agile, fouisseuse de fond, nageuse laborieuse, rampante de vase, agrippeuse de pierre et grimpeuse de mousse) adoptent alors des styles de vie conformes à leur habitat.

Quand la "dun" (subimago) émerge, il n'y a guère que la taille qui permette de faire la différence entre les espèces. Certaines arborent des corps et des ailes de couleurs différentes, certaines *Ephemera* et *Ephemerella* ont trois queues, d'autres deux. Leur vie est brève : en 12 à 20 heures, cette mouche imparfaite se sera miraculeusement transformée en imago, ou mouche parfaite (spinner). C'est à ce stade qu'elle va s'accoupler.

Puis la femelle retourne au lieu qu'elle a choisi pour l'éclosion de ses œufs. C'est là qu'elle va les pondre, puis mourir (à ce stade, on l'appelle "spent"). Ce phénomène explique l'origine du nom latin de cette espèce, *Ephemeroptera*, qui signifie "animal ailé à courte vie".

La "flèche agile"
Cette nymphe de Baetid (ci-dessus) appartient à l'ordre des Ephéméroptères. Elle vit au milieu des végétaux et constitue une proie facile pour la truite car elle ne peut compter que sur sa rapidité pour échapper à ses prédateurs.

L'"agrippeuse de pierre"
La dun d'automne ou "brook dun" (Ecdyonurus) (à gauche). Parmi les autres "agrippeuses de pierre" : l'espèce des Rhithrogena *et des* Heptageniidae

Les hexagenia
Le spinner hexagenia et sa danse nuptiale. La ponte, qui se produit peu de temps après, est suivie par la mort. Le spinner devient une "spent".

La "fouisseuse de vase"
La nymphe d'Ephemera danica (ci-dessus) fouisse le gravier ou la vase, tout comme les espèces Ephemera, E. vulgata, Hexagenia *et* Ephemerella.

La March Brown
La Rhithrogena germanica *(ci-dessus) présente des ailes très veinées; son corps est brun foncé, elle a deux queues et six pattes. Elle est relativement grosse mais néanmoins conforme à la forme "dun" classique, avec ses ailes à la verticale.*

L'Olive Blue Wing
Avant que ne démarre le processus de transformation, Ephemerella ignita *(ci-dessus) arbore ses trois queues caractéristiques et sa petite aile arrière. Contrairement à beaucoup d'autres espèces, la dun pond souvent le soir.*

Ephemera Danica
*Ce spinner d'*E. Danica, *dans sa position entièrement déployée, (à gauche) a pondu ses œufs à la surface de l'eau.*

La Blue-Winged Olive Imago
Stade de la blue-winged olive imago (ci-dessous). Elle laisse choir ses œufs en l'air.

La Blue-Winged Olive Dun
*Avant le début du processus de transformation, l'***Ephemerella ignita** *(ci-dessus) présente ses trois queues caractéristiques et sa petite aile arrière. Bien souvent, cette dun éclôt le soir : elle est une des seules à choisir ce moment.*

Le spinner Baetis
Le spinner Baetis (ci-dessous) cherche des objets à la surface de l'eau pour se glisser dessous et y pondre. Sur la photo, on les voit utiliser une paire de cuissardes de pêcheur ! La ponte se produit principalement pendant les mois chauds, vers le crépuscule.

LA MOUCHE CADDIS

ORDRE DES TRICHOPTÈRES

CES INSECTES AQUATIQUES, également connus sous l'appellation de sedge et dont le nom latin, mot à mot, signifie "à ailes velues", sont tout spécialement remarquables à l'âge adulte, car la forme de leurs ailes rappelle un toit. Les stades de développement sont l'œuf, la larve, la nymphe et l'adulte.

Le stade de la larve diffère de la plupart des autres formes d'insectes en ce que beaucoup d'espèces de l'ordre des Trichoptères construisent leurs propres habitats à l'aide de fragments glanés à la surface de l'eau. Chaque espèce choisit un matériau différent: par exemple, la grannom utilise des tiges de roseau; la grande sedge rouge préfère les fragments de plantes . Mais la *Rhyacophila* et la *Hydropsyche* ne construisent pas d'habitat à proprement parler. La ***Hydropsyche*** fabrique une sorte de poche, une toile destinée à recueillir les proies, derrière laquelle on trouve une sorte de cocon. C'est dans cette chambre que se déroule la nymphaison, puis la nymphe nage lentement vers la surface pour éclore et devenir adulte.

Pour la truite, larve et nymphe constituent des aliments de choix. La nymphe est le plus important, tout simplement parce qu'elle est plus visible. La caddis adulte couve généralement entre midi et le soir ; elle vit au maximum une semaine.

LA PONTE

Après l'accouplement, la caddis femelle quitte son sanctuaire de feuilles situé sur la rive pour revenir dans l'eau et y pondre ses œufs. Le stade de la ponte est également important pour le pêcheur à la mouche. La caddis femelle pond ses œufs de deux manières différentes : soit elle plonge son abdomen sous l'eau et éjecte un flot d'œufs, soit elle plonge sous la surface. Cette tâche accomplie, elle meurt. Cette étape constitue une autre possibilité d'imitation pour le pêcheur à la mouche — la mouche adulte spent.

En termes de pêche, la caddis est largement répandue dans tous les types d'eau, courante ou dormante. Dans certaines zones comme l'Allemagne, l'Autriche et beaucoup de régions des Etats-Unis, elle constitue pour la truite un aliment de base. Il ne faut donc jamais la négliger. Toutes ses étapes sont intéressantes pour la truite et imitables grâce à un large éventail de patrons de mouches.

La grannom

*La plupart des espèces se reconnaissent par le matériau qu'elles choisissent pour leur caset. Le caset de la grannom (*Brachycentrus*) (ci-dessous) est mangé par la truite qui se délecte également de pierres, de brindilles et de larves dans une même bouchée.*

Les Rhyacophila

Pour la truite, la larve flottante (ci-dessous) constitue un mets de choix. C'est pourquoi elle est très importante pour le pêcheur à la mouche. On la trouve partout en Amérique et en Europe, jusqu'en Finlande. Cette espèce larvaire peut atteindre 4 cm de long.

Les Mystacides

L'espèce des Mystacides (ci-dessous) construit son caset. Ces caddis se rencontrent en eau dormante et en rivière.

La grande sedge rouge (Great Red Sedge)
L'émergence d'une pupe (à gauche) avec ses antennes et son aile supérieure. L'adulte (ci-dessus) nage mal et constitue un mets apprécié.

La Grey Flag
Sous sa forme larvaire, la caddis de rivière (ci-dessous) a deux formes simultanées : elle nage et fabrique sa poche. Elle émerge en été.

La Brown silverhorn
Cette brown silverhorn (à gauche) déploie ses très longues antennes. L'espèce des Anthripsodes est très répandue en rivière et en ruisseaux. Elle pond entre le début de l'été et le début de l'automne.

La caperer
La caperer (espèce des Halesus*) (ci-dessous) est courante en eau alcaline, surtout dans les "chalkstreams".*
Elle émerge à la fin de l'été ou au début de l'automne et pond entre l'après-midi et le début de la soirée.

LA MOUCHE A AILES A PLAT

ORDRE DES DIPTÈRES

DE TOUTES LES FORMES D'ALIMENTS PROPOSÉES à la truite, l'ordre des Diptères est le plus divers et le plus abondant. Dans la forme aquatique, il englobe les chironomides et les moustiques; dans la forme terrestre, il englobe la tipule, le bourdon, la mouche d'aubépine (mouche de Saint Marc), la mouche de bruyère et le cousin — la liste n'a pas de fin et les espèces sont présentes dans le monde entier.

Pour le pêcheur à la mouche, une des espèces les plus importantes est la famille des moucherons qui ne piquent pas, les chironomides. Pendant des années, cette mouche apparentée au moustique fut considérée comme l'apanage du pêcheur en eau dormante. Ce n'est que récemment qu'on a compris son importance pour le pêcheur en rivière. Au sein de la famille des Diptères, il existe des dizaines de permutations. La variété de leurs modes de vie, de leurs couleurs et

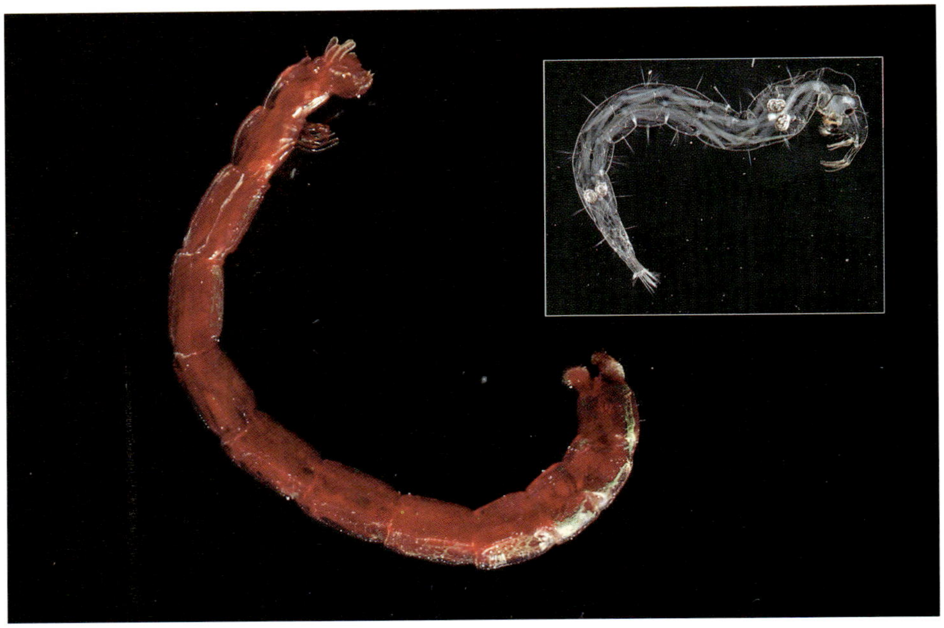

Le "bloodworm" (ver de sang)
La couleur de cet animal (ci-dessus) vient de son hémoglobine qui lui permet de survivre bien qu'il soit enfermé dans des tubes. On le rencontre à des profondeurs de 5,50 m, dans les lacs et les rivières calmes. Très important pour le régime alimentaire de la truite, ce ver peut également être de couleur verte ou brune. Sa larve "fantôme" transparente (cartouche) est également un aliment important pour la truite.

Le moucheron rouge
Le moucheron (ci-dessous) subit un changement de couleur entre le stade de la pupe et le stade adulte. Il faut en tenir compte dans la confection des artificielles. Cette imitation de Red Suspender *(cartouche) fait la preuve de l'efficacité des matériaux modernes pour parodier la nature. Ce patron imite une pupe en train d'essayer de percer la pellicule de surface. La balle d'Ethafoam (mousse) lui permet de flotter.*

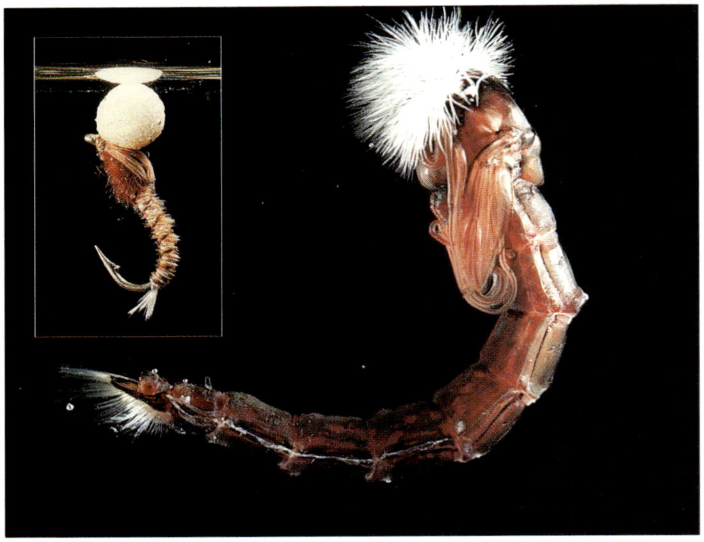

Pupe de moucheron
Ce moucheron noir (ci-dessus) porte les bandes rouges caractéristiques du stade larvaire. Les fils blancs de la tête et de la queue sont des filaments respiratoires. La pupe de moucheron est tellement répandue qu'elle est devenue indispensable au pêcheur à la mouche.

Pupe "fantôme"
La pupe "fantôme" (espèce Chaoborus*) (à droite) est souvent négligée par les pêcheurs à la mouche d'eau dormante et de rivière. Et pourtant, il lui arrive souvent de servir de nourriture principale à la truite. Il est donc conseillé de disposer d'une imitation bien faite.*

de leurs tailles a exercé un impact significatif sur les tactiques de la pêche à la mouche. Le cycle de vie de ce moucheron évolue du stade de l'œuf à celui de la larve. Souvent appelée "ver à sang" (bloodworm), la larve se contente de niveaux d'oxygène peu élevés, et est donc attirée par les eaux dormantes et paisibles.

La Nymphe et l'Adulte

Puis vient le stade de la nymphe, le plus utile pour le pêcheur à la mouche, et ensuite le stade adulte. Autrefois, on réservait l'imitation de nymphe à la truite migratrice. Mais on a constaté que les patrons de moucherons secs fonctionnaient également, d'où la recrudescence de la pêche à la mouche sèche en réserve. Jadis, on pensait que seule la truite qui se nourrissait de nymphes pouvait s'attraper avec des mouches sèches. Autres espèces importantes chez les Diptères: la nielle et le cousin, capables d'éveiller l'appétit de la truite la plus blasée ou la plus friande de mouches de mai. La mouche d'aubépine, qui caractérise nettement les rivières européennes au printemps et la pêche à la truite en eau dormante, prend de plus en plus d'importance, tout comme la mouche du chêne ou mouche bleue, qui se range dans la même catégorie. Sans aucun doute, néanmoins, la favorite du pêcheur est le chironomide, c'est-à-dire le moucheron qui ne pique pas.

Moucheron en cours d'émergence
Ce moucheron se libère de son caset de nymphe (à droite) et se positionne sur la surface de l'eau. Il ne faut pas sous-estimer l'importance de la pêche en surface, surtout par temps calme. Vital pour tout pêcheur à la mouche en eau dormante.

La mouche de bruyère
La mouche de bruyère (à gauche) fréquente les lacs acides en altitude qui sont flanqués de bruyère, d'ajonc et de fougère. L'imitation de mouche sèche sera immergée plutôt que laissée en surface.

Le moucheron adulte
Groupe de moucherons adultes (ci-dessus). Le plus grand est le célèbre moucheron à canard irlandais. Au moment où il pond en masse, au début du printemps, le moucheron du canard peut provoquer chez la truite une poussée de faim dévorante. Notez la longueur des pattes et de l'abdomen si on les compare aux ailes transparentes — même très petits, tous les moucherons adultes ont cette forme. Ce stade est important aussi bien pour le pêcheur en rivière que pour l'amateur d'eaux dormantes.

La tipule
La tipule (espèce Tippula*) (ci-dessous) est principalement un animal terrestre. Elle peut être importante pour le pêcheur en eau dormante à la fin de l'été et au début de l'automne. Ses pattes maigres la caractérisent et peuvent lui être fatales au moment où elles trempent à la surface de l'eau, attirant ainsi l'attention de la truite en maraude.*

MOUCHE DE PIERRE (Stonefly) & DEMOISELLE (Damselfly)

PLÉCOPTÈRES ET ODONATES

Ces deux groupes bien différents représentent deux extrémités opposées de l'éventail de la pêche à la mouche. La mouche de pierre vit dans les rivières tumultueuses et pierreuses (quoiqu'on puisse en trouver également dans les lacs en altitude, près de la rive exposée au vent) ; quant à la demoiselle et à la libellule, qui étaient à l'origine réservées au pêcheur en lac, on les trouve dans les bras de rivière à courant plus lent.

Les deux groupes suivent la même évolution : œuf, nymphe, adulte. La nymphe de la mouche de pierre (espèce *Pteronarcys*), tellement appréciée des pêcheurs en rivière pierreuse, peut, dans certaines espèces, atteindre la taille de 4 cm et subir un certain nombre de mues (modifications de la peau), aboutissant à une nymphe albinos. L'adulte a des ailes plates dures au toucher et sillonnées d'un veinage prononcé. En termes de pêche à la mouche, l'adulte est moins important que la nymphe. L'adulte n'est intéressant que lorsque la femelle revient

Nymphe Yellow Sally
Ce spécimen (ci-dessus) présente les deux queues et la longue antenne caractéristiques des nymphes de mouches de pierre. Son corps robuste, ses ailes aplaties sont capables de supporter les rigueurs d'une eau à flux rapide et de la vie parmi les rochers. La mouche de pierre intermédiaire (cartouche) est souvent considérée comme un insecte rampant au nord de l'Angleterre. Elle présente les caractéristiques des Plécoptères, plus minces, en forme d'aiguille.

Grande mouche de pierre adulte
*Ce grand spécimen adulte de couleur sombre (*Perla microcephela*, ci-dessus) est comparable à la mouche de saumon américaine.*

Petite mouche de pierre Dark Olive
Cette Isogenus tostamus *(à droite) arbore des ailes repliées et plates, ornées d'un veinage complexe en croisillon.*

pondre ses œufs ou lorsque, par accident, elle est soufflée sur l'eau par le vent. Néanmoins, dans la mesure où la nymphe loge dans les rochers et les pierres des rivières riches en oxygène, elle est disponible en permanence pour la truite. On peut obtenir des résultats enthousiasmants en utilisant une mouche artificielle dans le fond.

Demoiselles & Libellules

Les grands insectes de l'ordre des Odonates, souvent très colorés à l'âge adulte, passent par le même cycle: œuf, nymphe et adulte. C'est généralement la nymphe plutôt que l'adulte qui intéressera le pêcheur à la mouche. La nymphe de la demoiselle et de la libellule peut subir d'énormes variations de couleurs (du vert olive clair au marron foncé) : ces variations doivent apparaître dans les imitations qu'effectuent les pêcheurs.

La fine demoiselle est considérée comme la plus importante pour le pêcheur à la mouche en eau dormante. Quand la mouche est destinée à cet usage, sa forme, sa couleur et ses appendices seront copiés avec davantage de circonspection car la truite sera plus sélective.

Nymphe de demoiselle
Les nymphes de demoiselle (ci-dessus) ont une couleur qui va du vert pâle au brun foncé. Leur ligne est fuselée, elles possèdent trois queues pointues et nagent vite. Leur mouvement ondulant attire la truite.

Demoiselle adulte
*La demoiselle bleue commune (*Enallagma cyathigarum*) (à droite) dans ses atours d'adulte. Il arrive, rarement, que la truite se nourrisse de femelles en période de ponte.*

Nymphe de libellule
La nymphe de libellule, plus ronde, (à gauche) est moins importante que la demoiselle, principalement du fait qu'elle passe le plus clair de son temps à se glisser discrètement parmi les herbes, et est donc pour la truite une proie moins facile. Certaines espèces peuvent atteindre 4 cm de long. Dans certaines régions, le pêcheur pourra avec profit les imiter. Ces nymphes peuvent être très agressives et se nourrir de fretin et de nymphes.

L'éclosion
Comme la demoiselle, la libellule change d'apparence au-dessus de l'eau. La peau de la libellule en cours d'éclosion (à gauche) se fend le long du thorax. Ce phénomène se produit généralement à proximité de l'eau, sur un brin de roseau.

Chasseur adulte
Ce chasseur adulte (espèce Libellula*) (à droite) attend que ses ailes se déplient et sèchent avant de prendre son envol. On a réussi de très belles imitations de chasseur adulte, mais elles sont rarement utilisées.*

Les Formes Aquatiques

En dehors des aliments les plus communs — mouches de mai, mouches de pierre et autres types familiers —, il existe des kyrielles de créatures aquatiques qui vont déterminer la vie de la truite et sa position favorite dans l'eau. Par exemple, toute l'existence de la truite irlandaise Gillaroo tourne autour de sa prédilection pour les escargots.

Les formes d'aliments telles que les escargots, les crevettes et les puces d'eau constituent la base quotidienne de la survie de la truite; toutes lui sont essentielles.

Il existe une affinité très nette entre les créatures de rivière et d'eaux dormantes. La couleur et la forme peuvent varier, mais la forme fondamentale est la même quel que soit l'habitat.

Une bonne boîte à mouches devra comporter un choix d'animaux artificiels de ce type. Vous les essaierez lorsque tous les autres appâts auront manqué leur objectif, ou bien lorsque vous ne serez pas sûr de l'appât à utiliser pour le prochain coup. Ils seront également très utiles en début de saison, juste avant que la ponte des insectes ne soit suffisante.

Grand scarabée d'eau
Le grand scarabée d'eau (espèce Dytiscus) (ci-dessus) est remarquable par son rôle en eau dormante. Féroce prédateur de petits poissons et d'insectes, sa nymphe fait les délices de la truite de début de saison qui s'alimente au fond de l'eau.

Le pou aquatique
Le pou aquatique (espèce Asellus) rôde dans les coins sombres parmi les végétaux en décomposition. Habitant principalement les lacs, on le trouve aussi dans les zones calmes des rivières. Un mets particulièrement délicat pour la truite.

Crevette d'eau douce
L'omniprésente crevette d'eau douce (ci-dessous) est un aliment idéal pour l'imitateur. Ses couleurs varient du beige rosé au gris vert, en passant par l'olive orangé doré. On la trouve dans la plupart des eaux, et elle est très appréciée par la truite.

La puce d'eau

La Daphnia (à gauche) est l'amie du pêcheur en réserve. Quand elles se déplacent en groupe, elles soulèvent chez la truite un enthousiasme frénétique.
Dans ces périodes, les couleurs orange et vert vif sont les plus dangereuses. La meilleure imitation en est la nymphe du type Pheasant Tail à thorax orange ou vert, ou le leurre Whiskey Fly ou Leprechaun.

Le Corixae

Le Corixae (à gauche) se rencontre sur certaines rivières. Principalement aquatique, il est capable de voler sur une courte distance. A l'automne, beaucoup se débarrassent de leur peau et prennent une couleur crémeuse. Ils sont importants pour le pêcheur à la mouche, car la truite de réserve et de lac est friande de cet animal, que ce soit à ce stade intermédiaire ou dans son état normal, omni présent.

L'escargot vagabond

Courant dans les eaux dormantes ou calmes, l'escargot (espèce Lymnaea*) est un aliment apprécié, surtout lorsqu'il passe d'une zone d'un lac à l'autre.*

Le ramshorn

*Abondant dans les zones les plus tranquilles des "chalkstreams", le ramshorn (*Planobarius cornerus*) (à gauche) constitue une réserve alimentaire sûre pour la truite.*

La larve d'aulne

*La larve d'aulne (*Sialis lutaria*) (à droite) est un véritable tyran des eaux dormantes et des rivières tranquilles. Les imitations sont efficaces en pêche en réserve, à la mi-printemps. La mouche dobson et la hell-grammite (à leur stade larvaire) sont également appréciées des pêcheurs à la mouche américains, autant que l'aulne par le pêcheur de réserve anglais. Au stade adulte, il est peu consommé par la truite, bien qu'il soit très répandu.*

Les têtards

Les têtards (ci-dessous) peuvent constituer des proies attrayantes en eau dormante au printemps et au début de l'été. Les grenouilles sont imitées principalement par les pêcheurs de perche.

Animaux Terrestres & Poissons-Appâts

Les insectes terrestres, comme leurs homologues aquatiques, font partie intégrante du régime alimentaire de la truite. Leur rareté aux environs des eaux acides fait de ces animaux un repas de choix lorsqu'ils sont poussés par le vent au-dessus des rivières. Même en cas d'eaux plus riches, les insectes terrestres, omniprésents, ne devront pas être négligés, surtout lorsque les arbres, les buissons et les grandes herbes seront suffisamment proches de l'eau pour constituer une sorte de tremplin qui leur permettra de tomber à l'eau.

Les poissons-appâts représentent également une nourriture qui peut assurer la subsistance de la truite pendant une longue période. A certains moments, en particulier en eau dormante, en automne et en hiver, on assiste à une véritable frénésie de consommation de fretin de la part de la truite. Pendant ces périodes, la grosse truite se concentre exclusivement sur le fretin et néglige toute autre nourriture.

Les coléoptères

Les coléoptères comme ce coch-y-bondhu (à gauche) (Phyllope tiltum horticola) vivent au milieu de la végétation proche des rives. Il leur arrive, par inadvertance, de tomber sur l'eau ou de s'y laisser emporter. Ils sont très importants, surtout pour le pêcheur en ruisseau, mais la boîte à mouches du pêcheur en eau dormante en contiendra bien sûr quelques imitations. Une mouche artificielle pourvue d'un corps à herls de paon pourra suffire, mais il existe des imitations spécifiques, comme par exemple la Coch-Y-Bondhu.

Les fourmis

Les fourmis (espèce Hymenoptera) sont aussi importantes et aussi répandues que les coléoptères. Les spécimens dépourvus d'ailes (à droite) fréquentent parfois les zones aquatiques, mais ce sont les spécimens ailés qui suscitent une frénésie gourmande étonnante chez la truite, surtout en période d'accouplement chez la fourmi (pendant la deuxième moitié de l'été). Si votre boîte à mouches ne contient pas d'imitation de fourmi, ailée ou non, vous manquerez bon nombre d'opportunités.

Les sauterelles

Le criquet et la sauterelle (à l'extrême gauche) sont principalement intéressants pour le pêcheur en rivière. Ils sautent avec aisance des rives herbeuses directement sur le ruisseau. La truite apprécie même la plus grande des sauterelles, qui peut atteindre 4 cm, et qui est particulièrement abondante aux Etats-Unis

Le papillon de nuit "ghost"

Bien que le papillon de nuit ne fasse pas partie du régime régulier de la truite, en été, l'air résonne du vol de ces énormes papillons adultes. Regardez bien les arbres dont les branches pendent au-dessus de l'eau et d'où peuvent tomber des chenilles — le délice de la truite

Le gardon mouche
La truite apprécie particulièrement les petits poissons brillants (ci-dessus). Le gardon est capital pour le pêcheur à la mouche en eau dormante qui assistera souvent à des élans furieux de minuscules poissons volants, ardemment poursuivis par de grosses truites arc-en-ciel affamées. L'imitation devra se conformer à la taille de la proie, à savoir environ 8-10 cm.

Le chabot
Le chabot et le vairon profitent de leur couleur de pierre pour se camoufler et régner en maîtres au fond de l'eau, où ils constituent un aliment apprécié par la truite. Les grosses truites, principalement les fario, les apprécient beaucoup et les chassent la nuit. Les chabots et les vairons sont importants pour le pêcheur en ruisseau. Leurs premières imitations, les Muddler Minnows, étaient fondées sur un concept imaginé par les Indiens d'Amérique du nord.

Les petits poissons
Chabots, épinoches et autres petits poissons, en particulier les têtes d'épingle (à droite) représentent une gourmandise en tout temps, en eau dormante comme en eau courante. La truite qui consomme ces petits poissons se concentrera sur une taille bien spécifique, à laquelle vos imitations devront se conformer. Bien souvent, en automne, la pêche à la mouche en réserve est entièrement fondée sur des imitations de poissons-appâts.

L'Équipement

Pour une expédition de pêche à la mouche, l'équipement est relativement restreint. En général, les pêcheurs transportent plus d'attirail que nécessaire. L'indispensable se résume à une canne, un moulinet, une soie à mouche, quelques bouts de ligne, du nylon de rechange (pour remplacer les sections brisées), quelques mouches et les accessoires habituels (ciseaux, bouchon), l'habillement adéquat.
On peut même parfois se passer d'épuisette.
Votre équipement de pêche à la mouche devra bien sûr être adapté aux eaux dans lesquelles vous allez pêcher, et qui peuvent varier considérablement. Un petit ruisseau et une réserve battue par les vents exigeront des équipements bien différents.
La canne a deux fonctions principales : jeter la mouche et ramener la truite sur la berge. Chaque canne devra être choisie en fonction de l'action prévue et de l'application. Si vous pêchez dans un petit ruisseau avec de petites mouches et des pointes fines, il vous faudra une petite canne fine et des lignes légères. Dans les plus grands lacs et les grandes rivières, il vous faudra une canne plus rapide susceptible de résister aux vents et de supporter de grosses mouches. Bien souvent, l'action de la canne détermine les capacités de prise. Pour fonctionner convenablement, la canne à mouche doit être équipée du poids de ligne adapté (mesuré en grains). La canne et la soie doivent correspondre

aux normes AFTM (Association of Fishing Tackle Manufacturers). Une canne numérotée 6, norme AFTM, doit être équipée d'une soie numérotée 6.
Si c'est possible, il est toujours préférable d'essayer un système avant de l'acheter, afin de s'assurer que l'ensemble est bien équilibré et capable de remplir les fonctions que vous lui assignerez. Le moulinet devra être en mesure de recevoir la soie à mouche et comporter au moins 18m. de réserve. La sécurité est un élément important. Les verres polarisés protègent les yeux de la réverbération et permettent une meilleure vision sous l'eau; ils protègent également leur propriétaire d'un lancer maladroit. L'habillement devra toujours être confortable et fonctionnel, chaud et imperméable si nécessaire, laissant le corps libre de ses mouvements au moment du lancer.

Les Moulinets a Mouche

Le moulinet sert de réserve de soie. On peut la dérouler lorsqu'on se prépare à lancer, l'enrouler au moment de la tension, lorsqu'on a une prise, la récupérer en cours d'action. Les moulinets les plus légers sont en magnésium, un matériau plutôt coûteux, en fibre de carbone, en plastique ou en alliage métallique légers, mais souvent moins chers. Ils doivent être bien conçus et de construction solide. Lors du choix d'un moulinet, il est important d'obtenir un bon équilibre avec les autres éléments du système. Choisissez une dimension de tambour qui logera confortablement la ligne à mouche. La plupart des pêcheurs à la mouche préfèrent les moulinets à action unique, qui, pour chaque tour de manivelle, font un tour de tambour. Ils existent avec un tambour incorporé ou avec un bord exposé. Un mécanisme contrôle le passage de la ligne provenant du moulinet. Ceci permet de mieux maîtriser le poisson et empêche le tambour de dérouler le fil trop vite. Beaucoup de moulinets haut de gamme disposent aussi d'un frein à disque que l'on peut régler pour un meilleur contrôle. Le moulinet surmultiplié dispose de plusieurs vitesses pour une libération plus rapide de la ligne ; il fonctionne sur le mode du deux/un, mais son mécanisme interne exige un entretien délicat. Il existe des moulinets automatiques, mais ils sont peu utilisés.

Vue de face
(à droite)

Trous sur le devant du moulinet

Réglage du contrôle

Mécanismes internes
(à droite)

Mécanisme de contrôle (système de rouage)

Mécanisme de contrôle (système à frein à disque)

Les trous sur le devant du moulinet
Les trous pratiqués à l'avant du moulinet réduisent son poids et permettent à la soie et à la réserve de sécher rapidement. La soie en réserve sert lorsque le poisson se décroche. Elle sert également à "rembourrer" l'axe du moulinet, empêchant ainsi la formation de petites boucles rigides.

Le mécanisme de contrôle
Ce moulinet est utilisé pour les gros poissons combatifs. Il dispose d'un cliquet et d'un rouage, ainsi que d'un frein à disque. Pour que le moulinet tourne régulièrement et que le système de contrôle ne s'encrasse pas, lavez régulièrement le moulinet dans de l'eau chaude et savonneuse, et huilez-le. La terre et le sable peuvent briser un mécanisme en quelques tours.

Le réglage du contrôle
Le cadran situé à l'avant du moulinet sert à augmenter ou à diminuer le contrôle sur la rotation. Il doit être pré-réglé afin d'équilibrer la puissance du tambour. Le poisson en fuite se fatiguera sous la pression, et les fines extrémités de nylon seront donc protégées de la cassure et des chocs.

L'élévation latérale
Le tambour doit pouvoir accueillir la quantité nécessaire de soie plus 46 m. de réserve. Pour la truite de mer, la réserve de grande étendue et le poisson résistant, il faudra une réserve de 91-137 m. Sur ce moulinet, le bord exposé vous permet d'opérer une pression variable et circonspecte, avec les doigts. La pression des doigts joue le rôle d'un frein sur le tambour rotatif, contrôlant ainsi la vitesse de déroulement de la soie. Ceci permet une plus grande précision de jeu avec le poisson. Lorsque le tambour est emprisonné à l'intérieur d'une cage, la pression est plus difficile à exercer.

Elévation latérale
(ci-dessous)

Manivelle

Arbre

Bord exposé

Contre-balancier

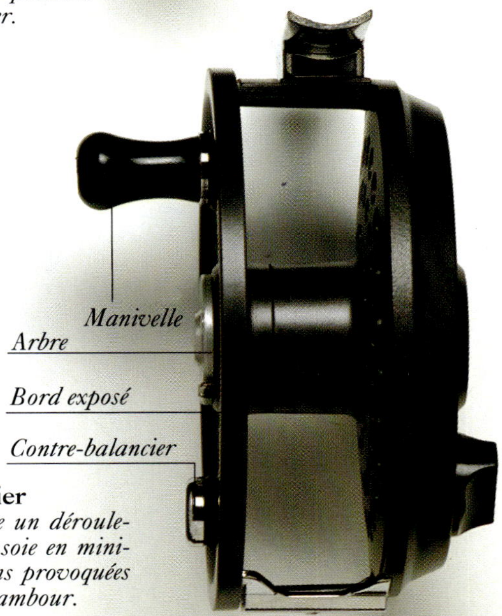

Le contrebalancier
Ce dispositif facilite un déroulement régulier de la soie en minimisant les vibrations provoquées par la rotation du tambour.

LA CANNE A MOUCHE

MALGRÉ L'APPARITION des matériaux modernes, des variations de longueur et d'action, la canne à mouche joue le même rôle que les cannes de bambou d'autrefois. Ces dernières, qui sont encore utilisées aujourd'hui, sont, à longueur égale, les plus lourdes. Elles sont capables de jeter la mouche de façon précise et délicate. La fibre de verre tubulaire fut le premier matériau à révolutionner la canne à mouche grâce à sa légèreté. Puis elle a été supplantée par la fibre de carbone. Les cannes fabriquées à partir de ces matériaux sont plus légères, plus fines et plus solides. On peut aujourd'hui utiliser pendant toute une journée une canne de 3 mètres, même avec un vent fort. Lorsque vous choisirez votre canne, regardez bien la référence de la ligne, en termes de longueur et d'action. Il est impératif que la canne et la ligne soient bien équilibrées, et que la ligne puisse lester la canne. La canne porte un numéro qui indique la force de la ligne à utiliser. Cette norme AFTM suppose que 9,1 m de ligne dépassent de l'anneau situé à l'extrémité de la canne. Si vous lancez sur de courtes distances, choisissez une dimension plus élevée qu'indiqué, mais si vous avez besoin de plus de 13 mètres à partir de l'extrémité, choisissez une norme plus légère. Le type d'eau et votre style de pêche sont également des éléments de choix, tout comme l'action de la canne. Le terme d'action désigne à la fois la zone de la canne où cette dernière rejoint la ligne, mais aussi l'action du lancer. Avant d'acheter une canne, essayez-la avec plusieurs lignes différentes.

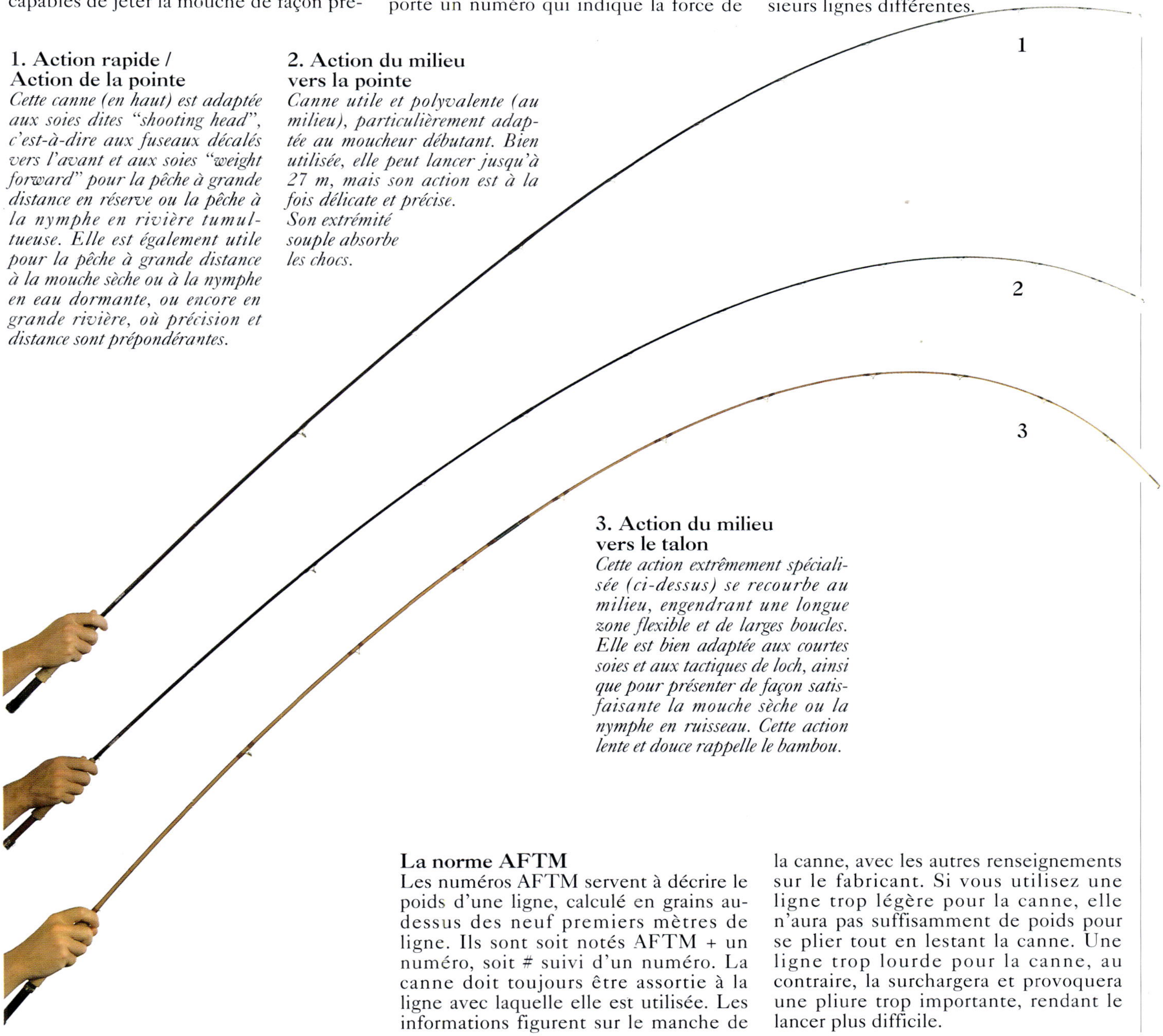

1. Action rapide / Action de la pointe
Cette canne (en haut) est adaptée aux soies dites "shooting head", c'est-à-dire aux fuseaux décalés vers l'avant et aux soies "weight forward" pour la pêche à grande distance en réserve ou la pêche à la nymphe en rivière tumultueuse. Elle est également utile pour la pêche à grande distance à la mouche sèche ou à la nymphe en eau dormante, ou encore en grande rivière, où précision et distance sont prépondérantes.

2. Action du milieu vers la pointe
Canne utile et polyvalente (au milieu), particulièrement adaptée au moucheur débutant. Bien utilisée, elle peut lancer jusqu'à 27 m, mais son action est à la fois délicate et précise. Son extrémité souple absorbe les chocs.

3. Action du milieu vers le talon
Cette action extrêmement spécialisée (ci-dessus) se recourbe au milieu, engendrant une longue zone flexible et de larges boucles. Elle est bien adaptée aux courtes soies et aux tactiques de loch, ainsi que pour présenter de façon satisfaisante la mouche sèche ou la nymphe en ruisseau. Cette action lente et douce rappelle le bambou.

La norme AFTM
Les numéros AFTM servent à décrire le poids d'une ligne, calculé en grains au-dessus des neuf premiers mètres de ligne. Ils sont soit notés AFTM + un numéro, soit # suivi d'un numéro. La canne doit toujours être assortie à la ligne avec laquelle elle est utilisée. Les informations figurent sur le manche de la canne, avec les autres renseignements sur le fabricant. Si vous utilisez une ligne trop légère pour la canne, elle n'aura pas suffisamment de poids pour se plier tout en lestant la canne. Une ligne trop lourde pour la canne, au contraire, la surchargera et provoquera une pliure trop importante, rendant le lancer plus difficile.

LA CANNE COURTE

POUR PETITES RIVIÈRES & RUISSEAUX

Partridge of Redditch
Cette canne est faite d'un bois dur tropical américain qu'on utilisait autrefois pour les cannes à pêche. Elle a une action plus molle que le bambou. Elle était moins chère qu'une canne en bambou et plus solide. N°6, longueur 2,3 m.

Partridge of Redditch Bambou refendu
On a toujours éprouvé un certain respect pour la canne en bambou refendu (à droite). Pourtant, elle a été supplantée par des matériaux artificiels, comme la fibre de carbone. Les cannes à l'ancienne sont encore viables pour de courtes distances, mais elles sont très chères et réservées à l'amateur éclairé. N°5, longueur 2,4 m.

Orvis One Weight
Cette canne (à droite) est utilisée avec une soie n°1, ce qui revient à lancer avec la réserve. Elle exige un timing précis, une technique poussée de rapidité au lancer et un contrôle très efficace. N°1, longueur: 2,2 m.

Hardy Bros. Sovereign
Très populaire pour la pêche en rivière, cette canne (à droite) est utilisée avec une soie n°5 ou 6. Légère, elle peut lancer loin, présenter délicatement la mouche et former des boucles étroites pour contre carrer les vents. N°6, longueur: 2,6m.

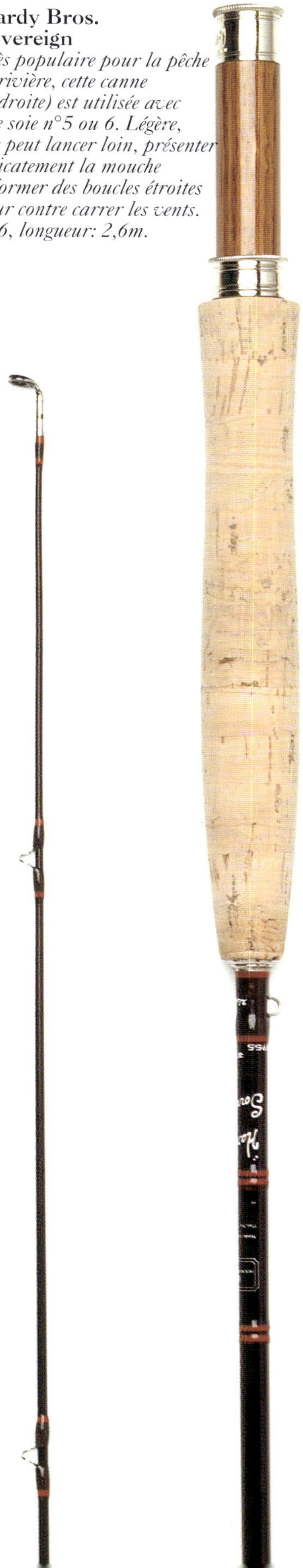

Loomis IM6
Cette canne en fibre de carbone (à droite), matériau à coefficient élevé, présente un rapport puissance/poids accru. Elle supporte une soie n°4 et permet une présentation délicate de la mouche à courte distance tout en supportant un poisson jusqu'à 2,25 kg. N°4, longueur: 2,4 m.

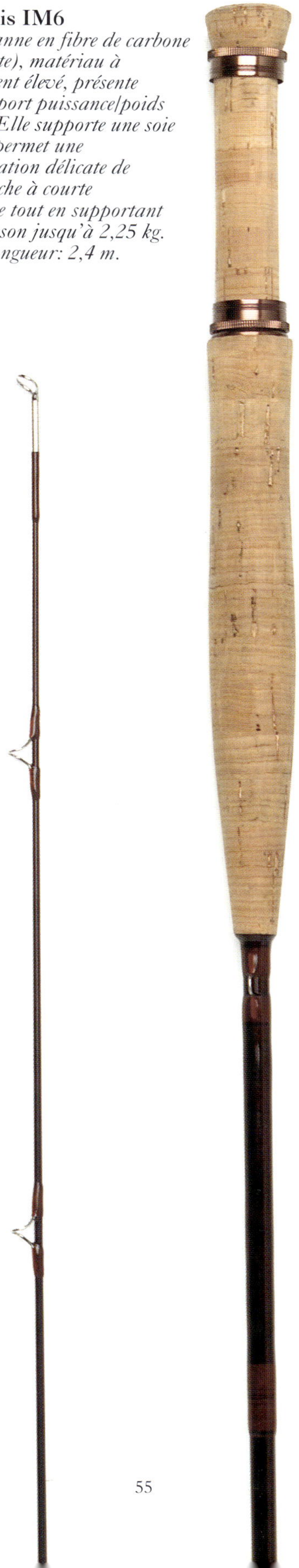

Shakespeare Worcestershire Boron
Cette canne à mouche (à droite) convient parfaitement à une grande variété d'applications de pêche en rivière, comme la pêche à la nymphe en eaux rapides et le style à boucles ovales. L'apport du bore a réussi à assouplir la relative raideur du carbone. N°1, longueur 2,6 m.

La Canne Moyenne

Pour Rivières Moyennes et Grandes, Eaux Dormantes de Petite ou Grande Dimension

LL Bean LL IM6
Bien représentative des cannes polyvalentes à action milieu/pointe (ci-dessous). Le logement pour le moulinet, qui se verrouille vers le haut, offre un bon équilibre. N°6, longueur 2,7 m.

Bob Church - Peter Cockwill Small Fishery
Canne en fibre de carbone (à droite) qui peut être utilisée pour les grosses truites et les eaux dormantes. Un peu lourde pour la mouche sèche et la nymphe. N°6-8, longueur : 3 m.

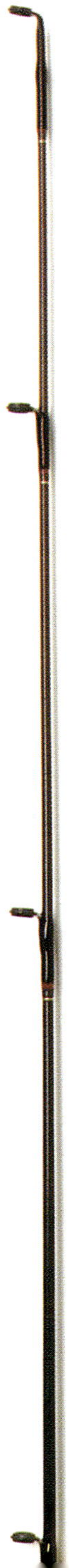

Sage Graphite II
Un bon exemple de canne polyvalente (à droite). Elle peut lancer de minuscules mouches sèches à un poisson précis ou jeter une nymphe à 25 m en réserve. N°5, longueur : 2,9 m.

Kennedy/Fisher blank, Jardine adapted
Canne délicate à action accélérée (à droite); idéale pour les nymphes, les petites mouches sèches. N°4, longueur 2,8m.

Sage Graphite III
Le graphite est un matériau à coefficient élevé, qui produit une rapidité de soie plus grande et des boucles plus serrées. Ceci permet une meilleure présentation de la mouche à distance. La Sage Graphite III (à droite) est mieux adaptée à la nymphe à grande distance et à la mouche sèche en eau dormante et en rivière. N°6, longueur : 2,9 m.

Hardy Bros.
Canne à action médiane (à droite) adaptée à la pêche en rivière, surtout en "chalkstreams". Trop souple pour les longues distances et les eaux dormantes, pas assez puissante pour les nymphes lourdes. N°6, longueur : 2,7 m.

LA CANNE LONGUE
POUR LOCHS, RÉSERVES ÉTENDUES & PÊCHE AU GROS POISSON

Sage/Partridge Graphite III
Canne destinée aux lochs (ci-dessous) pour un meilleur contrôle d'un train de mouches. Action du milieu vers la pointe. N°6, longueur : 3,4 m.

Gary Loomis IMX
Canne à action rapide (à droite) pour pêche à la mouche sèche ou à la nymphe lorsque la distance et la délicatesse de présentation sont essentielles. N°5, longueur : 3 m.

Sage Graphite II
Bonne canne pour poisson résistant (à droite), action du milieu vers la pointe. Elle permet au pêcheur de maintenir un contact ferme sur le poisson amorcé, mais est également assez souple pour être utilisée avec des bouts de ligne légers. N°7, longueu r: 3 m.

Shakespeare Worcestershire
Cette canne rigide (à droite) est faite de bore. Sa pointe vibre très peu. Elle est favorable au lancer à distance, surtout de la rive, et pour la pêche en loch à ligne plongeante. N°7-8, longueur : 3,15 m.

Normark Norboron
Cette canne rigide (à droite) est faite de bore, et sa pointe vibre peu. Elle est idéale pour les lancers à distance, surtout si l'on pêche de la berge, pour les tactiques de loch à ligne plongeante et pour la pêche à la steelhead. #7-8, longueur 3,15m.

Bob Church Lough Conn
Conçue pour la pêche en loch ou la pêche à la dérive à ligne courte, du bateau, où il est essentiel d'utiliser une canne longue (à droite) avec une soie comparativement légère. Ce dispositif permet à la mouche de remplir son rôle. N°5-7, longueur : 3,6 m.

Les Moulinets

Moulinets Anciens

Beaucoup de moulinets utilisés aujourd'hui sont fondés sur des conceptions développées au siècle dernier. Ces moulinets anciens étaient à l'époque d'usage quotidien. Leur fabrication était d'une grande qualité de précision, et ils sont encore en état de marche.

Rochester Ideal
Ce moulinet américain (ci-dessus) date des environs de 1900. Il est en nickel argenté.

Brass Multiplier 3 in.
Ce robuste moulinet de cuivre (ci-dessus) date de 1840.

Hardy Bros, Uniqua 3 in.
Ce moulinet (ci-dessus) date de 1912. Il est en alliage et comporte un loquet en fer à cheval.

Malloch Ebonite
Des années 1870-1875, ce moulinet en cuivre et en ébonite (ci-dessus) a un bord en nickel argenté.

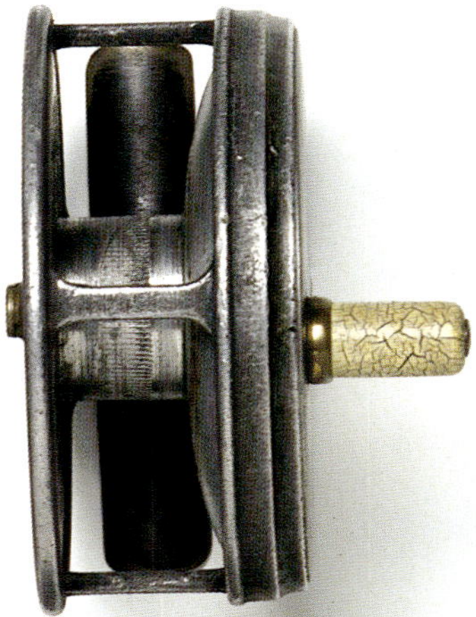

Farlow 3 in.
Massif moulinet d'alliage datant des environs de 1915.

Jardine 2 1/2 in.
Ce moulinet aux allures délicates (ci-dessus) est en cuivre et date de 1880.

Pflueger Progress
Moulinet de cuivre ornementé (à gauche) fabriqué en 1910.

Moscrop 2 3/4 in.
Vraisemblablement en bronze, ce moulinet (ci-dessus) remonte à 1886.

LA PÊCHE EN RUISSEAU & LA PÊCHE A LA TRUITE LÉGÈRE

CES MOULINETS servent principalement avec des cannes courtes et des lignes légères. Certains, grâce à une astucieuse conception du tambour, peuvent recevoir des lignes n°5 et 6. Cette conception permet également de résoudre les problèmes de pincement et d'enroulement de la ligne.

Hardy Marquis n°2/3
Idéal pour les soies très légères, le moulinet Hardy Marquis (à gauche) est très petit. Il a un bord exposé et un système de contrôle.

Hardy Golden Prince N°5/6
Pour minimiser les phénomènes de pincement et d'enroulement de la soie, ce moulinet (ci-dessus) est équipé d'un large tambour. Il dispose également d'un système de tirage.

Orvis CFO 1.2.3.
L'Orvis CFO (ci-dessus) est un des moulinets les plus légers qui ait été fabriqué. Il a très peu changé depuis le modèle d'origine, très apprécié des pêcheurs. Sa capacité accrue fait de lui un moulinet polyvalent.

Leeda System 2 45 L
Moulinet bien conçu (ci-dessus) disposant d'une capacité accrue, d'une bonne disposition de la soie, d'un système de frein à disque et d'un bord exposé.

Maryatt MR7
En magnésium massif, ce moulinet (ci-dessus) est extrêmement léger et exceptionnellement puissant.

Hardy Flyweight
Moulinet de qualité (ci-dessus) fabriqué par Hardy ; depuis plusieurs dizaines d'années, il équipe les cannes à mouche.

ATH Traun F1
Petit moulinet à grande capacité (ci-dessus) équipé d'un mécanisme sophistiqué.

LES MOULINETS
POUR RIVIÈRES MOYENNES & GRANDES, EAUX DORMANTES

LA PLUPART DE CES MOULINETS sont polyvalents et peuvent convenir à la plupart des styles de pêche et des situations. Ils peuvent accueillir les lignes courantes n°6 et 7, et des réserves entre 36 et 55 m. Néanmoins, certains ont été conçus à l'origine pour les eaux dormantes et/ou les poissons très combatifs, tandis que d'autres conviennent mieux aux pointes légères et aux tacticiens.

Hardy Perfect 3 1/8
Ce moulinet (à droite) fait partie d'une série qui couvre près d'un siècle de production. Son poids convient mieux aux cannes plus importantes.

Leeda Rimfly Regular/Cortland Crown
Bien adapté aux débutants, ce moulinet moyen (à droite) est apprécié pour la pêche en réserve. Il est fait d'aluminium moulé et est équipé d'un contrôle par le bord et d'un système de tirage.

Leeda LC80
Spécifiquement conçu pour les eaux dormantes et la pêche en réserve, ce moulinet (ci-dessous) dispose de larges tambours interchangeables et d'une construction tout en légèreté.

Hardy Golden Prince N°7/8
Conçu pour la pêche en réserve, ce modèle (ci-dessus) est un excellent moulinet léger utilisable avec des soies à pointe plongeante.

Orvis Battenkill 5/6
Moulinet dur (à gauche) mieux adapté à la pêche en rivière. Néanmoins, le contre-balancier et le système de contrôle en font un bon moulinet pour la pêche à la nymphe à la soie légère et à la mouche sèche en eau dormante.

ATH Rio Orbigo F2
Bon moulinet de grande rivière pour la pêche à la mouche sèche et à la nymphe (à droite). Excellent pour la pêche en eau dormante, en particulier pour les techniques de loch.

Vekemans Pro 2
Excellent moulinet fait à la main (ci-dessus), de bonne capacité, fabriqué par une petite entreprise belge.

Hardy Marquis n°7
Un moulinet très courant sur les eaux dormantes anglaises et les grandes rivières américaines. Le Hardy Marquis (à droite) est un bon moulinet polyvalent. Néanmoins, son tambour étroit peut provoquer pincements et boucles de la soie.

STH Airweight Gold n°6
Bon moulinet argentin (ci-dessus) avec mécanisme à ressort sur le tambour.

Hardy Princess
Le moulinet Hardy Princess (à gauche) est conçu sur le principe de la cage. Il ne présente pas les avantages du contrôle par le bord, mais sa légèreté et son système de tirage compensent largement cet inconvénient.

Orvis CFO IV
Le modèle américain (ci-dessus) couvre presque tous les aspects de la pêche à la mouche : ruisseau, grande rivière ou eaux dormantes.

LES MOULINETS
POUR PÊCHE EN RÉSERVE, EN EAUX TUMULTUEUSES, AU GROS POISSON, A LA TRUITE DE MER

CES MOULINETS SONT CONÇUS pour s'adapter aux lignes à mouche et aux bas de lignes de grande taille, utilisés pour les gros poissons en étendues d'eau importantes. Les moulinets peuvent être lourds et doivent être utilisés avec une canne appropriée. Leur grande capacité permet de conserver une importante réserve, ce qui est essentiel quand on a affaire à un poisson athlétique. Elle est également très utile en rivières rapides et en eaux dormantes profondes nécessitant des techniques bien spécifiques, comme par exemple la technique de Northampton.

Pflueger Medalist 4 in.
Moulinet pour soie shooting-head et autres soies lourdes, il est également maniable et durable.

Rimfly Magnum 200 D
Convenant bien aux cannes à deux mains, ce modèle (à droite) est généralement utilisé pour la pêche au saumon. Il dispose d'une bonne capacité de soie et de facilités de réserve.

Orvis Battenkill 8/9
Moulinet fiable (ci-dessus) à frein à disque.

Sage 509
Equipé d'un contre-balancier afin de minimiser l'enroulement et les oscillations, ce robuste moulinet (ci-dessus) réduit la vibration transmise par la soie au poisson. Cette fonction est très utile lorsque le poisson fuyant tire brusquement et rapidement sur la soie.

Leeda/3M System Two
Moulinet de conception robuste (à gauche), le préféré des pêcheurs d'Alaska. Equipé d'un frein à disque et d'un contrôle par les bords

Leeda/Rimfly Magnum
Ce moulinet (à droite) utilisable avec une canne légère à deux mains est idéal pour la truite de mer. Il est également bien adapté à la soie plongeante. Il a un contre-balancier et un système de tirage.

Vekemans/RST
Un des moulinets de grand diamètre les plus légers (ci-dessus), il dispose d'un contre-balancier et d'un système de tirage exceptionnel. Merveilleux pour la pêche en loch à soie plongeante.

Orvis CFOV
Une excellente conception (à droite) pour la pêche en réserve, surtout à soie noyée. Un très bon moulinet à soie plongeante, parfait aussi pour la truite de mer.

Hardy Marquis n°8/9
Excellent moulinet (ci-dessus) pour la pêche à la truite. Il est équipé d'un contrôle par le bord, mais le tambour est un peu étroit pour le lancer à distance.

Pflueger Medalist 7,6 cm
Ce modèle plus petit (ci-dessus) est parfait pour les techniques exigeantes à soie noyée.

Shakespeare Speedex 3 1/2 in.
Peut-être le meilleur réservoir de soie (à gauche) pour la pêche à la nymphe. Le système de vitesses est utile pour un retrait rapide de la ligne et le poisson très combatif.

La Soie a Mouche

Les soies à mouche conditionnent le poids qui est associé à la canne au moment du lancer. Le profil de la ligne assure une présentation précise et délicate de la mouche malgré la distance. Il existe différents profils, poids, densités et couleurs de lignes. La norme AFTM (voir aussi p. 51 et 55) prend en compte les trois premiers éléments.

1. Le Profil

La ou les première(s) lettre(s) du code AFTM concerne(nt) le profil de la ligne. La lettre L (comme level) correspond au profil parallèle, c'est-à-dire à un diamètre constant; DT (double taper) correspond à la double queue de rat ou double fuseau, WF (weight forward) correspond à la soie à fuseau décalé vers l'avant ou Torpedo, SH (shooting-head) correspond aux têtes à fuseau décalé attachées à un nylon monofilament. Les soies parallèles ne sont plus guère utilisées aujourd'hui. Tous les autres types s'affinent à leur extrémité, ce qui permet une bonne transmission d'énergie vers le bout de ligne. La soie DT permet d'exercer un contrôle plus important car son mouvement est net et on peut la faire atterrir en toute légèreté. La soie WF est facile à lancer à bonne distance, la SH permet une présentation délicate en rivière comme en eau dormante. Cette dernière est difficile à manier pour le débutant car il faut la lancer en double.

2. Poids de la Soie

Le poids de la soie est calculé en grains sur les neuf premiers mètres de ligne, à l'exception des 60 premiers centimètres de ligne parallèle. Les soies n°3, 4 et 5 sont parfaites pour le pêcheur à la mouche en rivière qui utilise de petites mouches et de petites collerettes. Le n°6 est une bonne taille standard et peut convenir à de nombreux styles et tactiques. Les numéros 7 et 8 sont plus adaptés à la pêche en réserve et aux tactiques à la grosse nymphe et à la mouche sèche en rivière rapide. Les numéros 9 et 10 sont l'apanage des tactiques très spécialisées, en rivière comme en réserve.

3. Densité de la Soie

Il existe des soies flottantes, plongeantes, à pointe plongeante, intermédiaires ou neutres. La soie flottante (F) est sans doute la plus souple, puisqu'elle convient aux mouches sèches, aux nymphes et aux streamers, en eau dormante ou courante. Elle est facile à soulever et à lancer. En eau profonde, il est parfois nécessaire d'utiliser des soies plongeantes (S). Les soies existent en différentes densités qui permettent d'adopter des tactiques et des présentations diverses, en eau courante ou dormante. Au relancer avec une soie plongeante, il est conseillé de faire un lancer roulé vers la surface pour éviter de fatiguer l'extrémité de la canne. Les soies à pointe plongeante (ST) comportent une partie flottante et une courte partie plongeante. On les utilise plutôt en rivière et elles sont plus difficiles à lancer car elles comportent deux densités opposées. La soie à densité neutre (N) permet à la mouche de demeurer juste sous la surface de l'eau, en rivière comme en eau dormante.

4. La Couleur de la Soie

La couleur de la soie affecte notre mode de pêche et la réaction du poisson. Les soies flottantes sont généralement de couleur claire (bleu pâle, ivoire, pêche ou tons fluorescents: jaune, orange ou vert). Dans bien des cas, elles permettent de garder l'œil sur la mouche, surtout lorsque la lumière est faible. Mais en eau claire, elles peuvent trahir leur présence auprès de la truite ; dans ce cas, les soies de couleur sombre ont leur rôle à jouer. Les soies plongeantes doivent être de couleur foncée afin de se fondre avec les végétaux subaquatiques.

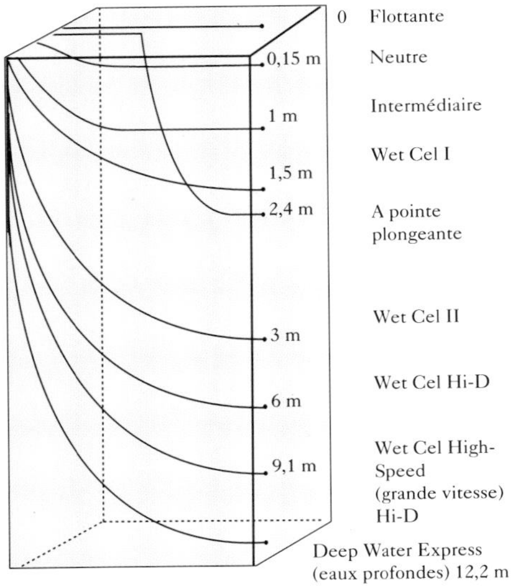

La Profondeur d'Immersion de la Soie
Les soies sont disponibles en diverses densités. Assurez-vous que la densité de votre soie permettra à la mouche de se positionner là où se trouvent les poissons

Les Types de Soie à Mouche

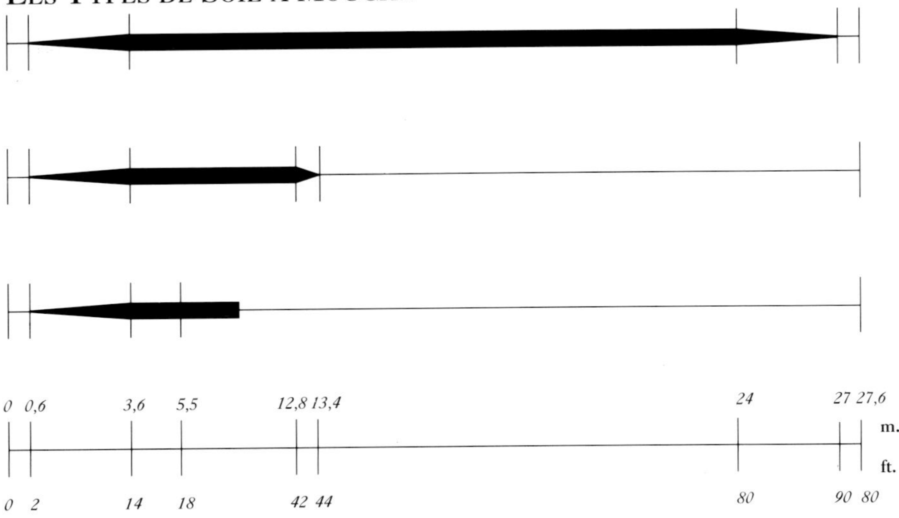

Soie double queue de rat en fuseau
Ce type de soie (à gauche) est effilé aux deux extrémités, ce qui le rend facile à lancer. Il est également possible d'inverser la soie quand une des extrémités est usée.

Soie à fuseau décalé vers l'avant
Cette soie forme un renflement puis s'affine brusquement en une soie parallèle et fine (à gauche)

Soie à pointe plongeante
Le premier tiers de cette soie a le même profil qu'une soie en fuseau. A 10 m de longueur, un monofilament solide ou un morceau de nylon tressé est relié ou noué par une bouche au fuseau arrière (à gauche).

Nœuds & Bas de Ligne

A la pêche à la mouche, on peut utiliser jusqu'à huit nœuds à la fois. Il est indispensable que vous sachiez les réaliser vite et bien, sinon, en cas de faible lumière ou de grand vent, vous aurez des difficultés. Les nœuds doivent être aussi solides que possible, mais ils sont exposés à la tension de la soie, et le plus spécifique des nœuds peut réduire cette tension de 5 à 20%.
Le bas de ligne est la longueur de nylon intermédiaire qui relie la mouche à la ligne. Vous pourrez acheter un bas de ligne double queue de rat sans nœuds ou bien fabriquer votre propre bas de ligne en utilisant des longueurs de nylon de différents calibres. Pour une bonne présentation de la mouche, le bas de ligne doit rouler précisément et délicatement sur l'eau et transmettre régulièrement l'énergie en provenance de la soie à mouche. Il est toujours conseillé de choisir un bas de ligne de la bonne longueur et du bon diamètre en fonction des eaux pêchées, résistant à la tension (voir le tableau ci-dessus).

Tailles des Mouches et des Pointes de Bouts de Ligne

Taille de la Mouche Corps Long	Réf. du Bout de Ligne	Résistance à la Tension (kg)	Diametre (mm)
4-6	1	4.08 (9)	.245 (.010)
6-8	2	3.17 (7)	.220 (.009)
8-10	3	2.72 (6)	.196 (.008)
8-14	4	2.26 (5)	.171 (.007)
12-18	5	1.18 (4)	.147 (.006)
12-20	6	1.36 (5)	.122 (.005)
18-28	7	0.90 (2)	0.98 (.004)
18-28	8	0.45 (1)	.073 (.003)

Les Différents Types de Nœuds

(voir aussi p. 278)

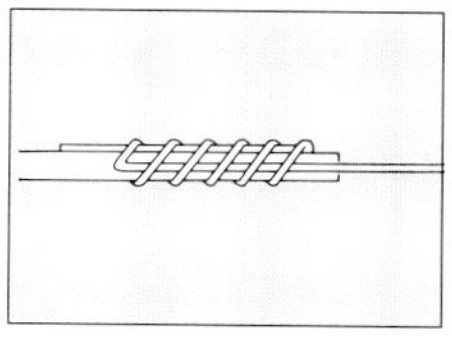

Nœud d'aiguille
Sert à relier la partie bout de ligne à la soie

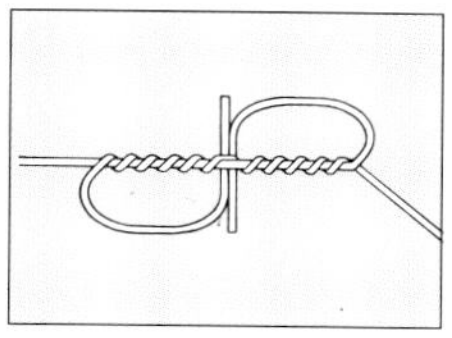

Double blood
Sert à réunir deux morceaux de nylon

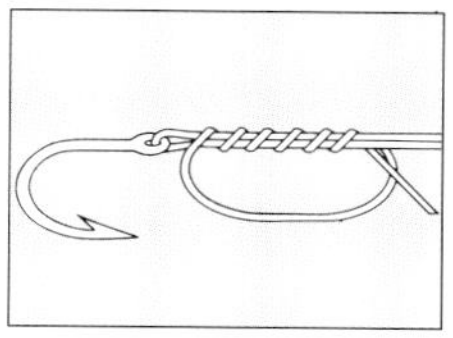

Single grinner
Sert à fixer l'hameçon au nylon.

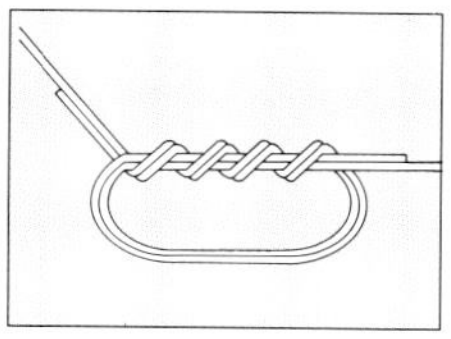

Water knot
Sert à réunir deux morceaux de nylon

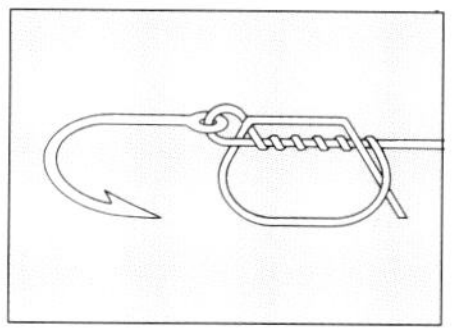

Tucked blood
Sert à fixer l'hameçon au nylon

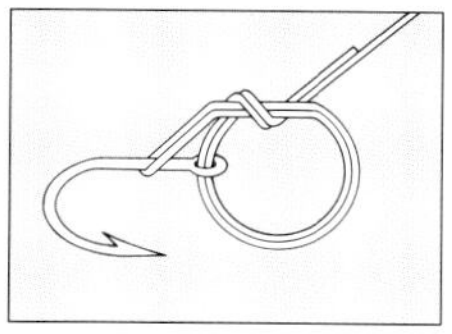

Nœud Palomar
Sert à fixer la mouche au bout de ligne

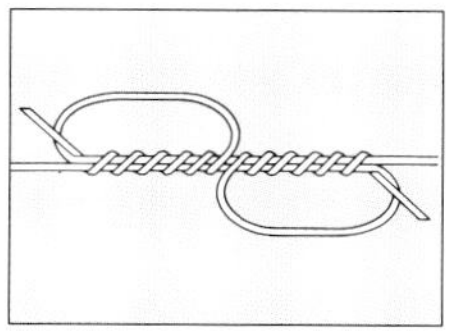

Double Grinner
Sert à réunir deux morceaux de nylon

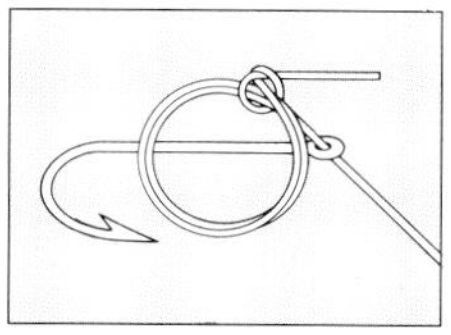

Nœud Turle
Sert à fixer l'hameçon au nylon

Bas de Lignes Classiques

Bas de ligne simple

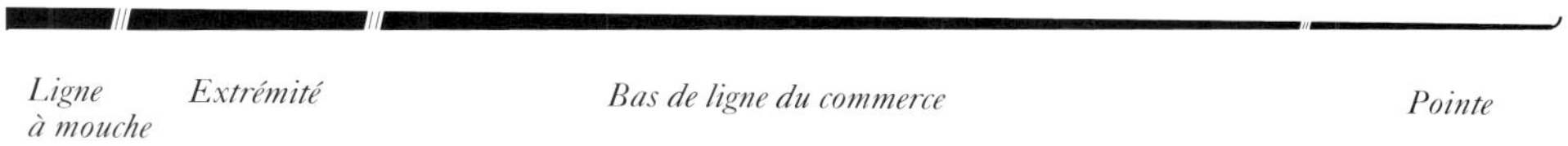

Bas de ligne complexe (pêche en rivière à la mouche sèche ou à la nymphe)

Bas de ligne pour retenue, avec bouts de ligne

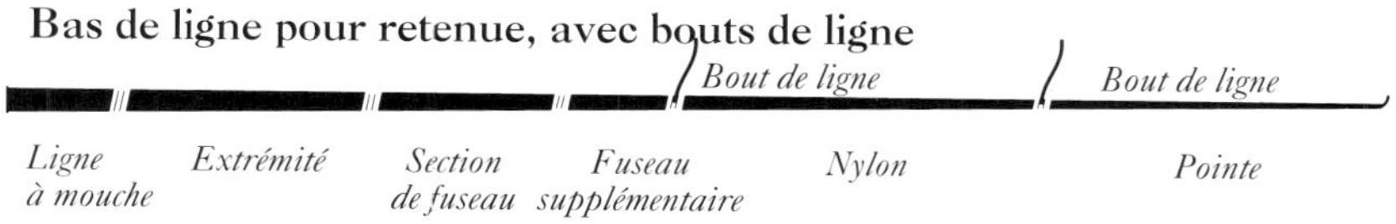

Bas de ligne standard pour eaux dormantes

Bas de Ligne Double Queue de Rat

Les meilleurs bas de ligne de ce type ont une extrémité très fine, ce qui permet de mieux lancer la mouche. Que vous confectionniez votre propre bas de ligne ou que vous achetiez des bas de ligne double queue de rat sans nœuds, la solidité de l'extrémité est très importante. Le nylon est classifié en fonction de sa résistance à la cassure (breaking strain: bs) en kilogrammes et de son diamètre en millimètres. Pour la pêche en rivière, on utilise souvent une force moins importante que pour l'eau dormante. La longueur du bas de ligne est prépondérante, car c'est elle qui sépare la mouche de l'épaisse soie à mouche. En rivière, on conseillera une longueur située entre 2,7 et 3,3 m. En eau dormante, une longueur plus importante est préférable (3,3-6,5 m).

Le Bas de Ligne Tressé

On peut placer une tresse de nylon longue de 1-1,5 m entre le bas de ligne et la soie à mouche afin d'améliorer le transfert de la puissance de la soie vers le bas de ligne et d'obtenir une meilleure présentation de la ligne.

Le Bout de Ligne

Vous pouvez nouer vos bouts de ligne à votre bas de ligne. Ces bouts seront d'environ 10-15 cm de long. S'ils sont plus longs, ils s'emmêleront. Il faut fixer les bouts de ligne à espace régulier sur le bas de ligne à l'aide d'un nœud double baril ou double grinner qui maintient le bout de ligne séparé du bas de ligne.

ACCESSOIRES

Les lunettes de sport
Pour pêcher le soir, ces lunettes à verres ambrés (ci-dessus) vous permettront de prolonger votre visibilité diurne

Couteau suisse
Le couteau multi-lames est un accessoire indispensable au pêcheur à la mouche.

Hi-Float (Orvis)
Liquide de flottaison

La pince à épiler
(Ci-dessous) Elle sert à saisir les insectes fragiles sans endommager leurs ailes.

Le "Gink"
Cette substance, qui sert à faire flotter la mouche, est connue partout dans le monde.

La cuiller à moelle
La cuiller à moelle (à droite) vous permettra de prélever un échantillon de nourriture ingérée par une truite morte.

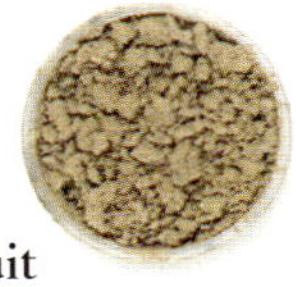

Produit dégraissant
(ci-dessus). Ce type de produit vous permettra d'éliminer les reflets du nylon.

Eprouvettes
Vous placerez vos échantillons d'insectes dans des éprouvettes en plastique (à gauche). Plus tard, vous pourrez ainsi les observer et les imiter.

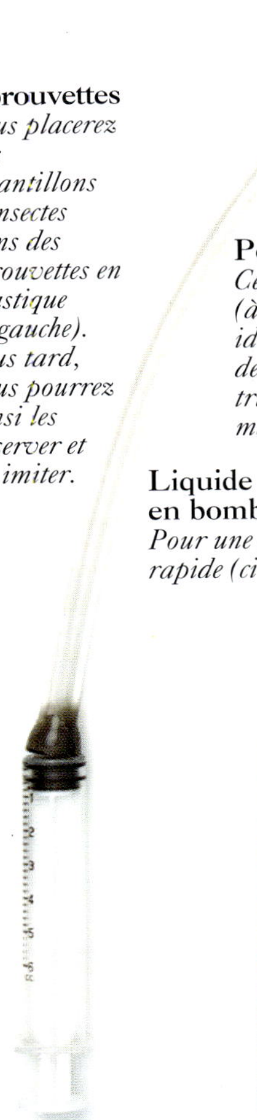

Pompe
Cet appareil (à gauche) sert à identifier le contenu de l'estomac de la truite sans lui faire mal.

"Prêtre"
Cet instrument (ci-dessous) sert à achever la proie de façon rapide et sans la faire souffrir.

Couteau à ligne
Pour gagner du temps, vous pouvez fixer de petits ciseaux (ci-dessus) à un outil pliant

Liquide de flottaison en bombe
Pour une application plus rapide (ci-dessous)

??? Mate
Cet outil est idéal pour un graissage et un dégraissage rapide des bouts de ligne (ci-dessus)

Chronomètre
En cas de pêche en bateau sur réserve, cet instrument vous permettra de calculer la profondeur à laquelle se situe la truite.

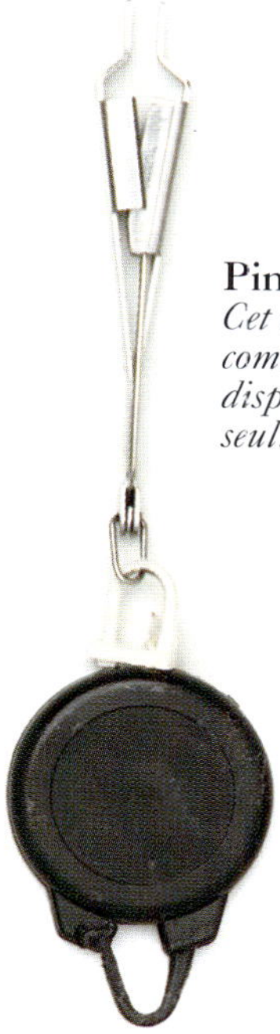

Permasink
Cette substance (à gauche), appliquée sur le nylon, l'aide à s'immerger. Il faut savoir que le nylon immergé effraie la truite.

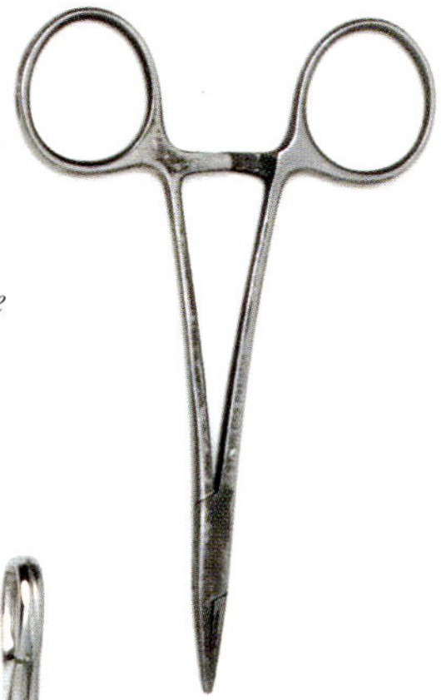

Forceps d'extraction
L'extrémité arrondie de ce forceps (à gauche) facilite et accélère l'extraction de la mouche.

Pince cutter
Cet outil (à gauche) combine les deux dispositifs en un seul.

Les plombs
Cette méthode (à gauche), bien que désapprouvée, permet de bien placer la nymphe face à une truite qui réside en profondeur.

Bout de ligne lesté
Grâce à ce type de bout de ligne (ci-dessus), vous transformerez une ligne flottante en une soie à bout plongeant.

Bouchon fluorescent

Enduit Orvis
Cet enduit (à gauche), appliqué au nylon flottant, atténuera les reflets qui effraient le poisson.

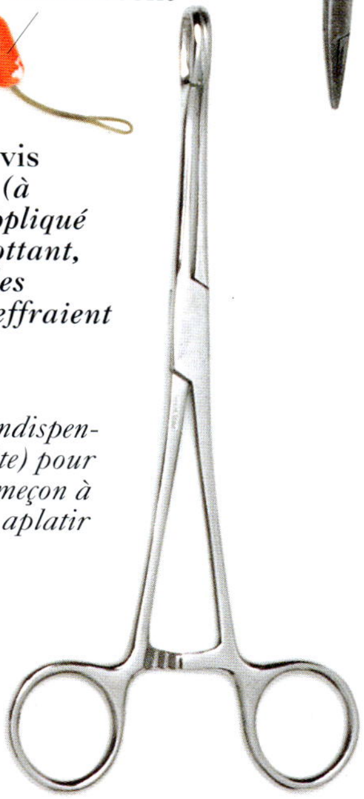

Forceps
Instrument indispensable (à droite) pour extraire l'hameçon à mouche et en aplatir les piquants.

Huile "cul-de-canard"
Cette huile (ci-dessus) est extraite, comme son nom l'indique, de l'arrière-train du canard. Elle sert à faire flotter les mouches.

Permafloat
Ce liquide de flottaison (ci-dessous) sera appliqué sur une mouche parfaitement sèche.

Fil repère
Pour détecter la prise, associez un fil de couleur vive (à gauche) au bout de ligne.

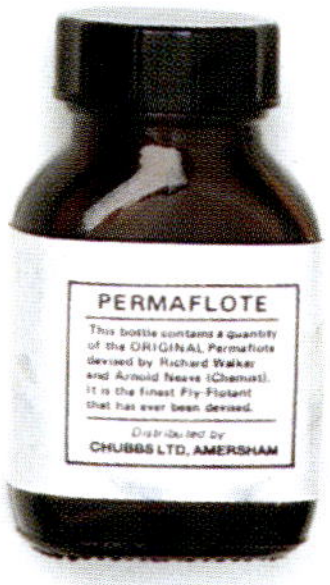

Muciline
Flotteur pour la soie et le bout de ligne (ci-dessus). Indispensable pour faire flotter les pointes et les bouts de ligne en nylon.

Amadou
Cette poche de cuir (ci-dessus) contient un champignon rare, l'amadou. Cette substance permet de sécher les mouches. La poche est fixée à un système rétractable.

Nécessaire d'entretien des soies et de flottaison des mouches
Ce liquide (ci-dessus) vous permettra d'éliminer tous les débris subsistant sur la soie. subsistant sur la soie.

Bocal grossissant
Ce bocal (ci-dessus) équipé d'une loupe vous servira à identifier les animaux aquatiques, puis à les imiter.

Distributeur de pointes
Il n'est pas toujours facile de conserver le nylon à l'abri des impuretés. Ce distributeur (ci-dessus) vous permettra de disposer de cinq pointes de diamètres différents sans qu'elles s'emmêlent.

Filet à insectes téléscopique
Le filet à insectes (à droite) vous permettra de capturer des insectes adultes (mouche de mai, mouche caddis ou mouche à ailes verticales). Vous pourrez ensuite observer les espèces et les imiter ; un bon principe quand on a affaire à une truite expérimentée!

Filet à main
Un filet à main tout simple (ci-dessus) vous permettra de débrouiller bien des mystères. Rien de plus facile que de manquer l'espèce qui vit juste à la surface de l'eau. Grâce à ce filet, vous disposerez de ces précieuses informations et pourrez opérer le bon choix quant à vos patrons de mouche.

Le sac de poitrine
Pour la pêche de "wading" en eau profonde, vous remplacerez le gilet par ce sac. Le harnais est réglable, ce qui permet de garder les boîtes à mouches au sec.

Gants néoprène
Ces gants sans doigts (ci-dessus) sont indispensable au pêcheur en début de saison. Chauds et imperméables, ils vous permettent de garder le contact avec la ligne.

Lunettes à verres polarisés
Pour une meilleure vision sous l'eau, même par temps gris ou pluvieux, adoptés ces lunettes à verres ambrés (ci-dessus).

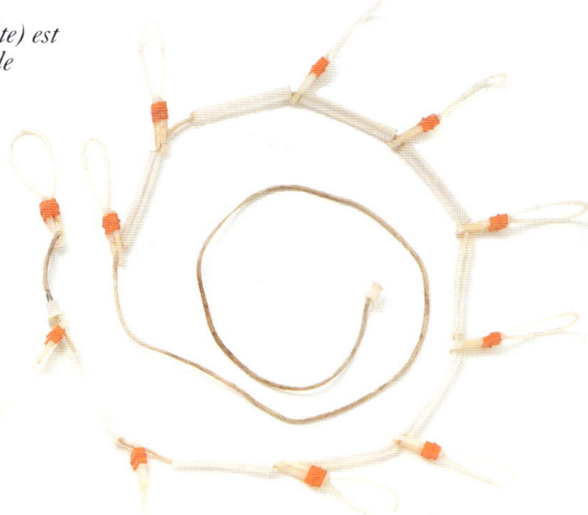

Le "stringer"
Ce dispositif (à droite) est particulièrement utile pour maintenir les poissons au frais. Fixé au tube, au bateau ou à la rive, les fixations permettent de garder les truites dans l'eau.

Filet téléscopique
Filet téléscopique de grandes dimensions (à droite). Cet accessoire est indispensable au pêcheur chevronné habitué en eaux dormantes, en "chalks-tream" et à la pêche sur rive. Il vaut mieux un filet trop grand pour la truite plutôt que l'inverse.

Le filet
Ce modèle (ci-dessus) est particulièrement adapté aux adeptes du "wading" et du tube flottant. Il n'est pas utilisable pour la pêche en eau dormante ou en bateau.

Chausses en néoprène
Les rivières sont souvent froides. Ces chausses de néoprène (ci-dessus) réduisent considérablement le phénomène de refroidissement par l'eau, qui peut parfois gâcher une journée de pêche.

Guêtres de "wading"
Pour la pêche en torrents, adoptez les guêtres (ci-dessus) qui empêcheront les cailloux de pénétrer dans vos pantalons de marais.

La "drogue"
Indispensable au pêcheur en bateau, quel que soit son type e pêche, la "drogue" (à droite) freine le défilement de la soie. Souvent utilisée pour la pêche en loch, on la complète fréquemment d'une courte chaîne qui lui permettra de s'immerger afin qu'elle puisse s'accrocher.

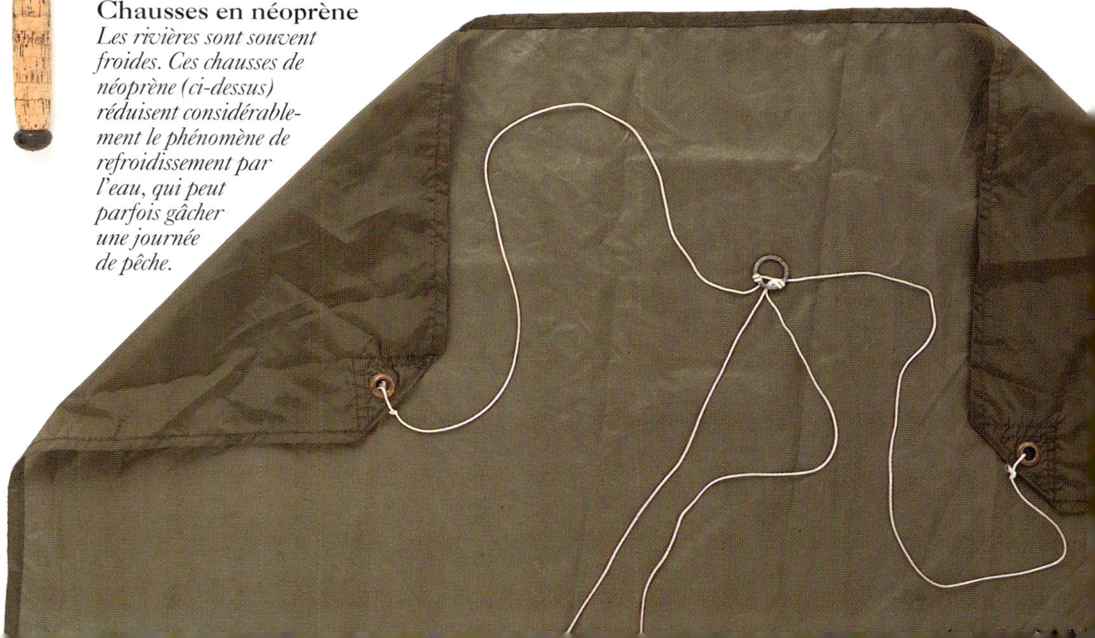

HABILLEMENNT

LES VÊTEMENTS DE PÊCHE doivent rester confortables quel que soit le temps et les circonstances. Ils doivent laisser une grande liberté de mouvement pour lancer et attraper le poisson. Parfois, un habillement bien adapté pourra vous sauver la vie !

Le gilet
Gilet de pêche multipoches (droite), indispensable. Vous pourrez, tout en restant libre de vos mouvements, disposer de vos bobines de rechange, de vos moulinets, de vos soies, de vos accessoires et de votre boîte à mouches, et même de vos provisions.

Bottes de "wading"
Pour une plus grande sécurité, vous choisirez une botte à semelle feutrée ou semi-feutrée.

Gilet thermique
Pour le "wading" en eau froide et les débuts de saison, un vêtement chaud et léger est indispensable. La doublure de ce gilet (à gauche) est imperméable et à séchage rapide.

Gilet gonflable
Ce modèle (ci-dessus) dispose des multiples poches indispensables, mais sert aussi de gilet de sauvetage.

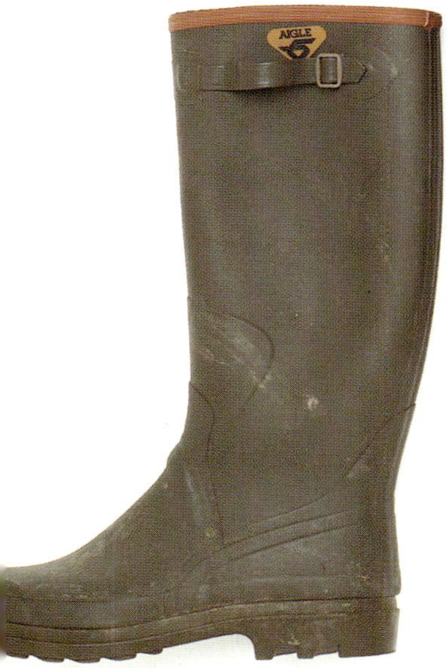

Bottes Wellington
Souvent, les rives des rivières et des lacs sont humides. Gardez vos pieds au sec grâce à ces bottes Wellington (ci-dessus). Vous choisirez une taille suffisamment grande pour permettre le port d'une deuxième paire de chaussettes.

Pantalon-cuissardes
Si vous prévoyez une pêche en wading en eau un peu trop profonde pour de simples cuissardes, vous adopterez ce pantalon-cuissardes (à droite). Il existe en de multiples matériaux, mais le néoprène est préférable : il est à la fois chaud et imperméable. Il résiste bien aux déchirures et aux piqûres.

Chapeau de “bush” australien
Ce modèle (à gauche) protège les yeux de la réverbération, permettant ainsi une meilleure visibilité sous l’eau.

Chapeau de tweed anglais
Idéal par temps froid.

Casquette à visière
Idéale par temps ensoleillé.

Manteau en goretex
La truite est un animal prudent. Pour la tromper, il faut se fondre avec l’environnement. Pour un plus grand confort, vous choisirez des matériaux modernes comme le Goretex, et des couleurs neutres — vert olive, ocre ou marron. Les nouvelles textures sont légères et résistantes au vent. Elles “respirent” tout en restant imperméables, et défieront les éléments les plus déchaînés. Ce manteau (à gauche) est parfait pour la pêche de rive ou en bateau, sauf s’il fait très chaud.

Veste courte pour "wading"
Courte veste de coton ciré pour le "wading" en eaux profondes. La coupe courte de ce vêtement permet de le maintenir hors de l'eau.

Cuissardes
Les cuissardes sont indispensables pour la pêche en réserve et les "chalkstreams" d'Angleterre. Pour porter toute la journée, elles sont plus confortables que le pantalon-cuissardes. Attention: si vous voulez garder les pieds au chaud, choisissez des chaussettes épaisses ou isolantes.

Chapeau moustiquaire
Moustiques et moucherons peuvent gâcher une partie de pêche. Surtout dans des régions comme l'Alaska, certaines zones du Canada et du nord de la Finlande, les piqûres d'insecte sont fréquentes. Utilisez un chapeau moustiquaire (à droite) et une bonne crème anti-moustique.

La Mouche

La capture d'une truite à l'aide d'une mouche artificielle est sans aucun doute la forme de pêche la plus prestigieuse. La truite, créature sauvage dotée d'organes de vision et de perception, possédant un étrange instinct de survie, prend un assemblage de fourrure, de plumes, de fils, de poils et d'autres ingrédients invraisemblables pour un être vivant. Bien entendu, les mouches artificielles ne sont pas toutes les imitations fidèles des formes de nourriture absorbées par la truite. Certaines ressemblent à des êtres sortis tout droit de l'imagination débordante d'auteurs de science fiction – voyants, incongrus, tape-à-l'œil – et pourtant, cela fonctionne. Ces leurres, ou mouches incitatives, agissent à différents niveaux. La peur, l'attrait de l'appât ou la stimulation de la couleur, tous jouent un rôle. La raison pour laquelle la truite les accepte est inconnue, mais l'aspect mystérieux de la pêche à la mouche est sans doute une bonne chose. En dépit de l'attirance éprouvée par la truite pour le leurre, je crois que l'essence de ce sport réside dans l'imitation d'une forme de nourriture, qu'il s'agisse d'un insecte, d'un poisson ou d'un crustacé.

Un monteur de mouche peut chercher à obtenir un réalisme parfait ou une simple suggestion, auquel cas il proposera un semblant ou un pastiche de l'insecte réel. La beauté du montage des mouches veut en effet que l'on puisse satisfaire ses caprices et lubies personnels, tout en devant relever un défi : celui de répondre aux désirs du poisson. L'objectif ultime à atteindre consistera toujours à inventer son propre montage, à créer l'effet précis que l'on veut produire, et à tromper une truite. Les mouches décrites sur les pages suivantes ne sont qu'un échantillon parmi les milliers qui existent. J'ai pu omettre quelques mouches populaires - les locales et les montages méconnus étant hélas toujours écartés. Mais le lecteur trouvera des modèles convenant à tous les types d'eau, représentant la plupart des insectes et des petits poissons, ainsi que les diverses espèces de truites dans leurs habitats du monde entier.

Explications sur la Mouche

L'ÉTERNELLE QUESTION que l'on se pose sur le type de mouche artificielle à utiliser dans une situation de pêche spécifique trouve rarement une réponse dans les livres sur le montage des mouches. Cependant, la sélection suivante est destinée à aider le novice à sélectionner des modèles de mouches adaptés aux différents types d'eau et techniques de pêche. Le chapitre sur les mouches anciennes et les modèles "classiques" permet de connaître l'histoire des mouches et de comprendre la conception de ces dernières. Cet ouvrage comporte également un chapitre sur les mouches montées industriellement. Il est souvent nécessaire d'avoir recours à des matériaux de substitution, qu'il s'agisse de mouches produites industriellement ou de mouches que l'on monte soi-même, en raison de la rareté des matériaux naturels et de la nécessité de préserver les espèces dont ils sont issus. La conception de la mouche s'en trouve modifiée, si bien que l'on assiste à la création constante de nouvelles variantes.

Sélectionner la bonne mouche est toujours une affaire de chance. La confiance est la condition primordiale d'une pêche à la mouche réussie, et ne s'acquiert qu'à la suite de nombreux essais.

Commode à mouches anciennes
Fabriquée par Hardy Bros, cette commode en bois (ci-dessous) est idéale pour le rangement des mouches et du matériel de montage.

La Mouche Sèche

La mouche sèche est montée de façon à flotter à la surface. Ceci est rendu possible par les hackles* et la queue. Les mouches sèches représentent des mouches adultes telles que les mouches de mai, les phryganes, les perles et les moucherons, ainsi que les araignées, les sauterelles et d'autres insectes terrestres. Les styles modernes imitent un insecte flottant dans le film de surface plutôt que sur l'eau. Les montages légers conviennent aux eaux calmes, où ont lieu les éclosions, tandis que les mouches richement pourvues de hackles, y compris souvent de poils, sont plus adaptées aux eaux vives, dans lesquelles les insectes sont en train d'éclore ou sur le point de s'envoler.

La Mouche Noyée

Egalement connue sous le nom de "hackle mou" ou, dans certaines régions, de "mouche nymphe", la mouche noyée comporte dans sa forme la plus simple un corps mince et quelques tours de hackle mou. Elle est conçue non seulement pour couler juste en dessous de la surface, mais également pour représenter la mouche en pleine éclosion. Certaines mouches noyées sont destinées à la truite de mer, d'autres sont des versions miniatures des mouches à saumon, et d'autres encore imitent les formes de la vie aquatique. Dotées d'ailes ou d'un hackle en palmer**, la mouche noyée est idéale pour la pêche loch-style ou par "train" de trois mouches dans les rivières rocheuses.

La Nymphe

La nymphe est la reproduction artificielle d'un insecte aquatique sous une forme spécifique. Le terme "nymphe" est une description générique couvrant les larves, les pupes, les nymphes de mouches de mai, les crustacés tels que la crevette d'eau douce et même les formes plus élaborées comme la punaise. Les nymphes peuvent être plombées ou non en fonction des différentes profondeurs de pêche voulues, allant du fond des lacs et rivières (plombées), à la limite de la surface (non plombées, même flottantes).

Le Streamer/Leurre

Le streamer ou leurre consiste principalement en une mouche noyée allongée. Il se divise en deux catégories distinctes : la première est une mouche incitative qui, bien qu'il n'imite pas une forme de nourriture particulière, attire la truite par sa couleur, son mouvement, sa luminosité ou grâce à tous ces facteurs à la fois. La seconde est une imitation d'un poisson-appât, d'une écrevisse ou même de souris et de grenouilles. Les streamers sont souvent lestés et montés sur des lignes coulantes, à pointe plongeante ou flottante, en fonction des conditions et des styles de pêche.

Notes du traducteur

* *Hackle : Plume enroulée autour de l'hameçon pour figurer les ailes et les pattes d'une mouche.*

** *Palmer : Enroulement de un ou plusieurs hackles sur toute la hampe de l'hameçon.*

MODÈLES STEELHEAD CLASSIQUES

DE NOMBREUX MODÈLES steelhead trouvent leur origine dans les mouches à saumon classiques d'Ecosse. Les premiers modèles étaient généralement incitatifs plutôt qu'imitatifs, bien que des modèles plus sobres aient reproduit les phryganes et les perles aussi fidèlement que les imitations modernes.

Ce style de mouches continue à être largement utilisé le long de la côte ouest d'Amérique du Nord, en dépit de la vogue des nouvelles mouches et des modèles d'œufs.

SPRUCE
Conçue dans les années 1930 pour les truites de mer cutthroat, cette mouche (ci-dessous à droite) de l'Orégon est également un modèle steelhead, encore très populaire en été.

ORANGE COMET
Ce modèle (ci-dessus) est également appelé Howard Wortan Special. Les yeux en forme de perle lestent la mouche. La couleur orange est très efficace, particulièrement au printemps, à la fin de l'été et en automne.

MICKEY FINN
Une fois noyée, cette mouche (ci-dessus) ressemble à un poisson-appât. Elle doit être posée entre le fond et mi-profondeur. Créée en 1936 par John Alden Knight, elle remporte un succès auprès des truites arc-en-ciel du monde entier.

BURLAP
Né en 1945, cet excellent modèle passe-partout (à gauche) est très populaire auprès de nombreux moucheurs. Son aspect brun désordonné suggère de grandes larves de phryganes ou des nymphes de perles.

GRIZZLY KING
Il semble que la plupart des pays aient une mouche de ce nom et de cette coloration, mais son éventuelle parenté avec le fameux modèle écossais n'a pas encore été clairement établie. Inventé en 1930, ce montage sombre (à gauche) est davantage imitatif qu'incitatif.

SILVER HILTON
Considéré comme très populaire sur les rivières Klamath et Trinity de Californie, ce modèle (ci-dessous) confirme que le dicton "jour sombre, mouche sombre" inventé par les pêcheurs à la mouche écossais s'applique également aux mouches steelhead.

BLACK GHOST
Familier des rivières à truites, ce modèle bien connu (ci-dessous) convient aux tactiques et aux besoins de la pêche aux truites steelhead.

PARMACHENE BELLE
La version jungle-cock de ce modèle des années 1880 (ci-dessus) porte le nom de Parmachene Beau. Cette mouche incitative est très populaire, particulièrement avec un corps de chenille fluorescent.

Mouches incitatives et imitatives

Ces mouches sont le fer de lance du pêcheur de truites steelhead. Elles sont nombreuses à descendre des modèles traditionnels, mais certaines ont ouvert de nouvelles voies. Les couleurs prédominent sur les silhouettes, et le frémissement attrayant des poils de cerf, des plumes et autres types de poils d'animaux dans l'eau joue un rôle de plus en plus important.

Flash Fly

Bien que ces mouches à saumon d'Alaska soient principalement destinées aux eaux teintées, de tels modèles sont des aubaines pour le pêcheur. Cependant, ils heurtent l'éthique de ce dernier, car cette mouche ressemble à un imago. Elle offre les meilleurs résultats près du fond, jusqu'à mi-profondeur.

Ferry Canyon

Cette mouche de Randall Kaufmann illustre parfaitement l'évolution considérable des modèles steelhead, avec de nouveaux matériaux et de nouvelles couleurs. Le violet est devenu extrêmement populaire pour les jours sombres et en soirée.

Bear-Hair Bugger

Cette mouche est principalement destinée aux eaux vives. Dans des courants extrêmes, la queue de marabout peut apparaître terne et sans vie. Mais ses poils réagissent et palpitent, et font d'elle une mouche idéale pour les poches et les étendues d'eaux claires.

Bomber (Finlande)

Originaire de Laponie et utilisé pour le saumon atlantique de la rivière Tana, ce modèle sert également à pêcher les truites durant l'été, au moment de l'éclosion des sedges, ainsi que les truites steelhead en automne.

Popsicle

Ce modèle est utilisé pour la pêche aux truites steelhead en Colombie britannique. La collerette violette en poils de lapin produit un mouvement vigoureux dans les courants rapides. Montée sur des soies à pointes plongeantes ou entièrement plongeantes, cette mouche doit être posée au fond des rivières.

Flamingo Zonker

Le rose est récemment devenu la couleur vedette des modèles incitatifs. Le caractère redoutable de cette mouche vient peut-être du fait que son allure rappelle celle d'un œuf. Cette version Masterline doit être montée sur une soie à pointe plongeante ou entièrement plongeante.

Teeny Nymph

Jim Teeny est un maître incontesté de la pêche aux truites steelhead. Cette mouche simple, confectionnée à partir de plumes de faisan de différentes couleurs, constitue le pivot de son arsenal et lui a permis de prendre la plupart des poissons chasseurs, notamment le saumon d'Atlantique. C'est un modèle indispensable.

Flesh Fly

Ce modèle évoque la chair du saumon en décomposition. Aussi rebutant que cela puisse paraître, les truites arc-en-ciel s'en régalent lorsque le saumon remonte le courant pour frayer avant de mourir.

Egg-Sucking Leech

Les sangsues se rassemblent sous les saumons en train de frayer, se nourrissant des œufs qu'elles parviennent à débusquer, avant de devenir à leur tour la nourriture des truites arc-en-ciel. Montez ce modèle en poils de lapin sur un bas de ligne plombé ou sur une ligne plongeante, et posez-le près du fond.

Wooly Bugger (Original)

Ce modèle connaît une grande réussite auprès des truites d'Amérique du Nord, particulièrement pour les grosses tailles. Il doit être monté sur une soie plongeante, en évitant les temps clairs.

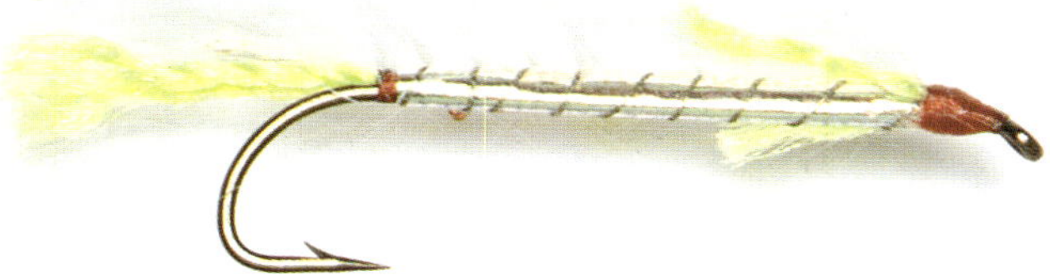

Magic Sam

Ce modèle de Steve Parton est destiné aux saumons et truites de réservoirs. Bien qu'il s'agisse d'une mouche incitative pure et simple, elle n'est pas sans rappeler le poisson-appât. Il est préférable de le monter sur une soie plongeante, et de le poser entre la mi-profondeur et le lit de la rivière.

Muskrat Strip

Grâce au rat musqué tanné, aux yeux en forme de perles et au style de montage Matuka, ce modèle imite parfaitement les petits poissons. Le rat musqué se comporte mieux dans les eaux vives et peu profondes.

Purple Wooly Bugger/ Egg-Sucking Leech

Les pêcheurs de saumon d'Atlantique s'accordent à dire que le violet peut attirer ou clairsemer un pool. Si cela est également vrai pour la truite steelhead, la couleur devrait être immédiatement modifiée.

Mouse

La truite apprécie cette souris, particulièrement en Alaska. Elle sera montée sur une soie flottante que l'on lancera au loin et que l'on ramènera avec le plus de mouvement possible.

Mouches sèches et mouches en forme d'œuf

Ces deux types de mouches se situent aux antipodes de la gamme des mouches steelhead. Les mouches en forme d'œuf, qui reposent au fond des cours d'eau, font l'objet d'un débat d'éthique, tandis que les mouches sèches, qui flottent à la surface, sont largement répandues. Les streamers sont aux avant-postes des mouches-œufs. L'utilisation des mouches sèches et noyées est jugée correspondre davantage à l'éthique.

Rusty Bomber

Originaire du Canada, cette mouche sèche pour saumons d'Atlantique jouit d'une grande popularité parmi les pêcheurs de truites steelhead. Lorsqu'elle est de petite taille, elle est très efficace pour la pêche de nuit des truites de mer, par temps chaud.

Oversize Troth Elk Hair Caddis

Cette mouche a séduit de nombreux saumons, truites, truites de mer et truites steelhead. Elle existe en différentes tailles et convient pour les éclosions de sedges et de perles. Présentez-la en amont et laissez-la dériver ou posez-la légèrement en travers du courant puis maniez-la en diagonale.

Steelhead Caddis

Conçu comme un agitateur plutôt que comme une mouche sèche, ce modèle de Bill McMillan imite les phryganes d'automne, les sedges cannelles et les phryganes oranges. Posez-le en amont et laissez-le dériver avec le courant sur une soie flottante.

Grease Liner

Cette mouche sèche steelhead a été créée par Harry Lemire pour la pêche en Colombie britannique. Conçue pour brasser l'eau sur une ligne flottante, elle imite parfaitement les phryganes d'automne.

Water-Walker

Ce modèle de Lani Waller brasse l'eau. Son auteur est l'un des pêcheurs de truites steelhead les plus inventifs d'Amérique. Cette mouche exploite au mieux les propriétés flottantes du poil de cerf et de la queue de veau. Pêchez en diagonale.

Egg Fly

Ce modèle a révolutionné la pêche à la mouche, en particulier en Alaska. Cette simple boule de laine fluorescente posée près des saumons en train de frayer a abusé des armées de poissons. Présentez-la au fond et laissez-la descendre le courant.

Fall Favourite

En automne, lors de l'éclosion et de la ponte des phryganes, la nourriture prend des teintes oranges qui attirent davantage la truite arc-en-ciel que la fario. Montez cette mouche sur une ligne flottante ou plongeante et maniez-la en diagonale.

Egg-Roe Cluster

Pourquoi se contenter d'une mouche lorsqu'on peut en avoir plusieurs ? Inspiré par Randall Kaufmanne, ce mariage d'orange fluorescent et de rouge avec un petit quelque chose du Flashabou est parfaitement visible des poissons mangeurs d'œufs, même dans les eaux sombres.

Polar Shrimp

Ce modèle blanc-orange facilement reconnaissable a gagné sa popularité sur la rivière Eel de Californie en 1936. C'est une mouche exceptionnelle en fin de saison, particulièrement lorsqu'elle est plombée et que son corps est constitué de matériaux fluorescents.

Father's Bright Roe

Utilisé pour pêcher tard dans la nuit, ce modèle bénéficie des qualités presque légendaires du Babine Special. Kaufmann a réussi à y ajouter l'illusion de la laitance. Les poissons d'Alaska en sont friands, et ne je vois pas pourquoi ils seraient les seuls.

Green Rose

Ce modèle vert fluorescent exerce un attrait considérable sur les truites steelhead et arc-en-ciel. Montée sur un bas de ligne plombé ou sur une soie plongeante avec un bas de ligne court et posée près du fond, cette mouche est particulièrement indiquée dans les eaux teintées.

Pink Deviant

Ce modèle fluorescent, dans le cas présent en poil d'écureuil, a la particularité de prendre une teinte rouge profond lustrée dans les eaux profondes. Conçue spécialement pour ces eaux, cette mouche donne d'excellents résultats en Alaska.

Skykomish Sunrise

Ce modèle, réalisé en 1940 par Ken et George McLoud pour la rivière Skykomish, a permis à George McLoud de capturer des truites steelhead de 13 kg. Son succès réside dans la combinaison des couleurs rouge et blanche.

Babime Special

Peter Alcaly m'a conseillé d'essayer cette mouche à l'automne. Egalement appelée "mouche à œuf double", elle fait partie des premiers véritables modèles de mouches en forme d'œuf. Lestez le modèle et posez-le en profondeur, là ou s'éparpillent les œufs de saumon.

Umpqua Special

Attribué à Don Hunter, ce modèle de 1935 a fait ses débuts dans la rivière Umpqua, en Orégon. Les mouches mises au point pour des rivières particulières sont généralement durables et efficaces.

Admiral

L'Amiral Eustache Bannan Rogers (1855-1929) a créé ce modèle avec une aile en quill blanc, matériau ensuite remplacé par des poils d'ours polaire plus mobiles (animal aujourd'hui protégé) ou du buck tail. Essentiellement destinée aux truites arc-en-ciel, cette mouche est également utilisée pour les truites steelhead.

Alaska Alexander

Ce modèle a été créé pour mon père à l'occasion de son premier voyage en Alaska. A l'origine, je le montais avec une collerette en plume de coq rouge, mais j'utilise aujourd'hui du Flashabou. Dès son premier jour, cette mouche a permis la capture de truites steelhead de 6 et 8 kg, et continue à nous porter chance à tous deux.

MOUCHES ANCIENNES DES RÉSERVOIRS

LA PÊCHE À LA MOUCHE a été longtemps pratiquée dans les cours d'eau et les rivières avant de faire son apparition dans les réservoirs. Les premières mouches utilisées étaient le plus souvent des leurres et non pas des imitations d'insectes, et l'on retrouve ces caractéristiques dans de nombreux montages modernes.

STRADDLEBUG MAYFLY
Cette mouche de mai noyée est un modèle irlandais traditionnel. Bien que les modèles Straddlebugs et Gosling ne ressemblent guère à la mouche de mai naturelle, leur efficacité sur les lacs irlandais durant la période des mouches de mai est néanmoins légendaire.

BLAE & BLACK
Cet ancien modèle (à gauche) est écossais ("blae" signifiant gris). Il est considéré comme l'une des grandes imitations standard de la duck fly, une des nombreuses espèces de grands chironomes noirs vivant dans les lacs écossais et irlandais.

MURROUGH
C'est le nom irlandais pour les grosses phryganes rousses, qui envahissent les lacs du centre de l'Irlande durant l'été. Il s'agit probablement du modèle ancien le plus populaire (à droite). Monté en sauteuse et tiré dans une bonne vague, il provoque un mouvement de l'eau attrayant, grâce à la densité de son hackle.

ALEXANDRA

Ce fameux modèle incitatif (à gauche) a été jugé si meurtrier dans certains lacs qu'il a été frappé d'une mesure d'interdiction, pourtant rarissime.

COCK ROBIN

Modèle traditionnel irlandais, le Cock Robin (ci-dessous) est considéré comme une mouche incitative par la plupart des pêcheurs, et compte néanmoins de fervents partisans. Certains le trouvent particulièrement utile lors de l'éclosion des sedges, en été.

BUSTARD & ORANGE

La série de mouches Bustard est tombée en désuétude en raison de la pénurie de plumes d'outarde. Ce modèle (ci-dessous à droite) est néanmoins efficace pour les sedges de couleur sable, et la nuit, pour la truite de mer.

DUNKELD

Cette mouche à truite (ci-dessous) est une version simplifiée de la mouche à saumon Dunkeld (Dunkeld étant une ville sur la rivière Tay en Ecosse). Autrefois considérée comme l'une des meilleures mouches de réservoirs, elle est toujours jugée par certains comme essentielle pour la pêche de la truite de mer.

PETER ROSS

Cette mouche (ci-dessus), dont la parternité a été attribuée à Peter Ross de Kilin, dans le Pertshire, est une variante de la Teal and Red. Considérée comme l'un des meilleurs modèles jamais conçus pour les lacs, elle imite parfaitement l'alevin lorsqu'elle est montée en sauteuse.

Mouches Classiques

Ces mouches demeurent la pierre angulaire de la pêche moderne en réservoir, qui est la forme de pêche à la mouche la plus accessible. Les modèles décrits ci-dessous inspirent confiance et s'avèreront utiles pour les débutants. Ils constituent l'essence même des mouches classiques de réservoirs, mais une bonne mouche ne saurait à elle seule capturer une truite. Mettez une mouche fiable dans les mains d'un pêcheur habile, et vous aurez l'équipe gagnante.

Black Spider

Cette nymphe d'Arthur Cove, au montage peu fourni, est un modèle de moucheron standard souvent utilisé en sauteuse. Il imite avec succès diverses formes de nourritures.

Ivens' Brown and Green Nymph

Il s'agit sans doute de la nymphe de réservoir par excellence. Cette mouche, qui inspire une grande confiance, s'avère utile lorsqu'il est difficile de déterminer les types d'insectes dont se nourrissent les truites. Il faut pêcher lentement, en tricotant la soie ou en effectuant de légères tractions.

Midge Pupa

Cette mouche de Dick Walker a résisté à l'usure du temps, pour conserver toute son efficacité. Le montage est relativement standard, mais ce modèle se distingue par l'utilisation ingénieuse de filaments de fibres de plumes blanches, très proches de l'apanage naturel des insectes.

Black & Peacock Spider

Créée par Tom Ivens, cette mouche possède un champ d'application considérable en réservoirs, allant des gobeurs de moucherons aux escargots, quelle que soit la profondeur, particulièrement en début de saison. Elle peut être montée sur une soie plongeante ou flottante.

Amber Nymph

Howard Bell a révolutionné la pêche à la mouche avec ses modèles de nymphes pour réservoirs. Mis au point au Réservoir de Blagdon, ce modèle n'est qu'un exemple de ses nombreuses créations. Il imite avec succès les émergentes de sedges.

Ombudsman

Brian Clarke, qui est l'auteur de cette imitation de larve d'Aulne, se plaisait à décrire l'insecte réel comme le Genghis Khan des eaux calmes. Ombudsman est un modèle polyvalent, qui doit être présenté près du fond, en début de saison.

Jersey Herd

Créée par Tom Ivens, cette mouche doit son nom au fait qu'à l'origine, son corps était fabriqué avec une capsule de bouteille de lait. Endurante et réaliste, particulièrement lorsqu'elle imite l'épinoche, elle convient aux mangeurs de daphnies et à un usage général.

Grenadier

Monté par Howard Bell pour le réservoir de Blagdon, cette imitation du grand moucheron rouge ou orange se révèle indispensable lors de l'éclosion de l'insecte véritable. Cette mouche donne de bons résultats montée seule ou par "train", pour la pêche loch-style. Elle peut également être montée sèche.

Chomper (Série)

Dick Walker était sans doute l'inventeur de mouches pour réservoirs le plus innovant. Comme pour les modèles de Bell et Cove, ses créations donnent l'impression d'une grande simplicité, parfaitement illustrée par la blancheur et la finesse de cette imitation de corise.

Cove's Pheasant Tail

La simplicité et une grande faculté d'observation sont à l'origine de la création de cet impressionnant moucheron. Cette mouche peut être utilisée partout, à n'importe quelle profondeur, à n'importe quel moment du jour ou de la saison. Le résultat est garanti, à condition de toujours pêcher lentement.

Collyer's Brown Nymph

Créée par Dave Collyer, cette nymphe passe-partout suggère de nombreuses créatures, en particulier les moucherons bruns et les olives des lacs et étangs.

Buzzler

Howard Bell a créé ce modèle de moucheron au début du siècle. Cette mouche simple et efficace est encore utilisée de nos jours.

Baby Doll

Brian Kench a conçu cette mouche blanche simple en 1971. Elle a immédiatement conquis pêcheurs et poissons, en particulier les poissons se nourrissant d'alevins. Ce modèle perd de son efficacité lorsque son aspect fluorescent s'atténue ou qu'il est recouvert de salissures.

Sweeney Todd

Dick Walker a créé ce modèle à aile cramoisie. Apprécié par les truites arc-en-ciel et fario, pouvant être utilisé dans diverses tailles et à diverses profondeurs, il est particulièrement efficace en fin de soirée.

Appetizer

Parmi les grands noms des pêcheurs à la mouche en réservoir, on peut citer celui de Bob Church. La mouche Appetizer, créée en 1973, est l'une des meilleures imitations d'alevin. Avec elle, Bob Church a capturé huit truites Grafham (le maximum en une journée), pour un poids total de 14 kg.

Black & Orange Marabout

A la fin des années 60, marquées par le début de l'engouement pour les réservoirs au R.U, Taff Price a conçu de nombreux streamers. Ce modèle-ci, qui utilise du marabout, est toujours efficace, surtout en début de saison. Il faut pêcher en profondeur et lentement.

Muddler Minnow

Dan Grappen a créé cette grande mouche classique, mais c'est Tom Saville qui a eu le mérite de l'introduire dans les réservoirs britanniques. De grande taille, elle rappelle parfaitement les poissonnets ; de petite taille, elle imite les sedges en train d'éclore.

Nymphes de Fond

En début de saison, au tout début de la vie des insectes, l'eau est plus chaude près du fond, où se nourrissent les poissons, et il est impératif de poser sa mouche à cet endroit. Pour y parvenir, on peut utiliser une ligne flottante avec un bas de ligne long et une mouche plombée, ou une ligne plongeante rapide, avec une mouche flottable, ou semi-flottable. Le lit du lac joue un rôle important plus tard dans l'année, car c'est là que la vie commence.

Reed Nymph

Cette mouche efficace doit être lancée de la berge avec une ligne flottante et un bas de ligne long. On peut également utiliser une soie longue loch-style lorsqu'on désire monter un modèle imitatif général comme mouche de pointe sur un train de larves de moucherons ou de nymphes similaires.

Bead-Eyed Montana

Conçu par Brian Leadbetter pour les compétitions européennes, ce modèle a séduit la truite anglaise. Montez-le sur une soie intermédiaire avec un bas de ligne long et tricotez la soie. Cette mouche d'ensemble passe-partout convient en début de saison.

Harris Stick

Brian Harris, expert des nymphes et des petites mouches de réservoirs, a conçu ce modèle ainsi que d'autres variantes du même thème pour les truites de début de saison qui se nourrissent en profondeur. On utilisera toujours une soie légère (flottante AFTM5) et un bas de ligne long, que l'on ramènera très lentement.

Stick Fly

Ce superbe modèle de réservoir passe-partout est un précurseur. Ses origines sont néanmoins obscures. Il doit être monté sur une soie flottante et un bas de ligne long, et ramené très lentement.

Green-Butt Tadpole

"Ne partez jamais sans elle", telle est la devise que m'inspire ce modèle inventé par Terry Griffith et Steve Parton. Bien que cette mouche noire et blanche ne soit pas un modèle de puriste, elle est tout à fait suffisante en début de saison.

Minky

Egalement appelée Mind Zonker, cette mouche est exceptionnelle pour les pêcheurs de berge, en particulier en début de saison, à l'époque des alevins. Une ligne flottante et un bas de ligne long maniés lentement permettent d'obtenir d'excellents résultats.

Short Green-Tag Stick

Chris Ogbourne a créé ce modèle pour les réservoirs de Bristol. Il peut être lancé de la berge ou bien d'un bateau. Il est très performant sur une ligne flottante et un bas de ligne très long, à condition de tricoter la soie et de le tirer lentement.

Bewick's Boody

Cette mouche est utilisée dans le réservoir Queen Mother, près de Londres. Montez-la sur une soie plongeante très rapide et des bas de ligne courts. Tricotez la soie de façon presque statique, avec des intervalles très longs, pour permettre à la mouche de s'élever et de retomber au fond du lac.

Wooly Worm

Ce modèle populaire d'Amérique du Nord se rencontre rarement dans les réservoirs anglais. Montée sur une ligne flottante et un bas de ligne long, et ramenée très lentement, cette imitation des mouches de l'Aulne est idéale en début de saison pour sonder les fonds de réservoirs.

Hoglouse

Les truites se délectent de ce modèle imitatif. Bien que les poissons s'en nourrissent à des profondeurs allant jusqu'à 12 m, il est plus courant de monter ces mouches sur une ligne flottante et un bas de ligne long. Ce modèle est très important.

Randall's Dragon

J'utilise rarement les imitations de larves de libellule, sauf parfois en Amérique, en Afrique du Sud et en Australie. Je peux alors être amené à choisir ce modèle, créé par le maître de la pêche en Orégon, Randall Kaufmann.

Deep Dupa

J'ai créé ce moucheron pour les compétitions de début de saison. J'emploie une soie Hi-D et un train de trois mouches, que je lance depuis un bateau. Son profil fuselé semble naturel, et la descente en profondeur est rendue possible grâce à l'hameçon plombé.

Hot-Spot Pheasant Tail

Basée sur la version de Bob Church, montée sur une longue hampe, cette mouche a remplacé le thorax en fourrure de phoque par de soie floche ou de la laine fluorescente, pour offrir une meilleure cible à la truite. Elle est extrêmement performante sur une soie flottante au crépuscule ou à l'aube, ou encore par temps très chaud.

Hairy Prince Green Butt

Une truite peut prendre cette mouche pour un grand nombre d'insectes et de poissons, y compris les phryganes, les pupes de phryganes, les moucherons allongés, les corises et les petits alevins. Elle gagne à être connue, montée sur une ligne flottante et un bas de ligne long, et ramenée lentement.

Fraser Boody Nymph

Conçue par Gordon Fraser, cette mouche doit être posée près du fond du lac, et montée sur une ligne rapidement plongeante ou Hi-D, avec un bas de ligne court. Des boules de polystyrène lui procurent une certaine flottabilité, qui la rendent statique en cas de mouvements très lents. Elle est extrêmement redoutable en début de saison, ou dans les eaux chaudes.

Eyed Damsel II

J'utilise cette mouche, qui m'a été donnée par Kevin Hart, comme mouche de pointe avec des nymphes Pheasant Tail ou des buzzers, et lorsque de petits modèles doivent couler rapidement. La coloration sombre empêche les truites de flairer le danger.

Corixa

Exercez de longues tractions vives pour imiter la véritable corise, qui vit dans des réservoirs dont la profondeur dépasse rarement un mètre, avec des herbiers. Je peints des "yeux" jaunes fluorescents sur cette mouche pour la rendre encore plus réaliste.

NYMPHES ET PUPES

Le nouveau venu est souvent perdu devant la pléthore de nymphes, pupes, punaises et mouches noyées pour la pêche en réservoir. Le régime de la truite de réservoir est bien plus varié que celui de la truite de rivière, et le pêcheur doit bien connaître l'insecte qu'il a l'intention d'imiter, ainsi que le lieu où on le rencontre le plus fréquemment. La présentation est primordiale et il est possible de mettre au point une technique de travail avec une demi-douzaine de modèles environ, dans différentes tailles et couleurs.

FILOPLUME DAMSEL

Créée par E.H Armstrong, cette imitation de nymphe de libellule ou de demoiselle est montée sur une longue hampe et fabriquée en filoplume, plumage secondaire de la plupart des gibiers ailés. Les truites sont attirées par la pulsation des plumes.

LONG-SHANK HARE'S EAR

John Wilshaw et Stuart Billham ont conçu ce modèle pour la pêche en dérive, en utilisant un train de trois mouches. Je crois que c'est John qui a eu l'idée d'ajouter la queue blanche. Cette mouche devient fatale lorsqu'elle se mélange aux alevins.

GOLD-RIBBED HARE'S-EAR

Les pêcheurs qui s'aventureront sans cette mouche seront largement désavantagés. Cette nymphe passe-partout est efficace à différentes profondeurs. Ne pas oublier le slogan : "En cas de doute, utiliser une Gold-Ribbed Hare's-Ear (GRHE)".

BUTCHER NYMPH

Cette nymphe est une version de la mouche noyée Butcher, qui tire son nom du métier de l'un de ses créateurs*. Elle est très performante dans l'obscurité et en soirée, particulièrement en début de saison, durant l'éclosion des moucherons noirs.

DIAWL BACH

Ce terme gallois signifie "Petit Démon". Ce modèle simple est utilisé dans les réservoirs de Bristol, au plus fort de l'éclosion des buzzers**, particulièrement à l'aube et au crépuscule. Un maniement très lent le rend redoutable.

GE NYMPH

J'ai tenté à travers ce modèle d'imiter une grande variété d'éphémères. Cette mouche s'avère également utile lorsque les truites se nourrissent de moucherons vert-olive. Elle est efficace à n'importe quelle profondeur, mais il est préférable de la poser près des herbiers, où vivent les nymphes d'olives naturelles.

YELLOW OLIVE

Ce modèle possède un corps fluorescent qui fascine les truites par temps couvert. Il recouvre les espèces éphémères ainsi que les larves de demoiselles. Montez-le sur une soie flottante, en exerçant de petites tractions vives.

GREEN-EARED PHEASANT TAIL

Cette mouche, qui est la synthèse de plusieurs idées, a été montée par John Moore. Elle fait merveille lorsque les poissons rejettent les modèles habituels ou lorsque les éclosions de buzzers sont tellement denses qu'il convient d'utiliser une mouche se détachant du lot.

Notes du traducteur
** Butcher = boucher*
*** Buzzer = petit moustique de la famille des chironomes (buzzer = vibreur)*

Mason's Pheasant Tail

La queue couleur miel et le hackle perlé font de cette mouche un bon modèle général. Il vaut mieux la monter en mouche de pointe ou intermédiaire lorsqu'on pêche d'un bateau, particulièrement si l'on utilise un format Hi-D.

White-Hackle Pheasant Tail

Ce modèle a été conçu par Brian Leadbetter. Il est principalement utilisé avec un train d'autres nymphes, ou monté comme mouche de pointe avec des insectes plus traditionnels. Ce montage est particulièrement efficace près de la surface, mais se comporte très bien quelle que soit la profondeur.

Lurex Spider

Cette variante du modèle Black Spider utilise un tinsel perlé de fabrication récente pour varier la couleur du corps. Efficace à toute les profondeurs et quelle que soit la vitesse de tirée, elle donne néanmoins tout son potentiel sur une ligne flottante, en tricotant la soie et en effectuant des tractions longues et lentes.

BP Buzzer

Ce modèle de moucheron créé par Gordon Fraser a révolutionné ma technique de pêche à la nymphe. Ce montage utilitaire, peu fourni et dépouillé est bien accueilli par la truite de réservoir, qu'elle évolue près de la surface ou qu'elle se nourrisse en profondeur.

Carnhill Poly-Rib Buzzer

Après avoir étudié les modes de vie des chironomes, Bob Carnhill a conçu cette pupe d'un réalisme parfait. En changeant la taille et la couleur, on peut imiter la plupart des chironomes. Elle donne de meilleurs résultats montée sur une ligne flottante, avec des mouvements lents ou statiques.

Deer-Hair Midge

Le thorax en poils de cerf contribue au réalisme et à la flottabilité de ce modèle. Il vaut mieux l'utiliser sur une ligne flottante lorsque les poissons remontent ou nagent juste sous la surface, et la laisser immobile ou la ramener très lentement en tricotant la soie.

Cove'sedge Pupa

Les modèles inventés par un maître de la pêche à la mouche méritent toute notre attention. Arthur Cove a su reproduire les caractéristiques de l'insecte dans cette imitation simple et pourtant sans doute jamais égalée de la pupe de phrygane.

Fraser Sedge Pupa

Gordon Fraser a créé des mouches peu fournies d'un grand réalisme, dont le montage est étonnamment simple. Cette imitation d'une pupe de phrygane doit être montée sur une ligne flottante et ramenée lentement.

Jorgensen Fur Caddis Pupa

Ce modèle américain imite une phrygane remontant à la surface pour éclore. En variant la couleur du corps pour évoquer différentes espèces, vous obtiendrez une gamme de pupes de phryganes sans pareille.

Les Émergentes

IL SERAIT TROP BÈTE de manquer une occasion parce que votre mouche repose sur l'eau au lieu de flotter dans le film de surface. Vous aurez sans doute besoin d'un bas de ligne léger de 2 kg ou moins, avec une pointe constamment dégraissée avec un agent plongeant tel que Fuller's Earth. Le montage ne doit pas être trop lourd, et doit, dans la mesure du possible, comporter des matériaux flottants ou légers.

Deer-Hair Emerger

J'ai vu pour la première fois ce montage dans les mains de Roman Moser, le grand moucheur autrichien. Le poil de cerf est flottable et touffu, ce qui le rend parfait pour les réservoirs, en particulier s'il est destiné aux truites se nourrissant en surface.

Grafham Muddled Emerger

Ce nom est le seul qui me soit venu à l'esprit pour ce modèle de Jeremy Lucas, qui agite la surface de l'eau. Il est particulièrement performant pour la pêche sur bateau lorsqu'il est utilisé en mouche sauteuse sur une vague moyenne ou grosse.

Jardine Emerger

Ce modèle est conçu pour imiter les olives en cours d'éclosion, comme c'est le cas sur les lacs et les étangs de la fin du printemps à l'été, puis à nouveau en automne. Il est préférable de le poser juste en dessous de la surface, sur une ligne flottante que l'on ne bougera qu'occasionnellement.

Timerline Emerger

Ce modèle ingénieux créé par Randall Kaufmann dénote une bonne connaissance de la truite, de son alimentation et de son environnement. Particulièrement efficace lors de l'éclosion des olives des lacs et étangs, il peut également être utilisé comme mouche d'ensemble.

Sparkle Pupa

Cette mouche est constituée d'Antron, un matériau flottant utilisé pour la première fois par Gary La Fontaine pour imiter les larves de sedges. Elle donne de meilleurs résultats montée sur une ligne flottante, avec une succession de tirées et de relâchées.

Sienna Sedge

Steve Parton a créé une gamme de mouches basée sur le style de l'Invicta. Ce modèle doit être utilisé lors de l'éclosion des phryganes adultes, ou comme mouche intermédiaire dans un train de mouches lorsqu'on pêche depuis un bateau dérivant.

Invicta

Lancé en 1879, ce modèle de James Odgen imite avec succès le sedge en train d'éclore et reste la meilleure arme du pêcheur lors de l'émergence des insectes naturels. Très polyvalent, Invicta peut être utilisée presque toute l'année.

Olive Seal's-fur Nymph

Jeremy Lucas m'a présenté cette mouche, qui imite une multitude d'espèces d'olives et se révèle efficace dans divers types d'eaux. Montez-la de préférence sur une ligne flottante, en restant statique pour lever la truite ou en tricotant lentement la soie.

Suspender Midge Pupa

Conscient du fait que les truites gobent les mouches prises dans la pellicule de surface, John Goddard a conçu un modèle avec un compartiment flottable – une boule de polystyrène enfermée dans une maille de nylon. Il est extrêmement performant, particulièrement en cas de calme plat, où il devra rester statique.

Pikes' Suspender

Pêcheur à la mouche anglais de grande renommée, Peter Pike a inventé une version élaborée du modèle de John Goddard. Bob Church la recommande chaudement en cas de calme plat, lorsque les truites remontent doucement à la surface.

Carnhill Adult Buzzer

Bob Carnhill a inventé une gamme de mouches pour les truites se nourrissant de chironomes adultes noyés par un courant de fond ou par des vagues. Montez ce modèle sur une soie flottante ou intermédiaire, en restant statique ou en tricotant très lentement la soie.

Bristol Emerger

Créée par Martin Cairncross, cette mouche sombre et peu fournie est une imitation fidèle d'un grand nombre d'insectes en train d'éclore. Le corps doré fait penser à une nymphe se défaisant de son enveloppe, tout en agissant comme un modèle incitatif.

Brown Emerger

Bob Church a créé ce modèle pour pêcher dans le réservoir de Grafham, mais il est depuis devenu un must pour tous les lacs et étangs. Il imite les grands moucherons rouges de Grafham, dont l'éclosion a lieu entre l'été et l'automne, et attire d'énormes truites à la surface.

Wadham's Hare's Ear

Créée par John Wadham, cette mouche figure parmi les meilleures nymphes de réservoirs. Les modèles de John Wadham sont simples mais efficaces, car ils reposent sur la présentation et l'attrait général de la mouche plutôt que sur l'aspect artistique.

Chironomid Pupa

Cette imitation d'une pupe de moucheron conçue par Randall Kaufmann illustre bien l'importance accordée par les Américains à ce type d'insectes et à la pêche à la mouche en réservoir en général. Les pêcheurs à la mouche européens* feraient bien d'étudier attentivement ce montage efficace.

Orange JC

Cette mouche est conçue pour l'été, lors de l'éclosion des moucherons oranges. Il vaut mieux la monter par temps chaud sur une soie Hi-D dans un train de mouches comme mouche de pointe ou intermédiaire, ou sur une soie flottante, lorsque les truites viennent à la surface.

Deer-Hair Hatching Buzzer

Ce modèle est des plus efficaces en pêche statique ou lente. Le Lurex perlé à la courbure de l'hameçon suggère une nymphe se débarrassant de son enveloppe. La rudesse du poil de cerf imite un insecte en pleine éclosion.

Note du traducteur
"anglais" dans le texte

Mouches Sèches

Le plus grand changement intervenu ces cinq dernières années dans la pêche à la mouche en réservoir concerne la mouche sèche. Les truites qui montent à la surface sont friandes de mouches sèches mais ne sont pas forcément folles des nymphes ou pupes légères. Ce changement a entraîné la création de nouveaux modèles, destinés à imiter les sedges et les moucherons. Le secret de la pêche à la mouche sèche en réservoir consiste à résister à la tentation de tirer sur la mouche ou de rester statique.

Daddy Longlegs

Dick Walker a conçu ce modèle pour réservoir en portant une attention inhabituelle aux détails des pattes. Il reste l'une des mouches sèches de réservoirs les plus efficaces de tous les temps. Montez-le sur un bas de ligne long et laissez-faire.

Hawthorn

De nombreux modèles sont basés sur cet insecte terrestre, présent sur les réservoirs au milieu et à la fin du printemps. La plupart dépeignent ses pattes arrières dégingandées. Il vaut mieux poser cette mouche dans le film de surface plutôt que sur l'eau.

Grey Duster

Cette mouche fait partie de l'équipement de tout pêcheur à la mouche en réservoir. Les tailles 18-20 sont excellentes, particulièrement lorsque les caenis sont sur l'eau, mais on peut également pêcher immobile, lorsque le manque d'activité à la surface nécessite l'utilisation de mouches sèches.

Grafham Hopper

L'utilisation des mouches sèches durant la dernière décennie a subi un grand bouleversement. Immobile, posée avec précision, même à faible distance, cette mouche a à son actif un nombre incalculable de truites. Le corps peut êtrede couleur orange, vert olive ou rouge bordeaux.

Lake/Pond Olive Dun

Etant donné que les différences entre ces espèces d'éphémères sont infimes, j'ai choisi un modèle unique, en utilisant la plume cul-de-canard pour sa flottabilité. Cette mouche devient efficace lorsque les truites gobent avidement les insectes à la surface de l'eau.

Greenwell's Glory

On dit que feu Canon William Greenwell a mis au point la version noyée de cette mouche en pêchant sur la rivière Tweed. La version sèche reste l'un des meilleurs modèles d'olives de réservoir et doit obligatoirement faire partie de l'équipement de tout pêcheur.

Bristol Hopper

John Hornsey a mis au point cette variante du Grafham Hopper pour pêcher dans le réservoir Chew, au sud-ouest de l'Angleterre. Il s'agit d'une mouche typique de la région de Bristol, qui n'est pas sans rappeler le buzzer. On obtient de meilleures performances en la laissant immobile ou en la lançant vers un poisson montant.

Bob's Bits

Bob Worts a conçu ce modèle d'émergente de moucheron pour le réservoir de sa région, Grafham. Très efficace en noir, ce montage général couvre d'autres espèces d'insectes que les chironomes. La pêche doit être statique lorsque les truites remontent vers les moucherons en train d'éclore.

Black Bod

Voici une autre création efficace mais étrange de l'école de Bristol. Cette vague imitation de scarabées et moucherons noirs séduit de nombreuses truites en présence de vagues.

Realistic Dry Midge

Il suffit de changer les couleurs de cette version du moucheron pour obtenir des modèles très proches les uns des autres. De cette manière, de nombreuses espèces peuvent être reproduites lorsque le calme plat ou le comportement des truites l'exigent. Montez cette mouche séparément pour la pêche à vue.

Saville's Super Sedge

Tom Saville est l'un des pionniers de la pêche en réservoir. Son sedge adulte fait des merveilles dans les réservoirs des Midlands, au cours des éclosions de l'été. On peut le noyer durant la soirée.

Para Midge

J'ai créé cette mouche pour cette période exaspérante de calme plat durant laquelle les truites viennent se nourrir d'émergentes de buzzers. Ce modèle, qui représente l'étape entre la pupe et l'état adulte, doit rester immobile en pêche à vue.

Elk-Hair Caddis

La couleur jaune fluorescente (qui projette une lumière vert clair) rappelle les œufs de la femelle phrygane. Ce modèle est très efficace en cas de présence des phryganes adultes, en particulier tard dans la soirée, lorsque les femelles reviennent pondre.

Grouse-Wing

Bien qu'elles n'affichent pas un enthousiasme débordant, les truites peuvent être convaincues d'accepter une imitation d'"ailes en grouse", à condition qu'elle soit petite. Malheureusement, deux sécheresses successives ont entraîné la disparition de cet insecte. Ce modèle a néanmoins conservé son efficacité.

Hare's-Face Midge

Les propriétés de ce modèle sont bien connues lorsque les poissons se nourrissent de moucherons. Lors de sa première sortie à Blagdon, ma mouche sèche m'a permis d'attraper six poissons. Depuis lors, je l'ai presque toujours utilisée lorsque les truites remontent doucement.

Goddard & Henry Sedge

John Goddard et Cliff Henry ont conçu cette imitation de sedge pour compenser la mauvaise flottabilité des modèles créés dans les années 60. Cette mouche, qui a la faveur des pêcheurs en rivière ou en réservoir du monde entier, est très performante immobile.

Spent Caddis

Le crépuscule révèle souvent des femelles sedges mortes à la suite des pontes de la veille. Cette imitation des phryganes mortes est très efficace immobile dans l'obscurité ou aux premières heures de l'aube, même en l'absence d'insectes naturels.

INNOVATIONS

D'APPARITION RELATIVEMENT RÉCENTE, la pêche à la truite en eau dormante favorise la création de nouveaux modèles ou l'évolution de montages traditionnels qui ne manquent pas d'intérêt. De nombreuses mouches utilisées au début de cette technique de pêche ont été remises au goût du jour. Certaines ont ainsi bénéficié de matériaux modernes, comme la Fiery Grenadier, tandis que d'autres offrent un nouveau style tactique, comme par exemple la Floating Buzzer de Dave Shipman. Quelques unes, comme la Fidget, sont une remarquable adaptation d'anciens styles.

ST CLEMENTS

Conçue par Steve Newsome pour la pêche en réservoir, cette mouche est prenante par temps clair, particulièrement durant les vagues de chaleur. Maniez-la doucement sur des soies Hi-D à des profondeurs de plus de 3 m.

FLAT ROACH

Cette imitation d'un poisson mourant ou mort est probablement la plus redoutable qui soit. Difficile à monter, elle en vaut la peine. Laissez-la immobile sur une ligne flottante près des alevins ou des herbiers. Son étrange mouvement convulsif laisse rarement les truites indifférentes.

CONCRETE BOWL

Cette mouche passe-partout, qui convient à la majorité des types de soie et des vitesses de retrait, peut être montée en différentes couleurs. Les plus redoutables sont la vert et blanche, la rouge, l'orange et jaune. Il s'agit plutôt d'un modèle incitatif que d'une imitation spécifique.

GRIZZLY NOBBLER

Steve Parton a créé cette mouche durant l'été 1984, lorsque le décès des perches était à son comble. Lorsqu'elles sont sur le point de mourir ou déjà mortes, les perches blanchissent, phénomène parfaitement imité par les hackles grisonnants de ce modèle, dont la tête simule par ailleurs l'agonie.

CARNHILL NOBBLER

Cette variante de la mouche créée à l'origine par Trevor Housby est montée sur un hameçon plus court, avec une collerette en hackle. La longue queue provoque un mouvement ondulatoire. Convenant à presque tous les types de soie, elle doit être maniée avec des tractions courtes et intermittentes.

PINK PANTHER

Gordon Fraser a inventé cette mouche bienfaitrice pour les jours où rien ne semble marcher. Savoir comment elle opère est une autre affaire. Il est possible qu'au-dessous de 1,5 m, le rose devienne rouge profond, et que les truites prennent ce modèle pour un vers de sang géant.

CAT'S WHISKER

L'aspect de cette mouche réside dans sa combinaison de couleurs. Conçu par David Train, le modèle initial comportait une queue en poils de moustache de chat, matériau difficile à obtenir. Vous pouvez la poser à n'importe quelle profondeur sur n'importe quelle soie, en variant la vitesse des retraits.

DATCHET RAZZLER

Cette mouche, qui imitait autrefois un têtard, est devenu un modèle standard pour la pêche statique ou les retraits ultra-lents, sur des soies Hi-D ou des soies à âme plombée, dans des eaux très profondes ou près du fond des lacs. Les truites l'acceptent sans difficulté, en différentes couleurs.

RABBIT ZONKER

Ce modèle inventé par Stever Parton est destiné aux poissons se nourrissant d'alevins. Il est particulièrement prenant à la fin de l'été et en automne, avec une soie plongeante et des retraits de vitesse différente, ou avec une soie flottante en tricotant la soie autour des herbiers.

SHIPMAN'S BUZZER

Cette mouche de Dave Shipman suggère un chironome émergent ou en train d'éclore, dans le film de surface ou bien sur l'eau. Enduite d'un agent plongeant et montée en mouche unique ou dans un train de mouches, elle doit rester statique ou être maniée lentement, en tricotant la soie.

GREEN-BUTT GRIDDLE BUG

Steve Parton a adapté ce modèle américain à la pêche en réservoir en ajoutant des pattes plus longues en caoutchouc. Il vaut mieux l'utiliser au printemps jusqu'à la mi-été, sur une soie intermédiaire ou Wet Cel II, avec de longues tractions régulières ou des saccades rapides.

MINK SPUDDLER

Voici mon propre modèle d'alevin, lourdement inspiré des modèles américains et britanniques. Il peut sembler inutile de transporter des mouches similaires, mais les poissonnets constituent une part importante du régime des poissons de réservoir, et ne pas en tenir compte serait commettre une erreur.

OAKHAM ORANGE (PEARL)

Dave Shipman a modifié ce modèle en lui donnant une queue chromée et un corps en lurex perlé. Il recommande de l'utiliser par temps clair comme mouche sauteuse ou intermédiaire, sur une ligne flottante.

BEWL GREEN

Chris Ogbourne a conçu cette mouche pour les éclosions très denses de moucherons verts. Elle devient redoutable lorsque les chironomes verts prennent leur envol. Posez-la en profondeur sur une soie Hi-D ou à la surface, avec un flotteur.

FIERY GRENADIER

Ce modèle de Bell a été modernisé en ajoutant une queue orange fluorescent. Monté selon le mode traditionnel des mouches noyées sur un train de trois mouches, il est particulièrement indiqué en été, sur une ligne flottante.

FLASHBACK NYMPH

Ce modèle général américain a remporté un succès considérable comme mouche de pointe montée sur un train traditionnel, ou comme mouche unique pour la pêche de berge. Le noir irisé rappelle l'éclosion des insectes. A manier lentement, ou à laisser statique.

FIDGET

Cette étrange création de John Hatherall s'est révélée être l'un des meilleurs modèles d'alevin flottants que j'ai jamais utilisés. Elle m'a aidé à prendre 12 truites en une seule journée à Grafham. Cette mouche est également un bon modèle incitatif/agitateur.

Leurres et Mouches Incitatives

Nul ne sait exactement pourquoi la truite se rue sur les leurres et les mouches incitatives. Il se peut qu'ils réveillent son instinct agressif, imitent sa nourriture préférée ou bien simplement piquent sa curiosité. Le manque de discernement dans l'utilisation des leurres a nuit à la réputation de ce type de pêche, qui offre pourtant au débutant les meilleures chances de succès dans les réservoirs.

Black Chenille

Bob Church a créé cette mouche pour imiter les phryganes de couleur sombre. Elle est très appréciée en début de saison en petites tailles, sur n'importe quelle ligne, en fonction du secteur et de la profondeur.

Rabbit Viva

La Viva est probablement le meilleur leurre de la dernière décennie. Utilisez-la tout au long de l'année, assez lentement, à toutes les profondeurs. La réaction des truites est presque garantie.

The Waggy

Il serait injuste de négliger le modèle de Peter Gathercole, qui doit d'être connu à Fred Wagstaff, qui l'a utilisé à Rutland. Il a à son actif de nombreuses grosses truites des grands réservoirs. Cependant, je vous laisse décider s'il s'agit ou non d'une mouche "sportive".

Appetizer

Les truites qui se nourrissent d'alevins sont parfois exigeantes sur la taille de leur proie. Vous devez avoir à votre disposition le modèle qui correspond. Ce tandem présente une mouche considérablement plus longue, et peut s'avérer indispensable durant l'été et l'automne à Rutland et à Grafham.

Goldie

Ce modèle a été créé pour la pêche des grosses farios par Bob Church, qui l'utilise avec une soie à âme plombée et des tactiques de style Northampton. C'est une excellente mouche pour la truite de mer et la fario.

Rasputin

Dick Walker était le maître incontesté de la pêche à la ligne durant la période d'après-guerre. Il a toujours innové, et ce modèle a été l'un des premiers à comporter de l'Ethafoam. Cette mouche imite le têtard.

Whiskey Fly

La couleur orange, prédominante chez les mouches steelhead d'Amérique du Nord, a pris une grande place au R.U grâce à Albert Willock, qui l'a utilisée au réservoir de Hanningfield, dans l'Essex. Elle donne des résultats immédiats, particulièrement en plein été.

Muddlerine

Steve Parton a davantage contribué à la rationnalisation de la pêche au leurre en réservoir que tout autre pêcheur à la mouche. Cette mouche de type Muddler supprime le problème posé lorsqu'on ferre et l'on ramène la truite à la surface.

Jack Frost

Bob Church a créé ce modèle pour les truites amateurs d'alevin, en particulier celles qui se nourissent de brèmes. Il a à son actif d'énormes quantités de poissons et fait preuve d'une redoutable efficacité à presque toutes les profondeurs. Les retraits lents semblent lui convenir davantage.

Minnow Streamer (Male)

Taff Price a été l'un des premiers à prêter attention aux mouches imitant le poisson-appât, destinées à attirer ou à provoquer l'attaque. Nombreuses sont basées sur des concepts américains. Ce modèle est un exemple des premières mouches de réservoir.

Floating Fry

L'alevin flottant permet une technique de pêche très stimulante et offre la meilleure chance de capturer une grosse truite dans un réservoir. Ce modèle, qui convient principalement à l'automne, doit être lancé près des herbiers et laissé tel quel.

Leprechaun

Cette mouche s'est révélée particulièrement performante à Grafham, où les truites absorbent de grandes quantités de daphnies. Si l'orange, qui est la couleur traditionnelle des daphnies, ne fonctionne pas toujours, le vert fluorescent est généralement prenant.

Sinfoils's Fry

Ce modèle faisait également partie des premières mouches de réservoir. Alors qu'il était garde-pêche à Weirwood, Ken Foil a rencontré un vif succès en imitant l'alevin, dont les truites sont si friandes. Il utilisait des feuilles de polyéthylène transparentes, et confectionnait un corps presque transparent.

Missionary

Le regretté Dick Shieve est l'auteur de cette adaptation d'un ancien modèle de Nouvelle-Zélande. Cette mouche a depuis été supplantée par les modèles en marabout, mais reste efficace sur une soie plongeante lente. Maniez-la en alternant les tractions longues et courtes.

Mouches Noyées de Compétition

Au cours des dix dernières années, les compétitions se sont développées sur les réservoirs, instaurant des règles et des tactiques spécifiques. Certaines mouches sont bien connues, tandis que d'autres sont restées secrètes. Bien qu'elles ne renient pas la tradition, ces mouches représentent des tendances plus modernes, et démontrent que la pêche à la mouche de compétition peut permettre aux pêcheurs amateurs de se familiariser avec les dernières nouveautés en matière de mouches, de soies et de techniques de pêche.

Red-Arsed Wickham

L'été est la saison des sedges sur les réservoirs et les lacs britanniques. La queue rouge fluorescent de ce modèle est très visible dans les eaux sombres ou boueuses. Cette mouche passe-partout doit être montée comme mouche sauteuse sur une ligne flottante.

JC Viva

La soie Wet Cel Hi-D permet de poser des trains de mouches en profondeur. Le noir, qui est la couleur de début de saison, est presque obligatoire pour une mouche de pointe, et rend ce modèle redoutable.

Toffee-Papre Wickam

Conçu par John Ielden, un habitué de Grafham, ce modèle occupe la position de mouche sauteuse ou de mouche intermédiaire sur une ligne flottante. Il est particulièrement efficace en été ou durant l'éclosion des sedges. Cette mouche intéressante peut conduire une truite à sa perte.

Annabelle

J'ai donné à cette mouche sauteuse ou intermédiaire le nom de ma fille. Bob Morey, pêcheur à la truite du Bedfordshire oh combien respecté, l'utilise sur une ligne flottante ou plongeante, durant presque toute l'année. Pour ma part, je monte cette imitation de sedge sur une ligne flottante en été.

Peach Boody

Lorsque la pêche lente à la nymphe dans les eaux peu profondes s'avère délicate en raison des risques d'accrochage dans les herbes, une mouche flottante telle que celle-ci résoud bien des problèmes. Elle présente également l'avantage de plaire aux truites.

Perly Wickham

Steve Parton et Steve Newsome ont conçu ce palmer moderne, devenu depuis une référence. Il est monté en mouche sauteuse ou intermédiaire sur une ligne flottante, et donne des résultats exceptionnels avec la truite de mer.

White Palmer

Chris Ogbourne a fait de cette mouche l'un de ses meilleurs modèles de sedge. J'y ai ajouté une queue en Spectraflash perlé. Elle est aujourd'hui mon modèle de poissonnet favori, et je la monte sur la pointe ou en sauteuse.

Killer

Tout en restant dans la limite de taille des mouches de compétition, cette création de John White imite la nymphe de la demoiselle. Montée sur un hameçon lourd et une ligne flottante, elle est une mouche de pointe idéale pour la pêche en profondeur, par calme plat.

Vindaloo

Créé durant la vague de chaleur de 1989 par l'école de Bristol pour être utilisé avec une soie Hi-D dans les eaux calmes et en profondeur, ce modèle incitatif devient redoutable lorsqu'il est monté en sauteuse, particulièrement durant les journées chaudes et ensoleillées.

Toogood's White

Cet autre modèle de Bristol a été inventé par le fameux pêcheur du même nom. Cette mouche de pointe est prenante en début et en fin de saison. Elle a connu son heure de gloire durant la sècheresse de 1989. La couleur rouge fluorescente fournit des cibles parfaites.

Light Bulb

John Hornsey, de la région de Bristol, s'est rapidement imposé comme l'un des meilleurs pêcheurs à la mouche en réservoir. Ce modèle est une variante de son imitation habituelle, mais n'en est pas moins efficace.

Orange Wiggler

Cette mouche de pointe doit être surmontée de nymphes. Elle est très performante sur une soie Hi-D, mais reste efficace sur une soie intermédiaire lorsque les truites se nourrissent de daphnies près de la surface, dans les eaux sombres.

Mini Appetizer

Cette autre mouche de pointe de Bob Church est sans doute la meilleure imitation d'un alevin plongeant qui existe. Excellente tout au long de la saison à presque toutes les profondeurs, elle se surpasse de l'été à l'automne.

Peraly Hare's Ear

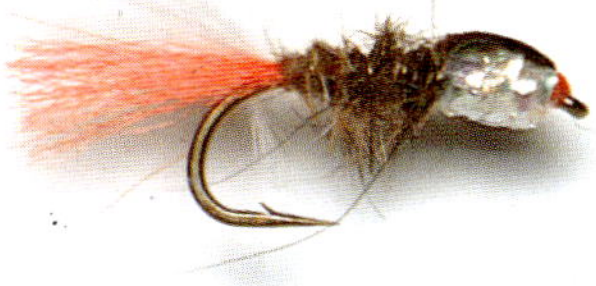

Cette variante de la mouche de David Shipman est très prenante durant la période des alevins. Elle est particulièrement performante en automne, autour des herbiers, et doit être montée en pointe, sur une ligne flottante et un bas de ligne long.

Orange Priest

Le choix des pêcheurs doit parfois se porter sur des petites mouches, même en profondeur. John Moore a conçu cette mouche pour n'importe quelle position sur le bas de ligne, bien qu'il soit préférable de la monter en sauteuse lorsqu'on utilise les techniques de récupération-et-attente (loch-style).

Fluorescent Red Palmer

Typique de Grafham, cette mouche sauteuse est extrêmement prenante dans les grosses vagues et par temps couvert. Elle est maniée avec une relative rapidité afin de créer des remous visibles.

Peach Doll

Je crois que ce modèle a puisé son inspiration chez le capitaine de l'équipe nationale d'Angleterre, Geoff Clarkson. Il a été hissé au premier plan lorsque l'Angleterre a gagné le championnat du monde de 1987. Il doit être monté sur une soie Hi-D en eau froide, et manié dans le style récupération-et-attente.

GRANDES NYMPHES

DE NOMBREUX PÊCHEURS en eau dormante ont créé des méthodes de pêche, des modèles de mouches et des équipements qui leurs sont propres. Bien que les petits plans d'eau soient régulièrement approvisionnés en truites de belle taille, il n'est pas toujours facile d'y pêcher. Des tactiques et des mouches spéciales s'avèrent souvent nécessaires. Cette section couvre une gamme de couleurs, de formes, de tailles et de matériaux qui ont tous fait leurs preuves. N'hésitez jamais à changer de modèle, car les modèles originaux marchent souvent là ou les mouches les plus prévisibles ont échoué.

MAYFLY NYMPH

Ce modèle (ci-dessous) est si efficace lorsque les mouches de mai naturelles sont absentes que l'on se demande pourquoi les truites le gobent. Montée sur une longue hampe, cette nymphe créée par Dick Walker est aussi prenante sur les rivières que sur les plans d'eau. Elle est vraiment passe-partout.

RABBIT-STRIP DAMSEL (ZONKER)

J'ai bricolé ce modèle de David Fynsong afin de produire une mouche (ci-dessous à droite) possédant les caractéristiques de la demoiselle naturelle. Il a attrapé des truites de 4 kg dès sa première sortie. Il vaut la peine d'être essayé en cas de calme plat, par temps clair.

FLUORESCENT GREEN MONTANA

Ce modèle d'eau dormante (ci-dessous) a réussi à tout le monde, excepté moi ! Cette mouche, qui est l'une des plus importantes des cinq dernières années, est presque indispensable dans chaque boîte à mouches.

GAME PIE

Une mauvaise fixation sur l'étau a conduit à la création de ce modèle (à gauche). Il se compose de poils de lapin, de plumes de perdrix, de hackle et de plumes de faisan ainsi que de laine fluorescente.

Pulling Damsel

J'avais besoin d'obtenir un modèle qui soit une reproduction exacte de la nymphe de demoiselle (à droite) tout en frappant l'imagination. Je lui ai donné des yeux jaunes fluorescents pour fournir une cible à la truite. La queue en marabout fonctionne de la même façon.

Lambswool Damsel

Ce montage de Richard Walker (deuxième ci-dessous) fut l'un des premiers à représenter un insecte à l'état de nymphe. Il s'agit d'un pastiche de l'insecte naturel.

Blue Damsel

Bill Sibbons, auteur de belles prises dans le Hampshire, s'est aperçu que les truites en quête de demoiselles bleues adultes ne pouvaient faire la différence entre le dessus ou le dessous de la surface. Cette mouche simple (à gauche) est posée juste au-dessous de la surface et maniée avec rapidité.

Alder Larva

De nombreux modèles imitent la larve de la mouche de l'Aulne. Celui-ci est particulièrement efficace au printemps. Il doit être posé au fond et manié avec lenteur.

Yellow Ears

Montez ce modèle (ci-dessus) sur une soie flottante et un bas de ligne long lors de la présence de demoiselles, et maniez-le avec lenteur.

Nymphes et Petites Mouches Incitatives

Ce groupe de mouches constitue le matériel de base de la pêche sur petits plans d'eau. Une succession logique de variantes fera davantage d'effet que des changements continuels de mouches. Une petite mouche peut causer la perte d'un grand poisson, qui se sentira moins intimidé par elle que par une nymphe montée sur une longue hampe ou un grand leurre voyant.

Brown Nobbler

Ce style de mouche - en particulier le modèle le plus petit - ondule de manière attractive tandis que son poids lui permet d'atteindre rapidement les profondeurs où croisent les poissons. La couleur marron convient pour certaines espèces de nymphes de demoiselles et de larves de libellules.

Orange Tadpole

Ce modèle est réservé aux jours ensoleillés. Comme pour la plupart des mouches incitatives pour petits plans d'eau, il vaut mieux le monter sur une soie plongeante lente ou sur une soie intermédiaire, en tricotant la soie ou en effectuant de longues tractions, lentes et régulières.

Hern Worm

Les gros poissons évoluant dans les petits plans d'eau clairs sont souvent effrayés par les grandes mouches, et les petites mouches qui ont, quant à elles, l'inconvénient de ne pas plonger assez vite à la profondeur désirée. Pour obtenir une solution parfaite, il suffit de plomber une petite Pheasant Tail.

Yellow Nobbler

La couleur de cette mouche joue un rôle important. Lorsque le soleil brille, la truite pourchasse la couleur jaune, sans raison apparente. Le jaune peut être également utilisé dans les eaux troubles et les algues, grâce à d'excellentes propriétés de visibilité qu'il partage, étrangement d'ailleurs, avec le noir.

Pink Lady

Cette truite utilisée en début de saison dans les réservoirs est également prenante dans les petits lacs. Les yeux facilitent la succession de tirées et de relachées tandis que la queue de marabout est montée court pour ne pas être arrachée par la truite.

Wiggle-Tail Hare's-Ear

J'ai improvisé cette mouche avec les restants de marabout qui recouvraient mon établi de montage. Mon intuition s'est vérifiée lorsque trois truites arc-en-ciel de plus de 4 kg s'y sont laissées prendre. Je varie la couleur de la queue avec du blanc, du noir, du jaune et du vert-olive.

Orange Cut-Down

L'orange est une superbe couleur pour les premières heures du jour ou pour obliger la truite à réagir et à chasser. Elle doit néanmoins être rapidement remplacée si la truite montre des signes de lassitude ou de peur.

Wobble Worm

Surnommé "le chien filou du gentleman", ce modèle de Peter Lapsley imite les vers de sang dans divers tailles et coloris. En changeant la coloration de la tête, du corps et de la queue, on peut reproduire différents stades de transformation des insectes.

Viva Tadpole

Ce modèle est très prenant dans un large éventail de profondeurs, qui s'étend des eaux profondes en début de saison aux eaux intermédiaires et aux eaux de surface pendant le reste de la saison de la pêche à la mouche. Il est indispensable, à condition d'être manié avec douceur et régularité.

Patterson Red Spot

Ce modèle de crevette contient des morceaux de laine rouge fluorescent. Il n'est vraiment prenant qu'en présence des crustacés d'eau douce. Cette mouche est particulièrement redoutable pour la pêche à vue.

Phantom Pupa

Cette version miniature du modèle de Dave Collyer représente l'espèce Chaoborus, de la famille des diptères. Montée sur une soie plongeante lente et un bas de ligne d'une longueur de 5 à 8 m, elle doit être tirée lentement, en tricotant la soie.

Damp Crane Fly

Situé dans le Hampshire, Dever Springs est l'un des réservoirs à gros poissons les plus récents. Il s'accommode parfaitement des cousins secs montés sur une soie plongeante rapide et posés au fond. Tricotez la soie ou tirez par petits à-coups.

Yellow Corixa

Le regretté Dick Walker a créé cette alternative au modèle standard pourvu d'un corps marron-noir/blanc. Cette mouche de remplacement est parfaite pour la pêche à vue, lorsque le pêcheur a repéré une truite et qu'il pose une mouche sur sa trajectoire de nourriture.

Lead Speck

Ce modèle de Bill Sibbons offre à la truite une mouche miniscule (hameçon 16-18) à l'allure comestible et discrète. J'ai ajouté une queue en marabout pour créer l'illusion d'un mouvement en chute libre.

Cockwill's Hare's-Ear Shrimp

Cette mouche polyvalente m'a rapporté des truites dans le monde entier. Bob Church a même capturé une truite fario russe de 4 kg. Son côté insecte est véritablement alléchant. Elément obligatoire de votre équipement, elle convient à toutes les méthodes de pêche à la mouche.

Lead Bug

Concevoir un modèle lourdement plombé sans effrayer ni rebuter les truites méfiantes est difficile, mais pas impossible pour Peter Cockwill. Cette mouche est davantage destinée à la pêche à vue.

Green-Waisted White

Lorsque les modèles d'alevin et les mouches blanches standard rentrent bredouilles, ce modèle a des chances de réussir. Il a rapporté suffisamment de truites pour vous inciter à l'inclure dans votre boîte à mouches. Montez-le sur une soie plongeante lente et maniez-le avec de longues tractions lentes.

Mouches Fantaisies

La pêche "put-and-take" et la pêche à la mouche en eau claire sont récentes. Elles ont donné naissance à leurs propres modèles de mouches, montés pour endormir la méfiance de la truite. Voici quelques exemples curieux et originaux, ainsi que les modèles dont ils sont issus.

Voss Bark Nymph

Conrad Voss Bark fait partie des éminents pêcheurs de Two Lakes. Son Olive Palmer plombée est un merveilleux modèle passe-partout, qui rappelle les nymphes de demoiselles, de crevettes et d'olives. Montez-le sur une ligne flottante et un bas de ligne long, pour la pêche en aveugle ou la pêche à vue.

Short DFM Green Fartridge

Les grosses truites croisant dans des eaux peu profondes sont souvent effrayées par des mouches lestées, et ne mordent jamais lorsqu'on utilise de petits hameçons. Elles sont néanmoins sensibles aux mouches minuscules. Dick Walker a trouvé la solution en montant une petite mouche sur un grand hameçon, et le tour était joué!

Brassy Pheasant Tail

Dans son livre intitulé "Modern Flydressings" (1980), Dick Walker livrait les secrets de la Brown Damsel. Cette mouche Pheasant Tail utilise la même technique, mais remplace la tête laquée par un roulement à bille en laiton.

Orange Shrimp

Cette mouche a fait les beaux jours des pêcheurs du Damerham au début des années 1970. Ce modèle voyant peut surpasser une olive plus naturelle, même dans les cours d'eau. Il faut toujours l'avoir avec soi lorsqu'on pêche en eau claire.

BW ou Barrie Welham Nymph

Surnommée à l'origine Brown Wool, cette mouche est plus connue sous le nom de BW ou Barrie Welham Nymph en raison du succès constant remporté par le champion du même nom lorsqu'il utilisait cette punaise. Elle évoque vaguement une pupe de moucheron et d'autres insectes aquatiques.

Olive Dog-Nobbler

Cette version modernisée du modèle Ice Jig de Trevor Housby a été inventée par Kevin Hart, grand pêcheur de berge en réservoir. Principalement destinée aux truites mangeuses d'épinoches du réservoir Queen Mother près de Londres, cette imitation de demoiselle s'est avérée redoutable.

Original Mayfly Nymph

Dick Walker a utilisé du herl* d'autruche pour confectionner ce modèle redoutable, supplanté depuis par une version en laine angora. Je préfère le modèle original en dépit de sa fragilité, car les plumes sont plus vivantes et plus naturelles.

Red Diddy ou Rubber-Band Fly

Cette mouche a été conçue par Arthur Cove pour imiter les contorsions frénétiques d'un vers de sang ou d'une larve de chironome. Utilisée dans les petits lacs (en lestant le corps pour la pêche en profondeur), elle est très performante.

Note du traducteur
Herl : Barbe de plume non dépouillée de son duvet

HINGED DAMSEL

L'idéal est d'obtenir une mouche qui bouge par elle-même, comme c'est le cas avec cette demoiselle articulée. Lorsque je l'ai essayée pour la première fois, j'ai attrapé trois poissons de plus de 2 kg. Il est recommandé de la monter sur une soie neutre ou plongeante lente, avec des tractions courtes entrecoupées de tirées longues et lentes.

ORANGE TWINKLE NYMPH

On a pu assister au développement de cette gamme de nymphes, dont l'attrait réside dans la couleur ou la luminescence. L'orange est une couleur prenante par temps clair et chaud, notamment en profondeur. Ce modèle est redoutable lorsque les poissons se nourrissent de daphnies.

TWINKLE DAMSEL

Grand théoricien des mouches sèches, J.W Dunne a peint les hameçons en blanc pour reproduire le reflet interne scintillant des nymphes. Ce montage prouve l'efficacité des matériaux modernes.

FUZZY CRAWLER

Ce modèle Hare's-Ear Nymph surdimensionné et fouilli de Barry Unwin a causé la perte de nombreuses truites fario. Monté sur une ligne flottante et manié très doucement le long des fonds de lacs, il ressemble aux demoiselles, aux nymphes de libellules et à d'autres formes de nourriture.

DRAGONFLY NYMPH

La nymphe de libellule est une constante dans le menu des truites. Ce modèle commercial doit être manié très doucement le long du fond des lacs. Utilisez une ligne flottante et un bas de ligne long, et accélerez de temps en temps le rythme des tirées.

PEACHY

Les truites arc-en-ciel ont souvent tendance à suivre cette mouche pendant de longues périodes avant de se ruer sur elle et d'attaquer. Parfois, elles s'éloignent à la dernière minute. Leurs réactions sont chaque jour différentes. Maniez cette mouche avec rapidité, tout en l'utilisant avec parcimonie. Il ne s'agit pas en effet d'un modèle standard.

MONTANA WASP

Ce modèle est efficace en remplacement, lorsque des mouches plus familières sont inopérantes. Il vaut mieux le monter sur une ligne intermédiaire et un bas de ligne long, et le ramener en tricotant la soie.

MONTANA CAT'S WHISKER

Bien qu'elle ne soit pas un modèle d'insecte d'une grande pureté, cette mouche a récemment connu un grand succès. Je préfère l'utiliser sur une ligne intermédiaire, en tricotant la soie ou en effectuant des tractions lentes et longues.

POPPET

Cette mouche flottable est particulièrement prenante au milieu d'éclosions de moucherons. Montez-la sur une ligne plongeante rapide et laissez-la monter et descendre en tricotant lentement la soie. Utilisez-la par temps chaud ou en début de saison.

MOUCHES ANCIENNES DES EAUX CALCAIRES

LES PREMIÈRES MOUCHES artificielles utilisées pour la pêche à la truite en eau calcaire étaient basées sur des imitations d'insectes naturels. Leurs descriptions révèlent une grande similitude avec les modèles modernes.

STONE FLY

Ce modèle (à droite) imite la plus grande perle ailée adulte. Tiré de l'ouvrage "The Treatise of Fyshing with an Angle" de Juliana Berner (1946), il n'a que peu évolué au cours des siècles.

GREY DRAKE

Ce montage (ci-dessous) est l'œuvre du collaborateur d'Izaak Walton, Charles Cotton. Avec un hackle améliorant la flottabilité et la modification des ailes, il resterait une redoutable imitation de la mouche de mai au stade imago.

MAURE FLY

Ce modèle issu de l'ouvrage "The Treatise" pourrait être une imitation de l'imago de la mouche de mai ou de l'éphémère gris. J.W Hills supposait qu'il s'agissait d'une imitation d'un subimago de mouche de mai, tandis que G.E.M Skues prétendait, en dépit du montage des ailes, qu'il représentait la mouche d'Aulne. Il est possible que son nom désigne le peuple Maure et fasse allusion à la couleur sombre de la mouche.

GREEN DRAKE

Ce montage (à droite) de Charles Cotton représente une mouche de mai ou un éphémère vert. Il donne de bons résultats lorsqu'il est monté sur une soie portée par le vent, mais les méthodes modernes de pêche à la mouche sèche nécessitent que l'on améliore la flottabilité avec un hackle.

WASP FLY

La description de ce modèle (ci-dessous à droite) dans "The Treatise" indique que les imitations d'insectes terrestres étaient autrefois très appréciées. A l'exception du hackle, cette mouche diffère peu des imitations modernes de guêpes et de bourdons.

DUN CUT

L'insecte que cette mouche artificielle (ci-dessous) est censée représenter fait l'objet de nombreuses théories, et celle de Skues, qui affirme qu'il s'agit "indiscutablement" d'une imitation d'un sedge de phrygane, également appelé "Welsman's button", est aussi plausible que les autres.

SHELL FLY

Tous s'accordent à dire que cet autre modèle (ci-dessus) de "The Treatise" imite les sedges au corps vert. Bien que le hackle enroulé ait été connu au quinzième siècle, il est surprenant de constater que de nombreux modèles de cette époque en étaient dépourvus.

HAWTHORNE FLY

On connaît depuis longtemps l'importance de la mouche de l'aubépine (bibio marci*). Présents en grand nombre au printemps et en été, ces insectes disgracieux ont l'habitude de s'écraser sur l'eau, où ils sont engloutis par les truites. Ce montage ancien (à gauche) utilise un dubbing de mohair sélectionné avec soin, qui rappelle les longues pattes arrière traînantes de l'insecte naturel.

Note du traducteur
** Bibio marci désigne normalement la mouche de St Marc*

Mouches Classiques

Parmi tous les groupes de mouches artificielles ayant marqué l'histoire de la pêche, les modèles classiques des eaux calcaires et crayeuses sont les mieux documentés et les plus fidèlement reproduits. Ils ont légué un héritage considérable aux pêcheurs à la mouche. Bien qu'ils soient presque centenaires, certains sont toujours en activité. D'autres sont les vestiges d'une époque où régnait la tranquillité et où les rivières n'étaient pas encore menacées ou impropres à la pêche.

American Black Gnat

A la différence de la version anglaise, ce modèle est plus grand et arbore une queue. Il représente l'une des premières mouches sèches américaines, le corps initial semblant être formé d'une chenille.

Grannom

Dans mes souvenirs d'enfance, je revois des éclosions en rafale de *Brachycentrus subnubilis*, le sedge le plus précoce de Bretagne, puisqu'il éclot au printemps. Ce modèle commercial est une synthèse des versions de Russell, Ronalds et Courtney Williams.

Iron Blue Dun

Ce modèle imite les éphémères *Baetis niger* ou *Baetis muticus* au stade subimago, qui ont tendance à éclore par vent fort et qui monopolisent l'attention des truites lorsqu'elles émergent à la surface. La couleur magenta n'existe pas sur l'insecte réel.

Sherry Spinner

Ce modèle commercial a été monté par G.E.M Skues pour représenter l'olive à ailes bleues (*Ephemerella ignita*). Dans un souci de protection des espèces naturelles, le corps en fourrure de phoque et en oreille de lièvre devrait être remplacé par un corps en soie floche.

Tup's Indispensable

Le nom de ce modèle commercial s'explique par le fait que la laine utilisée pour le confectionner provient des quartiers postérieurs du bélier. Ce superbe modèle pâle, inventé à l'origine par R.S Austin, a néanmoins été baptisé par G.E.M Skues, ce qui ne manque pas d'aplomb.

Lunn's Caperer

Ce modèle a été monté pour la première fois par le fameux garde-pêche de la rivière Test, William Lunn, afin d'imiter le sedge *Halesus digitatus*, ou encore "Welshman's button". Il semble que la bande jaune représente des œufs.

Lunn's Yellow Boy

Cette mouche moderne achetée en magasin est une assez bonne imitation des éphémères suivantes : *Procloeon bifidus*, *Cloeon dipterum* et *Centropilum pennulatum*.

Houghton Ruby

Conçu par William Lunn, célèbre garde de la rivière Test, ce modèle commercial est une excellente imitation de la femelle de l'Iron Blue en train de pondre (au stade imago).

Red Spinner

Créé par G.E.M Skues, ce modèle général d'imago représente un grand nombre d'espèces d'olives. Cette version commerciale étant rarement efficace, on lui préfère la Lunn's Particular et d'autres mouches plus modernes.

Red Sedge

Ce modèle commercial est légèrement inspiré de la mouche Little Red Sedge de Skues et reste une mouche standard pour les eaux calcaires. Bien que l'imitation moderne du sedge/de la phrygane soit bien plus vivante et exacte, cet ancien modèle est toujours efficace.

Blue-Winged Olive R.U.

Ce modèle commercial peut être attribué à G.E.M Skues et au Commander C.F Walker. Il semble que tous deux aient senti que la couleur bleue des ailes était plus importante que la coloration brune/vert olive du corps de l'insecte naturel.

Light Cahill

Ce modèle américain a été conçu par M. Cahill, originaire de Dublin. Plus claire que la Dark Cahill, cette version est une merveilleuse imitation de l'olive *Baetis ascentrophilum* et, dans des tailles plus grandes, de la *Baetis heptagenia*.

Pale Watery

Cette mouche est dérivée du modèle original de G.S Maryatt. Avec l'aide de H.S Hall, Maryatt a mis au point l'hameçon tacheté que nous connaissons aujourd'hui. Cette mouche représente la *Baetis fuscatus* au stade subimago.

Lunn's Particular

Ce modèle est l'une des mouches d'eau calcaire les plus fameuses de tous les temps. Bien que j'ai remporté mes plus grands succès avec des olives à ailes bleues au stade imago, cette mouche est habituellement considérée comme un modèle général d'olive, imitant les stades subimago et imago.

Pale Morning Dun Thorax

Ce modèle remarquablement efficace a été inventé par le maître américain de la pêche à la mouche Vince Marinaro. Ce dernier a monté des mouches avec des ailes et des hackles au milieu de la hampe, créant ainsi une véritable silhouette.

Greenwell's Glory

Même aujourd'hui, plus de 130 années après sa création, ce modèle d'olive compte peu de concurrents, particulièrement au moment des éclosions précoces et tardives des *Baetis rhodani*, ces grandes olives noires. C'est une mouche indispensable.

Ginger Quill

Voici un modèle américain standard. Il existe une version ailée et une version imago. Tous ces modèles généraux de mouches sèches sont extrêmement similaires, et évoquent non pas une mais plusieures espèces.

Mouches de Mai Adultes

La mouche de mai britannique (*Ephemera danica* et *Ephemera vulgata*) captive les pêcheurs à la mouche depuis plus d'un siècle. Chaque saison est l'occasion de créer un nouveau modèle ou d'inventer un nouveau concept. Rares sont les insectes qui peuvent se prévaloir d'être aussi fidèlement imités, sans doute grâce à la nombreuse documentation dont ils font l'objet. Les exemples suivants ne sont qu'un échantillon des styles et modèles variés qui représentent cet insecte sublime, dont l'émergence a lieu entre la fin du printemps et le début de l'été.

Emerger

Cette nymphe en cours d'éclosion se trouve entre le stade juvénile et le stade subimago. Le corps est en mousse de couleur crème imitant la fourrure, et les ailes en poils de cerf. Le thorax contient des fibres de Spectraflash perlées qui imitent l'enveloppe nymphale extérieure.

Lough Arrow

Cette mouche, dont le nom est issu du lac Sligo, doit sa célébrité au carnaval local des mouches de mai. Son hackle en forme de flèche et ses couleurs diffuses me rappellent la mouche éclosante.

Stillborn

Conçu par the Orvis Company of Vermont, ce modèle réconcilie la tradition et la nouveauté. Swisher et Richards ont admis l'importance des montages classiques au milieu d'une éclosion dense. Ils ont en effet tendance à être les premières proies de la truite.

Straddle Bug

En dépit de son aspect de mouche noyée traditionnelle, ce modèle est une mouche sèche pour eaux calcaires. Son corps peut également être fabriqué en raphia naturel. Avec sa couleur orange, elle a rendu de grands services au regretté Dick Walker durant les éclosions de mouches de mai.

Gosling

Les Irlandais sont passés maîtres dans l'association de couleurs et ce modèle, inventé par Michael Rogan de Ballyshannon et monté par Howard Black, n'échappe pas à cette règle. Cette mouche noyée ou semi-noyée suggère une émergente de mouche de mai.

Floating Nymph

En créant ce modèle, j'ai opté pour un corps en poil de cerf en raison de ses propriétés flottantes ainsi que pour des ailes embryonnaires en Antron. La queue adoucit la silhouette de ce modèle.

Maitland's Hatching Mayfly

Cette mouche a été créée pour la rivière Kennet dans le Berkshire et ne contient que des matériaux traditionnels. La queue de faisan rappelle le stade nymphal, et la fourrure de phoque l'émergente de mouche de mai adulte. Les ailes en poil de cerf ajoutent du volume et renforcent la flottabilité.

Drownded May

Certaines variantes de ce modèle de J.R Harris (*Ephemera vulgata* et *Ephemera danica*) peuvent prendre une teinte vert olive prononcée. Cette mouche noyée ou semi-noyée à palmer doit être montée séparément sur les rivières et comme intermédiaire ou sauteuse sur les lacs.

French Partridge

Cette version du modèle classique de Courtney Williams évoque davantage un "buzzer", et porte un hackle en palmer au lieu d'un thorax cramoisi. Durant les années 40, à l'apogée des mouches de mai traditionnelles, les variétés à hackle étaient également recommandées.

Nevamis

Ce modèle est l'un des tous premiers créés par John Goddard, dont l'objectif était d'améliorer les qualités de ferrage. La tête en palmer et l'aile en hackle contribuent à la longévité et à la flottabilité de ce modèle.

Shadow Mayfly

Cette imitation d'une mouche de mai au stade subimago est l'un des meilleurs modèles aujourd'hui utilisés. Créé par Peter Deane, remarquable moucheur d'Eastbourne, ce modèle m'a également servi pour les chutes d'imagos.

Lively Mayfly

Après avoir par hasard emprunté un livre de Chauncy Lively au Fly-Fisher's Club, j'ai adapté l'un de ses modèles. Il remporte un succès considérable, et reste mon meilleur modèle d'éphémère sèche.

Grey Wulff

Si vous mentionnez la mouche de mai près des cours d'eau du Hampshire, les pêcheurs citeront immédiatement ce modèle. Conçu par Lee Wulff, cette mouche est au tout premier plan depuis au moins deux décennies.

Fly-Line Mayfly

Ce modèle allie tradition et originalité. Quelqu'un (je crois qu'il s'agit de Dave Whitlock) a eu l'idée géniale de transformer d'anciennes soies en corps de mouches. Voici la version d'un imago à demi-mort.

Silhouette or Thorax Dry Mayfly Dun

L'Orvis Company a élargi sa série de mouches à thorax qui l'a rendue si populaire avec ce montage sombre d'une *Ephemera danica*. Son profil bas est très efficace.

Green Drake Wulff

Le modèle de Lee Wulff évoque les importantes mouches américaines *Hexagenia limbata* (mouche de mai jaune), *Ephemera simulans* (mouche de mai brune) et *Ephemera grandis* (mouche de mai verte), avec quelques variantes de couleurs.

Lunn's Spent Gnat

William Lunn a gagné l'immortalité pour le travail qu'il a accompli durant ses fonctions de garde de la rivière Test. Cette version du moucheron au stade imago atteste de sa capacité à reproduire parfaitement la nature. Il a créé un modèle d'imago quasi éternel.

NYMPHES

POUR CHAQUE MOUCHE ingérée en surface par la truite, cinq ou plus le sont sous la surface. Pêcher avec une mouche artificielle imitant une forme de nourriture précise exige une grande dextérité, car la méthode de pêche prime sur la sélection du modèle. Une fois que vous aurez acquis un certain degré de compétence dans la pêche à la nymphe, vous maîtriserez la forme de pêche la plus efficace pour attraper les truites dans les eaux alcalines. Cela prend du temps, mais ce ne sera pas du temps perdu.

SAWYER'S PHEASANT TAIL

Ce modèle simple mais efficace est composé de fibres de queue de faisan et de fil de cuivre sombre. Avec cette seule mouche, vous pouvez prendre des truites partout dans le monde, quel que soit le type d'eau.

TROTH PHEASANT TAIL

Tout modèle élaboré par Al Troth est digne de figurer dans votre boîte à mouches. Le herl de paon utilisé pour le thorax confère à la mouche une légère brillance et une certaine ressemblance avec le moucheron. Je préfère ce modèle à la version originale de Sawyer pour les eaux rapides.

KILLER BUG

Cette mouche indéfinissable en forme d'asticot confectionnée avec de la laine à repriser a à son palmarès un grand nombre de saumons, de truites et d'ombres. Peut-être la truite la prend-elle pour une crevette ou une larve de phrygane, ou même un asticot !

PINK SHRIMP

J'ai ajouté une queue de perdrix et deux antennes en Flashabou perlé à cette imitation de crevette. Durant une exhibition de pêche à la mouche à Derwent, j'ai capturé quatre truites arc-en-ciel et trois ombres avec cette mouche, en seulement une demi-heure.

GERR-OFF

Créé par John Goddard durant la sècheresse de 1976, ce modèle coule avec le seul poids de l'hameçon. Il est prenant dans les eaux lentes et peu profondes, à mi-profondeur et en dessous, là où les truites se nourrissent de nymphes et de crevettes.

SHRIMPER

Cet autre modèle de Goddard est le premier, à ma connaissance, qui utilise le PVC pour imiter la carapace de l'insecte naturel. Les imitations de crevettes peuvent être utilisées en toute confiance, car lorsqu'elles sont autorisées, elles sont redoutables pour les truites croisant dans les poches d'eau profondes.

HOGLOUSE

Je me suis rendu compte l'année dernière que je n'exploitais pas le potentiel de l'*Asellus*. Ce modèle a comblé ce vide. Il est performant dans les lacs, à des profondeurs de 12 m ou plus, ainsi que dans les cours d'eau.

BLUE-WINGED OLIVE NYMPH

L'*Ephemerella ignita* au R.U et la *Baetis* aux E.U sont bien connues des pêcheurs à la mouche des rivières calcaires. Je pense que ce modèle imite le "pale morning dun". Les modèles rappellant les olives sont toujours très prisés des truites de rivière.

Squirrel Nymph

Le pelage d'écureuil gris ressemble étrangement à la face de lièvre et constitue une véritable bénédiction pour le monteur de nymphes. Cette nymphe passe-partout n'est qu'un exemple parmi tant d'autres. Elle m'a rendu de grands services, particulièrement aux premières heures de la matinée, juste après la première éclosion.

Grey Goose

J'ai remplacé la queue en fibre de herl par des plumes de faisan. Les plumes d'oie ou de faisan sont les meilleurs matériaux qui existent pour imiter les *Baetis*, *Brachycercus* et *Caenis* de petite taille. Il vaut mieux lancer ce modèle en amont et le laisser dériver, dans le style classique Nether-Avon.

GE Nymph

Cette mouche que j'ai eu le plaisir de créer est désormais mon modèle de nymphe favori. Il ressemble davantage au "buzzer" que la Pheasant Tail de Sawyer et possède une forme plus mince que celle de la Gold-Ribbed Hare's Ear. Lancez-la en amont, en la laissant dériver ou en la maniant en prise induite. Le lestage est optionnel.

Green Squirrel

Immergée dans un bain de teinture vert fluorescent, le pelage d'écureuil devient vert olive. Ce modèle est extrêmement prenant en présence de nymphes et de *Baetis*. Il faut le lancer en amont et le laisser dériver.

PVC

Ce modèle de nymphe général constitue une bonne alternative à la queue de faisan. John Goddard a mélangé les nouveaux matériaux (PVC) et les anciens (fibre de plume) pour confectionner cette mouche redoutable.

Hatching Buzzer

Mick Huffer, de Nottingham, a consacré sa vie à l'étude des *Chironomes*. Ces insectes représentent une partie importante des éclosions de cours d'eau. Si toutes vos imitations échouent, des modèles comme celui-ci auront raison de la truite.

Bow-Tie Buzzer

Ce modèle est une énième version de la Pheasant Tail de Sawyer. La laine permet à la mouche de tourner autour du nylon. Cette imitation de pupe de moucheron bouge par elle-même.

Gold-Ribbed Hare's Ear

La Gold-Ribbed Hare's Ear et la Pheasant Tail couvrent à elles deux toutes les saisons. Vous pouvez utiliser en toute confiance cet indispensable modèle dans toutes les eaux, dans presque tous les styles.

Poly-Rib Buzzer

La population des cours d'eau calcaires change avec la pollution. Les éphémères sont supplantées par les diptères. Destiné aux truites sélectives se nourrissant de moucherons, ce modèle doit être lancé en amont, posé juste sous la surface, et manié en dérive.

ÉMERGENTES

LA NATURE, la pression barométrique, l'intensité et l'angle de la lumière jouent probablement un rôle déterminant dans la montée des nymphes vers la surface et leur éclosion. La tension à la surface constitue une énorme barrière pour ces insectes : certains meurent, d'autres sont piégés, restant immobilisés pendant un certain laps de temps. La ruée des truites sur ces proies faciles ne doit jamais être négligée par le pêcheur à la mouche.

GREY SUSPENDER PUPA

Une mouche à tout faire n'est jamais de trop, spécialement en ce qui concerne les émergentes. Ce modèle imite les phryganes, les mouches de mai et même les insectes terrestres. Montez-le sur un bas de ligne de 4 à 5 m et lancez-le en amont pour le poisson montant ou bien dans la direction de poissons en train de se nourrir.

MARCH BROWN FLOATING NYMPH

Bien que la *Rhithrogena morrisoni/hageni* (E.U) et la *Rhithrogena germanica* (R.U) soient identiques, la saison de la mouche américaine est plus longue. Posez dans le film de surface sans tirer, dans les zones calmes telles que les pools ou derrière les rochers.

MOSER EMERGING CADDIS/SEDGE

Cette mouche relativement simple fonctionne à deux niveaux : en tant qu'émergente de phrygane, puis en tant qu'éphémère ambre/brune éclosante. Lancez-la en amont ou en aval, et laissez-la dériver. Elle est particulièrement prenante en soirée.

CREAM SUSPENDER

Si la Grey Suspender Pupa ne rapporte rien, celle-ci le fera certainement. Elle couvre la plupart des éphémères, notamment la famille des petites *Baetis*. Ce modèle particulier représente la nymphe prête à déployer ses ailes.

STILLBORN OLIVE

J'ai pris conscience de l'importance des insectes mort-nés en lisant les livres de Doug Swisher et Carl Richard. Durant les éclosions denses, certaines mouches meurent. Les truites se nourrissent alors exclusivement de ces insectes morts, ou de mouches artificielles leur ressemblant.

RED SEDGE EMERGER

Il est préférable de poser cette mouche dans le film de surface ou près de la surface plutôt qu'entre deux eaux. Une succession de tirées et de relâchées en tricotant la soie est idéale après un lancer en diagonale.

FLOATING NYMPH (JARDINE)

Je n'ai inclus ma propre nymphe flottante dans cette présentation que parce qu'elle est prenante ! Ce style est courant, mais l'apport d'un hackle en parachute semble renforcer son attrait. Lancez en amont ou en aval et laissez dériver sans tirer.

KAUFMANN FLOATING NYMPH

Plus facile à monter que d'autres matériaux, la balle de dubbing située en haut du thorax a été remplacée par des fibres d'Antron. Très réaliste, ce modèle est un de mes préférés, particulièrement lorsqu'il s'agit d'imiter les petites espèces de mouches de mai.

Emerger II (Jardine)

A certains moments, notamment durant les éclosions denses et en soirée, les truites deviennent très exigeantes sur leur alimentation et n'acceptent que des modèles exacts. Cette mouche-ci, qui comporte des ailes et des hackles mous, est utilisée lors d'éclosions denses.

Last Light Special

La visibilité de la mouche est souvent essentielle pour le pêcheur. Les ailes en Antron fluorescent – de couleur orange (pour les jours de grisaille), blanche (eaux rapides) ou jaune (en soirée) – garantissent la visibilité de ce modèle. Maniez-le comme les autres modèles d'émergentes.

Goddard's Suspender Pupa

Cette mouche flottante de John Goddard témoigne de l'ingénuosité de son créateur. Les pupes de moucherons jouent un rôle très important dans la pêche en cours d'eau calcaires. Ce modèle est indispensable lorsque les truites se nourrissent des insectes naturels.

Emerging March Brown

Ce modèle est prenant lors d'éclosions de phryganes, d'*Ephemera danica*, d'*Ephemera vulgata* et de *Rhithrogena*. Les ailes en Antron et le corps en poil de cerf lui confèrent une grande flottabilité et créent l'illusion d'un insecte en train de se battre pour survivre.

Collyer Deer-Hair Midge Pupa

Avant l'avènement des nymphes flottantes, le maintien de la mouche à la surface avec un bas de ligne plongeant était problématique. Le regretté Dave Collyer avait résolu la question en utilisant du poil de cerf pour confectionner la tête en muddler de cette imitation de chironome.

Carnhill's Adult Buzzer

Sur la rivière Test, les truites ne se déplacent que de quelques centimètres pour prendre une mouche, et il faut un modèle aussi peu ordinaire que celui-ci pour leur faire parcourir une plus grande distance. A utiliser en été et en automne.

Muskrat Emerger

J'ai conçu ce modèle pour les réservoirs, mais il convient également aux rivières. La longue queue représente l'enveloppe nymphale quittée par la mouche, et le corps en rat musqué suggère une grande variété d'insectes. Posez dans le film de surface et laissez dériver sans tirer.

Raider

Le corps recourbé de ce modèle imite de nombreuses espèces (mouches de mai, moucherons ou phryganes) durant leur éclosion. Le hackle en parachute maintient la position de la mouche dans le film de surface. Laissez-le immobile sur les rivières et les lacs, avec un bas de ligne de 4,5 à 5 m.

Little Green Midge

Les truites peuvent faire une fixation sur les minuscules créatures présentes à la surface, notamment les chironomes. Ce petit modèle vert pomme peut également être monté en noir, brun ou vert olive foncé. Ne pas surcharger. Montez-le sur une pointe fine.

Insectes Adultes Flottants

Une fois l'éclosion terminée, la mouche adulte est encore menacée par la truite. Les mouches de mai attendent que leurs ailes sèchent avant de pouvoir s'envoler. Les phryganes également. En période d'humidité, cette attente dure plus longtemps, et les mouches sèches artificielles doivent donc flotter bas. L'éclosion est plus rapide durant les jours ensoleillés, et les modèles doivent donc flotter haut, à grand renfort de hackle.

Gulper Adams

Très souvent, les truites, et particulièrement les plus difficiles, s'attendent à ce que les mouches (naturelles et artificielles) soient emprisonnées dans le film de surface. Ce modèle répond à leurs exigences tout en offrant une très bonne visibilité grâce à ses ailes. Il flotte bas.

Sparkler

J'ai inventé ce modèle lorsque les éclosions de *Baetis* abondaient sur le cours d'eau de ma région. Sa brillance est destinée à le faire ressortir au milieu d'une nuée d'insectes naturels. Il flotte bas.

Loop-Wing Adams

La vidéo réalisée par Gary Borger sur la Pêche à la Mouche Sèche m'a donné envie d'essayer ce modèle. Bien que fragile, il encourage souvent les poissons à monter lorsque ces derniers ont boudé d'autres mouches, même l'Adams standard. Ce modèle flotte haut.

Mille Evening Dun

Ce modèle a été conçu par Nick Mitchell pour faire face aux éclosions problématiques d'olives à ailes bleues qui se produisent le soir sur les rivières Test et Itchen d'Angleterre. Il s'est montré très efficace et sa popularité n'a pas diminué depuis. Il flotte haut.

Funnel Dun

Chaque modèle créé par Neil Patterson a sa place dans toute boîte à mouches. Monté pour être positionné la tête en bas, il surpasse la finesse d'exécution des modèles du même type conçus par John Goddard et Brian Clark. Cette mouche flotte bas et affleure la surface.

Adams

Je serais complètement perdu sans cette mouche américaine essentielle. Depuis que je l'ai essayée, je parcours le monde avec elle et l'utilise chaque fois que j'ai besoin d'une mouche flottante. Elle flotte haut.

Beacon Beige

Les Américains ont l'Adams, et les Anglais ce modèle, tout aussi indispensable. Moins fourni que son cousin américain, il reste l'une des meilleures imitations d'olive adulte. Il doit sa popularité au grand moucheur Peter Deane. Il flotte haut.

Sparkle Dun

Ce modèle m'a été montré pour la première fois par John Goddard sur les rives de la rivière Traun, en Autriche. Après qu'il ait pêché son cinquième ombre de plus d'un kilo, je suis devenu curieux ! Cette mouche no-hackle flotte bas et affleure la surface.

Harrop Dun

L'expérience acquise par Bonnie et René Harrop dans le montage des mouches suscite une grande admiration. Ce modèle no-hackle à thorax en poil d'élan est particulièrement prenant dans des vaguelettes et des eaux hachées. Il flotte bas en affleurant la surface.

Upside-Down Dun

Ayant expérimenté la fragilité de l'excellent modèle de Goddard/Clark, j'ai conçu une mouche similaire plus résistante. En tailles 14 à 20 et dans des couleurs différentes, elle apprivoise les truites montantes les plus craintives et les plus difficiles. Cette mouche flotte bas en afflurant la surface.

No-Hackle Dun

Carl Richards et Doug Swisher ont révolutionné l'approche de la pêche à la mouche en cours d'eau. Ce modèle est destiné aux poissons se nourrissant dans le film de surface d'éphémères écloantes ou déjà écloses. Il flotte bas en afflurant la surface.

Dudk's Dun

Fratnick fut le premier à utiliser la plume de canard (glande uropygienne) pour confectionner une mouche sèche. Ma version comporte un thorax. Si je devais me limiter à une seule mouche sèche, en diverses tailles et couleurs, je choisirais celle-ci. Elle flotte bas en affleurant la surface.

Kite's Imperial

Lorsque vous discutez des tactiques de pêche à la nymphe en amont, vous ne pouvez pas ne pas citer les noms de Sawyer ou Kite. Les mouches sèches créées par ce dernier sont éternelles et performantes, l'Imperial étant l'un des meilleurs modèles de *Baetis* au stade subimago que je connaisse. Il flotte haut.

Para Dun

Disposant d'une grande quantité de plumes de flancs de dindes pour le montage de modèles à thorax courants, j'ai tenté certaines expériences, dont une a abouti à ce petit modèle de *Baetis*. Il est efficace pour les truites sélectives dans les eaux plates ou calmes. Il flotte bas en affleurant la surface.

Micro Caddis

Cette mouche a fait ses premières armes en tant que modèle d'eau calme et imitation de *Mystacides longicornis*. Les truites semblent le saisir en toute confiance, même lorsqu'elles se nourrissent d'éphémères au stade subimago. C'est un très bon modèle général. Flottaison basse à moyenne.

Fluttering Caddis

Les chironomes ont depuis peu envahi les cours d'eau. Ce modèle de Leonard Wright imite les éclosions de chironomes ainsi que de phryganes. Flottaison moyenne à haute.

Tent-Wing Caddis

Un jour, j'ai lancé ce modèle pour couvrir une montée de poissons sous un pont surplombant la rivière Itchen, et 25 minutes plus tard, je prenais une truite steelhead de 2,5 kg. Je me demande toujours comment j'ai pu accomplir cette première...

Imagos et Insectes Morts

Après avoir pondu leurs œufs, les mouches de mai et les phryganes deviennent prisonnières du film de surface, à la merci des truites. Les modèles suivants reproduisent l'état immobile de ces insectes, qui ont atteint la fin de leur cycle de vie.

Richard Walker's Sedge

Cette mouche est similaire à la *Fluttering Caddis* de Wright, si ce n'est qu'elle ressemble à une phrygane avec ses œufs et devient particulièrement irrésistible en fin de soirée.

Polywing Spinner

Quelle que soit sa couleur ou sa taille, ce modèle imite l'éphémère au stade imago. Les ailes en plumes de poule du modèle initial inventé par Swisher et Richards ont été remplacées par du fil de polypropylène. Posez-le sur la pellicule de surface.

Brown Miller

Les ailes en queue de veau de ce modèle rappelent une phrygane mourante ou déjà morte. L'Américain Will Thomas m'en a fait la démonstration. Il est prenant lorsque les phryganes femelles tombent dans l'eau à l'aube ou très tard dans la nuit.

Terry's Terror

Ce modèle général exceptionnel a été immortalisé par l'excellent moucheur Peter Deane. Il a été conçu par Messieurs Lock et Terry comme une olive éclosante, mais il est tout aussi prenant comme imitation de phrygane en train de pondre.

Fallen Spinner

Basé sur une idée de Dave Whitlock, ce modèle d'imago résistant utilise des hackles qui rappelent les ailes transparentes déployées de l'insecte naturel en ridant la surface de l'eau.

Depositing Caddis

J'ai créé ce modèle pour les réservoirs, mais je l'utilise également en rivières durant la pondaison des phryganes. Il vaut mieux le poser près des arbres, où les phryganes courent le plus de danger. La tête en muddler garantit une bonne visibilité en surface, ce qui n'est pas négligeable, même si certains puristes en sont choqués.

Sunset Spinner

A l'instar de la plupart des pêcheurs en rivières calcaires, G.E.M Skues a dû surmonter de nombreux problèmes pour imiter l'olive à ailes bleues au stade imago. Lorsqu'elles sont piégées à la surface, ces mouches dégagent une aura rouge/orange. Je me suis basé sur ce phénomène pour créer ce modèle efficace.

Patterson Sunk Spinner

Cette mouche est une variante du modèle de Neil Patterson en fil de cuivre. Il représente le cadavre noyé d'une femelle imago de la famille des *Baetis*. Il est particulièrement performant dans les rivières calcaires du sud de l'Angleterre.

Jardine's Sunk Spinner

Un soir, alors que je pêchais les poissons montants, des nuées de petits *Centroptilum luteolum* au stade imago ont recouvert mes cuissardes, qui ont pris une teinte crème. Leurs ailes repliées ressemblaient à de la nacre. Je m'en suis inspiré pour créer ce modèle.

Rust Spinner

Ce modèle de Bonnie et René Harrop utilise des fibres de hackle au niveau du thorax. Il représente le "pale morning dun" (*Ephemera infrequens/inermis*) et l'olive à ailes bleues (*Baetis*). Il est très prenant lorsque les poissons se nourrissent d'imagos.

Caenis Fallen Spinner

J'ai confectionné ce modèle avec une aile en hackle. Il s'agit plutôt d'un pastiche, puisque les ailes ne sont pas blanches comme celles de l'insecte naturel. Monté sur des pointes légères et destiné à une truite bien précise, ce modèle a fait des merveilles.

Sparkle Spinner

Le spectraflash reproduit le chatoiement de l'éphémère au stade imago. Le corps brun rougeâtre évoque de nombreuses éphémères en train de pondre, parmi lesquelles l'olive à ailes bleues et quelques *Baetis*. Ce modèle général est prenant lors des chutes d'insectes.

White Wing (Noire)

De couleur noire, les *Tricorythodes* sont des insectes minuscules qui ne manquent pas d'intéresser les truites lors de leur éclosion. Les mouches artificielles doivent être petites et les pointes fines. Ce modèle comporte un thorax.

Poly Caenis

Ce modèle commercial possède un thorax sombre et des ailes denses synthétiques qui rappellent l'insecte naturel. La transition du stade subimago au stade imago a lieu directement après l'éclosion pour certaines espèces de *Caenis*, et seulement deux heures après pour les *Tricorythodes*.

Baetis Spinner

Les femelles Baetis adultes en train de pondre sont caractérisées par une segmentation jaune brillant le long de l'abdomen. La truite devient souvent très sélective durant les chutes d'imagos, et il convient d'être attentif aux moindres détails.

Angler's Curse

Les *Caenis* sont très répandues dans les parties calmes des rivières calcaires, et leurs éclosions sont d'une grande densité durant tout l'été. La couleur de ces mouches est plus claire que celle de ses proches cousines, les *Tricorythodes*.

Adams Midge

De taille 20 à 26, ce modèle standard est l'une des meilleures imitations de petites mouches. Les mouches de rivières peuvent apparaître plus grandes qu'elles ne le sont en réalité, si bien qu'un petit modèle est susceptible d'attraper une truite ayant précédemment refusé un éventail de tailles supérieures.

Les Insectes Terrestres

Les insectes et les animaux terrestres sont un aspect de la pêche à la mouche largement négligé. Des manifestations comme le "hopper carnival", organisées sur de nombreuses rivières alcalines américaines, sont exceptionnelles. Les araignées, fourmis, scarabées et sauterelles sont pourtant indispensables aux moucheurs. Il est recommandé de ne jamais se séparer des modèles les moins courants, en particulier lorsque l'on pêche en journée durant la partie la plus chaude de la saison, lorsque les rivières sont bordées d'arbres.

Hawthorn Fly

Entre le milieu et la fin du printemps, les colonies de mouches d'aubépine (Bibio marci*) se massent autour des buissons d'aubépine. Certaines sont poussées dans l'eau par le vent et constituent un véritable festin pour les truites. Posez ce modèle de Taff Price dans le film de surface.

Black Spider

Durant les chaudes journées de l'été, je crois qu'il est inutile d'emporter d'autres mouches que ce modèle général. En différentes tailles, il imite les moucherons, les scarabées et même les araignées. Il vaut mieux le placer sous les arbres.

Halford Black Gnat

Frederick Halford était un pêcheur à la mouche très puriste, mais également un homme perspicace et doué pour le montage des mouches. Ce modèle représente la *Bibio johannis* (Mouche de la St Jean), très fréquente sur les rivières calcaires.

Letort Cricket

Fréquentée par d'augustes pêcheurs tels que Charlie Fox et Vince Marinaro, la célèbre rivière Letort de Pennsylvanie a favorisé la naissance de nombreux modèles. C'est en pêchant là-bas que j'ai pris conscience de l'importance des insectes terrestres dans les rivières alcalines.

Black Ant

Les fourmis volantes jouent un rôle imprévisible dans la pêche à la mouche. Ne pas avoir au moins une paire de ces insectes importants peut constituer un handicap, car ils font parfois l'objet d'une véritable fixation chez les truites.

Black Bettle

Les scarabées et autres créatures tombent des arbres ou sont poussés dans l'eau par le vent. Les truites profitent largement de ces chutes providentielles. Ce modèle est une bonne imitation générale et doit être posé dans le film de surface.

Soldier Beetle

Il ne fait aucun doute que les truites se nourrissent de ces scarabées, mais cela ne s'est pas encore vu. G.E.M Skues, qui n'a jamais été partisan de surcharger une boîte à mouches, leur accordait suffisamment d'importance pour en confectionner une imitation.

Ladybird

Les coccinelles pullulent souvent durant les étés chauds. Il semble probable que les truites finiront par les gober, bien que j'ai entendu dire que de grandes quantités puissent les rendre malades.

Note du traducteur ** Bibio marci désigne normalement la mouche de St Marc*

Black Midge

Ce modèle est une version simplifiée du Black Gnat de Halford. Il est de taille 22, mais des modèles plus petits sont également utilisés durant les périodes chaudes de l'été, particulièrement en rivière, pour satisfaire aux exigences des truites.

Inchworm

Durant les mois les plus chauds de l'été, les truites bondissent hors de l'eau pour saisir les chenilles (*Lepidoptera*) qui pendent des arbres. Il est donc sage d'en avoir un ou deux modèles sur soi.

Brown Ant

Pour John Goddard, la fourmi brune/rouge rappelle ces "anciens portraits de femmes de l'époque victorienne, avec de fortes poitrines et de larges hanches, et des tailles minuscules". Il concluait que les modèles calqués sur ce principe étaient certains de réussir.

Brown Midge

Il est difficile de savoir avec quel animal les truites confondent ce modèle. Peut-être des chironomes minuscules venant d'éclore, ou de miniscules scarabées terrestres. Quoi qu'il en soit, ce modèle doit être inclus dans toute boîte à mouches. Utilisez des pointes avec un seuil de rupture inférieur à 1 kg.

Crowe Beetle

Conçu par John Crowe, ce modèle est destiné aux truites fario d'une taille supérieure à la moyenne. La découpe de la tête en semi-muddler permet de remuer l'eau, notamment lorsqu'on fait glisser la mouche avant de l'immobiliser, et donc d'attirer les truites.

McMurray Ant

L'Ethafoam et le Plastazote ont remplacé le liège, mais le concept est toujours d'actualité. Créé par le moucheur Ed Sutryn of McMurray, de Pennsylvanie, ce modèle de fourmi peut être utilisé n'importe où et n'importe quand, chaque fois que les fourmis abondent.

Black Emerger

Bien que ce modèle de Barry Unwin donne des résultats exceptionnels en eau morte, je l'ai utilisé avec succès en rivière, dans des petites tailles (18-22). Je pense que les truites le prennent pour une émergente de moucheron.

Flying Ant

Cette version ailée/au repos d'une fourmi souligne l'importance de l'*Hymenoptera* dans la pêche à la mouche, que ce soit en eau morte ou en eau vive. Je suggère que chacun se munisse de plusieurs modèles de couleurs et de formes différentes.

Ethafoam Beetle

Ce modèle passe-partout de Ian Warrilow convient aux eaux mortes ou vives. Sa partie arrière en mousse lui permet de flotter dans le film de surface et d'imiter le scarabée naturel. Le corps en dubbing donne l'illusion d'un insecte vivant.

Mouches anciennes des torrents

Les premières mouches noyées, et en particulier celles orginaires d'Ecosse et du nord de l'Angleterre, étaient sobres et peu fournies. Elles restent parmi les meilleures imitations d'insectes naturels minuscules.

March Brown

L'insecte naturel est une mouche éphémère classique des rivières rocheuses. Elle sert de modèle à des mouches artificielles sèches et noyées, dont la plupart comportent un hackle en plumes de perdrix, un corps en oreille de lièvre et des ailes en plumes de faisan.

Badger Hackle

Cette mouche partage avec d'autres modèles tout aussi simples des plumes à cœur sombre. Cette version au corps jaune (ci-dessous à droite) représente les moucherons de couleur claire. La partie claire du hackle rappelle les ailes diaphanes, tandis que le centre plus sombre évoque le thorax et les pattes de l'insecte.

Red Spider

A l'instar de la Badger Hackle, cette mouche noyée est l'une des préférées de W.C Stewart. Il la recommandait en eau trouble. Ces modèles d'araignées, qui n'imitent pourtant pas un insecte en particulier, doivent probablement leur succès à leur mobilité dans l'eau et à leur légèreté aérienne.

BLACK SPIDER

Ce modèle simple (à gauche) était l'un des préférés de W.C Stewart. Composée de fibres de plumes d'étourneau et de soie brune, cette mouche imite une grande variété d'insectes naturels : moucherons, petites mouches de pierre, nymphes et olives sombres.

DUN SPIDDER

Utilisée en Ecosse et au nord de l'Angleterre, cette mouche noyée simple rappelle de petites olives ou des moucherons de couleur pâle. Le modèle d'araignée est caractérisé par un hackle mobile très mou, le plus souvent constitué de plumes de gibiers ailés ou d'oiseaux chanteurs.

GREENWELL'S GLORY

Monté pour la première fois en 1854 sur la rivière Tweed par James Wright pour Canon William Greenwell, ce modèle (à droite) est sans doute la mouche à truite la plus célèbre. Noyée ou sèche, c'est une des plus redoutables imitations de diverses éphémères au stade imago.

AUGUST BROWN

Moins connu que la March Brown, ce modèle (ci-dessus) était une mouche de fin de saison très populaire sur les rivières écossaises.

BLUE DUN

Ce montage (à droite) était l'un des premiers à imiter les olives sombres. Il en existe plusieurs versions, mais le corps de fourrure bleue/grise montée sur une soie jaune cirée revient souvent.

HALF STONE

Selon Courtney Williams, cet ancien modèle du Devonshire (ci-dessus) avait été conçu comme une imitation d'une phrygane éclosante. Bien que cette hypothèse semble un peu farfelue, il s'agit néanmoins d'une mouche noyée très prenante.

Mouches Classiques

Les modèles mis au point dans les torrents rapides alimentés par les eaux de pluie, ainsi que dans les rivières en crue aux eaux acides, ont des origines lointaines. Leur utilisation donne lieu à de nombreuses tactiques différentes. Néamoins, de nombreuses régions du Nord de l'Angleterre, d'Ecosse et d'Europe sont restées fidèles à des modèles et tactiques traditionnels, illustrés par la sélection suivante. Les torrents étant plus répandus dans le monde que les rivières calcaires, les styles de mouche qui s'y rattachent sont donc plus variés.

Wickham's Fancy

Ce modèle est sans doute l'une des dix meilleures mouches sèches jamais conçues. Les poissons des rivières rocheuses, mais aussi des eaux dormantes et des rivières calcaires montent avec empressement vers cette merveilleuse imitation de phrygane/sedge, qui est également un modèle général.

Coch-Y-Bonchu

Ce modèle de scarabée classique gallois représente le *Phyllopertha horticola* (Hanneton du jardinier), un insecte qui abonde tout au long de l'été dans les ruisseaux agités et les lacs acides tels que Vyrnwy au Pays de Galles.

Adams Irresistible

Ce modèle est une variante de l'intemporelle Irresistible. Rares sont les mouches sèches aussi bien adaptées aux eaux rapides et agitées. Cette imitation de nombreux insectes flotte parfaitement. Elle est prenante lors d'éclosions de phryganes autour des poches d'eau ou comme modèle d'ensemble.

Grey Wulff

La Wickham est aux Britanniques ce que la Grey Wulff est aux Américains. Cette mouche classique pour eau rapide a été créée par Lee Wulff. Elle est si indispensable qu'on pourrait la trouver dans les boîtes à mouche du Maine jusqu'au Drakensberg. Elle couvre une grande variété d'insectes entre les tailles 6 et 14.

Bi-Visible

Cette mouche couvre un large éventail d'insectes. Elle est conçue de manière à rester visible dans les eaux rapides et agitées. Les plumes en palmer du corps l'aident à flotter et peuvent subir des modifications en fonction des besoins du pêcheur.

Renegade

Cette mouche présente la particularité d'avoir un hackle avant-arrière. Le fameux moucheur du Wyoming Jack Dennis affirme qu'il s'agit de l'"une des meilleures mouches à arc-en-ciel de tout l'Ouest", ce qui me paraît être une référence suffisante.

Black Gnat

Les *Bibio johannis* (mouches de la St Jean) pullulent sur la plupart des types d'eau. Il est rare qu'une truite ayant refusé des répliques exactes d'insectes naturels repousse ce modèle en tailles 18 à 20. Cette mouche passe-partout convient davantage aux zones et pools calmes qu'aux eaux rapides.

Alder

La *Sialis lutaria* ou *Sialis fuliginiosa* (mouche d'Aulne) est, à ma connaissance, plus prenante sous sa forme larvaire que sous sa forme adulte. Ce montage classique est extrêmement efficace sous sa forme sèche dans les rapides rocheux.

Coachman

J'ai capturé ma première truite à l'âge de six ans avec cette mouche. Ce modèle classique reste un aliment de choix pour les truites de torrents et les truites de mer. Elle est particulièrement prenante au crépuscule et à la nuit tombée.

March Brown

Ce modèle est la version traditionnelle de la *Rhithrogena germanica* et de l'*Ecdyonurus venosus*, la vraie et la fausse Brune de mars. Cette imitation de l'insecte éclosant fait des ravages dans les torrents du nord et de l'est de la Grande-Bretagne.

Partridge & Orange

Cette mouche noyée classique trouve ses origines dans les rapides rocheux. En début de saison, elle se monte en train de trois mouches (c'est une excellente mouche intermédiaire) et se manie en diagonale. Elle est très utile pour traquer les truites et les ombres.

Greenwell's Glory

Certains moucheurs faisant autorité dans le monde de la pêche ont décrété que ce modèle de Canon Greenwell a précédé la version sèche. Il n'y a pas de meilleure imitation d'olive. Il peut être monté comme une mouche noyée classique et manié en diagonale, ou monté dans un train de trois mouches et lancé en amont.

Silver March Brown

Pour citer G.E.M Skues : "*La March Brown* est une excellente mouche, et pourtant les montages habituels font d'elle une mauvaise imitation de l'insecte naturel, et une imitation passable de tout autre insecte !" Ce modèle confirme parfaitement ses dires. Il a un impact fabuleux sur les truites de mer.

Hare's Lug

Cette mouche ne peut être surpassée. Utilisée comme une nymphe éclosante à la surface, cette variété en oreille de lièvre est le rêve de tout pêcheur. Considérée surtout comme une araignée des rivières rocheuses, elle est également chez elle dans les eaux dormantes.

Snipe & Purple

Sobre et peu fourni, ce modèle de T.E Pritt incarne la simplicité redoutable de l'araignée du nord de l'Angleterre. Montez trois mouches sur le bas de ligne en utilisant une canne souple et pêchez en diagonale, en remontant le courant, ou tout simplement en amont.

Black Spider

Dans son modèle initial, James Baillie montait le hackle en palmer en tête. Cette mouche quittait rarement le bas de ligne de son inventeur et était "l'artificielle la plus redoutable" qu'il connaisse.

Red Tag

Il s'agit sans doute de la plus ancienne mouche au sens littéral du terme, puisqu'elle date de 150 ans et peut-être même plus. Surtout destiné aux ombres, ce modèle à queue rouge fait également le délice des truites fario.

PETITES NYMPHES

BIEN QUE CES MOUCHES ne représentent qu'une petite partie des formes nymphales gobées par les truites du monde entier, elles ne diffèrent pas radicalement des nymphes qui peuplent les eaux alcalines. La phrygane l'emporte peut-être légèrement sur la mouche de mai, mais ces deux espèces naturelles sont présentes. Les mouches de rivière, et en particulier les plus petites, ont tendance à se confondre, mais certaines espèces localisées exigent la création d'un modèle spécial.

SMALL GREEN CADDIS

Les phryganes sont en nombre dominant dans la plupart des rivières. Ayez sur vous diverses tailles, couleurs et formes. Ce modèle imite l'éclosion ou l'ascension des sedges juvéniles de couleur verte.

AMBER LONGHORN PUPA (EMERGENTE)

Ce modèle est principalement utilisé en eau dormante. C'est une fusion de la Fur Pupa de Jorgensen et de la série Sparkle Pupa de La Fontaine. J'y ai ajouté des antennes de soie pour pouvoir le reconnaître. Posez-le juste en dessous de la surface ou dans le film de surface.

TRAUN RED-SPOT SHRIMP (SCUD)

Dérivé de la redoutable Red Spot de Neil Patterson, ce modèle comporte une carapace en Spectraflash II de Traun River Products, qui imite admirablement la brillance des crevettes naturelles. Il est excellent pour les eaux teintées rapides.

TRAUN PUPA

Ce modèle tire son nom de Traun River Products, qui commercialise le matériau pour ailes de type organza servant à confectionner les mouches. Il vaut mieux le laisser dériver en amont ou en aval, entre deux eaux. Le lestage peut s'avérer nécessaire.

GLITTER PUPA

Le Mylar perlé suggère la présence d'air et d'hémoglobine sous l'enveloppe pupale. Il s'agit d'un excellent modèle de moucheron, qui évoque également la petite phrygane. Posez-le près de la surface, et maniez-le en dérive naturelle.

STRAW SHRIMP

Ce modèle terne convient aux zones calmes telles que les eaux stagnantes et les pools. Il imite avec exactitude les tons gris olive de la crevette naturelle. Montez-le sur une soie flottante et un bas de ligne de plus de 2 m et laissez-le dériver.

DEEP OLIVE PUPA

Ce modèle de Gary La Fontaine prouve que ce moucheur possède une connaissance approfondie des phryganes. L'Antron, matériau sur lequel les bulles d'air viennent se coller lorsqu'il est immergé, est utilisé pour imiter la mouche naturelle. C'est un modèle superbe.

MUSKRAT (PELLIS)

Votre boîte à mouches doit comporter quelques modèles généraux. Cette mouche en est un. Créée en Pennsylvanie par Tom Pellis, elle imite une grande variété de créatures aquatiques, des phryganes aux crevettes, en passant par les nymphes de mouches de mai.

All-Purpose Dark (Orvis)

Cette mouche offre au pêcheur une série de modèles de nymphes généraux. Montée en différentes tailles (8-16) et dans des versions légères et médium – certains exemplaires étant plombés –, elle couvre presque toutes les éphémères, du lit de la rivière à la surface.

Mahogany Nymph

En dépit de sa couleur violette un peu passée, ce modèle évoque de nombreuses *Leptophlebia*. Cette nymphe commerciale est classée dans la catégorie des mauvaises nageuses et doit être utilisée dans les zone calmes des rivières (comme les pools) et dans certaines eaux dormantes.

Copper Nymph

Cette mouche répond à la demande des pêcheurs à la recherche d'un modèle mince et peu fourni, représentant de nombreux insectes aquatiques allant de la phrygane à la mouche de mai. Elle traverse rapidement le film de surface, même en petite taille. Je suis heureux d'annoncer qu'elle a reçu l'approbation des truites.

Hendrickson

L'Ephemerella subaria américaine rivalise avec la grande olive sombre britannique (*Baetis rhodani*) pour le titre de reine du printemps. Si vous pêchez aux Etats-Unis, emportez cette nymphe et son équivalent sous sa forme adulte.

Light Cahill

Ce modèle général couvre les éphémères de couleur crème. Il peut s'agir de la *Callibaetis* ou de l'*Heptagina* en Amérique, et de la *Baetis fuscatus* ou de la *Baetis scambus* en Grande-Bretagne. Cette mouche est une fidèle imitation de ces insectes entre les tailles 14 et 20.

Adams Flashback

L'efficacité de la Dry Adams n'est plus à démontrer, mais sa version nymphale est moins connue. Ce modèle passe-partout possède un thorax et un dos en Flashabou du meilleur effet. Il vaut mieux le poser près du lit de la rivière, mais il reste prenant n'importe où.

Marabou Nymphe

Monté dans diverses couleurs, ce modèle général américain est très performant du point de vue de sa texture et du mouvement. Les truites, et particulièrement l'arc-en-ciel, semblent hypnotisées par le marabout. Cette mouche passe-partout convient à tous les types d'eau et à la plupart des tactiques de pêche.

Filoplume Mayfly Nymph

Randall Kaufmann m'a initié à la filoplume, cette plume secondaire prélevée à la base des plumes recouvrant le poitrail et le flanc de la plupart des gibiers ailés. Elle offre la meilleure mobilité qui soit. Ce modèle est redoutable entre la mi-profondeur et la surface.

March Brown

J'ai assombri la couleur du modèle initial de Al Troth et ai utilisé de la fourrure de lièvre teintée en rouge pour imiter la *Rhithrogena germanica* et l'*Ecdyanurus venosus*. Pêchez près des fonds recouverts de gros galets, dans un courant moyen.

GRANDES NYMPHES

LES RIVIÈRES ROCHEUSES constituent un habitat idéal pour les insectes de taille importante telles que les nymphes de *Pteronarcrys* et quelques variétés de très grandes phryganes. Ces insectes déterminent l'alimentation de la truite et, par conséquent, l'approche du pêcheur. Les nymphes présentées ici nécessitent des soies #6-#8, des cannes d'environ 3 m de longueur, ainsi que des soies flottantes, à pointe plongeante. La majorité des nymphes suivantes sont également prenantes dans d'autres types d'eau.

TELLICO NYMPH

Monté sur une soie flottante et manié avec une succession de tirées et de relâchées, ce modèle d'ensemble américain très populaire est performant sur la plupart des types d'eau (y compris les réservoirs britanniques). Il est possible que les truites le confondent avec une pupe de phrygane. Laissez-le dériver ou maniez-le en travers du courant.

BREAD CRUST

Cette mouche, que j'utilise rarement, est extrêmement prisée des pêcheurs américains. Elle est prenante dans la plupart des rivières, durant pratiquement toute l'année, à presque toutes les profondeurs. Elle rappelle une pupe de phrygane, ce qui explique sans doute son efficacité.

MONTANA NYMPH

Ce modèle général se trouve bien partout, dans tous les types d'eau. Il peut être monté dans différentes tailles, et couvre la plupart des nymphes de perles sombres. Sa couleur et sa forme le rendent extrêmement attrayant.

PRINCE

Tous les pêcheurs considèrent la Doug Prince comme l'une des nymphes les plus utiles. J'ai remporté de nombreux succès avec cette mouche dans les rivières rapides, particulièrement en Europe et en Scandinavie. Laissez dériver après avoir plombé le bas de ligne ou la mouche.

ZUG BUG

Devenue populaire grâce au grand moucheur américain Arnold Gringric, qui pêchait sur l'Esopus Greek, cette mouche semble être une alternative de qualité à la Prince, en dépit de son profil plus doux.

LARGE BLACK STONE

Ce modèle est une imitation des nymphes de grandes perles, que l'on trouve en abondance au Colorado, au Wyoming, en Idaho et dans le Montana. Les truites s'accommodent parfaitement de sa forme volumineuse, et n'en font qu'une bouchée.

GIRDLE BUG

Cet impressionnant modèle imite les nymphes de grandes perles. Il est efficace dans les torrents tumultueux qui agitent ses pattes en caoutchouc. Lestez et posez-le autour des galets, près du fond. Il est très coté dans les rivières des montagnes Rocheuses.

TED'S STONEFLY

Si les truites se nourrissent de nymphes de mouches de pierre brunes, il est plus sage de leur proposer un modèle de la même couleur. Cette mouche est remarquable, particulièrement si elle est montée sur une soie plongeante ou plombée et posée près du fond. Elle a été élaborée par le spécialiste des nymphes américain Ted Trublood.

BOTTOM SCRATCHER

Un nom qui convient bien à la laideur de cette mouche ! J'ai créé ce modèle en revenant d'Autriche. Les Autrichiens utilisent les poils de cerfs et les perles dorées de manière ingénieuse, afin de lester les mouches. Ce montage imite diverses créatures : phryganes, mouches de pierre et même larves de libellules.

CREAM CRAWLER

Conçu par Unwin, ce modèle représente une large gamme d'insectes aquatiques de couleur claire vivant au fond des rivières : les nymphes de mouches de pierre dorées et les nymphes de mouches de mai. Il doit être lourdement plombé et monté sur une ligne flottante.

DAVE'S STONEFLY NYMPH

Ce modèle est un merveilleux spécimen des superbes montages de l'Américain Dave Whitlock, et sans doute l'une des meilleures imitations de la nymphe de la mouche de pierre dorée.

CASUAL DRESS

E.H. Polly Rosborough a monté cette mouche pour la première fois en 1960, sur les rapides Upper Big Deschutes, en Oregon. Son style bouffant fait d'elle un formidable modèle passe-partout débordant de vie, ce qui est indispensable pour la pêche en rapides.

KAUFMANN STONE

Randall Kaufmann a créé de nombreux modèles simples et réalistes. Lestez cette mouche dans les courants rapides en présence des *Pteronarcrys california* et des *Acroneuria california*.

BOX CANYON STONE

Ce montage est originaire de l'Ery's Fork River de l'Idaho, qui est sans doute la rivière rapide américaine la plus propice à la pêche à la truite. Il imite les grandes espèces de mouches de pierre et est assez lourd pour résister aux courants très forts.

GOLDEN STONE NYMPH

Voici un autre modèle de Rosborough. Cette grande mouche se rapproche des formes nymphales de la *Calineuria california* et de la *Doroneuria baumanni*. Utilisez-la en cas de forte activité des insectes naturels.

ORVIS STONE

Ce montage se retrouve tête en bas lorsque la pointe de l'hameçon est dressée vers le haut. L'abdomen et les sacs alaires sont en paille. Il imite la *Pteronarcrys california* et l'*Acroneuria california*.

EARLY BROWN STONE

Ce modèle imite la *Brachyptera*, que l'on rencontre le jour de l'ouverture de la pêche dans l'Etat de Pennsylvanie, au milieu du printemps dans d'autres régions de l'est des Etats-Unis et jusqu'à la fin de l'été dans l'ouest. Il existe en différentes tailles et couvre la plupart des espèces.

STREAMERS

Les rivières rocheuses permettent de pratiquer une forme de pêche qui serait jugée contraire à l'esprit sportif dans les rivières calcaires plus calmes : il s'agit de la pêche aux streamers, ou imitations de poissons-appâts, et aux mouches incitatives. Comme les grandes nymphes, on les monte sur des hameçons à longue tige, et on les utilise également dans les mêmes endroits et avec les mêmes tactiques. Ces tactiques sont en effet compatibles avec les streamers, en particulier avec les Black Whoolly Buggers, pour la traque des truites fario à la tombée de la nuit.

COLORADO GOLD MUDDLERBOU

Je ne savais pas quel autre nom donner à ce modèle, qui m'a été remis sur les berges de la Frying Pan River, dans le Colorado. Cette mouche de fin de saison a fait de nombreuses victimes parmi les grandes farios, bien qu'elle soit une piètre imitation. Elle est prenante dans la partie supérieure de la rivière Colorado et dans le reste de l'Etat du même nom.

WHITE MARABOU MUDDLER (DAN BAILEY)

Cette mouche évoquant un poisson est un parfait streamer de rivière. La tête en poil de cerf crée des remous sous l'eau et les ailes en marabout s'agitent de manière attirante. Ce modèle est essentiel pour la pêche en eau rapide.

BELGIAN SULPIN

Confectionné par Paul Vekemans, ce modèle s'inspire des idées américaines pour répondre à des besoins précis. Son inventeur l'utilise dans les rivières allemandes (généralement en Bavière), au nord et au sud-ouest de la Belgique, en début et en fin de saison.

MUDDLED BLACK MINK ZONKER

Principalement conçu pour la pêche de nuit en rivière et en eau dormante, ce modèle possède un aspect frustre qui lui porte chance dans les pools sombres, près des racines d'arbres et des galets. Montez-le sur une soie à pointe plongeante ou entièrement plongeante, et maniez-le en diagonale.

TROTH BULLHEAD

J'ai tout d'abord été rebuté par la dimension de ce modèle, mais j'ai pu constater depuis l'utilité de telles mouches. Utilisez cette imitation d'un poisson-appât pour pêcher les grandes truites dans les ruisseaux rocheux. Monté sur une soie plongeante ou à pointe plongeante, ce modèle convient très bien à la pêche de nuit.

Black Zonker

Ce modèle de Dan Byford est une adaptation de la série néo-zélandaise en poil de lapin (Matuka). La principale différence réside dans l'utilisation de Mylar pour le tubage du corps. Il prend les grandes truites dans les eaux rapides et turbulentes.

Pulsata

On m'a présenté ce modèle comme une mouche à truite arc-en-ciel, mais elle prend également des farios. Le poil de lapin qui recouvre l'intégralité de l'hameçon et la tête en muddler lui donnent une impulsion unique. Ne cherchez pas plus loin si vous avez besoin d'une grande mouche.

Wooly Worm (Brown)

Répertorié comme mouche noyée, ce modèle tient de la nymphe et des mouches incitatives en forme de poisson-appât. Très populaire en Amérique, ce modèle de lac et de rivière doit être posé près du fond.

Wooly Bugger

Conçue par Russell Blessing, cette excellente création moderne imite le poisson-appât, la nymphe de demoiselle, la nymphe de libellule ainsi que d'autres nymphes lorsqu'elle est utilisée en petite taille. C'est également une mouche incitative.

Threadfin Shad

Doté d'un corps en Mylar gris, ce modèle d'André Puyans est très efficace lorsque les truites harcèlent les petits poissons dans les rivières et ailleurs. C'est également une mouche de lac exceptionnelle.

Furnace Matura Variant

J'ai fait la connaissance de cette mouche dans les rivières calcaires du sud de l'Angleterre. Utilisée avec succès dans de nombreux pays, elle est particulièrement prenante chez les truites fario durant la soirée et après la tombée de la nuit. Elle s'est également avérée très performante pour la pêche de la truite de mer.

Olive Matuka

Swisher et Richards ont lancé la mode de ce style néo-zélandais aux Etats-Unis. Son profil rectiligne lui assure un mouvement unique. En Grande-Bretagne, il s'est rapidement imposé comme un modèle de réservoir.

Black Coachman Bucktail Streamer

C'est sans doute le streamer américain avec un grand « S », qui, si l'on exclut les Matuka et autres mouches néo-zélandaises, a fait de ce type de modèle un style universel. Il est toujours aussi efficace, particulièrement en ce qui concerne les truites arc-en-ciel.

Silver Darter

Ce streamer américain de la vieille école a été inventé par Lew Oatman, de l'Etat de New York. C'est une imitation efficace du poisson-appât, technique que le pêcheur américain a transformée en une véritable forme d'art, sans cesse améliorée.

MOUCHES SÈCHES

Les modèles légers ont tendance à couler dans les rivières houleuses et rapides. Un hackle de bonne qualité est essentiel pour procurer à la mouche la flottabilité nécessaire. Les mouches sèches des courants rapides n'imitent pas d'insectes spécifiques, comme la Troth Elk Hair, portrait impressionniste de la phrygane, ou la Sofa Pillow, pastiche de la mouche de pierre. La Yellow Humpy, ou Goofus Bug, est une mouche très prenante dans les flots rapides et battus, et pourtant, elle non plus n'imite pas un insecte spécifique.

SOFA PILLOW

Ce modèle imite l'*Acroneuria pacifica*, dont l'éclosion a lieu entre le printemps et l'automne dans l'ouest des Etats-Unis. Vous pouvez la manier comme une mouche sèche normale, mais quelques saccades en travers du courant peuvent se révéler très bénéfiques.

WHITE WULFF

La couleur blanche est une cible facile en cas de mauvaise visibilité, lorsque la lumière diminue ou que l'eau est agitée. Ce modèle est une bonne imitation de l'éphémère verte (*Ephemera guttulata*), et redouble d'efficacité dans les rivières de l'est des Etats-Unis.

STONEFLY ROGER

Roger Wooky, monteur professionnel du Derbyshire et éditeur de l'ouvrage Modern Trout Fly Dressings, a créé ce modèle, qui a été l'un des premiers, si ce n'est le tout premier, à incorporer des ailes en pointes de hackle.

GRIZZLY WULFF

Cette mouche sèche de Wulff, qui a emprunté la couleur d'une Humpy ou d'une Adams, imite une grande variété d'insectes, comme l'éphémère *Epeorus* et l'*Hexagenia limbata*, mouche de mai jaune (tailles 6-8).

ROYAL WULFF

Cette mouche à truite arc-en-ciel jouit d'un grand prestige chez de nombreux pêcheurs en eau rapide. Elle a également fait ses preuves en petite taille (16-18) dans la rivière Itchen, en Angleterre, allant même jusqu'à capturer des truites fario. Je ne peux pas imaginer épreuve plus difficile pour une artificielle.

GOLDEN STONE

Cette mouche représente les grandes espèces américaines de mouches de pierre de la famille des *Perlidae*. Bien qu'elles existent également en Europe, elles sont considérablement plus petites que l'*Acroneuria california*. Ce modèle est la version commerciale de l'insecte.

YELLOW HUMPY OU GOOFUS BUG

Ce modèle jouit d'une réputation universelle auprès des pêcheurs à la mouche américains. En Angleterre, j'ai pu l'apprécier à sa juste valeur, surtout lorsque je l'utilisais comme modèle de mouche de mai éclosante (*Ephemera danica*). Il faut vous munir de toutes les tailles entre 8 et 18 pour pouvoir pêcher dans la plupart des rivières rocheuses.

RAT-FACES MCDOUGAL

Quel nom curieux ! Je crois savoir que ce modèle a d'abord été une mouche sèche à saumon. Mais grâce à son corps flottable en poil de cerf, il a rapidement été utilisé pour la pêche à la truite en rivière rocheuse (dans de plus petites tailles).

IRRESISTIBLE WULFF

Cette version à ailes blanches est un modèle efficace pour les eaux rapides et battues. Curieusement, elle semble attirer les gros poissons, sans doute en raison de sa silhouette dense. Munissez-vous des tailles 10 à 16.

FLUTTERING CADDIS

Tous ceux qui pensent que pêcher à la mouche est simple devraient lire l'ouvrage de Leonard M. Wright intitulé Fishing The Dry Fly As A Living Insect. L'auteur de cet ouvrage a une vision très radicale de la conception des mouches, et ce modèle, par ailleurs efficace, en est la parfaite démonstration.

MARCH BROWN (SECHE)

Il est difficile de faire un choix parmi les très nombreux modèles de *Rhithrogena germanica/Ecdyonurus venosus*. Cette version est décrite dans A Dictionary of Trout Flies, de Courtney Williams, comme représentative, et serait datée des années 1940.

GODDARD CADDIS

Equivalent de la G & H Sedge au R.-U., ce modèle de phrygane adulte est apprécié des pêcheurs à la mouche américains, notamment pour sa silhouette et sa flottabilité. Avec une taille 16 ou encore plus petite, on peut faire sauter cette mouche à la surface ou la ramener bruyamment après la tombée de la nuit.

HENRYVILLE SPECIAL

Cette bonne imitation de phrygane, quel que soit le type d'eau, souligne l'importance que revêtent ces insectes pour les pêcheurs à la mouche en eau rapide. Ce modèle de Hiram Brobst a fait ses débuts à Broadoaks Creeks, en Pennsylvanie, ce qui fait avant tout de lui un modèle pour rivière calcaire.

OLIVE DUN

On observe souvent d'importantes éclosions d'éphémères dans les rivières à galets. Ce modèle est une version ailée de la mouche Medium Olive de Skues, elle-même une imitation des *Baetis vernus*, *Baetis tenax* ou *Baetis buceratus*. Elle est tout aussi efficace en rivière rocheuse qu'en rivière calcaire.

TROTH ELK-HAIR CADDIS

Ne vous séparez jamais de ce modèle lorsque vous pêchez la truite, que ce soit en lac ou en rivière. J'ai vu des truites s'en saisir en l'absence de phryganes naturelles. Lancez-le en amont ou en aval, en le laissant dériver ou en le faisant glisser. Choisissez des grandes tailles (8 à 12) et des petites (jusqu'à 20).

COACHMAN

Cet ancien modèle britannique est toujours prenant, particulièrement en soirée et à la tombée de la nuit, en présence de phalènes. Son invention est attribuée à H.R. Francis, aux environs de 1870.

BADGER HACKLE

Cet efficace modèle britannique fait partie des nombreuses mouches aux origines obscures, bien qu'on puisse en attribuer la paternité à T.J. Hanna. Cette mouche flottable à palmer est un bon modèle d'ensemble.

MOUCHES SÈCHES & NYMPHES DE GRANDE TAILLE

LES GRANDES NYMPHES donnent souvent naissance à des insectes adultes de grande taille. Les sauterelles, phalènes et tipules forment une catégorie à part dans le régime des truites, dont il faut tenir compte. Dans les rivières rocheuses, elles doivent être utilisées de la même façon que les grandes nymphes. Les modèles suivants répondent à la plupart des exigences de la pêche à la mouche.

GODDARD CADDIS

Cette mouche à saumon, qui signe l'arrêt de mort des truites steelhead en été, est également une bonne imitation des mouches de pierre dorées géantes, ainsi qu'un modèle agitateur.

HENRY'S FORK HOPPER

Mike Lawson accorde une grande importance au corps de ses mouches. Dans son modèle, il met totalement à profit le poil de cerf et l'extension du corps pour obtenir une grande flottabilité. Cette mouche convient aux truites sélectives.

DADDY LONGLEGS

Ce modèle de Dick Walker n'est pas uniquement destiné à la pêche en eau dormante. Il rend également de grands services aux pêcheurs en rivière. Entre le début et la mi-automne, les truites et les ombres sont très friands de tipules.

MOSER'S ADULT STONE

Roman Moser fait un usage admirable des matériaux naturels et synthétiques. Dans ce modèle, l'aile en organza est couplée avec un corps en poil de cerf. Il vaut mieux le laisser dériver que lui faire raser l'eau. On peut le lancer en amont ou en aval.

JOE'S HOPPER

Cette mouche, qui est l'ancêtre des imitations d'insectes terrestres modernes, est également appelée Michigan Hopper. Conçue par Art Winnie dans les années 50, elle est encore largement utilisée. Elle peut également s'avérer utile dans les réservoirs britanniques en tant que modèle de phrygane.

EXTENDED-BODY DADDY LONGLEGS

La variété de tipules à corps jaune *Nephrotama crocata* sévit en été. En dépit d'un montage lourd, cette grande mouche reste flottante grâce à la petite taille de son hameçon.

YELLOW STONE

J'ai ajouté des ailes en poil à cette mouche inspirée des modèles de phryganes et de mouches de pierre de Moser. Elle peut dériver ou raser l'eau au milieu d'une éclosion d'*Isoperla grammatica* (*Isoperla patricia* ou *Isoperla marmona* aux E.-U.).

DAVE'S HOPPER

Dave Whitlock est l'un des monteurs américains les plus novateurs. Dans ce modèle, il a su tirer parti de la flottabilité du poil de cerf. Cette mouche doit équiper les boîtes à mouches de tous les pêcheurs de rivières rocheuses.

Hoolet

Ce modèle a été conçu par Geoffrey Bucknall pour représenter une phalène au crépuscule. Il attire les truites d'eau douce et de mer, qui doivent le confondre avec une grande phrygane. Il possède un sous-corps en liège destiné à améliorer la flottabilité.

Stimulator

Cette mouche jaune, verte et orange de Randall Kaufmann imite les mouches de pierre et les insectes terrestres tels que les sauterelles et les phryganes. Ce modèle général efficace répond à de nombreuses exigences de la pêche à la mouche flottante. Munissez-vous des tailles 6 à 16.

Simulator

Ce modèle de Randall Kaufmann est extrêmement prenant. Il répond aux besoins de la pêche des truites à la nymphe, une technique basée sur les concepts de Charlie Brooks et Polly Rosborough.

Fluttering Golden Stone

Ce modèle est prenant en présence d'*Acroneuria pacifica*, d'*Acroneuria california* et de *Classenia sabulosa*. Des mouches aussi grandes nécessitent des soies plus lourdes (#6 et #7) ainsi que des pointes de bas de ligne d'un diamètre plus large.

Little Black Stonefly

J'ai créé ce modèle à mon retour de Finlande, où j'avais pu observer de nombreuses mouches de pierre naturelles. Cette petite mouche grisâtre est prenante lors des éclosions de début de saison de la *Taeniopteryx* et de la *Leactra geniculata*.

Bitch Creek

Ce modèle de nymphe est le plus polyvalent de Jack Dennis. Il est performant en présence de mouches à saumon et de nymphes. Son appendice composé de hackle et de caoutchouc crée des remous qui ne passent jamais inaperçus.

Mac Salmon

Al Troth a conçu ce modèle en utilisant à l'origine du macramé orange pour confectionner le corps. Cette mouche imite la *Pteronarcrys california*, la *Pteronarcrys princepts* et la *Pteronarcrys dorsata*, qui sont des mouches à saumon.

Caterpillar

Ce modèle du nord de l'Angleterre est inspiré d'une mouche que j'avais reçue de McHardy de Carlisle, en Cumbria. Utilisez-le chaque fois que des branches d'arbres pendent au-dessus d'une rivière à truite. Je désigne ce type de pêche par le terme drop-off*, pour des raisons évidentes.

Black Stone

Curieusement, les mouches réalistes semblent n'avoir que peu d'effet sur la truite. Ce modèle dépenaillé l'emporte toujours sur les imitations exactes de l'insecte naturel.

Note du traducteur
**drop-off signifie « tomber »*

AUSTRALIE & NOUVELLE ZÉLANDE

LES PÊCHEURS DE NOUVELLE-ZÉLANDE et d'Australie ont créé de nombreux modèles en s'inspirant du style Matuka et des styles à base de fourrure, originaires de Nouvelle-Zélande. Cette gamme de mouches, petite mais variée, utilise principalement la fourrure et les plumes.

BLACK MATUKA

Le terme Matuka désigne un style de montage en crête. Cette version (ci-dessous) comporte une aile inférieure qui stabilise la mouche et évite les torsions qui handicapent parfois les streamers.

RABBIT

Les pêcheurs néo-zélandais ont été les premiers à entrevoir les mérites du style de montage Matuka, qui utilisait de la fourrure de lapin pour confectionner les ailes. Avec ses mouvements vigoureux, ce modèle (ci-dessus) imite les poissonnets, les sangsues et même les demoiselles.

HARE & COPPER

La plupart des pays utilisent un modèle de nymphe confectionné avec de la fourrure de lièvre et du fil de cuivre. Cette variante (ci-dessus) évoque une phrygane éclosante ou une mouche de mai. Montez-la sur une soie flottante et posez-la dans la zone de surface.

CORDULLID

Ce modèle imite la larve d'une libellule spécifique au lac Eucumbene, à d'autres grands lacs australiens et au lac Peddler, en Tasmanie. Il peut amener les truites à monter ou à se nourrir de manière sélective. Il confirme le caractère essentiel des reproductions exactes d'insectes naturels.

MRS SIMPSON

Typique de la Nouvelle-Zélande, ce modèle (à gauche), qui a été baptisé en souvenir de la Duchesse de Windsor jouit d'une renommée mondiale en tant qu'imitation d'un poisson-appât et d'une nymphe de libellule. Il peut être utilisé en eau dormante ou en eau vive.

GOVERNOR NYMPH

Ce modèle (à droite) n'imite aucun insecte spécifique. Sa forme évoque quelque chose de comestible, et sa couleur le rend particulièrement visible. Le thorax en herl de paon évoque celui d'une pupe de moucheron.

HORNED CADDIS

Ce modèle (ci-dessus) représente une phrygane dans son étui, les antennes rappelant les pattes qui dépassent de l'étui. Les espèces habituelles sont l'*Oateapsyche*, l'*Hyrdobtosis colonica*, l'*Hyrobtosis umbrepennis* et l'*Hydrobtosis pynocentrodes*.

PARSON'S GLORY

Ce modèle Matuka (ci-dessus) utilise des plumes de coq montées dos à dos. Conçu par Phil Parson pour les truites légendaires du lac Taupo, il ressemble à la petite truite, chassée par les membres de sa propre espèce.

ALLEMAGNE & AUTRICHE

L'INTRODUCTION DE NOUVEAUX MATÉRIAUX et l'échange d'idées au-delà des frontières ont révolutionné le montage des mouches. Les pêcheurs allemands ont été influencés par certains styles américains et ont créé des modèles ingénieux. Les pêcheurs de la rivière Traun en Autriche, parmi lesquels Roman Moser, ont quant à eux inventé de nouveaux concepts très audacieux.

WOELFLE EMERGENT CADDIS

Thomas Woelfle est l'un des meilleurs monteurs de mouches allemands. Il excelle dans le mélange de matériaux synthétiques et naturels. Cette émergente de sedge comporte des ailes préformées en organza fabriquées par Traun River Products.

DEER-HAIR EMERGER

Ce modèle en dubbing de poil de cerf ébouriffé suggère une éclosion d'insecte. Montez-le sur une soie flottante et laissez dériver, ou faites-lui descendre le courant en diagonale.

GOLD-HEAD PUPA

Ce style de montage, couramment utilisé en Allemagne et en Autriche, s'est désormais également répandu dans toute l'Europe. Il imite la phrygane. Sa tête formée d'une bille en métal doré lui donne assez de poids pour lui permettre de plonger dans les eaux rapides et profondes.

MOSER SEDGE PUPA

Facile à monter, ce simple modèle de pupe n'en est que plus redoutable. Utilisez-le dans tous les types d'eau, juste sous la surface, en présence des insectes naturels.

FEMALE CADDIS

Ce modèle imite la femelle sedge en train de pondre ses œufs sous la surface, avec la tête dans le film de surface. Il suggère également l'éclosion de l'insecte, en particulier en eau calme. Montez-le sur une soie et un bas de ligne flottants et maniez-le sans tirer.

GOLD-HEAD PUPA II

Constitué d'une tête en métal doré ou en laiton, plus terne, ce modèle peut imiter n'importe quelle forme de phrygane. Le laiton est davantage adapté aux eaux claires, lorsqu'un modèle plus réaliste s'avère nécessaire. Montez cette mouche sur une soie flottante et un bas de ligne long, et laissez dériver.

BALLOON CADDIS

Originaire de la rivière Traun, ce modèle imite l'émergente de phrygane, suspendue dans le film de surface. Roman Moser a créé la tête en Ethafoam. Montez cette mouche sur une soie et un bas de ligne flottants, et laissez dériver.

DARK CADDIS

Lorsque les truites sont attirées par certaines espèces d'insectes, elles refusent toute autre forme de nourriture. Les modèles de mouches doivent donc être réalistes. Ce modèle-ci, qui imite la phrygane, est conçu pour être posé dans le film de surface.

Light Caddis

Cette version plus claire de la Dark Caddis a des ailes marbrées en raphia coloré et recouvert de résine. Utilisez-la lorsque les ombres et les truites se nourrissent de phryganes adultes, ou à la surface. Il vaut mieux la monter sur une soie flottante et la laisser dériver.

Chironomide Pupa

Ce montage de Moser est destiné aux zones calmes des lacs et rivières. Les ailes en raphia, le thorax en poil de cerf et l'abdomen peu fourni créent l'illusion de la vie. Montez-le sur une soie flottante et un bas de ligne long (pointe plongeante), puis posez-le dans le film de surface.

Grayling N° 1

Utilisée tout d'abord pour pêcher l'ombre, cette mouche sèche conçue par Paul Vekemans en Forêt Noire a également capturé des truites. Ce modèle général, qui ne représente aucun insecte en particulier, est prenant grâce à son aile en Spectraflash. Laissez dériver.

Traun-Wing Caddis

Les ailes en organza de ce modèle de Rudi Hegar sont teintées et marquées avant d'être montées. Durables et réalistes, elles peuvent être mélangées à du poil de cerf ou à des fibres de hackle pour donner l'illusion de la vie.

Sparkle (Baetis/Ephemerella) Nymph

J'ai inventé cette mouche en pêchant dans la rivière Traun, alors que les truites et les ombres étaient devenus extrêmement sélectifs en raison de la forte fréquentation des pêcheurs. J'ai monté une taille 16 sur un bas de ligne plombé rebondissant au fond, et n'ai pas eu à le regretter.

“F” Fly

Voici une autre mouche artificielle qui n'imite aucun insecte spécifique. Les pêcheurs européens ont une prédilection pour la plume cul-de-canard, employée pour la première fois dans le Jura, il y a plus de cent ans. Ce matériau est désormais utilisé dans le montage de nombreuses mouches sèches, et ce modèle-ci ne fait pas exception à la règle.

Gammerus

Roman Moser m'a donné ce modèle de crevette d'eau douce lorsqu'il pêchait dans le comté de Cumbria. Plombé ou monté sur un bas de ligne plongeant, il s'est avéré d'une valeur inestimable dans les eaux riches en gammares.

Numiades Nymph

Créé par Paul Vekemans, ce modèle de nymphe d'olive général peu fourni est utilisé en Forêt Noire pour la pêche à l'ombre. En Angleterre, il est également utilisé pour la pêche à la truite en réservoir. Montez-le sur une soie flottante et un bas de ligne long, en laissant dériver ou en lui faisant descendre le courant en diagonale.

Antron Dry Emerger /Delta Wing

L'aile de cette mouche commence sa vie dans les tapis ! L'Antron repousse l'eau et emprisonne les bulles d'air, si bien que les modèles confectionnés avec ce matériau ressemblent à un sedge éclosant dans le film de surface. Lancez cette mouche en amont, posez-la sur la surface et laissez-la dériver en aval en ondulant.

France, Espagne, Italie & Yougoslavie

Ces mouches charment les truites du monde entier. Je connais un pêcheur du Luxembourg qui a décimé la population des rivières calcaires anglaises en utilisant deux modèles de mouches de mai français : Pont Audemer et Panama. J'ai sélectionné ci-dessous des styles qui sont efficaces partout dans le monde.

Cocchetto Nymph

Fabriqué à l'origine avec les fibres soyeuses d'un cocon de phalène, ce modèle italien était destiné à la pêche à l'ombre. Cette imitation d'une larve de phrygane devrait être tout aussi redoutable pour les truites.

Précieuse

Ce modèle appartient à une série créée par Guy Plas. Son subtil coloris gris est très apprécié des pêcheurs à la mouche en rivière, car il imite parfaitement diverses espèces de mouches de mai.

Pallaretta

Cette mouche noyée traditionnelle espagnole suggère une pupe de sedge ou une larve. L'aile est en hackle de Coqs de Léons, un matériau jouissant d'un prestige international. Ce modèle des Pyrénées est normalement pourvu de hackles raides et brillants.

Ossolina Emerger

Originaire de la vallée d'Ossola en Italie, la courbure de l'hameçon est réalisée une fois le modèle monté. Rares sont les pêcheurs qui continuent à monter les mouches de façon aussi traditionnelle. Cette mouche rappelle également la phrygane.

The Dormhouse Nymph

Monté à l'origine avec la fourrure des queues de loirs, ce modèle nous vient de Yougoslavie. Afin de protéger les espèces naturelles, il vaut mieux utiliser de la fourrure de lapin bleu ou de la fourrure d'écureuil gris. Conçue par Marjan Fratnick, cette mouche couvre la plupart des éphémères.

Mave

Le violet n'est pas une couleur habituelle pour les mouches à truite. En Amérique du Nord, on commence tout juste à reconnaître ses vertus pour la pêche des truites steelhead, même si la mouche anglaise Snipe and Purple est beaucoup utilisée en présence d'olives éclosantes.

Valsesiana

Ce modèle fait partie des mouches de type araignée originaires du Piémont, qui contribuent à la capture des truites dans cette région depuis le milieu du XVIIe siècle. Les hameçons n'ont pas d'œillets. Le spectre des couleurs évoque l'éclosion de divers insectes aquatiques.

Bartellini Spider

Ce modèle rouge et blanc de Turin, en Italie, rappelle les araignées du nord de l'Angleterre. Je garantis l'efficacité de cette série de mouches lorsque les truites de réservoir se nourrissent de pupes de moucherons.

La Rue

J'ai appris que ce modèle français représentait une mouche mort-née, à moitié sortie de son enveloppe nymphale. La coloration rappelle celle d'une émergente de phrygane. Une aile est montée le long du flanc de la mouche pour renforcer l'impression d'éclosion.

"F" Fly

Marjan Fratnick, pêcheur yougoslave désormais domicilié en Espagne, a repris la technique suisse qui consiste à utiliser les plumes flottables et imperméables du canard (glande uropygienne). Ce modèle fait partie d'une série de mouches presque indispensables pour pêcher la truite à bouche molle.

Verano Amarillo

Cette mouche sèche de l'Espagnol Luis Antunez représente une espèce d'olive. Je n'ai pas rencontré cette espèce au R.-U., mais les petites tailles de ce modèle n'en sont pas moins prenantes.

Oliva

En dépit de son aspect, ce modèle espagnol est utilisé comme une mouche noyée imitant diverses espèces d'olives. Son hackle est entièrement enroulé autour de l'hameçon. Il est principalement destiné à la pêche en rivière.

Hoz Seca

Cette mouche, qui tire son nom de la rivière Hoz en Espagne, est confectionnée avec des fibres artificielles. L'aile de ce modèle d'olive adulte particulièrement convaincant est en effet faite d'Antron.

Moustique 1

Ce modèle de couleur claire, qui vient de la région du Jura suisse et français, imite les petites olives et comporte un hackle flottable en plume de canard (glande uropygienne).

Ucero

Le thème des phryganes a été revu et corrigé dans ce modèle de l'Espagnol Luis Antunez, qui représente une mouche éclosante. Il vaut mieux le poser dans le film de surface.

Tajo

Cette mouche au corps orange laisse à penser que les éclosions de la rivière Tajo, en Espagne et au Portugal, ont des similitudes avec celles de l'olive à ailes bleues au R.-U. Ce modèle est une imitation très convenable de l'insecte au stade imago.

Universal Caddis

Originaire de la Suisse, ce modèle souligne l'importance des phryganes en Europe. Il possède deux ailes en quill laquées montées l'une sur l'autre en forme de tente, qui reproduisent cette caractéristique unique de l'insecte naturel.

SCANDINAVIE

Le monteur de mouches moderne ignore les frontières. Les nouveaux matériaux et concepts influencent les modèles de mouches. Bien qu'ils ne soient pas représentatifs de tous les modèles scandinaves, les montages décrits ci-dessous viennent principalement de Finlande et illustrent l'évolution des techniques et des modèles imitatifs de phryganes. La plupart de ces modèles s'adaptent parfaitement à tous les types d'eau ainsi qu'à tous les pays.

ORANGE PUPA

Ce modèle de Juha Pusa est une libre interprétation de la pupe de phrygane. Il utilise de l'Antron pour reproduire l'insecte naturel, qui s'entoure de bulles d'air, particulièrement en eau rapide.

GREEN-ANTRON PUPA

Les truites raffolent de cette imitation de *Rhyacophilodae*. Les phryganes du nord de l'Europe sont bien plus grandes que leurs homologues du sud, et les modèles de grande taille sont donc essentiels. Cette mouche est lourdement plombée pour la pêche en rivière rapide ou dans les poches d'eau tourbillonnante. Maniez-la en diagonale.

RHYACOPHILA PUPA (MODELE COURBE)

Les truites croisant dans les eaux houleuses peuvent devenir très exigeantes lorsqu'elles ingurgitent un insecte en particulier. Ne pas avoir ce modèle dans la bonne taille ou la bonne couleur, c'est courir le risque de revenir bredouille, notamment lorsque les insectes naturels abondent.

RHYACOPHILA LARVA (MODELE RÉALISTE)

Au contraire des autres larves de phryganes, la Rhyacophila ne construit pas d'étui. Sa préférence pour la nage libre la rend particulièrement vulnérable face aux truites. Je préfère lancer cet excellent modèle de Veli Autti en amont, puis le laisser dériver.

NALLE PUH

Cette superbe mouche sèche passe-partout possède des ailes en poil d'ours. Elle a à son actif de nombreuses truites, surtout celles qui se nourrissent de mouches de mai. Elle imite également la mouche de pierre dorée adulte.

NALLE PUH/STONE (SOMBRE)

Durant le printemps, juste après la fonte des glaces, de nombreuses rivières sont le théâtre d'une impressionnante éclosion de petites mouches de pierre sombres. Ce modèle est excellent pour les montées de poissons, qu'il soit lancé en amont et manié en statique ou en dérive, ou lancé en aval et tiré par saccades.

NELSON CADDIS

Ce modèle, qui, je crois, a été monté pour la première fois aux E.-U., est désormais une des mouches les plus utilisées dans les eaux rapides riches en phryganes de Scandinavie, et tout particulièrement en Finlande. Son succès est principalement dû à la flottabilité des poils de cerf, disposés en couches.

VA-SEDGE

Monteur finlandais de très haut niveau, Veli Autti a collaboré avec un concepteur graphique pour créer ce modèle aux ailes veinées, qui imite la phrygane adulte. Ce style prédomine en Europe.

RACKELHANE

Ce modèle de phrygane conçu par Juha Pusa est une bonne mouche de repos, mais son utilisation est encore détournée vers les eaux rapides. On peut l'utiliser en mouche noyée ou semi-noyée durant les éclosions de *Rhyacophila* ou d'autres phryganes vertes.

DRAGONFLY NYMPH

Les lacs scandinaves regorgent d'*Odonates*. Selon moi, ce modèle imite davantage la *Zygoptera* (demoiselle), et je l'utiliserais volontiers en présence des insectes naturels.

GROUSE-WING SCULPIN

Créée par Autti Pirinen, cette mouche est selon moi le meilleur modèle de cabot existant. Utilisez-la en début de saison et la nuit, moments privilégiés pour la grosse fario. Montez-la sur une soie à pointe plongeante et maniez-la en diagonale.

MYSIS RELICTA

La province suédoise du Tampère est traversée par une petite rivière qui alimente deux lacs : ses eaux claires en font une pêcherie de tout premier plan. Je crois savoir que ce modèle de crevette préhistorique a une prédilection pour cette région et le lac Baikal, et qu'elle rend les truites très sélectives.

STONEFLY NYMPH

Les mouches de pierre brunes et noires abondent au printemps dans les rivières rocheuses du monde entier. Les truites ne se font guère prier au moment de leur émergence. Les pêcheurs finlandais ont réussi à travers ce modèle de nymphe une interprétation réaliste de l'insecte naturel.

FLAT-HEAD SCULPIN

Les cabots sont une cible de choix pour les truites. Ce modèle est une mouche de rivière rocheuse, mais peut également être utilisé en lac et en réservoir. Doté d'une tête vernie aplatie, il nage d'une manière unique. Montez-le sur une soie à pointe plongeante et maniez-le en diagonale.

PARALEPTOPHLEBIA NYMPH

Cette nymphe est confectionnée en plume de dinde marron en Grande-Bretagne et en quill bleu acier, rouge ou bleu en Amérique. C'est une reproduction parfaite de l'éphémère naturelle.

MUSKRAT MUDDLED ZONKER

Cette imitation d'un poisson-appât comporte de la fourrure de rat musqué, qui m'a été offerte dans la région finlandaise de Jyvaskyla, et une touche de laine d'Antron fluorescente. Montez-la sur une soie à pointe plongeante et maniez-la en diagonale.

PERCH FLY

Monté par Perthi Kaira en Scandinavie, ce modèle excelle dans les réservoirs britanniques, en particulier en automne, lorsque les gardons et les perches se rassemblent autour des herbiers.

PAYS DE GALLES

LE PAYS DE GALLES est traditionnellement propice à la création de mouches de valeur pour truites d'eau douce et de mer. Ses lacs et rivières ont donné naissance à de nombreux modèles internationaux tels que le Coch-y-Bondhu. Nous avons tendance à en ignorer certains, trop indéfinissables pour être considérés comme de bonnes imitations des insectes naturels. Même les modèles destinés aux truites de mer, habituellement voyants, se distinguent par leur sobriété, ce qui n'affecte en rien leur efficacité.

DOG'S BODY

Harry Powell a conçu cet excellent modèle d'olive et de phrygane, doté d'un corps en poil de chien de berger roux.

DAIWL BACH

Cette mouche noyée est différente de la version nymphale. Elle a été créée par les pêcheurs gallois pour la pêche en réservoir. Elle donne notamment d'excellents résultats en soirée dans les réservoirs de Chew et Blagdon.

CONWAY RED

La rivière Conway, au nord du Pays de Galles, est un cours d'eau de tout premier ordre pour la truite de mer. Elle a donné naissance à de nombreux modèles, parmi lesquels celui-ci. Le modèle initial était en poil de blaireau, animal aujourd'hui protégé, mais la fourrure d'écureuil gris est tout aussi efficace.

HEREFORDSHIRE ALDER

Je me suis demandé si je devais citer ce modèle, dont l'évocation pourrait déplaire aux lecteurs gallois en raison de son utilisation dans les Marches. J'espère qu'il n'en sera rien. Créée par Ralph Penny, cette mouche est davantage un modèle général d'olive plutôt qu'une imitation de la mouche d'Aulne.

HARRY TOM

Bien que ce modèle soit répertorié comme une mouche à truite de mer, je l'ai utilisé avec bonheur en eau dormante, comme une imitation d'un sedge sombre éclosant ou un modèle général de crustacé. Montez-le en intermédiaire en eau calme et en sauteuse dans les rivières.

MOC'S CERT

Moc Morgan ne fait qu'un avec la truite de mer et le Pays de Galles. Cet ambassadeur rêvé pour le Pays de Galles a créé la quintessence des modèles pour truite de mer.

WILLIAM'S FAVOURITE

Ce modèle a été conçu par Courtney Williams. Bien qu'il soit répertorié comme mouche à truite de mer, je préfère l'utiliser dans les réservoirs durant une éclosion de moucherons noirs.

HAUL-A-GWYNT

La traduction française de ce modèle destiné aux réservoirs du nord du Pays de Galles est « soleil et vent ». Il peut être monté en sauteuse ou en intermédiaire. Je l'utilise en toute confiance.

DAI BEN

Selon Taff Price et Moc Morgan, ce modèle surnommé Dai Ben a été conçu par David Benjamin Glynn Davies pour la rivière Towy. Il figure parmi les mouches à truite de mer les plus célèbres du Pays de Galles, mais sa réputation semble s'arrêter là.

TEIFI TERROR

Moc Morgan recommande cette mouche pour la pêche à la truite de mer. Montez-la séparément ou en tandem, et posez-la sous la surface, particulièrement à la lumière du jour, à marée descendante ou dans une eau relativement peu profonde.

COCH-Y-BONDHU

Ce montage a fait le tour du monde. Il est redoutable en imitation de scarabée ou en modèle général de mouche sèche. Il existe également en version noyée.

WELSH PARTRIDGE

Créé par Courtney Williams, cet excellent modèle est la mouche semi-noyée par excellence. Je l'ai beaucoup utilisé comme émergente dans les rivières calcaires et les réservoirs, et il m'a porté chance.

RED TAG

Originaire du Worcestershire, ce modèle a la préférence des ombres. La rivière Dee est connue pour ses ombres, et la taille de ces derniers mérite que l'on s'y attarde.

LEWIS'S GRANNOM

Le *Trichoptère Brachycentrius subnubilis* semble être sensible à la pollution. Son éclosion continue néanmoins à avoir lieu au printemps. Ce modèle a été créé par le Rev. Edouard Powell, l'un des plus grands moucheurs gallois.

KELL'S BLUE

Ce modèle a été conçu pour la rivière Usk. Son auteur, le regretté Eddie Kelly, était un pêcheur très talentueux et un excellent instructeur. Cette imitation de *Baetis* est la version noyée de l'Imperial.

YORKE'S FAVOURITE

Ce modèle n'a rien d'une mouche sèche à mes yeux, mais j'ai entendu dire qu'il était très populaire en présence de la *Bibio pomonae* (mouche de bruyère). En Ecosse, cet insecte, proche cousin de la mouche d'aubépine (différencié par ses pattes rouges), est surnommé bloody doctor*.

GREY DUSTER

Ce modèle Adams à hackle est indispensable à chaque boîte à mouches. Ses origines restent obscures, mais on sait qu'il est né dans le ruisseau Alwen, qui alimente la rivière galloise Dee. Quel qu'il soit, son inventeur peut être fier de sa réalisation.

Note du traducteur
*« *Bloody Doctor* » = *docteur sanglant*

Truite de Mer

La pêche à la truite de mer fait appel à des tactiques particulières. Equipé de quelques mouches sèches originales telles que la Grey Duster, de nymphes telles que la Pheasant Tail, de modèles plus traditionnels tels que les tandems et d'une bonne dose de courage (la pêche à la truite de mer est traditionnellement une activité de nuit), vous serez fin prêt pour votre première truite de mer, expérience qui transcendera tout ce que vous aurez pu imaginer.

Blackie (Waddington)

Ce modèle est un leurre noir à grande échelle. Il est utilisé dans les pools, monté sur une soie plongeante. Il est particulièrement efficace en été et en automne en eau peu profonde, à la limite du jour et de la nuit.

Surface Lure (Plastazote)

Ce modèle agitateur convient à l'obscurité et à la chaleur. Laissez-le se balancer face au courant à l'aide d'une soie flottante. Ramenez-le de façon à produire ce mouvement qui plaît tant à la truite.

Ruane's Fancy

Ce modèle du monteur de mouches professionnel Terry Ruane imite l'alimentation nocturne de la truite de mer. Les points jaune fluorescent sont réalisés à l'aide d'un mélange de peinture jaune et de Copydex. Monté sur une soie plongeante, ce modèle est prenant en eau calme, quand règne l'obscurité.

Terror

Très apprécié des pêcheurs de truite de mer à la mouche, ce modèle bleu, argent et rouge attire les nouveaux arrivants dans les rivières.

Goldie

Bill Pennington, grand pêcheur de Lancaster, ne jure que par les grandes mouches, même à la lumière du jour. Montez ce modèle jaune et noir sur une soie flottante ou plongeante, posez-le aux endroits appropriés et maniez-le en diagonale.

Peter Ross

Cette étrange mouche noyée est l'un des modèles de lac les plus populaires. Elle est utilisée comme mouche de pointe dans un train de trois mouches. Cette version pour rivière a été spécialement créée pour les profondeurs moyennes et grandes.

Headley's Speck

Ce modèle doit son nom à son inventeur, Stan Headley, talentueux pêcheur des Orcades. Cette mouche minuscule dotée d'un hameçon triple et d'un tour de hackle est très performante dans les eaux très peu profondes, par temps clair. Il vaut mieux la monter sur une soie flottante.

MEDECINE (MALLARD)

Ce modèle bleu argent redoutable a été mis au point par Hugh Falkus. Cette mouche de rivière passe-partout s'adapte à presque toutes les conditions, quelles que soient la clarté de l'eau et la luminosité extérieure. On peut la monter sur une soie plongeante ou flottante.

WICKHAM'S FANCY

Ce modèle général, qui a la faveur des truites de mer, est aussi efficace aujourd'hui qu'il l'était en 1884. On le pêche en loch-style, comme la Silver Invicta.

BA PRETTY

J'ai conçu ce petit modèle d'araignée pour les ruisseaux en crue de la côte ouest de l'Ecosse, en particulier le Finnock. Utilisé dans les vaguelettes en tête et en queue de pools, entre le crépuscule et l'aube, il fait des ravages parmi les truites.

FLASHABOU ALEXANDRA

J'ai utilisé cette mouche en Norvège en eau peu profonde, dans des conditions presque impossibles. Montée sur une soie flottante, elle m'a fait prendre quatre truites d'un poids de 4 kg en une seule soirée. Ce n'est pas un modèle standard, mais on peut compter sur elle en dernier recours.

BLOODY BUTCHER

Cette mouche est plus rouge (par son hackle) que l'ancien modèle standard dont elle est dérivée. Elle est également devenue un classique parmi les pêcheurs de truite de mer. On l'utilise en rivière ou en lac. Lorsqu'on pêche en dérive, on la monte séparément ou en pointe.

LOCH ORDIE (PÊCHE À LA TREMBLEUSE)

La pêche à la fouette (dapping) est probablement l'une des techniques de présentation de la mouche les plus anciennes. Utilisez une canne de 4 à 6 m, une soie légère qui se laisse porter par le vent, et laissez cette mouche touffue creuser des sillons sur la surface comme une mouche éclosante.

SILVER INVICTA

Cette mouche noyée classique convient aux lacs et rivières. Dans les lacs irlandais et écossais, lorsqu'on pêche depuis un bateau dérivant, on peut la monter en intermédiaire ou en pointe, sur une soie flottante courte ou longue.

RED STUART

Cette mouche aux origines lointaines a récemment fait sa réapparition grâce à Brian Peterson et à Steve Parton. C'est un excellent modèle de lac pour la pêche en dérive, particulièrement lorsqu'il est monté en pointe. Il a fait mordre des poissons pesant jusqu'à 7 kg.

RED PALMER (DAPPING)

A l'instar de l'Ordie, ce modèle est représentatif d'une catégorie de mouches conçues spécialement pour la pêche à la fouette. Son hackle touffu lui confère une bonne flottabilité tout en agitant la surface de l'eau.

Écosse

Les modèles écossais sont parmi les plus difficiles à répertorier. De nombreuses mouches artificielles écossaises constituent en effet le fondement de la pêche à la mouche. La plupart des modèles suivants passent facilement d'un pays à l'autre, en particulier lorsqu'on les utilise en eau calme. Ils sont rarement considérés comme des imitations d'insectes réels.

Doobry

Stan Headley, grand pêcheur et monteur des Orcades, a conçu ce modèle pour la pêche en eau teintée par temps clair et en eau claire par temps sombre. On l'utilise souvent conjointement avec une mouche de pointe sombre. Quelques touches de couleur le font scintiller.

Loch Ordie

Ce modèle a été conçu par J. Yorsten et monté par W.S. Sinclair. Créé à l'origine pour la pêche à la fouette, il est désormais utilisé comme une mouche sauteuse lors des émergences de sedges.

Kate McLaren

Ce modèle, qui porte le nom de la femme du grand tombeur de truites de mer Charles McLaren, est largement utilisé comme mouche de pointe, en particulier dans les grosses vagues. Il est également efficace pour la pêche des truites en réservoir ainsi que des truites fario et truites de mer dans les grands lacs écossais.

Clan Chief

Cette mouche à la fois moderne et traditionnelle a été conçue par le capitaine John Kennedy pour la pêche à South Uist, où elle exerce un attrait redoutable sur les truites de mer et les farios, ainsi que, m'a-t-on dit, sur les saumons. J'imagine que les truites de réservoir l'apprécieraient également.

Ke-He

Ce modèle des Orcades a été inventé dans les années 30 par les pêcheurs à la mouche Kemp et Heddle. Monté en sauteuse par temps ensoleillé et en présence de vagues, il est efficace dans les eaux boueuses ou claires. Il vaut mieux utiliser la taille n° 10.

Zulu

Les adeptes de la pêche loch-style utilisent ce modèle pour les jours sombres, obéissant ainsi plus que jamais au dicton : « Jour sombre, mouche sombre ; jour clair, mouche claire. » Il peut être monté en sauteuse, en intermédiaire, ou même en pointe. Il fait mordre les truites dans toutes les îles britanniques.

Goat's Toe

Cette mouche semble trouver son origine à la fois en Ecosse et en Irlande. Elle arbore une queue en laine rouge fluorescent au lieu de la laine rouge habituelle. Montée en intermédiaire ou en sauteuse, elle peut également être utilisée pour la pêche des saumons de lac.

Black Ke-He

Cette mouche de pointe est particulièrement prenante au crépuscule en début et en fin de saison, sans doute en raison de sa forte ressemblance avec un moucheron noir éclosant.

Blue-tag Red Palmer

Cette mouche est une variante de l'ancien modèle Red Palmer. La queue bleue a été rajoutée par Stan Headley, et déclenche la voracité des truites de mer et de lac.

Burleigh

Ce modèle est monté en sauteuse lorsque les olives des lacs et étangs commencent à éclore. Il a en effet la réputation d'être prenant à partir du début de l'été. Il fait partie des modèles résistants utilisés sur le lac Leven.

Black Pennell

Créé au tournant du siècle par Cholmondley-Pennell, ce modèle s'est bien exporté et se retrouve dans la plupart des boîtes à mouches. Monté en pointe ou en intermédiaire, il est particulièrement prenant en début de saison, lors de l'éclosion des moucherons noirs.

Machair Claret

Bien que ce modèle, conçu par le capitaine John Kennedy, soit né dans l'Uist dans les Outer Hébrides, il possède un lien de parenté indéniable avec l'Irlande. Agréable à regarder, il est richement pourvu en hackle pour pouvoir agiter la surface de l'eau, à l'instar de la série de mouches Bumble.

Heckham Peckham

Inventé par William Murdoch, d'Aberdeen, ce modèle est tributaire des phénomènes de mode. Il était autrefois largement utilisé en Amérique. Monté en intermédiaire ou en pointe, il prend les truites de lac par temps clair.

Malloch's Favourite

Bien que peu élégant, ce modèle est très proche des insectes naturels et très utile comme mouche de pointe durant les éclosions de moucherons.

White-Hackled Invicta

Monté en intermédiaire ou en sauteuse, ce modèle de W.S. Sinclair convient aux eaux teintées et boueuses. Parfois performant, parfois inefficace, il est utilisé dans les réservoirs et les lacs.

Mc Leod's Olive

Cette mouche de pointe ou intermédiaire pourrait presque être un modèle d'olive anglais ou irlandais. La plupart des pays possèdent un modèle d'olive (*Ephemeroptera*) noyé ou émergent de conception similaire. Le butt doré est efficace dans les eaux boueuses ou par temps sombre.

Yellow Owl

Ce modèle semble être issu du lac Leven, qui abrite des truites fario de renommée mondiale. Monté en pointe ou en intermédiaire durant les soirées du milieu de l'été, il ressemble à une émergente de sedge, impression renforcée par sa couleur.

IRLANDE

En Irlande, la pêche à la mouche est une tradition basée sur de solides connaissances entomologiques. Riches en mouches de toutes sortes, les lacs ont donné naissance à de nombreux modèles de mouches de mai, de phryganes et de chironomes, qui, malgré leur extravagance, abusent davantage les truites que des imitations plus exactes. A l'instar des mouches écossaises, ces modèles se sont fort bien adaptés aux eaux dormantes du monde entier, en particulier aux réservoirs anglais.

Gosling (Sam Anderson)

Ce sublime modèle de mouche de mai est censé représenter l'insecte éclosant, qui fourmille dans certains lacs irlandais. Il se monte en intermédiaire ou en sauteuse.

Green Peter

Utilisée sèche ou noyée, cette mouche passe-partout représente un sedge ou une phrygane (*Phryganea varia*). Le plus souvent montée en sauteuse lorsqu'elle est noyée, elle est prenante le soir en eau dormante, en présence de grands sedges

Olive Bumble

Le juge irlandais T. Kingsmill Moore a créé de nombreux modèles de lac. La série des mouches Bumble a fait le tour du monde. Elément essentiel de la boîte à mouches du pêcheur pratiquant en dérive, ce modèle est parfait en sauteuse dans une grande vague, du lac Conn au lac Harray.

Mayfly Nymph

Cette nymphe de mouche de mai au style irlandais ressemble à l'insecte au stade émergent ou, encore plus précisément, à un insecte adulte ayant coulé. Les vagues imitations de mouche de mai sont prenantes dans les eaux irlandaises, confirmant ainsi qu'il est recommandé de « connaître la région et les mouches locales ».

Bibio

La Bibio jouit d'un prestige presque inégalé pour la pêche en lac. Etrangement, cette mouche à palmer peut occuper n'importe quelle position sur le bas de ligne. Elle est très efficace durant les éclosions de moucherons noirs, ou lorsque les circonstances exigent l'utilisation d'une mouche noire avec une touche de couleur.

Claret Bumble

Considérée par Kingsmill Moore comme son meilleur modèle pour truite de mer, ce que je confirme, cette mouche est très prenante à l'approche du soir, en particulier dans les eaux boueuses. Montée en sauteuse, elle donne de meilleurs résultats dans les eaux houleuses.

Murrough

Ce modèle a été créé par Sam Anderson, l'un des pêcheurs et monteurs les plus célèbres d'Irlande. Bien que cette imitation de sedge ressemble à une mouche sèche, elle est utilisée en sauteuse.

Melvin Bumbling Bibio

J'ai conçu ce modèle en pêchant sur le lac Melvin, dont les eaux avaient pris une teinte grise à cause de la pluie. Trois jours plus tard, le temps s'était éclairci, et cette mouche m'a permis de capturer plus de trente truites. Elle est particulièrement prenante dans les eaux houleuses.

Connemara & Black

La renommée de ce modèle classique a franchi les frontières irlandaises. Les variantes utilisées dans les réservoirs anglais incorporent une queue vert fluorescent, qui les rend très prenantes durant les éclosions de moucherons. C'est une superbe mouche de pointe, particulièrement en début et en fin de saison.

Melvin Olive

Il existe deux montages de ce modèle d'olive général (*Ephemeroptera*). Le modèle ci-dessus est le plus léger, tandis que le second possède le corps de la Sooty Olive. C'est une bonne mouche de pointe en présence d'olives d'étang et de lac.

Balinderry Olive

Le grand pêcheur irlandais T.J. Hanna était en avance sur son époque pour la perception des insectes servant de modèles aux mouches. Il possédait une grande maîtrise des matériaux traditionnels, et les jaunes, oranges, rouges et bruns de ce modèle évoquent une olive dans l'eau.

Fiery Brown

Ce modèle s'est bâti une solide réputation pour la pêche à la truite de mer. Dans le rôle de sedge noyé, il est très efficace en été et en automne, monté en pointe ou en intermédiaire.

Kingsmill

Ce modèle de T. Kingsmill Moore a été remis au goût du jour avec son butt vert fluorescent qui plaît tant aux truites arc-en-ciel. Le herl d'autruche qui forme le corps est un matériau presque parfait, qui réagit mieux à la lumière et qui devient translucide sous l'eau.

Irish Mallard & Claret

Ce modèle à truite de mer est performant en soirée, dans une eau boueuse. On le monte en pointe, en particulier par temps sombre. J'ai ajouté des joues en jungle-cock et une queue fluorescente au lieu de la soie floche ordinaire enroulée, utilisée dans la version initiale.

Sooty Olive

Il existe une multitude de versions de ce modèle. Toutes imitent la *Baetis* éclosant dans les grands lacs entre le printemps et l'été, puis à nouveau en automne. Cette mouche de pointe est une version de l'insecte éclosant.

Melvin Or Rogan's Extractor

C'est dans le lac Melvin que sont nés des modèles spécifiques tels que celui-ci, créé par le légendaire Michael Rogan, de Ballyshannon. Je l'ai allégé en utilisant des ailes de canard.

Hare's Ear

J'ai ferré un jour sur le lac Erne dix truites fario de plus d'un kilo avec ce modèle, dans des conditions difficiles. Chaque poisson regorgeait d'Asellus, et je ne connais pas de meilleure imitation de cet insecte.

Amérique du Nord

Les États-Unis jouent un rôle prédominant dans l'introduction de nouveaux styles et matériaux. Parmi les modèles suivants, certains ont été conçus il y a des siècles et attestent de la rareté des concepts réellement révolutionnaires. Mais négliger les modèles modernes reviendrait à ignorer le besoin de protection des espèces, puisque ces derniers utilisent des matériaux qui n'affectent pas la fragilité de notre écosystème.

White Marabou Muddler

Cette mouche est constituée de deux matériaux redoutables : le marabout souple pour les ailes, et le poil de cerf. Plombée ou montée sur une soie plongeante, cette excellente imitation de nombreuses espèces de poissons-appâts doit être posée près du fond.

Royal Coachman

Cette mouche est typique de l'Amérique du Nord. Il s'agit ici de la version noyée de la mouche sèche créée par John Haily en 1878, baptisée par L.C. Orvis. Encore populaire de nos jours, elle est souvent prenante lorsque tous les autres modèles échouent.

Grey Ghost

Ce modèle est représentatif du style de streamer classique avec une aile en plume, mais peut également être considéré comme une mouche à saumon. Il existe une version à longue tige de cette mouche de Carrie Stevens, pour la pêche à la cuillère.

Thunder Creek

Créée par Keith Fulsher, cette mouche est totalement innovante en terme de profil et de conception. Les ailes et la tête, en poil de queue de chevreuil, semblent « respirer » dans l'eau.

Royal Coachman Trude

Cette mouche est une variante moderne du modèle initial et fait partie de la série des mouches de vaguelette, créée par Dick Surette. Elle est conçue pour être utilisée dans les eaux rapides et tourmentées des rivières rocheuses. L'aile blanche offre une bonne visibilité.

Zonker Sculpin

A ma connaissance, Graig Matthews a été le premier à utiliser de la laine pour remplacer la tête en poil de cerf de ce modèle. Grâce à sa mobilité, cette imitation d'un poisson-appât est prenante en pleine nuit.

Dave's Chamois Leech

Les truites, et plus particulièrement celles vivant dans les lacs et réservoirs profonds, se gavent de sangsues. Cette imitation réussie possède un dos et une queue en peau de chamois, qui ondule dans l'eau. Il faut la poser en profondeur, et tirer régulièrement la ligne sur une longueur de 1 m.

Dark Hendrickson

La forme des ailes de ce modèle diffère selon qu'il s'agit de la version sèche ou noyée : les fibres des ailes de cette mouche noyée sont rejetées en arrière, tandis que celles de la version sèche sont dressées à la verticale. Commandé à Ron Steenrod en 1915, ce modèle est resté un classique.

LIGHT CAHILL

Créé par Don Cahill, ce modèle imite une espèce particulière, l'*Ephemerella subvaria*. Il existe en version sèche, noyée ou nymphe.

FILOPLUME MAYFLY EMERGER

Ce modèle appartient à la nouvelle vague de montages américains, utilisant les plumes secondaires des gibiers ailés. Posez cette création de Jack Gartside, qui imite la mouche de mai éclosante, dans ou près de la surface.

CUT-WING DUN

La pêche à la mouche américaine moderne est caractérisée par une large gamme de mouches sèches très réalistes. Représentatif du style du grand monteur Paul Jorgensen, ce modèle en parachute est très efficace pour la pêche des truites sélectives.

CAREY SPECIAL

Ce modèle du Cl Tom Carey suggère des nymphes de mouches de pierre ainsi que d'autres créatures ternes peuplant le fond de l'eau. Posé près du fond, il a l'agrément des pêcheurs et des truites steelhead.

BROOK'S STONEFLY

Cette imitation de Pteronarcrys a été conçue par le maître incontesté de la pêche en rivière rocheuse, Charlie Brooks. Ce dernier a eu la brillante idée d'offrir une vue identique de la mouche, quel que soit l'angle où l'on se place. Posez ce modèle près des galets et des lits des rivières rapides.

POLYWING SPINNER

Les Américains ont également innové en supprimant le hackle. Ce modèle reproduit le dernier stade du développement d'une éphémère, au moment où l'insecte naturel gît inerte dans le film de surface. Les ailes en polypropylène emprisonnent la mouche dans le film de surface.

MUSEKRAT-WIGGLE NYMPH

J'ai vu pour la première fois ce type de montage articulé dans l'ouvrage *Selective Dressing* de Swisher et Richards. Ce principe a également été utilisé par Dave Whitlock dans la confection de ses modèles de demoiselle. Cette mouche est prenante lorsque les truites se nourrissent de nymphes.

QUILL GORDON

Très utile, ce modèle général de mouche de mai a été créé par Theodore Gordon. Il date des années 1890, et montre avec quelle rapidité les ailes en quill ont été détrônées au profit de fibres plus résistantes aux E.-U.

FOAM ANT

Constamment en quête de nouveaux matériaux, les Américains sont également les leaders dans la mise au point d'imitations d'insectes terrestres, parmi lesquelles ce modèle de fourmi, fabriqué à partir de mousse microcellulaire.

Le Lancer

Placer une mouche avec délicatesse et précision juste à l'endroit où s'alimente la truite : voilà l'essence de la pêche à la mouche artificielle. Un bon lancer est tout bonnement le facteur le plus important si l'on veut être un bon pêcheur à la mouche.

Pour le simple spectateur qui regarde le pêcheur en train de faire évoluer sa canne d'avant en arrière, en mouvements rythmés, précis et contrôlés, l'exercice ne semble pas impliquer de grandes capacités physiques. Pour certains, la maîtrise des techniques de lancer est facile à acquérir. Pour d'autres — la majorité d'entre nous — une bonne technique de lancer est un savoir faire difficile à assimiler.

Pour le débutant, les difficultés du lancer sont plus évidentes que les succès possibles. Mais si l'on sait diviser les techniques en plusieurs étapes gérables, on acquerra bientôt des connaissances suffisantes.

La meilleure approche du lancer et de sa pratique s'opère auprès d'un instructeur professionnel — qu'il s'agisse d'une école ou d'un ami expérimenté. Il est impossible, si l'on veut devenir un pêcheur raisonnablement doué, de se contenter des manuels de pêche. Pour débuter, l'eau n'est pas indispensable. Bien des experts de la pêche à la mouche ont débuté sur une pelouse, un champ ou une étendue de parc. Pour les premières étapes, le secret de l'assimilation réside dans la pratique et la répétition. Considérez le lancer comme s'il s'agissait d'une maison en cours de construction. Dès qu'on a creusé de solides fondations, la technique du lancer droit est maîtrisée. Puis vient la première couche de briques, qui correspond au lancer horizontal. Dès qu'on atteint le premier étage, c'est qu'on maîtrise le faux lancer, le lancer roulé et le lancé tiré simple ou double. Au stade des finitions, on passe au lancer oblique, au contrôle de la boucle, au lancer roulé coulé, au lancer parachute et autres manœuvres tactiques, qu'on n'abordera pas avant d'avoir bien maîtrisé les bases. Si vous assimilez bien les techniques du lancer droit, le reste viendra naturellement. Une mouche modeste sera souvent plus efficace, si elle est bien présentée, qu'une imitation parfaite mal lancée.

Le Lancer Droit

1. Les Mouvements du Bras et de la Main

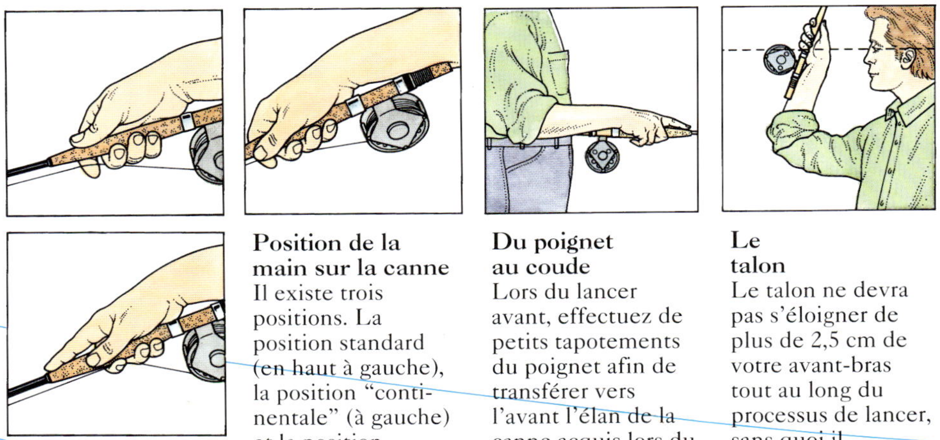

Le lancer droit ou vertical est la base de toutes les autres formes de lancer. Il consiste à faire décoller la ligne de l'eau, à l'envoyer derrière vous afin de lester la canne (lancer arrière) et à la projeter en avant pour placer la mouche sur l'eau (lancer avant).
Cette technique s'apprendra sur herbe. On utilisera un bout de ligne entre 1,50 et 2,70 m. Un fragment de laine remplacera la mouche, car l'hameçon peut être dangereux. Le débutant portera systématiquement des lunettes de protection. L'objectif est de projeter la ligne en arrière, de faire une pause, puis de la reprojeter en avant, en deux actions continues. Le lancer arrière est particulièrement important à maîtriser, car c'est lui qui confère son élan à la canne. C'est pourquoi il est beaucoup plus facile de lancer contre le vent qu'avec lui.
Un bon lancer se déplie en ligne droite et se pose sur l'eau. Le point clé est de conserver un poignet ferme et de bouger le bras à partir du coude. Si votre poignet n'est pas assez ferme, la ligne tombera lors du lancer arrière, formant une large boucle, et ne pourra pas être projetée en avant lors de l'étape suivante.

Position de la main sur la canne
Il existe trois positions. La position standard (en haut à gauche), la position "continentale" (à gauche) et la position "Tournament" (ci-dessus). Quelle que soit la position, le poignet doit rester ferme afin que main et canne demeurent alignées. Vous commencerez par positionner la canne en travers de votre paume ouverte. Le moulinet et le talon remontent jusqu'à l'avant-bras. Refermez les doigts autour du manche. Ne serrez pas trop fort, car alors votre poignet ne serait pas assez ferme et se replierait lors du lancer arrière.

Du poignet au coude
Lors du lancer avant, effectuez de petits tapotements du poignet afin de transférer vers l'avant l'élan de la canne acquis lors du lancer arrière. Pour un bon lancer, il faut savoir bouger son poignet tout en le maintenant bien ferme. Pour soulever la ligne hors de l'eau, vous utiliserez l'avant-bras, à partir du coude. Pour obtenir un mouvement de lancer régulier, imaginez que la canne est un prolongement du bras.

Le talon
Le talon ne devra pas s'éloigner de plus de 2,5 cm de votre avant-bras tout au long du processus de lancer, sans quoi il provoquera un mouvement de déséquilibre.
A la fin du relevé de ligne, le moulinet devra être aligné avec l'œil.

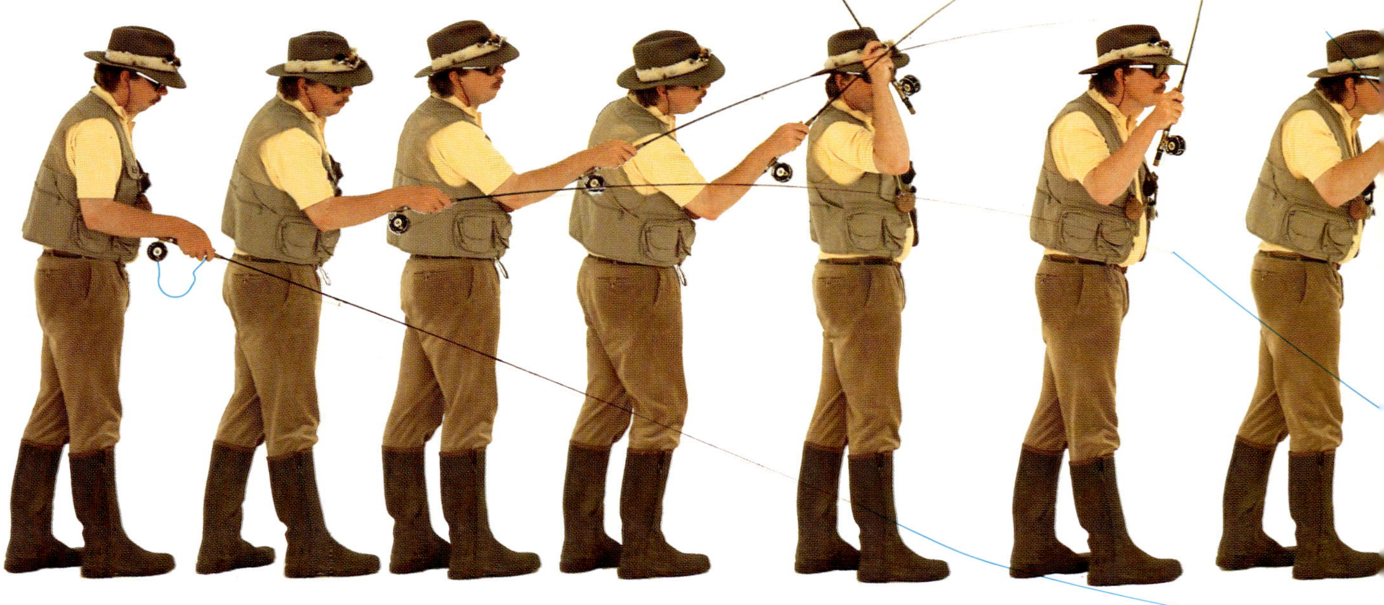

A B C D E F G

2. La Posture

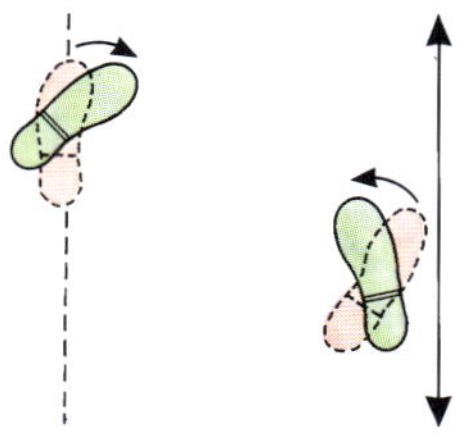

Pour corriger une posture déséquilibrée, tournez les pieds vers l'intérieur (ci-dessus).

Instinctivement, le droitier projettera le pied gauche en avant. Au moment du lancer, cette position peut provoquer un phénomène de jeté. Si vous êtes droitier, placez le pied droit en avant (si vous êtes gaucher, ce sera le pied gauche) et déplacez votre poids légèrement vers l'avant. La partie supérieure de votre corps devra être légèrement penchée en direction du lancer. La canne suivra alors une ligne naturelle par-dessus votre épaule.

3. Le Relevé

Pour mieux visualiser ce mouvement, imaginez un cadran d'horloge. Votre tête se trouve à midi, vos pieds à six heures. La pointe de la canne part à sept heures et se dirige vers l'eau (**A**, voir ci-dessous). Elle se relève doucement jusqu'à 10 heures environ (**C**). De là, vous accélérerez l'action jusqu'à élever la canne en position verticale. L'élan entraînera la canne jusqu'à environ 1 heure (**E**).

4. Le Mouvement de la Ligne

Au début, levez la canne doucement pour vaincre la résistance rencontrée par la ligne au moment où elle entre en contact avec l'eau. Une fois que toute la longueur de la ligne est dégagée de l'eau, une accélération du relevé permettra de hisser la ligne vers le haut et vers l'arrière. Si la ligne se balance dans votre direction et ne s'élève pas, c'est que vous n'avez pas assez accéléré. Si la ligne saute hors de l'eau et ne s'élève pas, vous avez trop accéléré lors de la première étape du relevé.

Pour Lancer une Ligne Parallèle

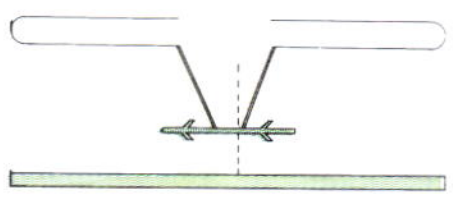

Le lancer qui permet d'obtenir une ligne parallèle (à gauche)

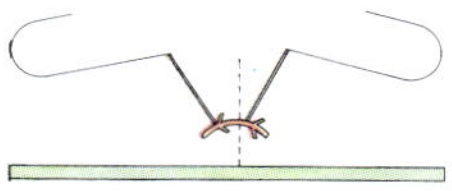

Un mauvais lancer va retomber derrière vous et ne reviendra pas vers l'avant (à gauche)

La trajectoire de la ligne doit rester parallèle à l'eau, au lancer avant comme au lancer arrière.

5. Le Lancer Arrière

Une fois le relevé effectué, la ligne doit s'élever puis retomber derrière vous en ligne droite. Faites une courte pause pour vous assurer que toute la ligne est déployée. Ceci vous permet de lester la canne avant de la relancer vers l'avant. Lors de cette vérification, votre coup d'œil en arrière déplacera votre épaule qui ne sera plus alignée avec le lancer. Avec la pratique, vous apprendrez à sentir la position correcte sans vous retourner. Si votre prise de canne est légère, vous sentirez une sensation de tiraillement qui vous indiquera que la ligne est bien droite. Si vous laissez la ligne tomber derrière vous lors du lancer arrière et essayez de compenser lors du lancer avant, la ligne reviendra vers vous.

6. Le Lancer Avant

Projetez la ligne vers l'avant, le poignet léger. Le mouvement de la main suivra les figures **F** et **G**. Le mouvement s'apparente à celui de la main qui tapote un clou avec un marteau, très légèrement. Visez à environ 1 mètre au-dessus de l'eau. Donnez à la ligne le temps de se déployer vers l'avant (**H**). Suivez toujours l'action, laissez la ligne dériver doucement sur la surface de l'eau (**I**). Efforcez-vous d'effectuer en un seul mouvement l'action de tapoter et de suivi. Si la ligne, en s'immergeant, cause de grosses éclaboussures, c'est soit que vous avez visé trop bas (dans ce cas, vous lèverez le bras), soit que votre lancer avant s'est décomposé en deux mouvements saccadés au lieu de n'en constituer qu'un seul en continu.

L'Instabilité du Poignet

A la fin du lancer arrière, la canne heurte l'arrière, à la position trois heures ; la mouche touche l'herbe, passe trop près de votre tête ou vous tape dans le dos; ou encore la ligne forme des boucles en retombant après le lancer avant. Tous ces phénomènes sont provoqués par un poignet instable. Pour le stabiliser, verrouillez-le ou utilisez un bandage, et projetez le lancer arrière vers le haut, en visant un arrêt à douze heures. Sinon, vous élèverez la poignée de la canne au niveau de votre nez et pousserez vers l'avant.

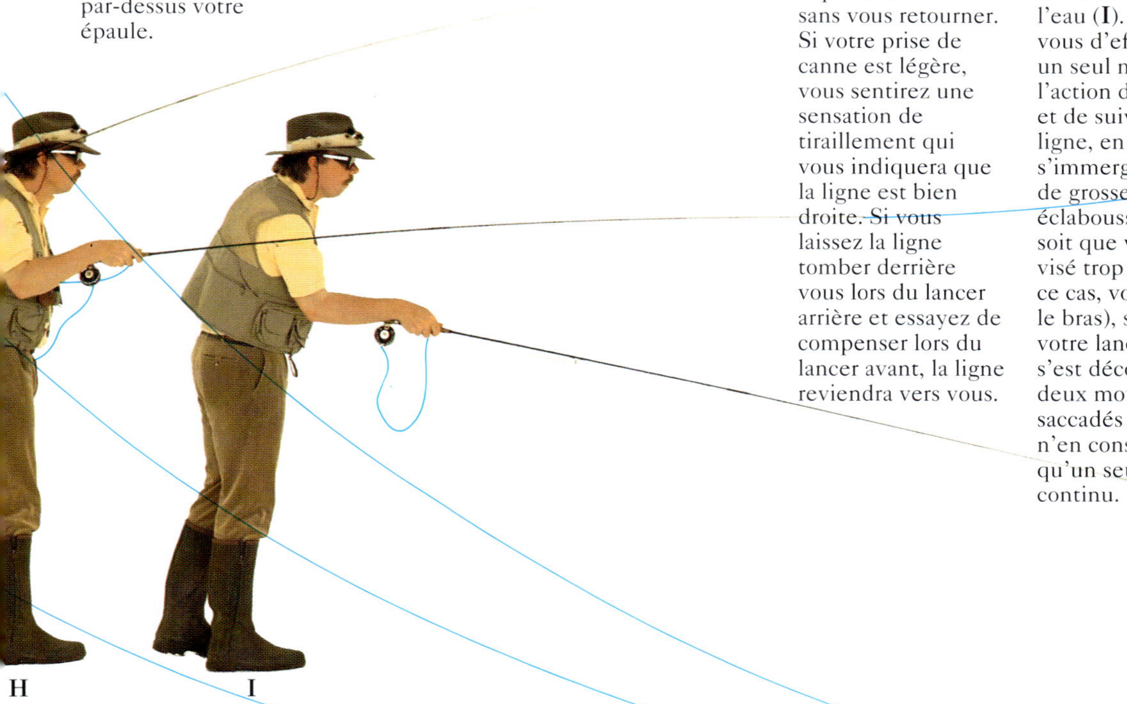

H I

Le Lancer Projeté

Le lancé projeté est une variante du lancer de base, le lancer droit. Il vous permet de prolonger la distance de lancer en augmentant la quantité de ligne lancée en avant. La ligne supplémentaire est dévidée du moulinet, et on la laisse reposer au sol au cours du lancer arrière. L'énergie engendrée par la canne lors du lancer arrière, combinée avec le poids de la ligne, permet de projeter la quantité supplémentaire de ligne à travers l'anneau de la canne lors du lancer avant. Si le lancer arrière est bien fait, cette méthode exige juste un petit effort physique supplémentaire par rapport au lancer droit classique.

1. Mouvements du bras et de la main

La position de la main sur la canne est la même que pour le lancer droit (voir p. 160). Le mouvement du bras est identique lors du lancer arrière, mais varie légèrement au lancer avant.

2. Posture

C'est exactement la même que pour le lancer droit. Certains pêcheurs trouvent plus efficace de se pencher lors du lancer avant, tout en faisant peser plus de poids sur le pied principal.

3. Préparation de la ligne

Déroulez suffisamment de ligne pour atteindre votre cible. Avant de commencer le relevé, assurez-vous que la ligne est bien droite, de l'extrémité de la canne jusqu'à la mouche. Bloquez la ligne contre le talon à l'aide de l'index. Laissez la ligne supplémentaire reposer au sol au cours du relevé et du lancer arrière.

4. Relevé

Tout en maintenant la tension sur la ligne, soulevez-la lentement hors de l'eau (**A**, **B**, voir ci-dessous). Ensuite, accélérez le mouvement de la canne pour l'amener à la verticale (**B**, **D**). Quand votre bras s'arrête, votre main s'élève un peu vers l'arrière. Dans l'idéal, elle doit aboutir en alignement avec le haut de votre tête. Le mouvement de dérive transmet de l'énergie à la canne.

Pour former une boucle étroite
Le lancer projeté (ci-dessus) crée une boucle étroite qui sert à présenter la mouche au-dessous du feuillage et à fendre les forts vents de tête.

A B C D E F G

5. Le Lancer Arrière

Il est capital que la ligne reste bien tendue. Si une quelconque partie de la ligne supplémentaire est lâche, on perd toute la puissance nécessaire pour lester la canne. Laissez la ligne voler vers le haut, puis faites une pause et laissez-la se redresser derrière vous pour bien lester la canne.

6. Maîtrise du Mouvement de la Ligne

Bien qu'il soit déconseillé de regarder derrière soi lorsqu'on lance, un bref coup d'œil pour vérifier le mouvement de la ligne ainsi que les positions du poignet et de la main peut être utile. Une sensation de tirage indiquera que la ligne est lestée.

7. Le Lancer Avant

Une fois la canne bien lestée, vous commencerez le mouvement de tapotement vers l'avant (p. 161). En faisant pivoter votre poignet sur la canne (**E**), mouvement qui projette la boucle vers l'avant, libérez la ligne supplémentaire que vous aviez bloquée avec l'index (**F**). La boucle gagne de l'énergie et tire la ligne relâchée à travers les anneaux de la canne. Au moment de viser, maintenez une hauteur suffisante au-dessus de l'eau pour que la ligne atteigne sa cible avant d'atterrir.

8. Le Suivi

Pour achever le mouvement, suivez la canne (**G**) et laissez la ligne flotter doucement sur la surface de l'eau.

Problèmes Spécifiques du Lancer Projeté

Les problèmes les plus fréquents du lancer projeté sont traités pp. 160-161. Certaines erreurs sont bien caractéristiques de ce type de lancer.

Au lancer arrière, la ligne retombe en arrière
Ce phénomène se produit quand on libère la ligne supplémentaire lors du lancer arrière. En conséquence, la ligne perd sa tension et ôte sa puissance à la canne. Pour éviter cette mésaventure, maintenez la ligne supplémentaire contre le talon avec le doigt.

Le lancer tourne court
Le lancer avant tourne court et s'arrête avant la cible si vous libérez la ligne trop tôt. Pour remédier à ce problème, scandez "taper, relâcher" au moment du lancer avant pour assurer un rythme régulier et un meilleur timing.

Atterrissage "forcé"
La ligne heurte bruyamment la surface de l'eau si vous ne lui laissez pas suffisamment de temps pour étirer toute sa longueur avant qu'elle n'atterrisse. Pour remédier à cela, visez plus haut au-dessus de l'eau.

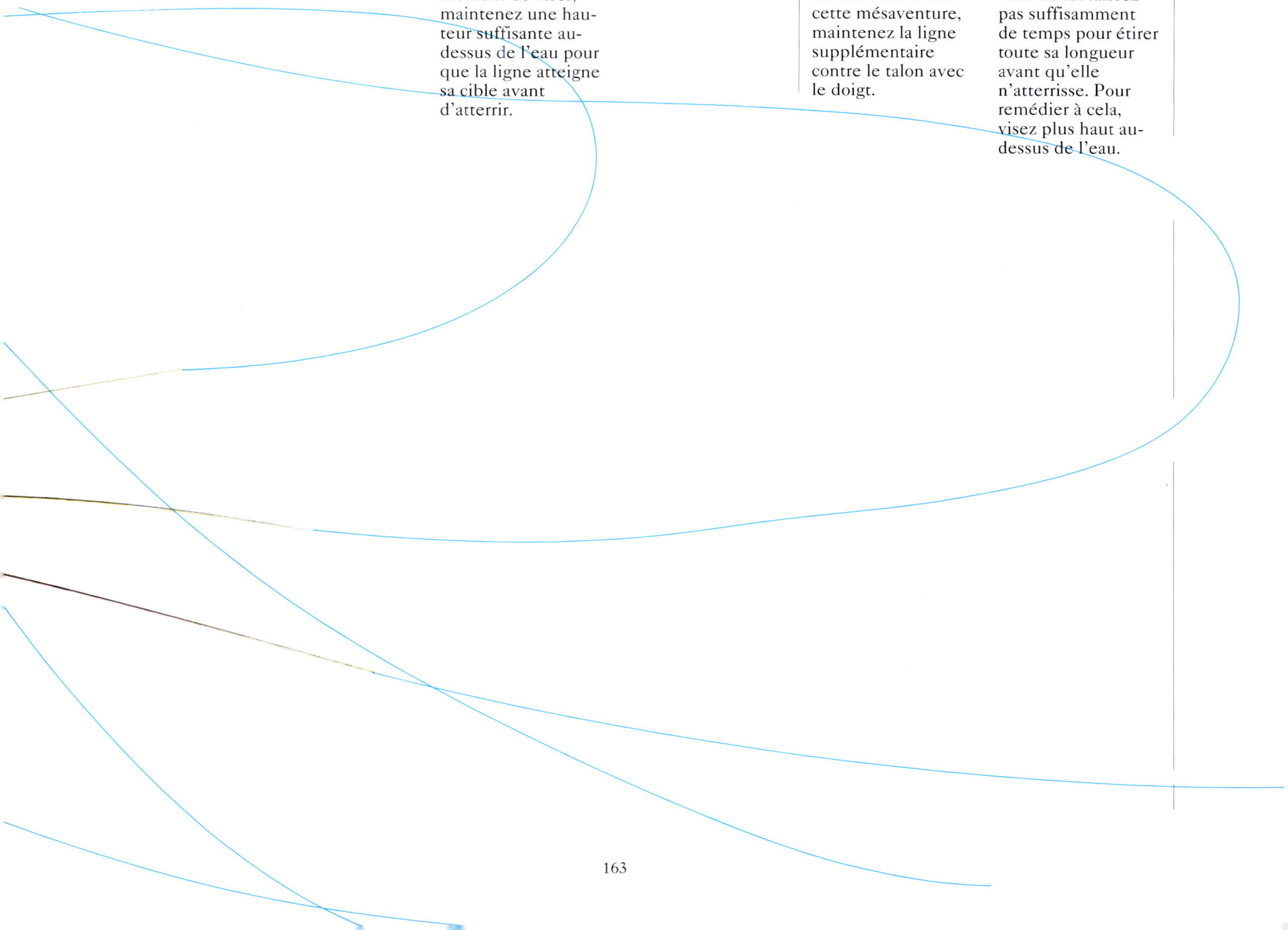

Le Faux Lancer

Le faux lancer consiste à faire trois (ou davantage) mouvements en avant et en arrière au-dessus de votre tête avant d'effectuer le véritable lancer. Le faux lancer peut servir à jauger la distance avant le lancer véritable, à préciser votre objectif, et même à faire sécher une mouche détrempée avant de la relancer. Autre avantage: lors du faux lancer, vous pouvez libérer de la ligne afin d'augmenter votre distance et la vitesse de la ligne en fonction d'un poisson donné.

Si vous utilisez davantage de ligne, attention à ne pas surcharger votre canne (voir p. 50). Une ligne de 9 m (longueur standard) référencée n°6 sera référencée 7 si sa longueur dépasse les 12 m. Si votre canne est une n°5-6, elle sera surchargée même si vous utilisez une ligne n°6, car cette dernière, avec sa longueur supplémentaire, équivaudra à une ligne n°7.

1. Le Relevé et le Lancer Arrière

La position de la main et la posture sont les mêmes que pour le lancer droit (voir p. 160). Pour le relevé et le lancer arrière, suivez les mêmes instructions. Attention : votre lancer arrière devra porter haut (voir **A** ci-dessous) afin de conférer suffisamment de puissance à votre faux lancer.

2. Le Faux Lancer

Vous commencerez le lancer avant par le mouvement habituel de tapotement. Quand la canne atteint la position 11 heures (**C**), au lieu de poursuivre l'action du lancer avant, vous relèverez la ligne et la rejetterez en arrière. Si vous voulez libérer davantage de ligne, servez-vous de votre main libre pour la dérouler du moulinet au début du lancer arrière. Maintenez la ligne sous tension et libérez-la lors du lancer avant, comme pour le lancer projeté (voir pp. 162-163). Au cours du faux lancer, efforcez-vous de faire évoluer votre canne entre la position 1 h 30 et la position 11 h.

3. Fin du Mouvement

Le lancer se termine par un lancer avant classique. Il vous faudra peut-être trois ou quatre faux lancers avant d'atteindre votre cible, mais jamais plus de six.

Objectif: truite
Le faux lancer (à gauche) permet au pêcheur de chercher son poisson, de le viser et de dérouler suffisamment de ligne pour l'atteindre avant de lancer sa mouche de façon plus précise.

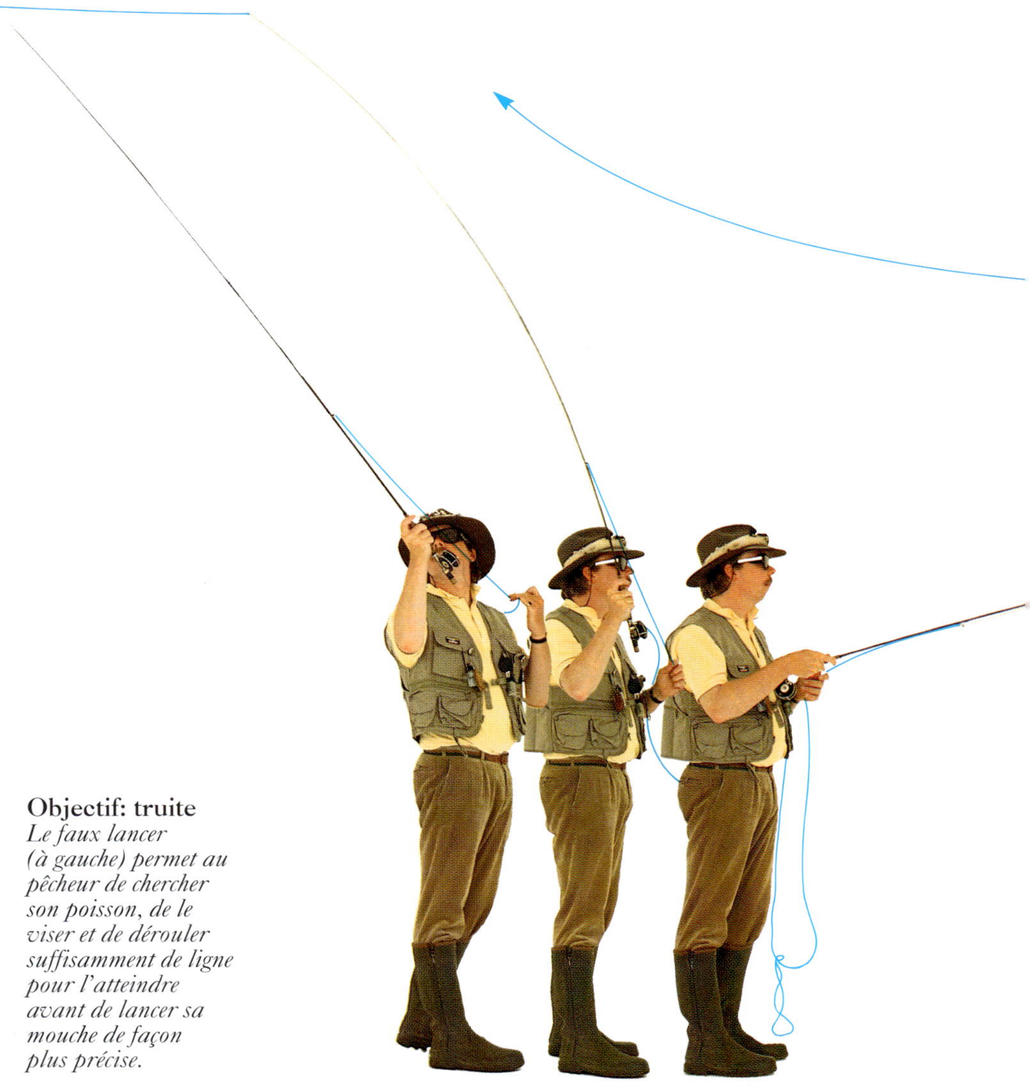

A B C

Problèmes Spécifiques du Faux Lancer

La ligne s'emmêle ou retombe trop près.
Si vous pratiquez trop de faux lancers, il peut arriver que la ligne s'emmêle de façon spectaculaire. Ce phénomène réduira la distance de lancer. Souvent, le pêcheur est comme hypnotisé par la ligne qui évolue dans l'air, en avant et en arrière. Généralement, trois ou quatre faux lancers suffisent. Attention, car le mouvement de la ligne et de la canne qui fendent l'air en un éclair peut alerter le poisson et détruire l'élément de surprise. Il faut que le mouvement soit précis, et le nombre de faux lancers réduit au minimum.

La ligne forme de larges boucles, s'accroche lors du lancer arrière ou touche l'eau.
Ces défauts proviennent sans doute de ce que vous avez adopté un mouvement de jeté en bougeant votre bras à partir de l'épaule et en pliant le poignet. Pour y remédier, gardez un poignet ferme et bougez votre avant-bras à partir du coude pour obtenir un lancer arrière haut. Tapotez vers l'avant, comme d'habitude, en visant au-dessus de la cible. Ramenez la ligne en arrière et recommencez.

Le coup de fouet
Si vous entendez un craquement pendant le lancer arrière, c'est que vous n'avez pas attendu assez longtemps pour que la ligne et le bout de ligne soient bien droits derrière vous. Pour contrecarrer le phénomène de g ravité, visez plus haut lors du lancer arrière et faites une pause pour que la ligne se tende.

La ligne, le bout de ligne ou la mouche s'accroche à l'extrémité de la canne.
Ce problème peut survenir lors du lancer avant ou du lancer arrière. Il vient sans doute de ce que votre angle de travail avec la canne est trop réduit. Attention : vous bougerez entre 11 h et 1 h 30, et non pas entre 11h30 et 12 h 30.

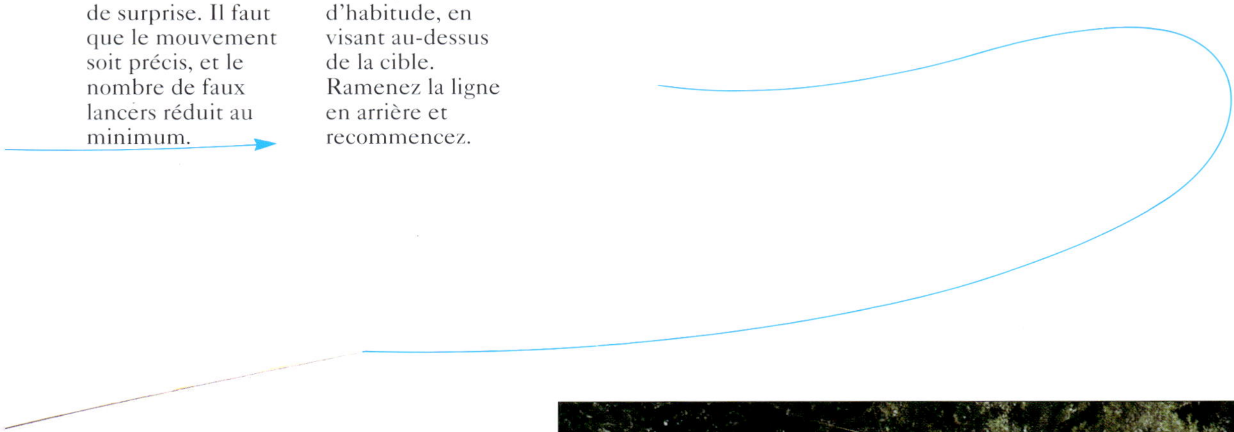

Variations sur le faux lancer
Un faux lancer pratiqué par-dessus l'épaule gauche (à droite) permet d'atteindre la rive intérieure, où la truite se cache peut-être.

Lancer a Simple & Double Tractions

Le lancer à simple et double tractions est basé sur le lancer droit, et combine la technique du lancer projeté lors du lancer avant. En lancer à simple traction, la main qui ne lance pas (main de ligne) tire la ligne vers le bas pendant le relevé et la libère pendant le lancer avant. Pour la double traction, la première traction est libérée lors du lancer arrière, la seconde est effectuée au début du lancer avant, libérée au moment du tapotement vers l'avant. La double traction permet de charger davantage la canne; elle vous aidera à couvrir de grandes distances et à acquérir une plus grande précision dans les lancers à longue portée. Elle vous aidera aussi à contrôler la ligne par temps venteux. Tout le secret de la double traction tient dans les mouvements de la main de ligne. S'ils sont effectués au bon moment, la charge de la canne et la vitesse de la ligne connaîtront une augmentation spectaculaire.

1. La Posture

La position des pieds est l'inverse de celle adoptée pour le lancer droit : pied gauche en avant si vous êtes droitier, pied droit en avant si vous êtes gaucher. Cette posture permet à la canne de suivre une ligne naturelle depuis la taille jusqu'au-dessus de l'épaule droite. Veillez à ne pas faire de mouvement de jeté.

2. La Simple Traction

Préparation
La position des mains sur la canne est la même que pour le lancer droit (voir p. 160). Au début du lancer, la main de ligne attrape la ligne près de l'anneau du talon. Le ligne doit rester droite depuis l'extrémité de la canne jusqu'à la mouche.

Le "bras de canne"
Tout au long du processus, le "bras de canne" suit les mêmes mouvements que pour le lancer projeté (voir pp 162-163). Il est plus important que jamais de maintenir un poignet ferme et de bouger l'avant-bras à partir du coude.

La traction
Lorsque, lentement, la canne s'achemine vers son point d'accélération (position 10 h 00 - 10 h 30), commencez à tirer la ligne vers le bas avec l'autre main, à travers les anneaux de la canne (**A**-**B**, ci-dessous). Accélérez en direction de la hanche ou de la cuisse (**B**,**C**) au moment où la canne approche la position verticale. La main de ligne devra avoir atteint son maximum de tension vers le bas au moment où la canne atteint la position 1 h- h 15 (**C**).

La libération
Faites vos tapotements habituels et libérez la ligne une fois que vous avez effectué le lancer arrière (**D**).

3 Les Messages Tactiles

Si vous exercez une pression très légère sur le manche de la canne, vous pourrez percevoir ses mouvements. Par exemple, au point (**B**), vous sentirez que la canne commence à se lester. Au point (**E**), vous sentirez votre main de ligne attirée vers le haut. En contrecarrant cette attraction, vous pourrez projeter vers l'avant avec une vitesse maximale. Si vous ne percevez pas les mouvements de la canne, c'est que vous la serrez trop fort.

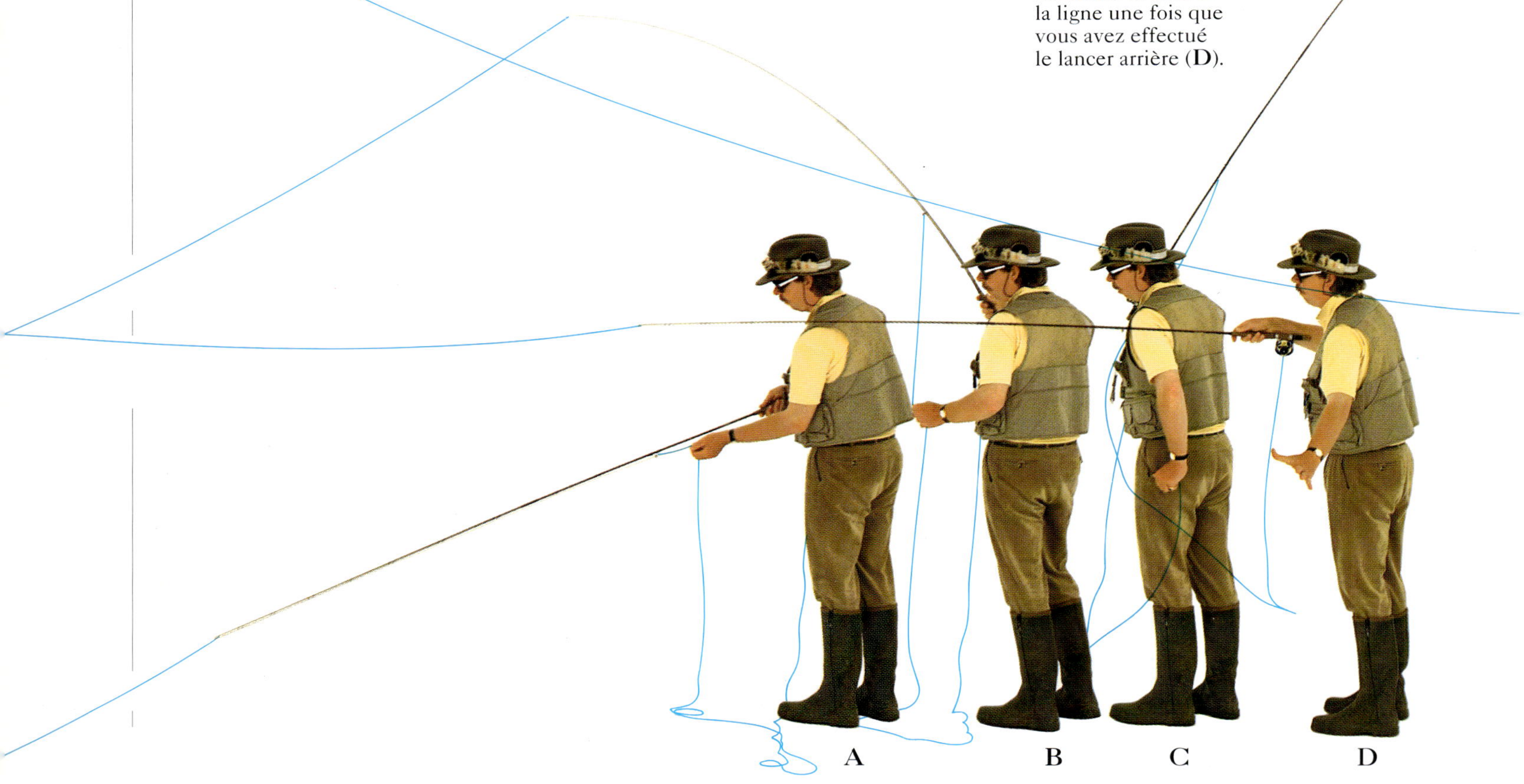

4. La Double Traction

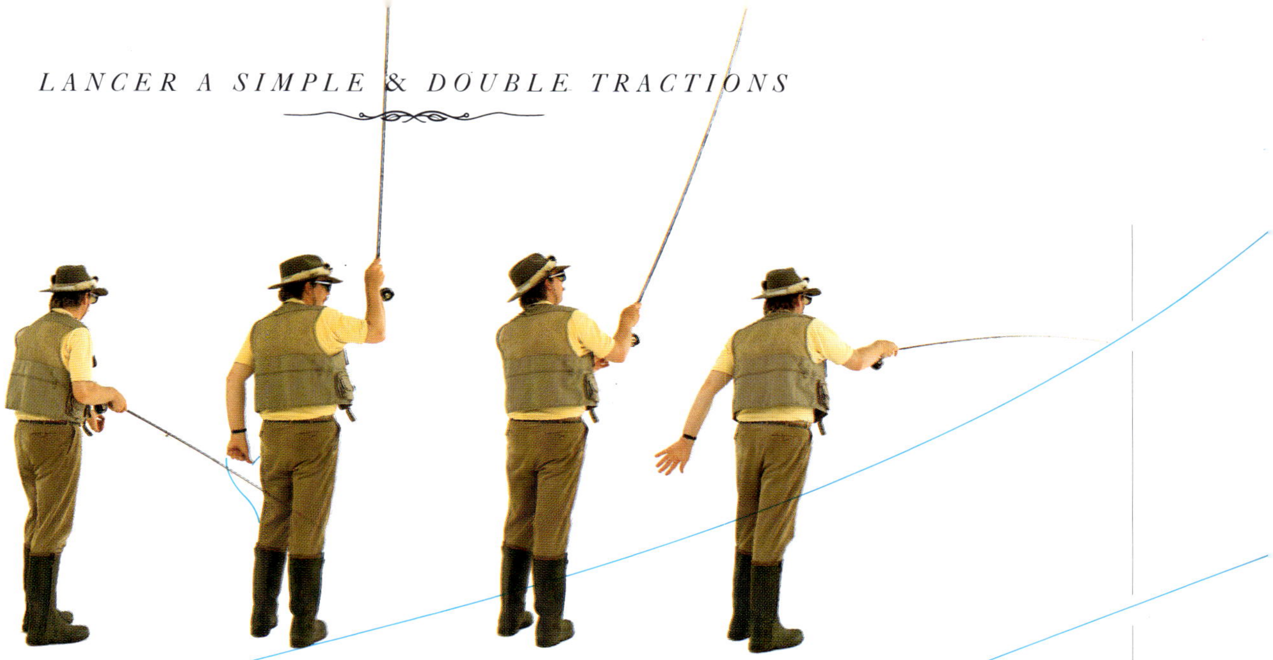

Le début du mouvement est le même que pour la simple traction (**A-C**). La main de ligne atteint son point le plus bas (**C**) et la ligne s'achemine puissamment vers le haut et l'arrière. Au stade (**E**), on sent la ligne qui tire la main vers l'arrière jusqu'à l'anneau du talon. Laissez aller la main de sorte qu'au stade (**F**), la main de ligne soit alignée avec votre tête et le moulinet.

La seconde traction
Dans tout le processus de lancer, le stade (**E**) représente le point de lestage optimal de la canne au cours du lancer arrière dirigé vers le haut. La seconde traction est effectuée en tirant de façon efficace vers le bas à l'aide de la main de ligne, pour aboutir à la position (**C**). Cette position génère de la vitesse et confère à la canne une puissance plus grande, qui se libère au stade (**H**).

Coordination des bras

Il est important de bien coordonner les mouvements des bras si l'on veut maintenir toute la puissance de la canne. Les mains démarrent ensemble. Au moment où le bras de canne élève la canne à la verticale, la main de ligne tire vers le bas jusqu'à ce que la ligne soit parfaitement tendue. Ne relâchez surtout pas de ligne avant de commencer vos mouvements de tapotement vers l'avant. Alors, votre canne disposera de suffisamment de puissance pour lancer vers l'avant la totalité de la ligne.

E F G H

Problemes Spécifiques des Lancers à Simple & Double Tractions

Ligne lâche
Les relâchements de ligne qui se produisent entre la main de ligne et l'anneau du talon peuvent être attribués à un manque de vitesse de la canne entre le point d'accélération situé à 10 h 00-10 h 30 et l'angle de lancer situé à 1 h 00-1 h 30, ou encore à un lancer arrière qui retombe, amoindrissant l'énergie de la canne et provoquant l'effondrement du lancer arrière. La ligne manque de vitesse lorsqu'on la laisse se retirer vers l'arrière et vers l'avant avec la main de canne au lieu de s'en servir pour tirer vers le bas, relever et tirer à nouveau vers le bas. Scandez donc les instructions suivantes : “Vers le bas - vers le haut - vers le bas - relâchez”.

Distance insuffisance, fatigue
Si votre bras et votre épaule de canne éprouvent une sensation de perte de contrôle et de fatigue au bout d'un certain temps, c'est que vous bougez trop le bras. Soit vous faites décrire à la canne un arc trop large — entre 11 h 00 et 15 h 00 et non pas entre 11 h 00 et 13 h 30, soit vous “faites la tour”, c'est-à-dire que vous gardez le bras droit et l'utilisez à partir de l'épaule et non pas du coude.

Le Lancer Roulé

Le lancer roulé consiste à lancer la mouche sans lancer arrière. La ligne est soulevée de l'eau sur le côté du pêcheur et lancée vers l'avant grâce à un mouvement circulaire, roulant. Il est très utile quand on pêche dans un lieu confiné où les arbres et la végétation rendent le lancer droit impossible. C'est également le seul lancer qui ne soit pas fondé sur un départ en ligne droite entre l'extrémité de la canne et la mouche. Il est très utile quand un embrouillamini de fil est enroulé à vos pieds.

Le lancer roulé comporte un grand nombre de composantes communes avec le lancer droit, comme le relevé, le lancer avant et le suivi. Le bras bouge à partir du coude, le poignet reste ferme. Mais il n'utilise pas le lancer arrière pour lester la canne. Pour y parvenir, on maintient la ligne sur l'eau et le renflement de la ligne est positionné derrière le pêcheur au début du lancer avant. Ce lancer exige une forte action martelante lors du lancer avant. Il est difficile à exécuter sur herbe : on l'apprendra donc sur l'eau.

1. Le Relevé

On commence par basculer la canne de côté (**A**, ci-dessous) afin que la ligne et la mouche soient loin de votre corps. Bougez le bras à partir du coude afin de relever la canne vers l'arrière et le haut à la verticale, en décrivant un demi-cercle. Au stade (**B**), la canne est en position 1 h 00 et elle a atteint sa hauteur maximale. La ligne évolue par-dessus l'eau, mais une partie doit rester sur la surface.

2. Engendrer l'Impulsion

On conférera une impulsion plus forte au lancer roulé en basculant la main de canne légèrement vers le haut et vers l'arrière, afin que la canne atteigne la position 1 h 30-2 h 00 (**C**). La boucle de la ligne située derrière la canne et sur le côté du pêcheur est évidente.

3. Lancer Avant

Commencez le lancer avant au moment où la ligne fait une boucle derrière vous, au point (**D**). Utilisez une action martelante de l'avant-bras pour faire rouler le lancer vers le bas et vers l'avant. Cette action doit être vive et puissante si l'on veut que la ligne se déroule vers l'avant.

Tactiques de pêche à la nymphe

Le lancer roulé (ci-dessous) est capital pour bien des tactiques de pêche à la nymphe, en particulier dans les eaux vives, modérées ou rapides. On lancera dans les poches d'eau à l'aide d'un bout de ligne lesté afin d'atteindre les truites qui vivent en profondeur.

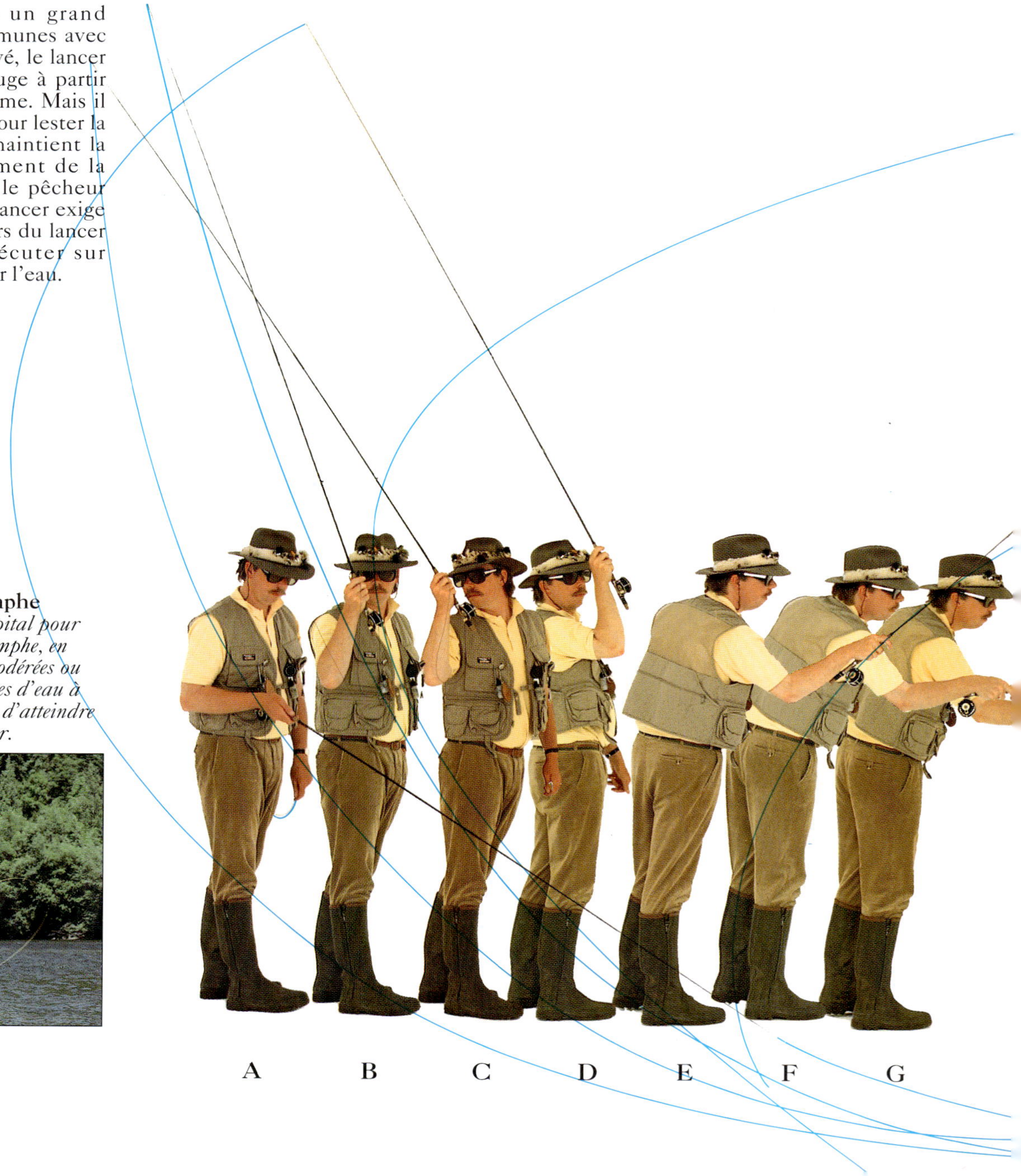

4. Le Lestage de la Canne

Au point (**E**), la ligne est sur le point de rouler vers l'avant. Dans le lancer roulé, la canne est lestée grâce au bout de la ligne qui est maintenu dans la surface de l'eau à ce stade du lancer. La main de canne exerce une force maximum et évolue vers le bas et vers l'avant afin d'acquérir plus d'énergie.

5. Le Roulé Avant

Au point (**F**), canne et ligne ont acquis leur force optimale. A ce stade, la boucle se condense, puis se déroule et se jette vers l'avant. En arrêtant le mouvement un peu avant (à 9 h 30-10 h 00) ou un peu après (à 8 h 00-8 h 30), vous pouvez former des boucles plus hautes et plus larges, ou plus étroites et plus basses, et ainsi faire face aux différentes situations aquatiques.
Le suivi (stade **G**) permet un rendement plus souple.

Problèmes Spécifiques du Lancer Roulé

La ligne quitte l'eau trop tôt
Quand la ligne jaillit hors de l'eau près de vos pieds ou sous l'extrémité de la canne, c'est que vous avez commis une ou deux erreurs. Soit vous avez utilisé trop de force au moment de faire évoluer la ligne sur la surface, soit vous n'avez pas laissé assez de ligne adhérer à la surface.

Vous êtes heurté par la ligne ou la mouche
Si vous êtes obligé de vous baisser ou de vous écarter pour éviter la ligne, le bout de ligne ou la mouche, c'est que vous avez soulevé la canne droit devant vous. Pour éviter cela, basculez la canne et la ligne sur le côté avant de commencer à relever.

Le lancer ne roule pas vers l'avant
Si la ligne ne se déroule pas devant vous et ne se lance pas vers l'avant, c'est que vous n'avez pas utilisé assez de force dans votre mouvement de martèlement avec l'avant-bras.

La ligne retombe sur l'eau
Vous avez cessé votre action de martèlement trop tôt ou trop tard si votre ligne monte vers l'avant, puis retombe, ou si elle ne roule pas vers l'avant et heurte l'eau avec des éclaboussures.

La pêche en loch
Le lancer roulé est très utile pour la pêche en loch (ci-dessus). Une fois que vous aurez commencé à élever le bout de la canne afin de faire "patiner" la mouche sur la surface, il peut arriver que vous ne disposiez plus de suffisamment de latitude pour le relevé nécessaire ou pour le mouvement du bras qui accompagne le lancer droit. Le lancer roulé permet de représenter les mouches immédiatement, ou de positionner l'extrémité de la canne près de l'eau.

Eaux & Tactiques

Qu'il s'agisse d'un petit ruisseau saumâtre des Highlands écossaises ou d'une rivière tumultueuse de l'ouest américain, ponctuée de rochers, toute rivière est conditionnée par les chutes de pluie, la fonte des neiges et ses affluents.

Les rivières pierreuses sont généralement moins alcalines que les "chalkstreams" ou les rivières calcaires : c'est pourquoi la truite de rivière pierreuse atteint rarement des tailles importantes. Souvent, les rivières pierreuses présentent des courants rapides et des passages rocheux qui provoquent des chutes, des cascades, des rapides et des poches exigeant des techniques de pêche particulières.

Les chalkstreams prennent toujours leur source dans des collines calcaires, là où l'eau de pluie pénètre la roche poreuse et forme de petits lacs souterrains, puis refait surface sous la forme de sources très alcalines. Ils serpentent sereinement à travers de larges vallées. C'est là que prospèrent les lits d'algues et les insectes.

La création de lacs et d'étangs spécifiquement destinés aux pêcheurs à la mouche est un phénomène récent. Il existe deux sortes d'étendues d'eau artificielles : la retenue à gravier, souvent vaste et opaque, et la retenue alcaline, plus petite. Ces créations signifient que le sport de la pêche a su prospérer alors que la pollution et le développement industriel auraient pu le freiner.

Les lochs et les loughs exigent des styles de pêche spécifiques. Parmi eux, la pêche à partir d'un bateau avec un train de trois ou quatre mouches noyées. Les retenues servent à l'alimentation en eau, mais aussi aux sports aquatiques. Beaucoup sont d'excellentes réserves pour le pêcheur à la truite, et prouvent que l'homme est capable de créer des retenues d'eau dormante qui constituent pour la truite un habitat de première qualité.

Les Zones Pierreuses

Il est fort utile d'apprendre à bien "lire" l'eau pour le pêcheur de truite. Premier concept de base, surtout pour les rivières pierreuses : ce que l'on voit en surface peut être extrêmement trompeur. Bien souvent, une surface rapide dissimule un flux négligeable à proximité du lit de la rivière.

Les variations de courant ne sont pas les seuls critères qui guideront les différentes tactiques. Le moment, dans la saison et dans la journée, affectera le lieu de résidence de la truite. Au début de la saison, les zones les plus profondes — étangs, courants profonds et sous-berges — fourniront un abri aquatique plus chaud. En milieu ou en fin de saison, la rivière sera plus favorable au pêcheur.

La localisation du poisson dépend aussi du moment de la journée. Quand il fait nuit et à l'aube, les creux d'eau, les fissures, les courants et l'eau peu profonde des côtés des étangs sont particulièrement appréciés.

Le lieu parfait
Sur ce type d'eau très lisse (ci-dessus), on pratiquera volontiers la pêche à la mouche sèche et la nymphe subaquatique.

Etendues de rivière pierreuse
Ci-dessous, le pêcheur trouvera de la truite aussi bien en aval qu'au-delà, en eau lisse.

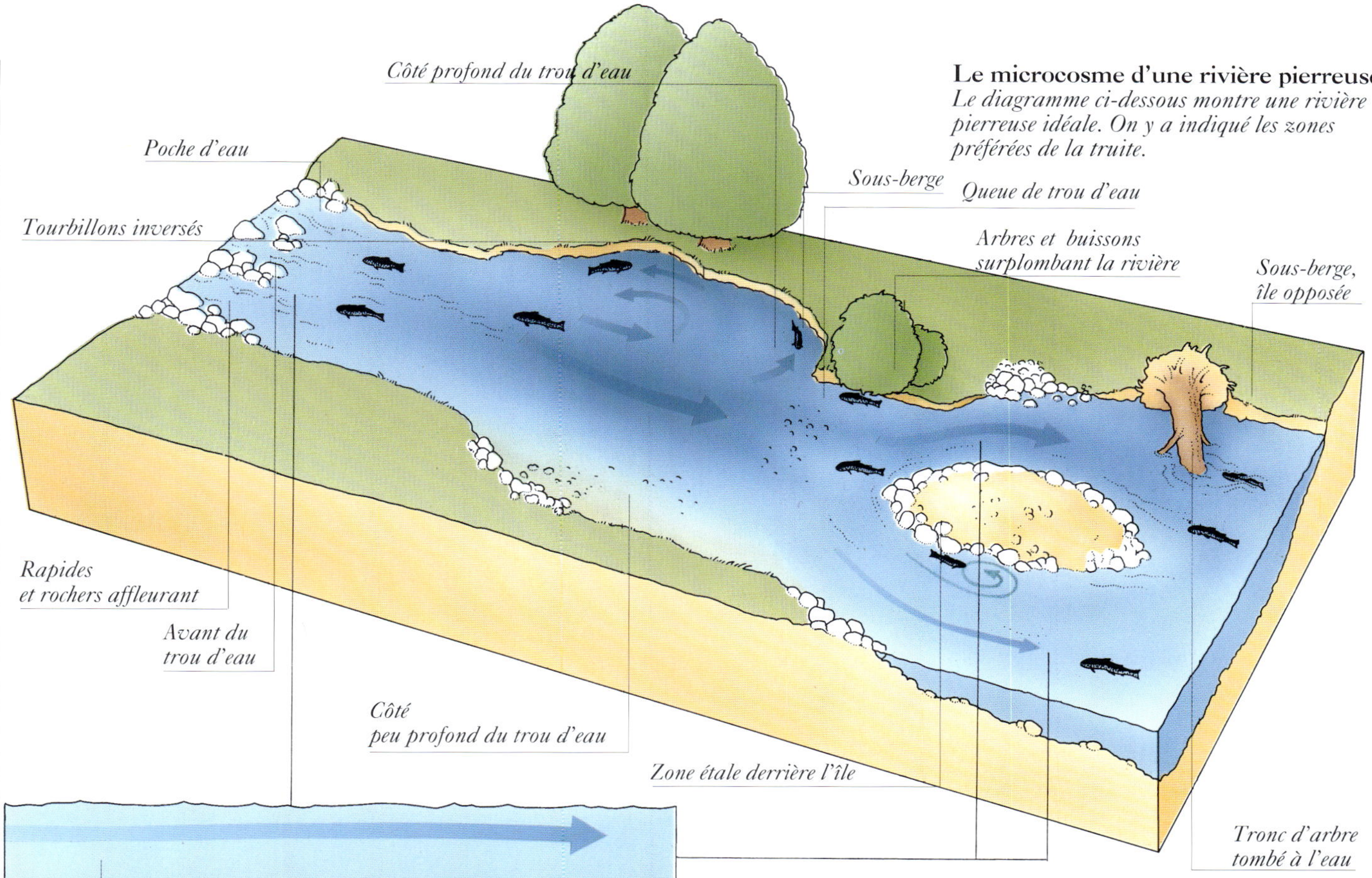

Le microcosme d'une rivière pierreuse
Le diagramme ci-dessous montre une rivière pierreuse idéale. On y a indiqué les zones préférées de la truite.

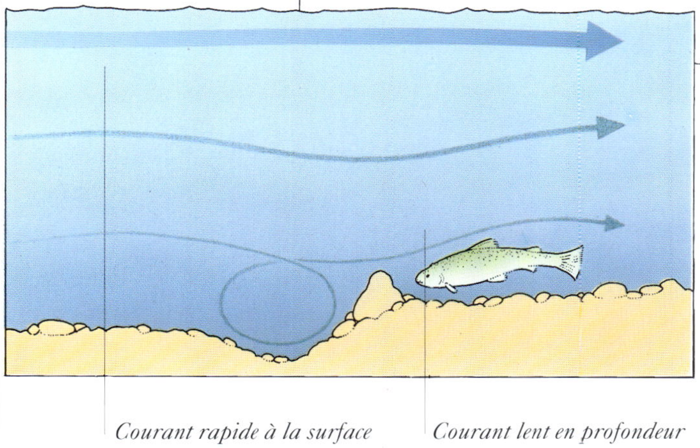

Une rivière vue en coupe
Dans les courants, ce sont les tactiques à la nymphe qui prédominent. Creux d'eau et dépressions (à gauche) modifient le comportement de la truite et impliquent une exploration consciencieuse du lit de la rivière

Du matin jusqu'à l'après-midi, surtout en période chaude, la truite appréciera surtout les courants profonds, les zones ombragées, les obstacles limités par une eau profonde, les sous-berges et les eaux bien oxygénées. Le début de la soirée et le soir ont les mêmes caractéristiques que l'aube, mais on trouvera également des lieux de prédilection dans les tourbillons des étangs, les sous-berges et autour des troncs et des arbres tombés dans l'eau.

Le filet
A gauche, un grand filet fabriqué à partir de deux manches à balai et d'un filet de nylon. Le pêcheur le pousse en avant et en amont, à contre-courant. Ce geste permet de déloger les cailloux, le sable et les petites pierres, mettant ainsi à nu les petites créatures aquatiques que l'on pourra alors imiter

Points Chauds en Fin de Saison

En fin de saison, on préférera les creux, les courants et les criques de ruisseau. En effet, avec le développement de l'instinct de reproduction, le poisson éprouve le besoin de s'alimenter en prévision de l'hiver.
Les criques sont propices à la pêche en toute saison, quel que soit le moment de la journée ou le stade de la couvaison. Avant de commencer à pêcher dans une partie de rivière que vous ne connaissez pas, explorez-la à pied, en "wading". Mais n'oubliez jamais que les courants rapides, les trous et le lit mouvant d'une rivière pierreuse peuvent être imprévisibles et même dangereux.

LA PÊCHE A LA NYMPHE EN EAUX RAPIDES

LÀ OÙ L'EAU EST RAPIDE, où les rochers forment des poches d'eau étales, les opportunités sont multiples pour le pêcheur à la mouche. A la pêche à la nymphe, il vaut mieux lancer vers l'extérieur et laisser la ligne suivre le courant : ceci permet de fouiller le fond. Quelle que soit la vitesse du courant, laissez la mouche couler jusqu'au niveau où se nourrit la truite. Pour ce faire, utilisez une ligne plongeante ou à bout plongeant, ainsi qu'une mouche ou un bout de ligne lesté.

La pêche en eau courante
Le "wading" exige d'extrêmes précautions, surtout si les courants sont rapides. Si vous ne connaissez pas la rivière, munissez-vous d'un dispositif gonflable de secours et d'un bon équipement. Si possible, faites appel à un guide.

Relâcher sa prise
Cette truite arc-en-ciel a été prise dans un trou d'eau profond, en amont. Libérez le poisson doucement en eau peu profonde, en lui plongeant la tête dans le courant (ci-dessus).

Dispositifs de lestage
Différents dispositifs sont disponibles (ci-dessus): **A**: *(fil de plomb enroulé ou en spirale),* **B** *(split shot). Ces deux systèmes laissent la mouche évoluer de façon naturelle le long du lit de la rivière.* **C** *Cette mouche lestée (avec ligne plongeante ou flottante) coule très rapidement.* **D**. *(ligne à bout plongeant ou ligne plongeante) Cette ligne sera réservée aux profondeurs intermédiaires.* **E**. *(bas de ligne plombé ou tressé lesté) peut être utilepour immerger de toutes petites mouhes légères en eau rapide, tout en simulant un uvement naturel.*

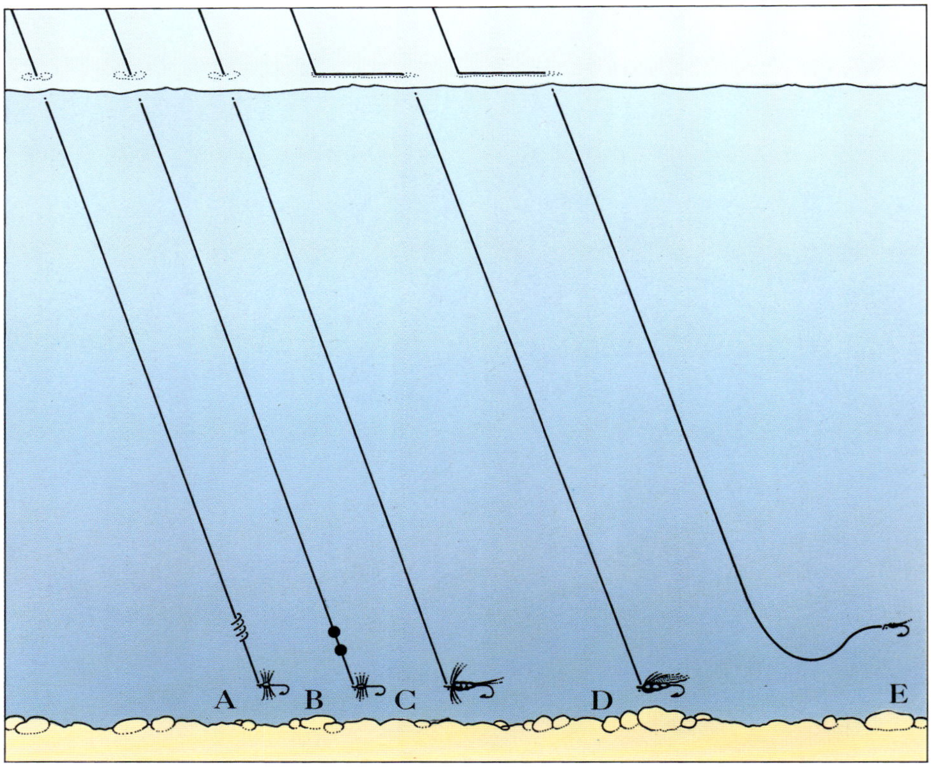

L'exploration des poches d'eau du lit de la rivière
Après le lancer, baissez la canne pour permettre à la mouche d'explorer les poches du fond tout en maintenant la ligne courbée (ci-dessus). Si la ligne se tend, c'est probablement qu'une truite a mordu à votre mouche artificielle : il faut agir tout de suite.

Le "swing" à la dérive
Il faut lancer la ligne soit légèrement vers le haut, soit franchement à l'opposé, ou encore un peu en aval. Laissez-la suivre la vitesse du courant. Au moment où la ligne s'arrondit, elle prend de la vitesse, ce qui permet à la mouche de monter (à droite)

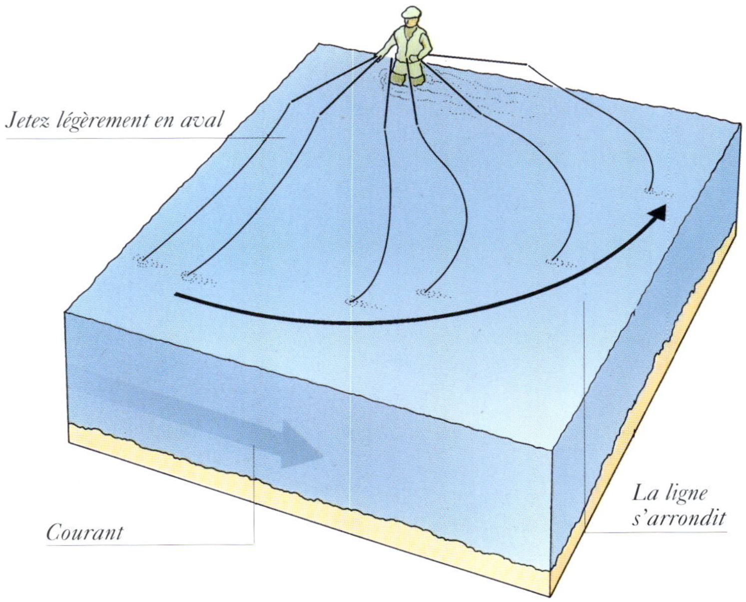

LA PÊCHE A LA NYMPHE EN EAU DORMANTE

DANS LES ZONES CALMES DE LA RIVIÈRE, on trouve différents types d'insectes : les mouches caddis, les éphémérides (mouches de mai), les "crevettes", et, si la rivière est bordée d'arbres, les insectes terrestres. Naturellement, vos mouches devront imiter ces aliments naturels. Généralement, il est conseillé de n'utiliser que de petits modèles.

LA PÊCHE PRÈS DE LA SURFACE

Pour les poissons qui s'alimentent près de la surface, on appliquera la méthode "de revers et vers le bas". Lancez bien en travers du cours d'eau afin que la mouche ou le train de mouches forme une courbe concave et aboutisse en amont. Laissez la ligne suivre le rythme du courant, n'imprimez qu'une légère accélération. Vous serez peut-être obligé de libérer un peu de ligne supplémentaire pour compenser la traction exercée par la surface de l'eau.

LA PÊCHE EN EAUX PLUS PROFONDES

Pour les poissons qui s'alimentent en eaux plus profondes, il existe une autre méthode, qui consiste à lancer en aval une mouche lestée et à la laisser dériver (voir p. 175). Cette méthode est bien adaptée quand on pêche de la berge ou en "wading", qu'il s'agisse d'eaux calmes ou rapides. Les zones les plus propices se situent généralement en aval du pêcheur : parmi elles, les poches d'eau, les courants larges, les zones de rochers affleurants. Il vaut mieux diviser chaque zone en plusieurs, et explorer chacune de façon systématique. Cette technique est dite "de la mitraillette". Avec cette méthode, il est impossible de sentir le poisson mordre. Il faut fixer la ligne du regard et guetter un "arrêt" ou une traction vers l'avant, signes d'une prise. Maintenez toujours la ligne lâche à l'extérieur du bout de la canne : vous pourrez ainsi frapper plus vite.

Eaux calmes
Lancez légèrement en travers du cours d'eau, à la limite des eaux rapides, et utilisez la méthode "en travers et vers le bas". Au moment de libérer la mouche, créez un léger tourbillon qui imitera la pupe qui fouisse à la surface.

Eaux plus rapides
A cet endroit, un banc de sable laisse la place à un courant de 2 m (à droite) dans lequel on trouvera des truites arc-en-ciel et des ombres. La meilleure consiste à lancer en aval à l'aide d'un bout de ligne lesté et d'une petite nymphe, puis de la laisser dériver.

La Technique du Balayage Vertical

Le balayage vertical est une combinaison de la méthode "de revers et vers le bas" et de la méthode de dérive. Il est idéal pour la pêche en "wading", en eau à courant relativement rapide, avec une profondeur située entre 0,60 m et 1,80 m.
Le lancer, qui peut être très court — entre 4,60 m et 12,10 m — s'effectue en aval à l'aide d'une mouche lestée ou non et d'un bout de ligne flottant ou plongeant. On jettera un petit morceau en amont dans la ligne de flottaison. Tout relâchement indiquera une prise. Haussez l'extrémité de la canne tout en maintenant le petit morceau afin de conserver le contrôle de la ligne. Dans ces circonstances, les prises sont souvent difficiles, alors soyez prêt à lever le bout de la canne et à donner de la ligne.

Les Poissons d'Eau Profonde

Pour les truites se nourrissant en eau profonde, dans les courants rapides, on pourra utiliser la méthode de la nymphe à recul ("kicking nymph") et le lancer replié. Ceci permettra à la nymphe de pénétrer la surface et d'effectuer une descente plus rapide avant que la ligne ne se pose.

Lancer roulé projeté
Ce lancer (ci-dessus) est également appelé "switch cast". Il permet de résoudre les problèmes liés aux bouts de ligne très lourds et aux feuillages des berges en formant une boucle projetée très large. Utilisez un bouchon bien visible, qui vous permettra de détecter les prises jusqu'à 18 m en amont. Dès que vous percevez une prise, tirez vers l'aval à l'aide d'un long mouvement de balayage latéral.

Le lancer replié ("tuck cast")
Le lancer replié (ci-dessus, à droite) est souvent utilisé en Europe dans les rivières pierreuses. En effet, il permet à la nymphe de pénétrer la surface de l'eau avant que la ligne ne se pose. La nymphe peut exécuter une descente plus rapide, car l'eau exerce moins de pression sur la ligne. Pour effectuer ce lancer correctement, tapotez vers le haut et retenez la ligne vers l'arrière lors du lancer avant.

La méthode de la nymphe "à recul" ("kicking nymph")
Le diagramme (à droite) montre les différentes étapes de cette méthode.
A *La nymphe dérive en amont dans le courant.*
B *La ligne est coincée contre le talon de la canne pour provoquer le saut de la nymphe dans l'eau.*
C *La ligne est libérée et la mouche coule vers le lit de la rivière.*

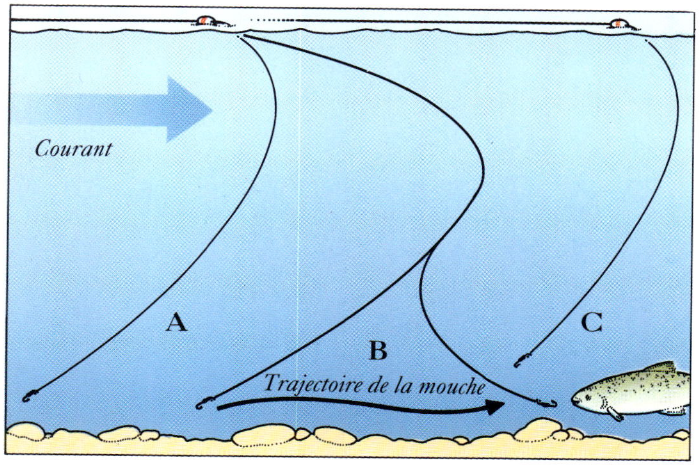

Le balayage vertical
La ligne s'étire en amont (à gauche). Grâce à la tension, la mouche artificielle s'élève dans l'eau comme une mouche naturelle. Le diagramme montre :
A *La nymphe artificielle coule à profondeur de truite ;*
B *La nymphe flotte en amont ;*
C *La tension de la ligne fait remonter la nymphe.*

La Pêche a la Mouche Sèche en Rivière Pierreuse

Dans les zones les plus lentes des rivières pierreuses — mares, étendues plates, pentes douces — les tactiques à la mouche sèche ressemblent à celles utilisées en "chalkstreams" (voir pp. 190-191). Néanmoins, c'est en eaux rapides, et particulièrement dans les poches d'eau, les courants et les zones de rochers affleurants, là où la surface irrégulière permet de compenser une mauvaise présentation de la mouche, que la pêche à la mouche sèche est la plus intéressante.

Tactiques Spécifiques des Rivières Pierreuses

Ces tactiques sont conditionnées par deux facteurs : le choix de la mouche, qui doit ressembler aux aliments naturels présents dans l'eau et les problèmes liés à la présentation de la mouche en eaux rapides.

Quand on pêche en aval, ce qui est généralement le cas avec les mouches sèches, il est presque impossible d'éviter les phénomènes de traction. On choisira une mouche bien trapue telle que la Humpy (Goofus Bug), la Royal Coachman ou un modèle apparenté. On pêchera en aval en poches d'eau, ou avec une technique rapide en cas de sous-berges ou de pentes. Parfois, il suffira de "montrer" la mouche pour obtenir du poisson une réaction étonnante.

En eaux rapides, il est facile de perdre une truite, surtout lorsque le courant ramène la ligne en direction du pêcheur. Pour éviter ce phénomène, vous veillerez à ce que la ligne reste aussi tendue que possible entre vous et la mouche, sans toutefois imprimer un mouvement artificiel à la mouche ni provoquer de traction. Visez la zone qui se trouve juste devant vous, travaillez aussi large que possible. Puis pratiquez un "wading" vers l'aval, ou en diagonale en traversant le cours d'eau, et relancez. De la sorte, vous ne cessez pas de couvrir la proie, tout en évitant les lancers longs qui peuvent provoquer une traction.

Le lancer Parachute

Si malgré tout la traction se produit, essayez de travailler en amont à l'aide d'un lancer parachute. N'oubliez pas les berges bordées d'arbres, de hautes herbes ou de buissons. Toutes sortes d'insectes terrestres vivent dans ces zones, surtout en plein été. Il leur arrive souvent de tomber à l'eau, au grand délice des truites. Pêchée à mi-courant, si c'est possible, la berge peut aussi être particulièrement productive. Les longues sections de sous-berges peuvent être couvertes en jetant la mouche en amont ou en aval, là où le permettent la surface et les obstacles.

Attention, car les montées de truites peuvent être brusques et provoquer des éclaboussures. Il est souvent impossible de prévoir le moment exact que choisira la truite pour attraper un aliment situé en surface, il faut donc rester vigilant. Vous devrez réagir vite, sous peine de perdre votre poisson.

La présentation en amont
Avec le lancer parachute (ci-dessous), la ligne projetée a tendance à se redresser en l'air et à former un accordéon vers l'arrière. L'atterrissage se fait sous la forme d'une série de "S". Ceci permet une dérive plus longue et retarde le phénomène de traction.

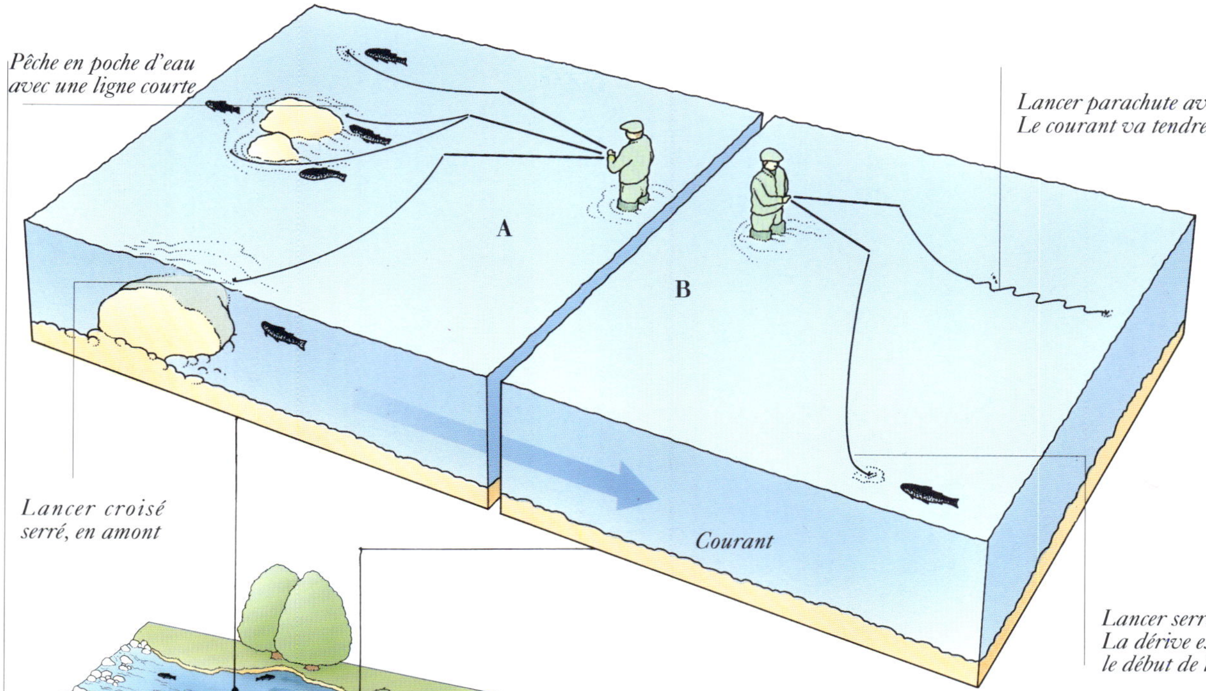

Position pour deux mouches sèches

*Le diagramme montre les différentes options possibles (à gauche) quand on lance en aval (**A**) et en amont ()*

Le lancer parachute

Pour exécuter ce lancer, vous taperez ou martèlerez la canne vers l'eau au moment où elle se trouve en position 11h 00, afin de provoquer la montée de la ligne presque à la verticale (ci-dessous). Puis vous laisserez suivre la canne (ci-dessous à droite).

La ligne située à l'extrémité de la canne va se relâcher. Si vous avez besoin d'une dérive plus longue, libérez de la ligne en suivant le rythme du flux. Autre avantage de ce lancer : on obtient grâce à lui une présentation délicate.

La pêche en zones de rochers affleurants

Il est préférable, quand on pêche à la mouche sèche, de le faire en aval (ci-dessus) en divisant la rivière en sections. On traite chaque segment immédiatement en aval, de chaque côté. Même en eaux difficiles, veillez à ne pas faire bouger les pierres, ce qui effraierait les truites

Tactiques de Pêche en "Chalkstream"

Le tempérament placide, pour ne pas dire apathique, du "chalkstream" ou de la retenue de torrent constitue sans doute le meilleur habitat possible pour la truite. Flux reposants, lits verdoyants alcalins riches en végétation: tout cela correspond à une nourriture abondante et facile d'accès pour la truite.

Apprenez à Lire l'Eau

Les méandres du chalkstream sont volontiers trompeurs. La truite elle-même est capable de bien des subtils mensonges, trop souvent méconnus par le pêcheur. Beaucoup de ces zones riches en truites sont localisées bien à l'abri vers la berge intérieure, surtout là où surplombent roseaux, hautes herbes ou iris. Il existe d'autres localisations évidentes : lits de végétation, canaux, zones d'herbes et de débris végétaux, piliers de ponts. Les étangs naturels ou artificiels offrent les mêmes opportunités que les rivières pierreuses. La profondeur globale des chalkstreams et des rivières calcaires est moins variable que celle des rivières pierreuses. Ce qui signifie qu'on y trouvera de la truite presque partout. Un bon principe : pratiquez toujours une reconnaissance des lieux les mains libres avant de vous y attaquer canne, ligne et mouche en main.
Les eaux peu profondes sont moins propices en chalkstreams et en rivières calcaires qu'en rivière pierreuse, sauf le soir et tôt le matin : à ces heures de la journée, il arrive que de grosses truites s'y aventurent pour s'alimenter. A l'automne, la truite y migrera avant le frai.

Il est possible de marquer la trace des poissons sauteurs ou qui s'alimentent. Pour ce faire, marchez tout doucement, rampez si nécessaire, en observant attentivement l'eau et en notant à l'aide d'une brindille posée sur la berge tout mouvement de poisson. Vous pourrez alors revenir tranquillement à votre point de départ, vous positionner bien en arrière de la rivière pour attirer la truite sans l'avoir perturbée.

La Clarté de l'Eau

Rappelez-vous que si vous voyez le poisson dans l'eau extrêmement claire du chalkstream, il vous voit aussi, et de loin. C'est pourquoi il est parfois préférable de lancer en position agenouillée, surtout lorsque la berge est à découvert. Soyez toujours prêt à l'inattendu. Un moment de distraction et vous verrez la truite s'éloigner tranquillement, gênée par votre présence et dès lors insaisissable.

Pont de bois
Les supports des ponts (ci-dessus) sont recouverts de végétaux et fournissent à la truite un abri en même temps qu'un garde-manger. Il arrive parfois que les baetides descendent le long de ces supports afin de pondre. Quand ils sont arrachés par le courant, la place qu'ils laissent constitue un nid idéal pour une "spinner" noyée.

Lancer à mi-courant
Lancer en position à mi-courant (à l'extrême gauche) vers la berge, r ésidence privilégiée de la truite car elle y est protégée par la végétation. Un lancer droit peut être intéressant s'il n'y a pas d'obstacle derrière.

Les canaux végétaux
Les canaux (à gauche) qui séparent les herbes sont un lieu apprécié par la truite. Les truites qu'on y trouve sont souvent plus nerveuses car leur exposition est moins protégée. Lancer, "wading" et présentation doivent donc se faire avec une grande circonspection.

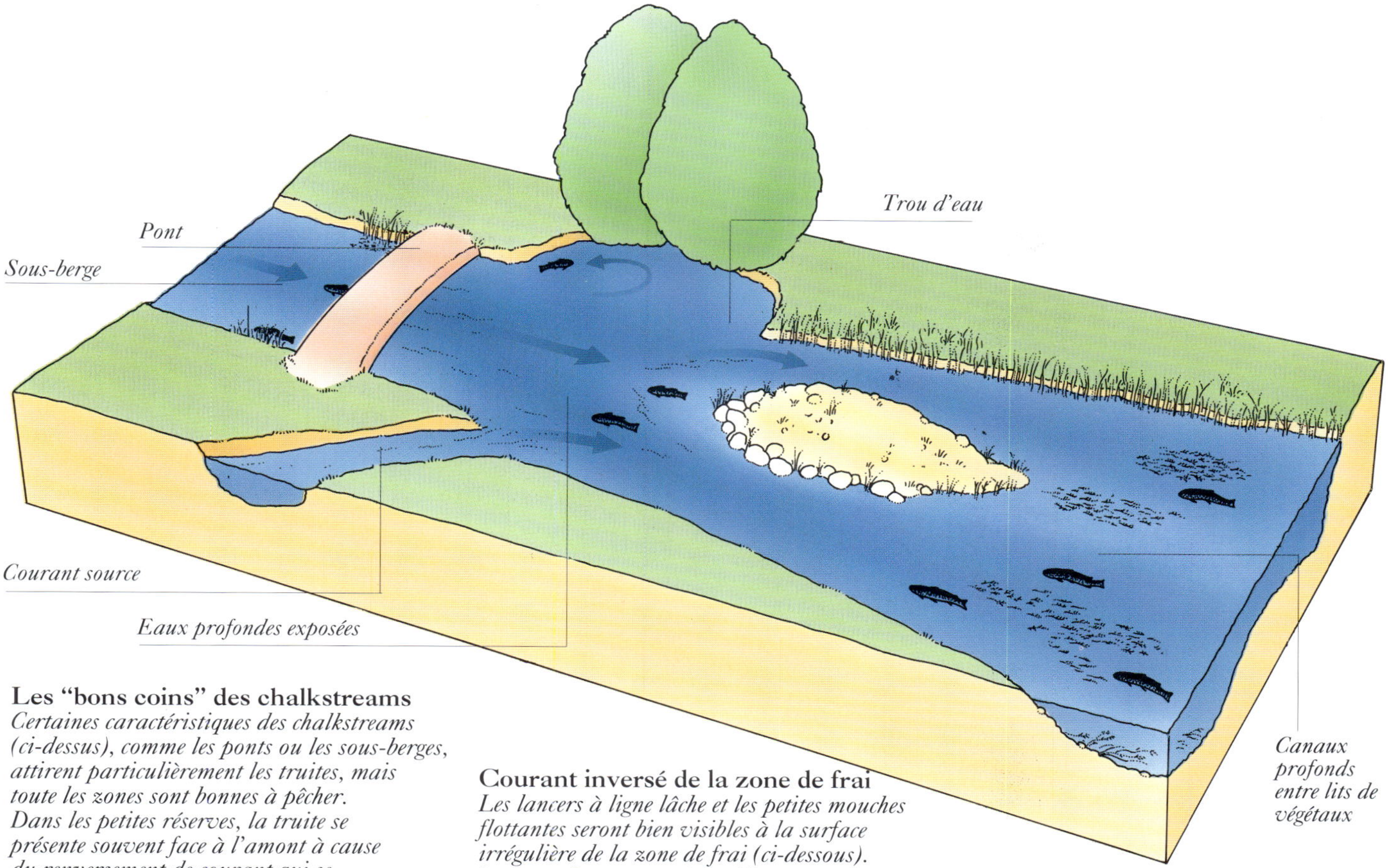

Les "bons coins" des chalkstreams
Certaines caractéristiques des chalkstreams (ci-dessus), comme les ponts ou les sous-berges, attirent particulièrement les truites, mais toute les zones sont bonnes à pêcher. Dans les petites réserves, la truite se présente souvent face à l'amont à cause du renversement de courant qui se produit dans les remous.

Courant inversé de la zone de frai
Les lancers à ligne lâche et les petites mouches flottantes seront bien visibles à la surface irrégulière de la zone de frai (ci-dessous). Les nymphes peuvent être efficaces, surtout si l'eau est profonde. Une crevette lestée qu'on laissera dériver le long des marges en eaux tranquilles, se révélera souvent productive.

LE PÊCHEUR

LA PLUPART DES PÊCHEURS À LA MOUCHE en rivières alimentées par des sources conviennent que le mode de présentation du pêcheur est presque aussi important que la façon dont il se sert de sa mouche. Le pêcheur qui resterait droit debout sur la berge, habillé de blanc ou de couleurs vives et qui arpenterait la rive courrait droit à la catastrophe. La pêche en chalkstreams et en rivières à sources ressemble un peu à une expédition dans la jungle : un craquement de brindille suffira pour avertir l'ennemi de votre présence. Vous faites intrusion dans l'environnement du poisson. Pour être un bon pêcheur à la mouche, efforcez-vous d'être en harmonie avec l'environnement. Vos vêtements devront se fondre avec le décor. Sur fond d'herbe et de ciel bleu, vous choisirez des couleurs plus claires; sur fond d'arbres ou de buissons, vos vêtements seront plus foncés.

ÉVITER LES OMBRES

Les ombres constituent un ennemi permanent pour le pêcheur. Il suffira qu'accidentellement, votre ombre se projette sur le cours d'eau, pour que le poisson se mette à couvert. Autant que possible, vous choisirez la berge qui vous permettra de projeter votre ombre ailleurs que sur la rivière. Si c'est impossible, agenouillez-vous pour raccourcir votre silhouette ou mettez-vous à couvert sur la berge. En cas de "wading", redoutez les vibrations que renvoient des pas trop lourds — la ligne latérale de la truite lui permet de les détecter (voir pp. 20-21).

Le reflet de la canne à pêche vernie en plein soleil peut effrayer la truite, tout comme la ligne qui fend l'air. Si possible, utilisez une ligne foncée si vous pêchez en environnement arboré ou à l'ombre. rampez si nécessaire, en observant attentivement l'eau et en notant à l'aide d'une brindille posée sur la berge tout mouvement de poisson. Vous pourrez alors revenir tranquillement à votre point de départ, vous positionner bien en arrière de la rivière pour attirer la truite sans l'avoir perturbée.

Profil bas !
Parfois, il faut ramper à quatre pattes sur la berge (ci-dessous) et lancer en position agenouillée.

La pêche au crépuscule
Au moment où la lumière faiblit (ci-dessus), les insectes, en particulier les caddis et les mouches à ailes droites, se réveillent et les truites perdent une partie de leur prudence naturelle. En pratiquant le "wading", vous vous fondrez plus facilement dans l'environnement et serez moins visible par le poisson.

A couvert sur berge
Roseaux et hautes herbes (à gauche) brisent la silhouette. Si vous portez des vêtements appropriés, vous y trouverez un bon camouflage.

La bonne approche
Evoluez doucement, lancez délicatement et apprenez à lire l'eau , vous en serez récompensé (ci-dessus).

LA MÉTHODE SAWYER

CETTE TECHNIQUE DE PÊCHE À LA NYMPHE a été mise au point par Frank Sawyer, célèbre garde-pêche de la rivière Avon, en Angleterre. Elle est fondée sur le principe d'un lancer suffisamment en avant par rapport au poisson qui saute, pour permettre à la mouche de descendre à son niveau. Au dernier moment, on relève brusquement vers le haut le bout de la canne, et la mouche artificielle échappe à la truite.

BIEN CONNAÎTRE LES LIEUX

Pour ce type de pêche, il faut bien connaître les "bons coins" du chalkstream. Il convient aussi de connaître sa position par rapport à la truite. En vous plaçant immédiatement en amont, juste derrière le poisson, vous courez le risque de le faire fuir avec votre ligne. Un angle plus large sera donc nécessaire pour vous permettre de lancer devant le poisson sans envoyer la ligne et le bout de ligne par-dessus la truite. La truite ne doit voir qu'une chose : votre nymphe artificielle — et surtout pas vous, votre ligne et votre bout de ligne.

VARIANTES COMMUNES

Assurez-vous de la localisation de la truite dans le courant, calculez la profondeur et la vitesse du flux. Adaptez-y votre mouche. Plus la truite s'approche de la surface, plus vous devez lancer près. Néanmoins, lorsque la truite se situe à une profondeur de 60 cm à 1, 30 m, cela peut poser des problèmes. Essayez d'imiter une feuille, une brindille ou un débris qui flotterait sur la rivière. Notez le temps qu'il met à atteindre la truite à partir d'un certain point. Ceci vous donnera une idée de la distance et du temps nécessaires pour que votre nymphe rencontre la truite.

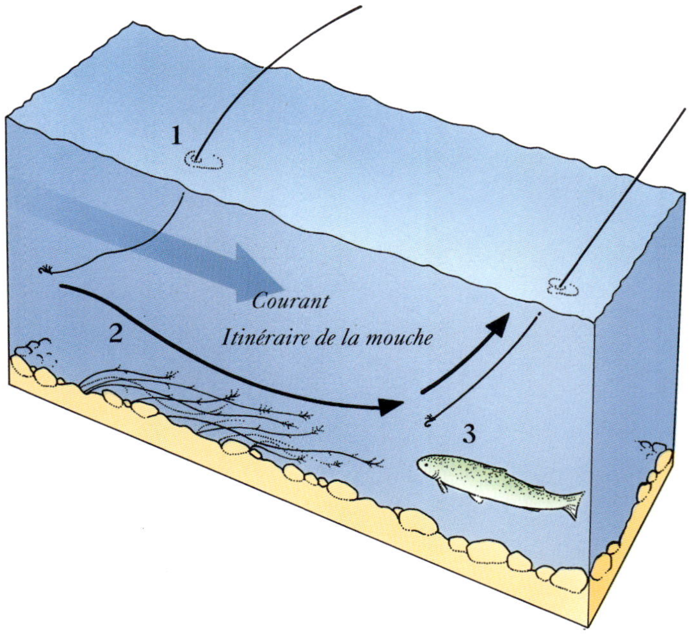

La méthode Sawyer
Cette méthode (à gauche), n'est pas tactile, mais visuelle. Si le poisson se dirige vers la droite ou la gauche, ou s'il prend un brusque départ, amorcez. Si vous apercevez un éclair blanc près de son nez, (en réalité, il s'agit de l'intérieur de sa bouche), amorcez. Par temps venteux ou couvert, vous ne verrez qu'une ombre foncée ou un éclair argenté : amorcez avec conviction.

1. Le lancer en aval
Permet de donner à la mouche le temps de plonger au niveau du poisson.

2. La dérive
Permet à la mouche de dériver en direction de la truite.

3. Le relevé de la mouche
Levez le bout de la canne juste au moment où la mouche s'approche de la truite afin de provoquer un sursaut.

La pêche entre les lits d'herbes
Pour cette technique, le lancer doit être précis (à droite) afin de ne pas effrayer la truite qui se trouve en surface.

Le choix du matériel

Pour cette méthode, le choix du matériel (à droite) est capital. Le bout de ligne mesurera au moins 30-60 cm et sera plongeant. La mouche sera lestée. On choisira une ligne légère (n°4 ou 5) et une canne à action rapide. Attention : l'artificielle peut être éjectée très vite, c'est pourquoi la rapidité du matériel et de la réaction est essentielle.

Garder le contact

La méthode Sawyer est fondée sur le lancer en aval. Il faut donc conserver une ligne lâche (comme dans la pêche à la mouche sèche en aval) afin de pouvoir amorcer au bon moment. On tirera la ligne vers l'arrière à travers les anneaux avec la main de ligne (ci-dessous) en même temps qu'on haussera le bout de la canne. À tout moment, il faudra garder le contact et le contrôle du bout de la ligne.

Un lieu de pêche classique

La présence d'herbes et de végétation (à gauche) dans ce chalkstream garantit l'existence de nymphes. L'eau est claire, idéale pour repérer la truite par la nageoire.

Choix du patron de mouche

Pour ce style de pêche, il vous suffira d'une Sawyer Pheasant Tail (ci-dessous), d'une Grey Goose et d'une Killer Bug.

La Pêche à la Mouche Émergente

Pour capturer une émergente — modèle de nymphe qui ressemble à la mouche en cours d'éclosion à la surface —, il faut bien observer et lancer de façon précise. A bien des égards, cette technique s'apparente à la mouche sèche : en effet, vous rechercherez des formes émergentes bien spécifiques.
Néanmoins, ces dernières ne constitueront pas des soulèvements en surface mais des renflements et des contusions sub-aquatiques. Vous devrez donc être en mesure de déduire si une truite s'alimente sous l'eau ou à la surface, immédiatement sous la surface ou sur le film de surface.
Adoptez la même technique que pour la pêche à la mouche sèche en aval, en visant immédiatement au-dessus de la zone d'alimentation de la truite afin que votre mouche s'arrête juste dans cette zone (pas très profond généralement). Les derniers 15-30 cm de la pointe du bout de ligne devront être traités pour immersion. Cette précaution évitera les problèmes de brillance du nylon et permettra à la mouche de franchir les tensions de surface.

Une Alimentation Sélective

La truite qui s'alimente près de la surface peut être extrêmement difficile, et méprisera les mouches grossières au profit de mouches plus réalistes. On pourra utiliser avec profit la mouche de mai en train d'émerger, avec des ailes de type embryonnaire. Ne négligez pas l'éventualité que les pupes de moucheron aient monopolisé les attentions de la truite, surtout en période chaude et dans les zones à fond vaseux. La présentation est importante : elle doit être délicate. La truite sera proche de la surface, ou naviguera dans une zone peu profonde. Tout lancer bruyant éveillera sa vigilance ou la fera fuir loin de son aliment.

Pêchez Léger

Les pointes de bout de ligne seront aussi fines que vous l'oserez. On utilisera rarement un poids supérieur à 1,4 kg, sauf avec une grosse nymphe (plus grosse que la taille 12). Mais c'est généralement le domaine de la petite mouche (parfois jusqu'à la taille 20-24), suivant ce qu'exigent l'émergence et la situation. Le nylon fin sera compensé par un système à action souple (léger). Il vous faudra de la perspicacité pour vous apercevoir qu'une truite a mordu à votre mouche. Cela peut se traduire par un simple mouvement de la partie flottante du bout de ligne (c'est pourquoi on aura traité bout de ligne et bas de ligne à l'aide d'un produit flottant), mouvement vertical, latéral ou bien contre le courant aval; ou encore par des bulles, ou un tourbillon subaquatique. Peut-être verrez-vous la bouche de la truite s'ouvrir et se refermer à proximité de votre mouche ; peut-être aussi l'animal dérivera-t-il sur un côté ou basculera-t-il franchement vers le haut pour intercepter votre mouche à la dérive. Au moindre signe, levez le bout de la canne et amorcez doucement mais fermement.

La pêche à l'émergente
Un film de surface épais (ci-dessous) dans lequel se logent les insectes en cours d'éclosion constitue l'élément fondamental à la pêche à l'émergente.

La mouche mort-née
Lors d'éclosions importantes de mouches de mai, une partie des insectes mourra au cours du processus. Le modèle de mouche "mort-née" (stillborn) (ci-dessous) mesurera entre la taille 14 et la taille 22 ; il adoptera différentes nuances de vert olive afin de bien imiter son modèle.

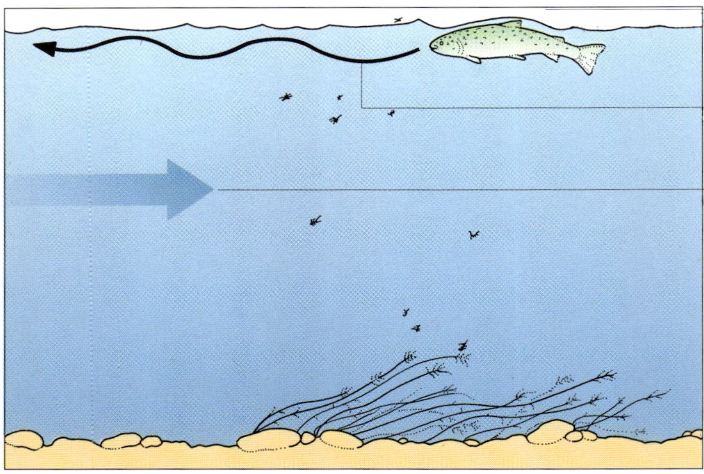

Truite consommatrice de nymphes
Cette truite, en se déplaçant et en attrapant les mouches qui émergent de la surface, provoquera un renflement à la surface de l'eau (à gauche). De temps à autre, son nez ou sa queue surgira à la surface.

Les conditions idéales
Un courant placide, une surface calme (à gauche) : telles sont les conditions idéales pour l'éclosion des chironomides et des mouches à ailes verticales. La canne vous servira à amortir les chocs en cas de mouvements soudains consécutifs à la prise de la mouche par la truite. Ce type de rivière "chalkstream" (sur la photo, il s'agit de la Test, dans le Hampshire, en Angleterre) exige souvent un lancer précis et délicat.

La victoire
Prenez vos précautions lorsque vous décrocherez la truite (ci-dessous). Utilisez toujours un hameçon à ardillon pincé : une fois l'hameçon ôté, le poisson est capable de se battre pendant un jour entier!

Visez la truite
Au lancer, vous serez extrêmement précis et poserez votre mouche à environ 10 cm en aval du nez de la truite, puis vous la laisserez dériver vers le poisson (ci-dessus).

LA PRÉSENTATION ET LA MONTÉE

SAVOIR LIRE L'EAU, déduire les caches et les zones où se cachent les truites constitue un avantage considérable. Il est particulièrement important de bien comprendre le régime alimentaire de la truite et son mode d'ingestion, tout comme d'être capable de localiser et de réagir rapidement à une présentation et à une montée. La montée, moment où le poisson inspecte la mouche et s'en saisit, est précédée par la présentation, moment où la truite jaillit de la surface ou fait un mouvement très net juste sous la surface en la troublant.
Le pêcheur à la mouche qui exerce en torrent ou en crique doit être capable de détecter les formes de montée car elles indiquent la présence de la truite qui s'alimente. En reconnaissant la forme et la signification d'une forme de montée spécifique, on peut déduire le type d'insecte que la truite mange, et même le stade de développement atteint par l'insecte. Cette connaissance vous permettra de choisir avec une grande précision votre mouche artificielle. Généralement, les formes de montée et de présentation se présentent pendant toute la saison de pêche à la mouche.

La montée directe
Des anneaux circulaires s'ouvrent en éventail vers l'extérieur là où la truite saisit la mouche (à gauche), en dépit des variations de taille, de longueur et de forme en fonction des types d'eau et des conditions. La truite ne voit la mouche sèche que du dessous ; c'est pourquoi il est tout à fait inutile d'élaborer des modèles de mouches très sophistiqués au niveau des ailes sur le dessous. Néanmoins, la mouche noyée ou la nymphe peut être perçue sous n'importe quel angle, et même du dessus.

L'avancée (nebbing)
La truite pousse son nez silencieusement à la surface (ci-dessus) tandis que des groupes de "duns" ou de "spinners" en cours d'éclosion planent au-dessus de sa tête. Cette forme de montée se produit généralement le matin et le soir, par temps gris ou nuageux. Par temps clair et ensoleillé, de toute façon, il est bien rare de voir monter une truite.

La montée en "sip" ou en "kissing" (en baiser)
On entend littéralement la truite "embrasser" la surface, laissant derrière elle de minuscules anneaux et une bulle (à gauche). Cette forme de montée se produit soit lorsque les insectes sont coincés dans le film de surface, soit quand il s'agit de minuscules insectes terrestres et diptères (moustiques, moucherons) en activité. On la voit couramment en eau dormante par temps chaud et lourd, car c'est alors que les insectes se laissent coincer dans un film de surface gluant.

B La dérive vers le haut
La truite se laisse soulever à la surface par le courant.

C La montée simple
La truite "gobe" la mouche au moment où elle passe.

D La montée composée
La truite méfiante retardera sa prise jusqu'à ce moment.

A Champ de vision
La truite occupe dans la rivière une position bien précise ; elle est prête à manger. Une mouche entre dans son cône de vision (à droite).

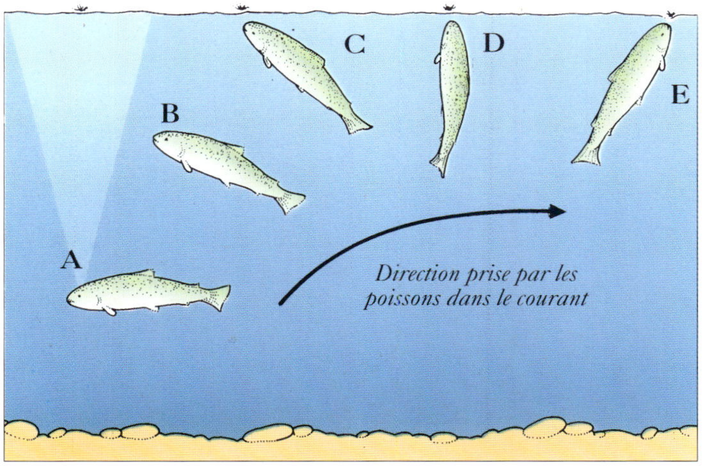

E La montée complexe
Si la truite doute encore de l'authenticité d'une forme flottante qu'elle aura rencontrée, elle continuera à examiner l'objet qui se dirige vers la surface. Il arrive qu'elle l'ignore ou encore qu'elle l'attrape avec la tête face à l'amont.

La montée avec éclaboussures (dite en eau blanche)
Cette montée (ci-dessous) est la moins répandue de toutes. La violente action nécessaire pour l'accomplir exige de la truite un effort considérable. Elle se produit en fin de soirée, au moment où abondent la mouche de mai ou la caddis adulte, mais elle est également fréquente en rivière pierreuse en période d'alimentation.

La Pêche a la Mouche Sèche

Pour une bonne présentation de la mouche, le lancer doit être précis et délicat. Il convient également de bien localiser le poisson et de lancer dans sa direction sans se faire repérer. La première chose que la truite devra voir est la mouche, aussi vaut-il mieux lancer court que trop long. Quand la truite monte vers la mouche, résistez à la tentation d'amorcer immédiatement. Resserrez votre ligne et levez la canne fermement mais lentement. Le choix de la mouche est également délicat. Souvent, une mouche “généraliste” du type Adams ou Beacon Beige suffira, mais si vous fondez votre modèle et votre couleur sur la taille des insectes que vous verrez, vous ne courrez guère de risque d'erreur.

L'observation des insectes naturels
Nature et observation s'associent pour offrir au pêcheur des indices quant à son choix de mouche sèche. Les mouches prises dans cette toile d'araignée (ci-dessus) sont des spinners Baetis de la veille au soir. Elle indiquent bien l'espèce, la taille et la couleur de l'artificielle à choisir.

Pour empêcher la traction
Une mouche en traction (à droite) alertera la truite. Une ligne lâche (en aval ou à proximité) allongera la période de flottaison de la mouche et retardera le début de la traction.

La pêche vers la berge
Souvent, la truite vient très près de la berge, et on la manque facilement. Inspectez bien la berge : vous percevrez peut-être un début de montée. Quand vous pêchez vers la rive (ci-dessus), lancez directement en aval, légèrement au-dessus de la cible. La meilleure approche consiste à viser haut pour obtenir une descente souple.

Zones riches en végétation
Il est difficile d'attraper une truite en zones très riches en végétation. Tenez la canne au-dessus de votre tête pour forcer la truite à remonter à la surface. Cela vous permettra de mieux contrôler le poisson et d'éviter les accidents.

La Duck's Dun *(ci-dessous)*

La pêche au crépuscule
Une truite fario prise dans le filet (ci-dessus). A cette période, la truite a tendance à détourner son attention de la dun et à préférer la spinner. Le pêcheur avisé saura en tenir compte.

Les chalkstreams
Végétation luxuriante, berges verdoyantes, flux régulier : tout cela constitue un habitat idéal pour les insectes terrestres, les mouches, les nymphes et les crustacés, réserve alimentaire constante de la truite.

Le gros lot
Si vous avez l'intention de remettre la truite à l'eau, manipulez-la avec précautions (à droite).

TACTIQUES DE PÊCHE EN EAU DORMANTE

IL EST TENTANT DE PENSER QUE toutes les eaux dormantes se ressemblent. C'est loin d'être le cas. Tout comme les rivières, les lacs se répartissent en plusieurs catégories, et chacune exige des tactiques différentes. Les petites réserves, celles où l'on pratique la remise à l'eau, se divisent naturellement en deux types distincts: la variété à eau claire, de source généralement, calcaire et alcaline ; la variété opaque, parfois moins alcaline ou sujette à des éclosions soudaines d'algues. Les eaux dormantes opaques exigent les mêmes tactiques et les mêmes stratégies que celles des retenues. Mais les eaux dormantes claires exigent une approche comparable à celle utilisée par le pêcheur en chalkstream plutôt qu'à celle du pêcheur en eau dormante opaque.

COMPORTEMENTS TERRITORIAUX

Quand on les introduit dans un lac cristallin, les truites ont tôt fait de se façonner leur propre territoire. Une fois acclimatées, on peut les voir patrouiller dans une zone bien précise et se tenir à un itinéraire bien défini. Elles agissent ainsi d'une part pour se familiariser avec leur environnement, et d'autre part pour éloigner les intrus.
Ces itinéraires bien précis constituent également des expéditions alimentaires. Une des tactiques de base consiste à prendre la truite en embuscade. Pour ce faire, il faut placer la mouche sur son itinéraire, la soulever devant le poisson au moment où il passe à portée. Sinon, on pourra utiliser une mouche lestée qu'on laissera retomber librement dans le circuit, en tenant compte de la profondeur de l'eau, du poids de la mouche et de la rapidité de la truite en mouvement. La mouche devra tomber juste devant le poisson et entrer dans son champ de vision.

Camouflez votre silhouette
Minimisez votre silhouette en vous accroupissant (ci-dessous) lorsque vous pêchez près des berges, là où l'on trouve souvent de grosses truites.

Impératifs de base
Les grosses truites préfèrent souvent les bords profonds et calmes. C'est pourquoi vous commencerez par sonder l'eau qui se trouve à vos pieds (ci-dessous). Soyez précis lors du lancer et de la présentation de la mouche à courte distance. Veillez à ne pas alarmer le poisson.

Tension maximum
Face à une grosse truite, vous serez parfois obligé de vous mettre à genoux. Même avec des pointes de 2,5kg, il arrive que la pression puisse supporter les soubresauts du poisson, à condition qu'on se serve de la canne comme d'un ressort (à droite). Maintenez la pression si la truite est près de la berge, car elle pourrait paniquer.

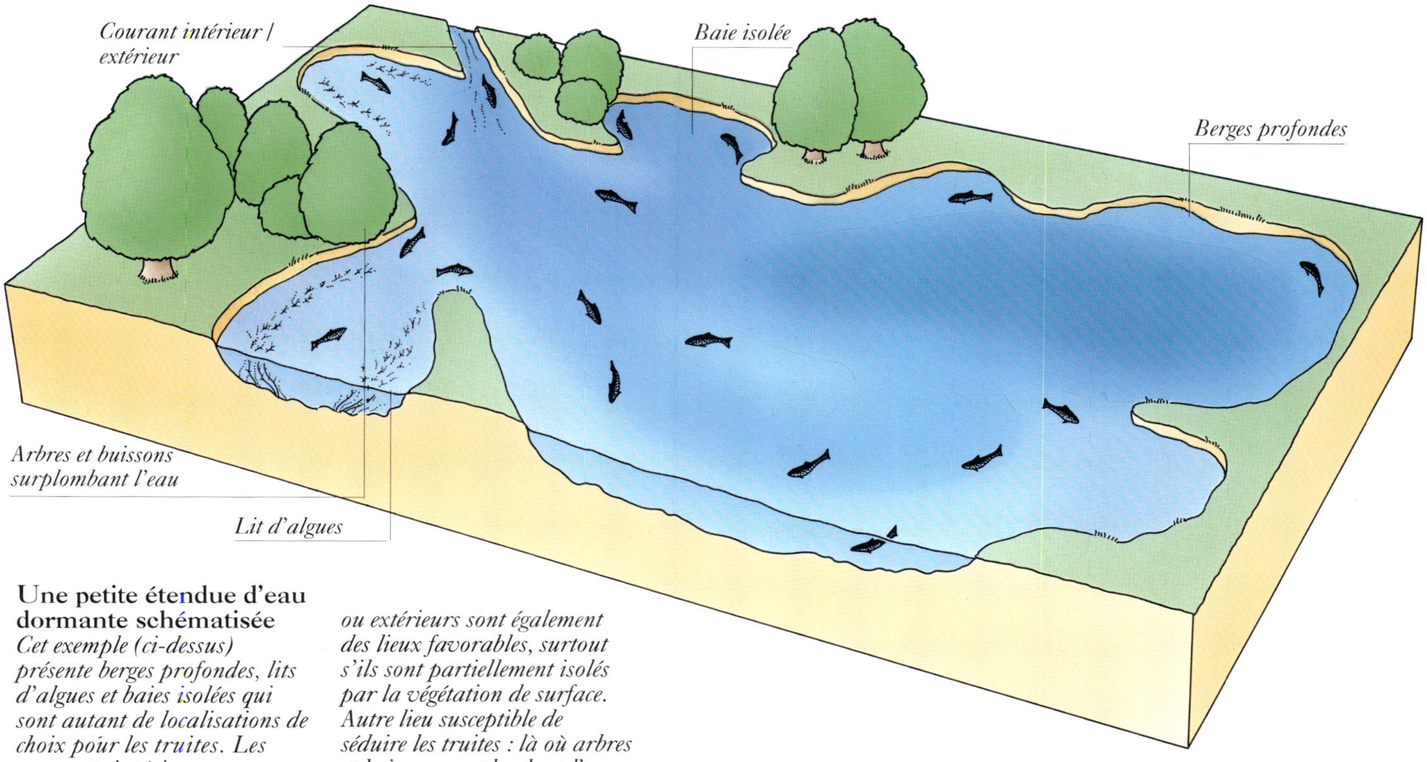

Une petite étendue d'eau dormante schématisée
Cet exemple (ci-dessus) présente berges profondes, lits d'algues et baies isolées qui sont autant de localisations de choix pour les truites. Les courants intérieurs ou extérieurs sont également des lieux favorables, surtout s'ils sont partiellement isolés par la végétation de surface. Autre lieu susceptible de séduire les truites : là où arbres et buissons surplombent l'eau.

La truite arc-en-ciel se présente souvent en bancs. Ces groupes comprennent des nombres divers d'individus, mais les bancs importants ont tendance à se répartir en petits groupes de cinq. Les bancs ont une préférence pour certains emplacements du lac : courant, lit ou barre de gravier, dépression profonde, zone de lits d'algues ou, plus fréquemment, courbes des berges.

FAIBLE LUMINOSITÉ

Pour pêcher en eau dormante, sur petite surface, le point clé est de profiter de la clarté de l'eau qui permettra au pêcheur vigilant, sans cesse en mouvement, d'aller chercher sa proie et de la traquer. Mais par faible luminosité, il est parfois impossible de viser un poisson spécifique, et il ne reste plus qu'à pêcher en aveugle. Si tel est le cas, choisissez une ligne intermédiaire ou à immersion lente ainsi qu'un modèle d'artificielle "trigger", par exemple une imitation de têtard orange, blanche ou noire. En combinant ces deux éléments, par faible luminosité, on peut pousser la truite à chasser sa proie et à l'attraper.

Dans l'épuisette
Une vaste épuisette (à gauche) est un élément d'équipement fondamental car elle protège la truite des chocs inutiles. Il est impardonnable de blesser ou même de perdre une truite parce qu'on ne dispose pas d'un filet adapté.

Pour décrocher une grosse truite
Ci-dessous, la mouche fatale "Olive Tadpole" est minutieusement extraite des mâchoires de la proie au moyen d'un forceps.

Les Stratégies

La plupart des techniques adaptées aux eaux dormantes claires et de petites dimensions exigent une dose de mobilité, c'est pourquoi il est indispensable de choisir des vêtements et des chaussures confortables. L'équipement sera réduit au minimum — canne, moulinet, épuisette, accessoires habituels et quelques mouches. Tout ce qui est petit doit pouvoir tenir dans un gilet de pêche. Lunettes à verres polarisés et chapeau à large bord vous permettront de voir plus profond et de repérer les poissons en patrouille. Ne prenez pas racine en un lieu unique. Essayez de traquer des poissons en examinant les trous et les lieux les plus propices — sous les arbres, près des tourbillons, dans les canaux profonds.

Les nymphes lestées représentent la première ligne d'attaque. On les pêche généralement sur un bout de ligne de 3,6 - 4,9 m. de longueur, avec une résistance à la tension entre 2,3 et 2,7 kg. Si ce système est fixé à une ligne WF intermédiaire 7 ou 8, flottante ou à immersion lente, on pourra sans problème ramener de gros poissons. Souvenez-vous que même avec des pointes très résistantes (entre 2,3 kg et 3,2 kg) à la cassure, le nylon peut faiblir. Au bout d'un certain temps, refaites vos nœuds comme si vous veniez de prendre un beau poisson.

Les Nymphes Lestées

La nymphe lestée sera utilisée lorsqu'on traquera ou qu'on lancera en visant : ainsi, la mouche sera lancée précisément devant la truite en maraude. Ceci laisse à la mouche suffisamment de temps pour descendre à la profondeur requise. On ne sentira pas la prise — si vous sentez quelque chose, c'est que vous avez raté votre coup. Efforcez-vous d'anticiper le lieu où vous lancez la mouche en le reliant à la truite. Si vous voyez la bouche de la truite s'ouvrir, laissant apparaître un éclair blanc, c'est qu'elle aura pris votre mouche. Si la truite accélère soudainement vers l'avant ou pratique une feinte à gauche ou à droite, même chose. A ce moment-là, amorcez immédiatement. Bien sûr, là comme dans les autres formes de pêche à la mouche, la ligne devra rester tendue depuis la canne jusqu'à la mouche.

Si la nymphe tombante ne fonctionne pas lorsque vous utilisez cette méthode de traque et de repérage, essayez de lever le bout de la canne avec votre main gauche et de tirer sur la ligne, provoquant une accélération de la mouche qui s'éloignera de la truite.

La pêche en bords profonds
Cette truite (ci-dessous) a été repérée puis capturée sur son itinéraire de patrouille entre l'arbre retombant qu'on voit à gauche et les herbes de droite. Le pêcheur la maintient fermement au bout d'une ligne bien tendue pour l'empêcher de s'emmêler dans les obstacles potentiels.

Les poissons qui demeurent immobiles, soit très près du fond soit près de la surface, ne s'intéressent généralement pas aux mouches artificielles. Même chose pour ceux qui nagent à grande vitesse, ce qu'ils font souvent quand ils vont par deux. Les meilleures cibles seront les poissons qui vagabondent et font une pause pour attraper une nymphe ici ou là, ou encore ceux qui semblent être en chasse.

LIGNE INTERMÉDIAIRE & LONG BOUT DE LIGNE

Autre tactique utile en petites étendues d'eaux dormantes, particulièrement intéressante si vous devez pêcher à l'aveugle : utiliser une ligne intermédiaire ou à immersion lente sur un bout de ligne long de 3,6-5,5 m, avec une résistance à la cassure de 2,3 - 2,7 kg. L'ensemble sera associé à une bonne artificielle de recherche comme l'Olive Tadpole, la Marabou-Tailed Damsel ou autre nymphe ou leurre à hampe longue. Cette méthode exige des lancers d'au moins 23 m. Laissez se stabiliser la ligne, le bout de ligne et la mouche lestée, puis ramenez en un geste en huit. Ce mouvement imprimera à la mouche un mouvement constant.

Eaux retirées et tranquilles
On abaisse la mouche dans l'eau (ci-dessous) à l'aide d'un bout de ligne court. Une fois que la truite a mordu, il faut la maintenir car une fuite briserait la ligne. L'eau située sous l'entrelacs de branches est un lieu parfait pour les grosses truites (à droite).

LE CONTRÔLE DE LA CANNE

Il est conseillé de tenir la canne légèrement sur le côté car lorsqu'une prise a lieu, elle peut être violente. Ainsi, le ressort formé par le bout incliné de la canne amortira le choc. Après une dizaine de lancers, laissez à la ligne davantage de temps pour s'immerger, puis ramenez. Essayez plusieurs modèles différents puis déplacez-vous vers une autre zone connue. Une approche systématique des taux de "retrieving", des types de ligne, des temps d'immersion, de la portée et du choix des mouches permettra de s'assurer que l'on couvre toutes les prises potentielles.

L'embuscade
Une bonne observation de la proie est fondamentale avant le lancer. Une fois lancée, la mouche est laissée en position en prévision de la prochaine prise. Elle se situe sur l'itinéraire de la truite (ci-dessous). A l'approche de la truite, on lève vivement la mouche hors du lit du lac.

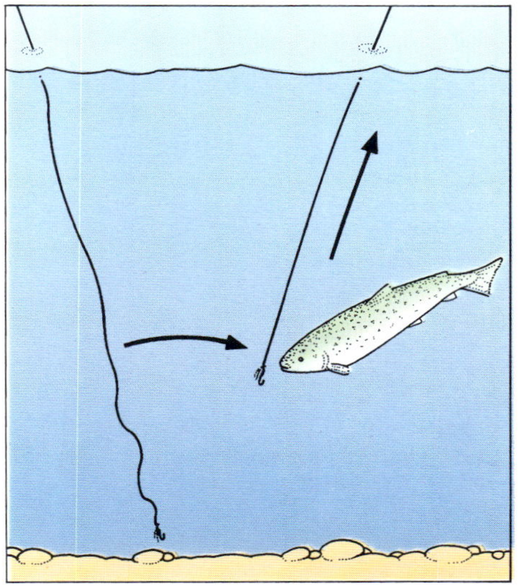

LES RETENUES

UNE GRANDE RETENUE peut être un délice pour le pêcheur. La truite s'y alimente à n'importe quelle profondeur, depuis la surface jusqu'à 12 m ou davantage, et elle n'offre aucun indice qui permette de deviner où elle se trouve ni ce qu'elle mange.
La retenue dispose de nombreux attributs caractéristiques des lieux poissonneux. Sous la surface se trouvent bien des caractéristiques cachées qui séduisent la truite — anciennes routes, fossés, haies, goulets, plateaux. Au-dessus de la surface, les barrages, les tours de béton et les bouillonnements constituent eux aussi des lieux de choix. Tous ces éléments ont leur importance : ils protègent le poisson des prédateurs et encouragent les aliments animaux à se concentrer sur eux. La canalisation d'aération fera une bonne source d'oxygène par temps chaud. Les berges en pente, profondes ou non, permettent de deviner peu ou prou ce qui se passe sous la surface. Embouchures de baies, criques et péninsules sont elles aussi idéales pour attirer la truite.

TACTIQUES SPÉCIFIQUES DE LA PÊCHE EN RETENUES

Une fois établis les repaires de la truite, la question suivante est de savoir quelle tactique employer. Imitation ou séduction ? Sans aucun doute, la technique de la séduction, en retenue, posera moins de problèmes et, au départ, sera plus rémunératrice que la tactique d'imitation.
En début de saison, la truite sera attirée sans problème avec un petit leurre noir. On peut opérer de nombreuses permutations en modifiant la profondeur grâce à différentes densités de ligne. Il vous faut donc avant tout des "patrons" de rechange : on utilisera le même modèle, mais d'une couleur différente. Dans ce cas, il s'agira d'une version rouge ou blanche. Vous procéderez avec méthode, essayant une profondeur donnée avec une mouche spécifique, une autre profondeur avec la même mouche, puis le même modèle de mouche, mais d'une couleur différente. En procédant ainsi, vous obtiendrez une couverture efficace.

Les bouillonnements
En eau chaude, les bouillonnements (ci-dessus) et les canalisations d'aération constitue des zones d'alimentation de premier ordre.

Le barrage et la tour
Les tours (à droite) attirent le fretin, les petits poissons et les insectes. Le barrage constitue lui aussi un point chaud, car il protège contre les prédateurs.

Les baies abritées
Les baies sont protégées et flanquées d'arbre ou d'herbe, c'est pourquoi elles sont appréciées par la truite (ci-dessous). La plupart des retenues ont une berge abrupte d'un côté et une berge peu profonde de l'autre, ou encore un canal central profond. Les ondulations de l'eau encouragent souvent la truite à se nourrir à la surface, ou juste en-dessous.

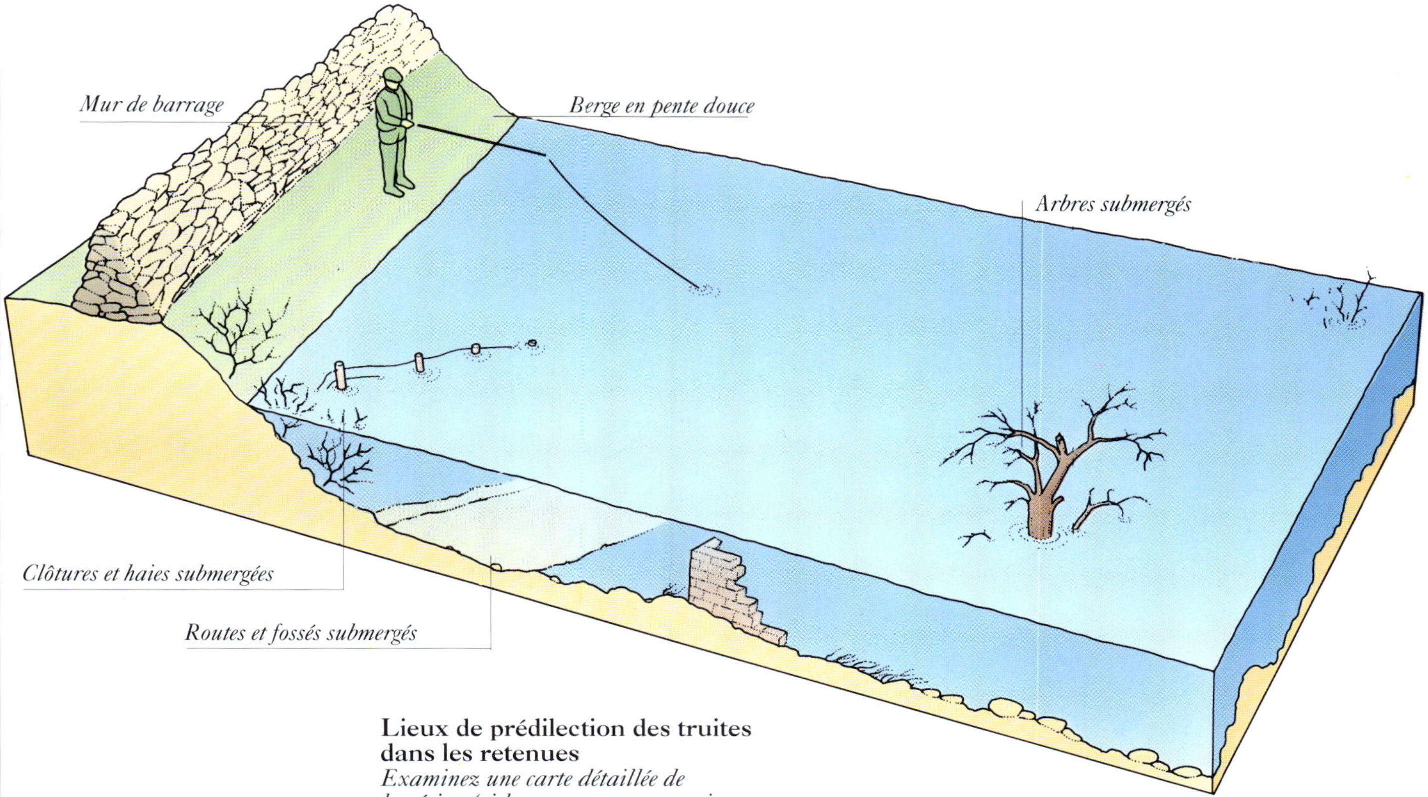

Lieux de prédilection des truites dans les retenues
Examinez une carte détaillée de la région (si la retenue est une ancienne vallée comblée, observés les anciens contours et les reliefs). Vous y gagnerez une compréhension pratique des lieux de prédilection (ci-dessus).

BERGE CONTRE BATEAU

Le bateau offre une plus grande mobilité et permet de couvrir une plus grande étendue d'eau, mais la berge est parfois préférable en début de saison, lorsque la truite se trouve en eau chaude et peu profonde. La berge présente aussi l'avantage évident de la stabilité.
L'équipement adéquat est particulièrement important, ainsi qu'une bonne connaissance des mesures de sécurité si vous décidez de pêcher en bateau. Partez toujours avec un compagnon, ou dites à quelqu'un où vous vous trouverez, ainsi que l'heure de votre retour. Portez toujours un gilet de sauvetage, même si vous êtes bon nageur : coups de vent et bourrasques ne préviennent pas.

Quelques petits secrets
Une ondulation légère est idéale pour la pêche à la mouche sèche et à la nymphe en surface (ci-dessus). L'étendue d'eau plate, flanquée d'eau ondulante, attire également la truite.

La pêche en bateau
Se laisser dériver (à droite) et, si le vent le permet, raser le rivage sont deux techniques qui rapportent. Mais attention à ne pas gâcher le plaisir de ceux qui pêchent de la berge.

LA PÊCHE A LA BERGE

LA PÊCHE À LA BERGE se répartit en deux styles : la nymphe et le leurre. Chacun varie en fonction de la saison. Pour la pêche à la nymphe en début de saison, on choisira les eaux profondes ou les eaux moins profondes qui descendent de façon abrupte. A la mi-saison, les insectes sont plus actifs sur les bords. En haute saison, quand l'eau est au plus chaud, la pêche à la berge n'est guère productive. La fin de la saison s'apparente à la mi-saison dans la mesure où la truite chasse en eau moins profonde.

Pour la pêche au leurre en début de saison, on choisira les eaux profondes avec une ligne de type Hi-D, un bout de ligne court et une mouche flottante. Les lignes noires sont préférables, mais il est utile d'avoir avec soi un leurre blanc. A la mi-saison, on prospectera les eaux peu profondes avec une flottante ou à immersion lente. En haute saison, on pêchera en eau profonde avec une ligne Hi-D, un bout de ligne court et une mouche flottante pendant le jour, une ligne flottante ou à immersion lente tôt le matin et le soir.

La pêche au leurre
On prend souvent la pêche au leurre pour une tactique peu élaborée utilisant des grosses mouches multicolores. Bien au contraire, elle peut être extrêmement sophistiquée. Il est vital de savoir choisir le bon aliment lorsqu'on pêche des truites amatrices de fretin. Cette arc-en-ciel (à gauche) a mordu à une artificielle de type Minky fry, qui ressemblait au fretin qui constituait son repas.

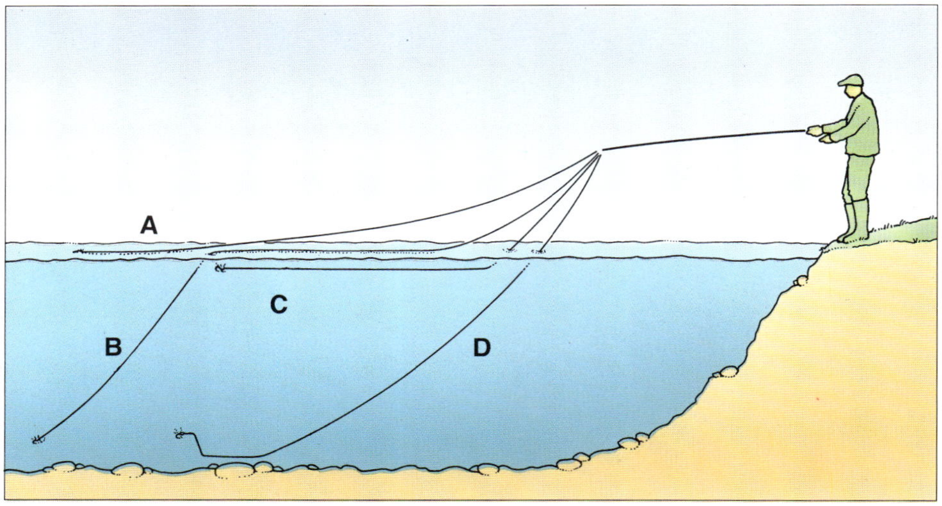

Lignes spécifiques pour la pêche à la berge
Le diagramme (à droite) montre les différents types de lignes utilisés par le pêcheur à la berge : **A** *Ligne flottante et mouche suspendue;* **B** *Ligne flottante et long bout de ligne;* **C** *Ligne à immersion lente pour temps venteux et truite de mi-profondeur;* **D** *Ligne Hi-D avec mouche flottante pour éviter les obstacles de fond et les herbes.*

A couvert des nuages
Les nuages encouragent la truite à s'approcher de la surface (à gauche). Choisissez une tactique avec ligne flottante.

L'aube
Cette belle prise d'arc-en-ciel (à droite) est due à une combinaison d'imitation de fretin flottante sur ligne flottante lancée parallèlement et près des herbes marginales, dans une eau ne dépassant pas 0,60-1 m de profondeur.

Le lancer long
La capacité à lancer à une distance supérieure à 23 m de ligne peut vous mettre en contact avec des truites habituellement effrayées par des pêcheurs accoutumés à lancer plus près du rivage.

Le bon choix
Le crépuscule encourage la truite à s'approcher du rivage. Mur de barrage, ancienne clôture et eaux peu profondes riches en végétation (ci-dessous) sont des lieux de premier choix pour la truite.

Repaires de fretin
Ports et anneaux de bateaux (ci-dessus) attirent le fretin, qui lui-même séduit la truite. Il peut être très intéressant de se placer près de ces lieux (ci-dessous) avec une ligne flottante ou mi-immergée et un modèle de fretin (Appetizer ou Minky par exemple).

LA PÊCHE DE BERGE A L'IMITATION

La pêche à la mouche en retenues à l'aide d'imitations exige une parfaite compréhension à la fois de la vie des insectes imités et du comportement de la truite. Patience, détermination et familiarisation avec la région sont aussi de bons atouts. Il vous faudra une ligne flottante (certains pêcheurs préfèrent les doubles queues de rat) et peut-être une ligne de densité neutre ou à immersion lente pour les temps venteux et les calmes plats. Vous devrez aussi apprendre à lancer votre ligne jusqu'à 27 m avec 5,5-8,5 m de bout de ligne. Il vous faudra plusieurs lignes, flottantes et plongeantes, et une épuisette.

Des tactiques actives
La présence de pêcheurs sur la berge aura tendance à repousser la truite vers le large. Dans ce cas, il vous faudra une ligne flottante et un long bout de ligne (ci-dessous).

Les tactiques de loch
Ce loch écossais (à gauche) réagit bien à la pêche à la berge en début et en fin de saison. Utilisez des tactiques de pêche en bateau en loch plutôt que les stratégies d'imitation d'insectes propres aux retenues.

La cuiller à moelle
La cuiller à moelle (ci-dessous) sert à examiner les aliments récemment ingérés par la truite.

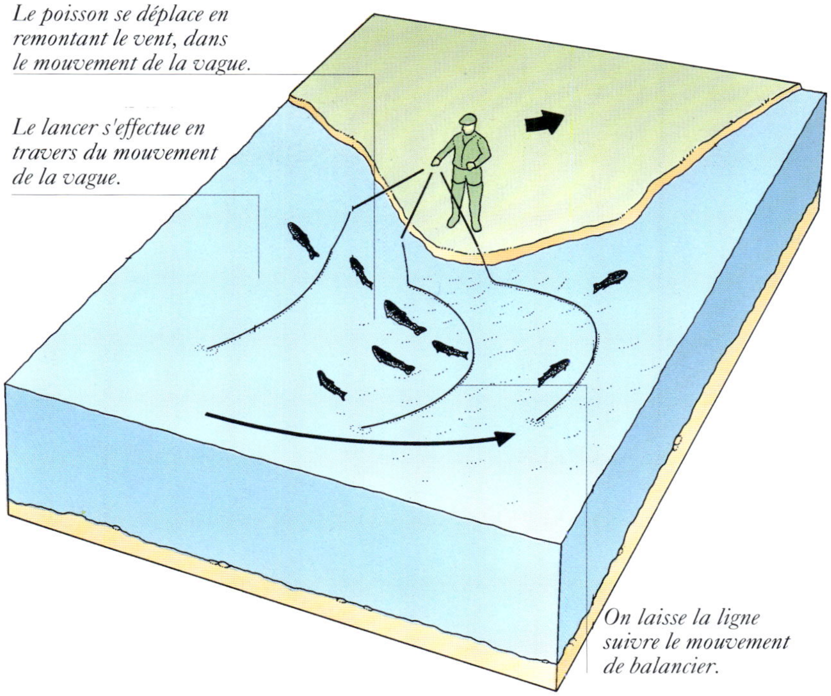

Un point chaud pour la pêche de berge
Ci-dessus, un point flanqué d'une baie. Une fois explorée une zone à fond (entre une demi-heure et une heure), on se déplacera de quelques pas. On répétera le processus et on gagnera ainsi la baie. Si vous lancez de la main droite, positionnez-vous de sorte que le vent souffle au-dessus de votre épaule droite, et vice versa si vous êtes gaucher. Ainsi, vous lancerez en toute sécurité car la ligne s'éloignera de votre corps.

La technique "polarisante"
Grâce à ses lunettes polarisantes, ce pêcheur a pu se saisir d'une truite fario de haut plateau dans le lagon d'Odells, en Tasmanie (en haut à droite). En éliminant les reflets, les verres polarisés permettent de localiser la truite isolée dans les zones peu profondes et envahies par les herbes. Mouches imitatives et ligne flottante constituent les armes principales.

Que faire en cas de calme plat ?
Face à une situation de calme plat (à droite), on choisira une ligne à immersion lente afin de minimiser toute perturbation de la surface. On persistera à présenter les mouches imitatives lentement. Le panier de déroulage empêche la ligne de dériver et de s'immerger. Il sert également à empêcher la ligne de s'emmêler et permet des lancers plus longs si nécessaire.

La Saison des Imitations

En début de saison, les zones profondes (jusqu'à 4,50 m) seront explorées avec profit à l'aide d'une ligne flottante. Néanmoins, il peut être nécessaire de choisir des lignes de différentes densités sous certaines conditions. Par calme plat, il est conseillé d'utiliser une densité neutre. Avec un vent de face, on préférera une ligne à immersion lente. En variant les densités, vous pourrez couvrir différents niveaux et fouiller ainsi toute la zone de façon systématique.

En règle générale, le bout de ligne mesurera deux fois la profondeur de l'eau afin de maintenir la mouche à la profondeur désirée. Si vous pêchez à 3 m de profondeur, il vous faudra un bout de ligne de 6 m. La vie des insectes est lente et ombrageuse, aussi en tiendrez-vous compte dans le choix de vos mouches et de votre mode de relevé. Relevez par lents mouvements en huit, ou encore par

Les conditions idéales
Jetez une longue ligne flottante et laissez-la s'arrondir (à gauche). Votre relevé suivra le rythme de la dérive de la ligne arrondie.

La lumière qui convient au pêcheur à la nymphe
Crépuscule et aube poussent la truite vers les marges, où les ondulations perturbent sa vision de surface (ci-dessous). En faible lumière, les formes de montée seront importantes ; vous essaierez donc de lancer votre mouche devant la truite.

mouvements d'enroulements ou de vagues : cela suffira. Les mouches seront soit fixées sur un lourd hameçon de fer, soit plombées pour atteindre les niveaux inférieurs. Les premiers insectes à imiter seront les caddis, les moucherons noir, gris et olive foncé, ainsi que certains coriacés. Le meilleur moment se situe du matin jusqu'au début de la soirée. L'après-midi est particulièrement favorable.

L'Activité des Insectes

La mi-saison est la meilleure période pour la pêche à la mouche d'imitation. Les insectes prolifèrent parmi les herbes nouvelles. Fouillez toutes les zones situées à moins de 4,50 m du bord à l'aide d'une ligne flottante et de longs bouts de ligne. La truite en action pourra se trouver aussi bien au fond qu'en surface : soyez prêt à toutes les éventualités. Si possible, choisissez une berge exposée à un vent de face ou latéral. Les insectes dominants sont les moucherons olive, vert vif, noirs ou marrons, ainsi que les caddis en casets, les crevettes, les coriacés, les poux d'eau, les demoiselles et autres créatures aquatiques. Votre vitesse de pêche devra suivre le rythme des animaux que vous imiterez. Vous serez particulièrement attentif à leur activité en surface.
Quand la température s'élève, la vie peut devenir difficile pour le pêcheur à la mouche d'imitation qui vise la berge. En effet, il arrive que la truite migre en profondeur, ne s'aventurant plus près de la berge que lors des dernières lueurs du jour. Elles y restent alors jusqu'au petit matin.

Eaux plus Froides, Brises au Large

La meilleure tactique consiste à rechercher des eaux plus froides — souvent provoquées par une brise au large — et à pêcher profond, à l'aide d'un long bout de ligne et d'une mouche plombée. Le soir et tôt le matin, une mouche sèche (moucheron, caddis ou tipule) qu'on aura jetée et laissée dériver fonctionnera bien, surtout si certaines truites remontent. Quelque soit votre lieu de pêche, restez statique ou très lent. Parmi les insectes, on trouvera le moucheron orange, rouge et olive, les caddis, les coriacés, les crevettes, ainsi que certains escargots et petits poissons du type fretin ou épinoche.

La Fin de la Saison

La fin de la saison ressemble à la mi-saison en termes d'activité des insectes et des truites (sauf si un temps particulièrement froid tue les insectes en cours d'éclosion), aussi pourrez-vous utiliser la même ligne. Vous choisirez aussi les mêmes zones mais serez particulièrement attentif aux baies, aux anses et aux criques où les truites, parfois, poursuivent les coriacés et les bancs de fretin. Soyez prêt à faire face aux soudaines ruées vers les escargots migrants. En cette saison, les moucherons seront volontiers olive, marrons et noirs. La fin de la saison est plus propice à la pêche en surface, aussi conseillera-t-on d'emporter des imitations de caddis, de crevettes, d'"olives" (de mare et de lac) et de tipules.

La récompense du pêcheur à la mouche à l'imitation
Cette truite arc-en-ciel (ci-dessous) a été trompée par une artificielle qui imitait son aliment.

Le relevé qui tue
Même par faible lumière, restez accroupi, à couvert de la berge : ainsi, vous effraierez moins la truite. Un lent mouvement enroulant en huit à l'aide de la main de ligne fait traverser le film de surface à une pupe de moucheron de façon contrôlée et stable (à gauche). Cette méthode de relevé est particulièrement séduisante pour la truite car elle imprime à la nymphe un mouvement constant et provocateur.

La Technique du Tube Flottant

Ces dix dernières années, la pêche à la mouche a suscité un intérêt considérable, surtout aux Etats-Unis. Le tube flottant ou bateau à ventre renflé permet au pêcheur à la mouche de prospecter tout le lac et lui rend accessibles des zones très retirées, des lieux habituellement impêchables, qu'on reste sur la berge ou qu'on pêche en bateau.

Néanmoins, les eaux ouvertes — grands lacs, retenues — doivent être respectées. Pas question d'utiliser le tube flottant lorsque le vent est fort. Comme pour le "wading", il faut privilégier la sécurité par rapport aux séductions de la pêche. Je conseille vivement le port d'un gilet de sauvetage gonflable ; en outre, je suis persuadé que ce type de pêche n'est pas destiné à ceux qui ne savent pas nager.

Le Potentiel de la Pêche à la Mouche

Néanmoins, si les précautions nécessaires sont prises, la pêche en tube flottant peut procurer des plaisirs certains et, surtout, ouvrir des horizons inexplorés, dont certains offrent un fort potentiel pour la pêche à la mouche. La première fois que vous pêcherez ainsi, ne pratiquez que de courtes période — une ou deux heures au plus — jusqu'à ce que votre expérience et votre force soient suffisantes.

Lorsque le pêcheur est dissimulé dans son tube, la truite semble n'y pas prêter attention. Elle remonte souvent à proximité du tube gonflable. Le bateau gonflable lui aussi, constitue une plateforme parfaite pour la pêche à la nymphe et à la mouche sèche (y compris la friture flottante) en eau dormante. Des tactiques à ligne immergée ont été développées pour le tube flottant, mais les techniques à ligne flottante visible sont plus faciles à maîtriser au début. Le lancer à longue portée n'est généralement pas nécessaire.

Le Calme Plat

En période de calme plat et de petites ondulations, une ligne à immersion lente ou de densité neutre contribuera à une bonne présentation de la mouche en éliminant les perturbations de surface provoquées par une ligne flottante. Quand vous lutterez avec poisson amorcé, essayez de maintenir vers le haut le bras de canne : cela forcera la truite à se battre à la surface.

L'équipement
Les palmes sont indispensables pour la propulsion et la manœuvre. Les "waders" en néoprène sont efficaces contre l'eau froide et offrent une facilité de mouvement (ci-dessus). Gonflez le tube au maximum, et assurez-vous que tout l'équipement nécessaire tient soit dans les poches du tube, soit dans votre gilet gonflable.

La pénétration dans l'eau
Avec des palmes (à gauche), il faut absolument marcher à reculons. Pénétrez au moment où le vent est au plus bas ; en effet, si un coup de vent survient, vous serez balayé vers le rivage. Choisissez un lieu où l'eau est peu profonde et où la profondeur croît progressivement. Il est plus facile de reprendre pied si vous attendez que le vent se calme.

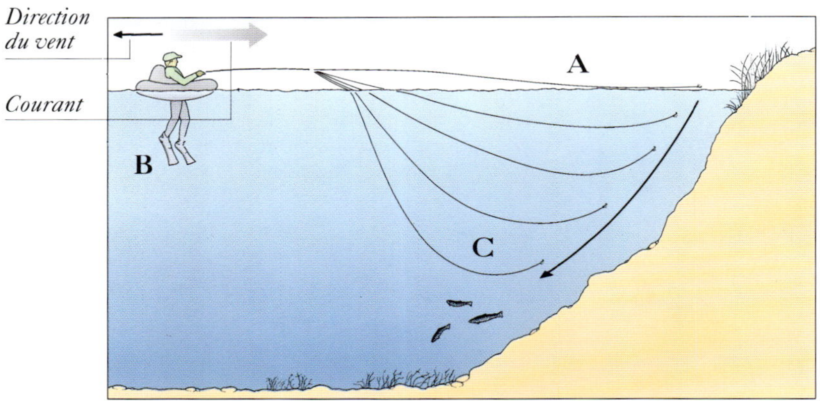

Tactiques pour temps chaud
Par temps chaud, le poisson se localise plutôt vers le bas (ci-dessus).
A *Lancez en direction d'une berge avec le vent, ou vers une eau peu profonde avec une chute brusque.*
B *Evoluez à reculons contre le vent, libérez de la ligne et laissez la mouche couler;*
C *Utilisez un relevé en huit pour que la nymphe revienne tout doucement à la surface.*

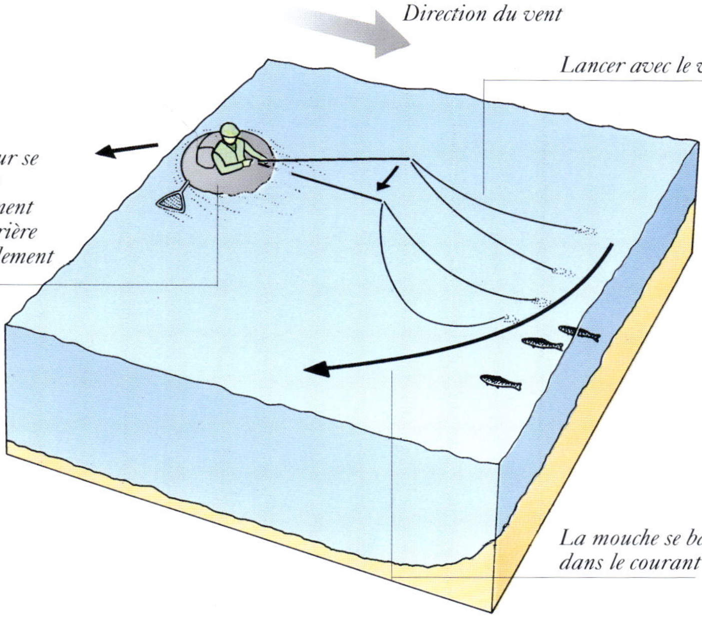

Le balancement de la nymphe

Si vous utilisez une ligne flottante et un train de nymphes du type pupes de moucheron, pratiquez un lancer initial avec le vent parallèle, d'une portée de 12-18 m environ, plus si possible. Puis propulsez-vous directement latéralement ou en arrière pour garder le contrôle de la ligne (à gauche).

L'attirail de la pêche en tube flottant

Il différera peu de celui utilisé pour la pêche en rivière moyenne ou en retenue (ci-dessous). Pour la pêche à la nymphe, une canne de 3 m avec une ligne n°5 ou 6 permettra des lancers arrières en altitude et des présentations délicates. Pour les tactiques à ligne plongeante, un attirail n°7 sera sans doute préférable.

Une truite bien à l'abri dans l'épuisette

Ce type d'épuisette à manche court, particulièrement adapté au "wading" (ci-dessus) est le seul possible pour la pêche en tube flottant. Il est suffisamment grand pour accueillir la truite en toute sécurité au moment où vous décrocherez la mouche à l'aide d'un étau.

La libération de la truite

Vous manipulerez votre proie avec précautions et respect (à droite). Si possible, utilisez des hameçons sans barbelés et essayez de récupérer rapidement le poisson dans l'épuisette afin de ne pas trop le fatiguer. Tenez-le suffisamment longtemps pour lui permettre de reprendre des forces.

LA PÊCHE EN RETENUE DU STYLE LOCH

DE TOUTES LES MÉTHODES convenant aux eaux dormants, le style "loch" est celui qui a l'histoire la plus longue. La technique moderne est fondée sur un style ancestral. La ligne est lancée à l'avant du bateau et évolue latéralement en parallèle avec le vent (à la dérive). Jusqu'à 27 m de ligne peuvent être déployés.
On utilise encore les mouches traditionnelles ; les plus appréciées sont la Soldier Palmer, la Wingless Wickhams', l'Invicta, la Connemara Black et la Bibio. Néanmoins, on voit aujourd'hui beaucoup de modèles plus modernes, y compris des nymphes, des mouches sèches et des mini-leurres.

La technique du filet à poignées
Le filet à poignées (ci-dessus, à droite) ralentit la dérive du bateau. Il sera toujours ramené à bord lorsqu'on changera de zone, de dérive, ou qu'on démarrera le moteur. Sans quoi, on retardera le mouvement. On risque même de faire chavirer le bateau.

Le moment périlleux
Une vigoureuse truite arc-en-ciel suit le bateau (à droite). Appliquez une tension latérale en basculant la canne vers le côté opposé et amenez la truite vers l'avant du bateau.

Coucher du soleil, crépuscule
Moucherons et caddis s'agitent à la surface (à gauche). Un lancer statique à la mouche sèche, d'un bateau en mouvement, en direction des poissons en train de monter peut être extrêmement efficace. Si cette technique ne donne rien, si le poisson s'alimente plus bas, essayez d'utiliser un train de nymphes avec une ligne flottante. Faites un relevé lent, légèrement plus rapide néanmoins que le bateau à la dérive.

Les mini-leurres peuvent être très efficaces en début de saison et lorsque l'eau est chaude. Parfois, il faudra pêcher profond à l'aide d'une ligne à immersion rapide.
La pêche à la dérive traditionnelle est comparativement facile à maîtriser et implique une méthode spécifique de nymphe, dite "strip and hang". Utilisez une ligne Hi-D (à immersion très rapide) et un train de mouches, généralement une permutation de trois avec une pointe mince, une à ailes ou mince et une à tête fournie, sur un bout de ligne de 3,6-5,5 m. Lancez aussi loin que possible, entre 18 et 23 m.

Réussir la Pêche à la Dérive

La clé du succès consiste à relever soit légèrement plus vite que le bateau, soit beaucoup plus vite, produisant ainsi des troubles considérables. Ensuite, opérez le dernier relevé au moment où les mouches approchent du bateau en élevant lentement la main de canne pour que la tombante du haut tourbillonne à la surface, laissant derrière elle un sillage comparable à celui d'un insecte qui s'envole ou qui éclôt. Parfois, on provoque un ratissage en remettant à l'eau la mouche du haut.

Les Variations Saisonnières

Le début de la saison est le meilleur moment pour ce type de technique. On choisira des eaux plus profondes et on utilisera un train de pupes de moucherons, d'araignées ou de mini-leurres sur une ligne Hi-D.
A la mi-saison, vous pouvez espérer de l'action en surface si des moucherons en cours d'éclosion sont présents. Guettez les tourbillons et autres mouvements des truites. Utilisez une ligne flottante, un bout de ligne plutôt long 6-7,3 m. La haute saison est généralement très comparable au début de saison.
La fin de saison ressemble à la mi-saison mais elle peut également être rapide ou statique. Parfois, la truite chasse le moucheron à la surface ou avale une imitation de fretin mort statique.

La méthode "strip and hang"
Les pêcheurs qui pratiquent les styles de loch modernes ont compris que si l'eau est froide ou le temps chaud, la truite peut être attrapée à l'aide d'une ligne Hi-D grâce à la méthode "strip and hang" (ci-dessous à gauche et à droite). Essayez différents styles de relevé et différents modèles d'artificielles, leurres clairs ou "palmers" sur le premier bout de ligne, nymphes sur les deux autres emplacements, ou encore leurres aux trois positions.

A *On lance la ligne aussi loin que possible et on la laisse plonger.*
B *Le bateau dérive en direction du lancer : il faut rattraper la ligne lâche.*
C *Une fois atteinte la profondeur désirée, on relève la ligne.*
D *On relève par longues tractions. Quand les mouches sont à moitié sorties, on s'arrête, puis on relève plus vite en levant le bras de canne. On arrête à nouveau quand le bout de ligne supérieur est à la surface.*
E *On laisse retomber la mouche en baissant le bout de la canne.*

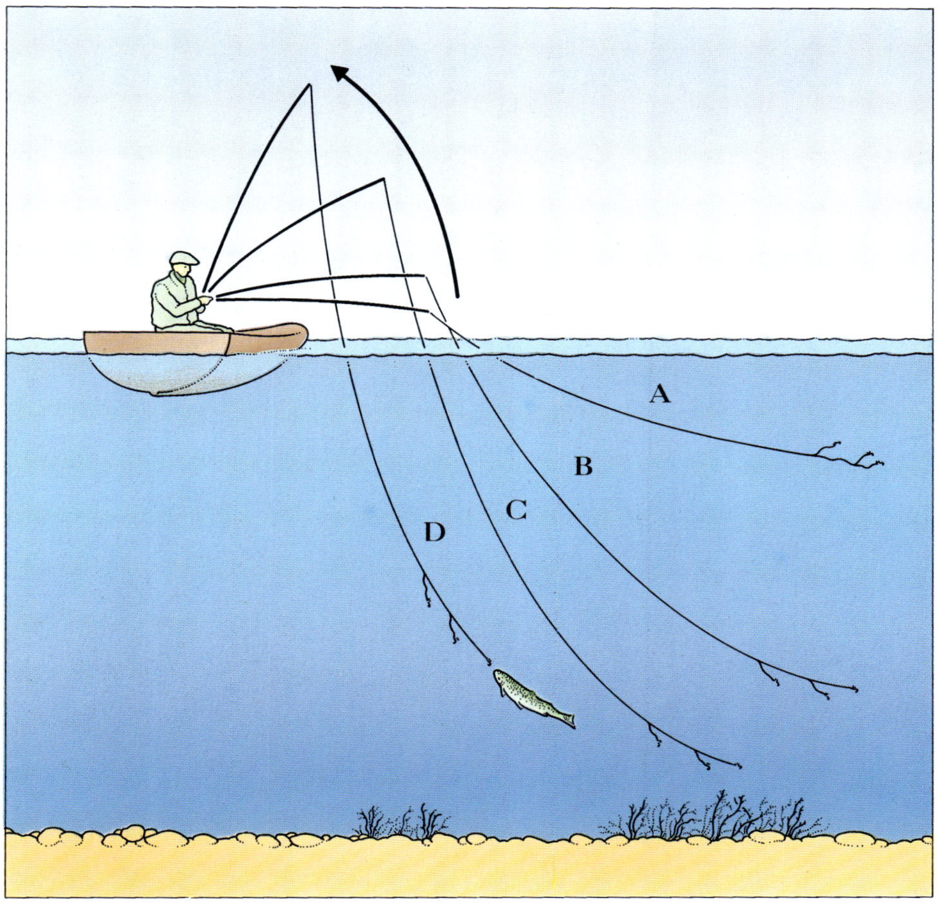

ENCRAGE & PÊCHE AU GOUVERNAIL

AVEC LA VOGUE RÉCENTE de la pêche de style loch, on a hélas quelque peu négligé les techniques de l'ancrage et de la pêche au gouvernail, qui demeurent pourtant des armes déterminantes dans l'arsenal du pêcheur à la mouche.

La pêche au gouvernail (à longue dérive) est interdite sur la plupart des retenues. C'est regrettable, car son efficacité, en particulier quand on a affaire à des truites arc-en-ciel qui se nourrissent à mi-eau, est indiscutable. Cette méthode utilise principalement des lignes à structure plombée de 3 m de long, qu'on fabrique à l'aide de lignes de pêche à la cuiller façonnées en forme de tête à fuseau décalé (SH). On jette la ligne légèrement sur le côté du bateau qui est propulsé par l'étrave ; le pêcheur libère de la ligne au moment où la tête s'enfonce. Cette méthode, surtout si l'on utilise des leurres en tandem, est spectaculaire pour les truites fario et les arc-en-ciel friandes de fretin qui vivent à niveau profond. Certaines autorités lui ont attribué la diminution des populations (surtout pour les truites fario), mais cette hypothèse est discutable.

Pour couvrir de larges étendues d'eau
La pêche au gouvernail peut couvrir de vastes étendues d'eau à différentes profondeurs (ci-dessous). L'ancrage vous permet de viser les bons coins ou de localiser les zones à explorer.

L'ANCRAGE

L'ancrage est une tactique de première importance. En simplifiant, on peut dire qu'elle consiste à utiliser pour le lancer une plate-forme flottante. Sur une retenue, le bateau vous permet de prospecter des criques et des baies retirées, les lits d'algues isolés et les plateaux que les truites affectionnent. Une bonne connaissance des eaux pratiquées — le relief du fond, la profondeur, les caractéristiques — est indispensable, car elle permettra de bien choisir l'attirail et de déterminer tactique et choix des mouches.

LA PÊCHE EN BATEAU STATIQUE

L'ancrage n'est pas une question de hasard. La réussite de cette technique dépend en grande partie du lieu où on ancre. En début et en fin de saison, il faut choisir une position proche de la rive — entre 45 et 70 m — ou bien en bordure des lits d'algues afin d'intercepter les truites qui se nourrissent de fretin. Par temps chaud, les zones d'eau profonde constitueront un choix judicieux, car la truite recherche les endroits frais qui se situent aux environs de 6-12 m de profondeur et se nourrit de daphnées, de chironomides ou de fretin. A ces profondeurs, vous devrez impérativement savoir ce qui se passe sous la surface. Un fossé submergé, un lit de ruisseau constitueront un lieu de pêche privilégié si vous parvenez à y lancer votre mouche. L'ancrage près des barrages, des chateaux d'eau et autres dispositifs comparables peut également être intéressant, surtout si vous utilisez des artificielles du type nymphe "booby" En retenues et en lacs, la truite est attirée.par tous les reliefs, même les arbres submergés. En ancrant à distance de lancer, vous pourrez vous offrir tout un choix de tactiques. Il est conseillé d'ancrer à l'aide d'une corde relativement courte (deux fois la profondeur) et, au bout d'un certain temps, si vous ne prenez rien, de donner un peu de corde afin de pouvoir atteindre une nouvelle zone. Cette méthode est particulièrement efficace dans les baies, où l'on peut couvrir de vastes zones de rivage, à la condition que le vent soit favorable. Si vous pêchez à la nymphe avec le vent en travers, jetez l'ancre avec l'étrave face au vent.

L'ancrage
Dans des conditions normales, on fixera l'ancre au milieu du bateau et on pêchera par le travers (ci-dessus).

Une méthode de rechange
Ces pêcheurs ont fixé les rames dans les dames, ce qui leur permet d'obtenir le même effet que s'ils utilisaient le gouvernail (à droite). En manipulant l'une ou l'autre rame, on peut adopter un angle de dérive différent.

La Vekemans RST n°6
Avec sa bobine perforée (ci-dessus) particulièrement efficace pour le travail à la SH, ce moulinet dispose d'une grande capacité de déroulage. Cette caractéristique est intéressante dans la mesure où elle évite la formation de boucles gênantes dans la ligne courante.

La pêche au gouvernail
Le gouvernail est en position, le bateau en dérive. La ligne est une SH, la canne est un n°9-10 (à droite). En variant les densités de ligne, on peut pratiquer des sondages efficaces et localiser la profondeur fréquentée par la truite.

La Prise

Les pages qui suivent constituent une série de "journaux de pêche", comptes rendus de journées sur le terrain et de pêche à diverses variétés de truites, dans des eaux diverses. De la prise d'une arc-en-ciel aux techniques de pêche en vaste retenue artificielle ; du jour tranquille sur une adorable rivière anglaise à une expédition à la steel-head dans l'Oregon en compagnie de Jim Teeny, pêcheur à la mouche par excel-lence, en passant par la pêche à l'ombre européen avec Roman Moser sur la Traun, en Autriche.

La plupart du temps, quand on pêche à la mouche, ce sont l'instinct et l'expérience plus que la raison pure qui inspirent les tactiques et les techniques. Pourquoi changer de modèle de mouche à un moment donné ? Pourquoi la même mouche ne serait-elle pas efficace toute la journée ? Pourquoi s'éloigner d'un coin qui s'est révélé fructueux ? Sauf si, bien sûr, vous vous apercevez qu'à tout moment le soleil va projeter sur l'eau une ombre gigantesque qui va terrifier la truite convoitée. Pour devenir un bon pêcheur à la mouche, vous demeurerez vigilant à tout instant, prêt à suivre les intuitions et les réactions instinctives qui récompensent toujours un regard réceptif et attentif.

Pour le pêcheur de truite, voici le meilleur précepte : "Pour attraper une truite, pensez comme elle." Autre élément essentiel au succès : une bonne connaissance de l'univers de la truite. Voilà ce que disait fort justement feu William Lunn, garde-pêche de la rivière la plus célèbre du Hampshire, la Test : "La bonne mouche, bien présentée, au bon moment, donnera généralement le bon résultat." Parfaitement exact, mais encore faut-il apprendre à déterminer quelle artificielle utiliser, comment l'exploiter, où et comment lancer — toutes choses qui exigent patience et application.

LA TRUITE ARC-EN-CIEL

QUELLES QUE SOIENT SES EAUX d'origine, la truite arc-en-ciel est un gibier digne d'intérêt. Mais si vous combinez les qualités combatives de cette truite avec un flux rapide, vous obtenez le rêve du pêcheur à la mouche. L'idée est encore plus séduisante si la proie a été bien "éduquée" — c'est-à-dire si elle a été prise et relâchée fréquemment, et donc sensibilisée et méfiante face à la mouche artificielle et aux plus savantes présentations. Ces truites ne sauraient être trompées par une vulgaire mouche jetée au hasard, sans réfléchir.

Les truites arc-en-ciel des rivières pierreuses se nourrissent de créatures vivant au fond de l'eau ainsi que de mouches adultes ou émergentes. Dans la mesure où l'arc-en-ciel est généralement plus disposée que la fario à se nourrir à n'importe quel moment de la journée, et où elle change de profondeur pour ce faire, soyez prêt à essayer différentes tactiques adaptées à ce comportement alimentaire. Même alors, l'arc-en-ciel de rivière se révèle encore délicate, et par là même plus stimulante que ses sœurs d'eaux dormantes.

Le "wading" en eaux rapides
Semelles isolantes et cuissardes en néoprène (ci-dessus) sont indispensables. Tenez votre canne à l'envers pour protéger la pointe de tout dommage au cas où vous trébucheriez.

Le lancer replié
En arrêtant le martèlement du lancer avant brusquement en position 11 h 00 (ci-dessous), vous permettez à la mouche de toucher le fond avant que la ligne n'effleure l'eau.

En eaux turbulentes
Les courants conflictuels des cascades peuvent empêcher la mouche d'atteindre la truite des fonds (ci-dessus). Vous pouvez résoudre ce problème en utilisant un bout de ligne lesté de type Moser Bottom Bouncer. Avec cet équipement, vous pourrez faire dériver de façon réaliste, au fond de l'eau, une petite nymphe Baetis au bout d'une pointe de 0,9 m (ci-dessus). Lancez en aval et laissez la mouche dériver vers l'arrière (à droite).

Le bouchon à vue
Ne perdez pas de vue votre bouchon (ci-dessus) et guettez la prise. Amorcez tout de suite, dès que vous le voyez s'immobiliser à la surface.

Une belle prise
Une arc-en-ciel de rivière pierreuse (ci-dessus). On ôtera sans difficulté l'hameçon sans pointes de cette pupe Gold Head, minimisant ainsi tout dommage pour l'animal.

La Truite de Retenue

La politique de peuplement adoptée par de nombreuses retenues a tendance à favoriser la truite arc-en-ciel. Ces dernières années, on a assisté à une progression spectaculaire des concours en réserves, concours où les pêcheurs se concentrent principalement sur les arc-en-ciel. Les règles interdisent les mouches lestées et limitent la taille de l'appât : pour réussir, le pêcheur doit choisir des tactiques judicieuses.
Une bonne connaissance de l'eau et des différentes présentations des mouches artificielles, ainsi que des densités de ligne, est déterminante. Pour réussir en retenue, il faut savoir passer en quelques secondes d'une ligne Hi-D avec un train de "buzzers" à une ligne flottante équipée d'une mouche sèche.

Ligne flottante et "buzzers"
Ligne et mouche (ci-dessus) sont relevées doucement, à l'aide d'un mouvement en huit, sous la surface.

L'esprit de compétition
La tension monte. Ces pêcheurs (ci-dessous) se préparent à une journée de neuf heures en bateau.

Hormis la difficulté qu'il y a à localiser la truite et qui constitue souvent un véritable défi sur une grande étendue d'eau, l'instinct de regroupement de la truite arc-en-ciel nécessite parfois des incursions répétées au-dessus des bancs. Cette pratique rend la truite nerveuse.
Souvent, il vaut mieux utiliser de petites mouches sombres et des bouts de ligne légers. Cette approche est particulièrement conseillée si les conditions sont calmes, quand le miroir de la surface peut rendre le poisson méfiant face à une présentation de mouche. Quand les conditions le permettent, on pourra avec profit dériver le long de la berge. Pour une meilleure couverture de l'étendue d'eau, surtout lors d'un concours, on pêchera des côtés opposés du bateau, si le temps le permet.

Vers la dérive
Souvent, il existe des indices — le vent, les zones calmes — ou des repères (bouées) (à droite). Soyez toujours vigilant, guettez une montée de truite. Si, au bout d'une heure, la dérive ne rapporte rien, et si vous avez essayé plusieurs tactiques, changez de zone. Répétez ce processus jusqu'à ce que vous ayez localisé le poisson.

Changements de temps
Vous partez par calme plat, et deux heures plus tard, c'est la pluie battante et le vent force 5-6. Ces pêcheurs (à gauche) ont changé de ligne et choisi une noyée afin de contrer l'action des vagues. Souvent, une ligne neutre ou intermédiaire réussira là où une flottante a échoué.

La récompense
Ce qu'on appelle le "bloom" (rayures argentées sur les nageoires), lorsqu'il va jusqu'à la queue, indique un animal de première catégorie. Une truite comme celle de la photo ci-dessus est capable de dérouler du moulinet, en un seul mouvement, une grande quantité de ligne. Il s'agit d'une des truites les plus bagarreuses qui soit, et donc d'un adversaire de bonne taille.

LA TRUITE FARIO

LE "CHALKSTREAM" IDYLLIQUE, sous ses dehors somnolents, peut être le cadre d'une bataille épique face à la proiela plus sophistiquée qui soit, la truite fario. Sa haine pour tout ce qui est discordant ou artificiel a causé la déception de bien des pêcheurs de chalkstream. Le premier devoir consiste donc à découvrir le lieu d'alimentation de la truite et à pêcher à l'imitation en simulant l'éclosion aussi fidèlement que possible. Dans ces moments-là, un examen attentif de la surface et des formes de montée est essentiel.
Si vous avez un doute, vous choisirez une mouche plus petite que celle qui ressemble à la mouche naturelle, pour endormir la méfiance de la truite. Et si la truite fario persiste à refuser votre offrande, une pointe plus légère vous permettra peut-être d'obtenir une présentation plus naturelle. La forme et la silhouette de la mouche sont aussi capitales pour la pêche à la mouche sèche. Si l'artificielle a trop de "hackle" pour être réaliste, il est conseillé de tailler le dessous du "hackle" en forme de V. Cette tactique a réussi à berner bien des fario de "chalkstream". Mais une approche prudente et une présentation précise demeurent les secrets du succès. La truite fario sauvage est une cible particulièrement valable dans la mesure où elle est menacée par la pollution et la raréfaction de l'eau. On veillera donc à la relâcher en rivière afin de permettre la perpétuationde l'espèce.

La protection des rivières
La rivière Itchen (ci-dessus), au sud de l'Angleterre, est inhabituelle dans la mesure où toutes les zones de ce chalkstream particulièrement poissonneux sont gardées en permanence et en totalité.

Traquer le poisson
Si vous n'hésitez pas à ramper sur la berge, vêtu de sombre, à demi-accroupi (à gauche), vous localiserez peut-être une truite vers l'intérieur, qui montera près de la rive. Conservez toujours des boucles de ligne prêtes à lancer. Discrétion, précision et délicatesse : tels sont les préceptes à garder en mémoire lorsque vous exécuterez cette délicate manœuvre.

La précision
La truite a été localisée en montée juste derrière ces branches de saule, sur la berge opposée (ci-dessus), cachette de choix pour tous les poissons. Faites une longue boucle serrée en visant au-dessus de la cible. La clé de la réussite consiste à rester précis tout en demeurant à couvert. Entraînez-vous dans votre jardin ou dans un champ, muni de votre canne à mouche et d'une cible.

La protection de la ligne
Quand la truite est amorcée, on enroule la ligne sur le moulinet pour la protéger des accidents (ci-dessus). On tient la canne bien haut afin de protéger la pointe fragile des chocs soudains provoqués par l'animal qui se débat.

La prise du poisson en épuisette
Au moment où le poisson (à gauche) vient à l'épuisette, immergez celle-ci et amenez-y la truite. En demeurant accroupi, hors de vue, vous éviterez de l'effrayer davantage.

La protection des populations
Ce poisson de chalkstream, au meilleur de sa forme (ci-dessous) sera remis à l'eau sans dommage, mais n'en sera que plus prudent.

Apprendre à lire l'eau
Le crépuscule est le moment de sortie pour les "spinners" Baetis et les duns Olive à ailes bleues (ci-dessous). Une observation attentive révèle que la truite a changé de préférence et est passée des spinners aux duns.

LA STEELHEAD

JIM TEENY EST PASSÉ MAÎTRE dans la connaissance de la steelhead, de son comportement et des tactiques à utiliser pour la pêcher. Pour beaucoup de pêcheurs à la mouche, la steelhead représente le défi ultime. Chez la truite arc-en-ciel qui revient de la mer, les qualités de combativité sont quasiment nulles. Ces dernières décennies, elle a souffert de la pollution et de l'exploitation, mais la population indigène a été soutenue par l'introduction de poissons d'élevage. La pêche à la steelhead exige des cannes capables de lancer des lignes n°7 à n°10.

On utilise généralement des lignes flottantes. Jim Teeny a conçu lui-même la pointe à immersion extra-rapide qu'il utilise afin de contrer la rapidité des courants. Les tactiques sont similaires à celles utilisée dans d'autres formes de pêche à la mouche en rivière pierreuse — en aval, à la dérive, à la mouche sèche et à la nymphe pour les eaux lentes et les niveaux inférieurs de l'été; style en travers et vers le bas avec alternance de ligne flottante ou plongeante afin d'arrêter le mouvement et la vitesse de la mouche. Surtout, le pêcheur de steelhead devra être capable de s'adapter aux caprices d'une proie imprévisible.

Un banc de steelheads
Vous aurez rarement la chance de tomber sur un grand banc de steelheads (ci-dessus). Quand le niveau des rivières baisse, et que l'eau se fait claire et peu profonde, ces poissons ont tendance à se regrouper dans les zones les plus profondes. Vous aurez peut-être des difficultés à faire mordre la steelhead. Parfois, vous devrez utiliser des bouts de ligne plus longs et plus légers, ainsi que des mouches plus petites. Un "wading" prudent et silencieux, ainsi qu'une approche en douceur, sont indispensables. Votre attirail se réduira au minimum, car la pêche à la steelhead implique discrétion et déplacements importants.

Localiser le poisson
Jim Teeny explore la surface (ci-dessous) à la recherche des traces de steelheads. Il a conçu lui-même à cet effet des lunettes à verres polarisés. Le rivage rocheux montre bien pourquoi un attirail "élastique" est indispensable, et pourquoi la prudence est une priorité sur ce type de terrain. Un rocher déplacé suffit à effrayer la proie ; c'est pourquoi la pêche à la steelhead est un sport exigeant. L'équipement de Jim se résume à un gilet court adapté au "wading" en profondeur, au cas où cela s'avérerait nécessaire.

L'amorçage et le combat avec la steelhead
Jim exerce une pression maximum (à droite) dès qu'il perçoit le premier renflement qui signale qu'une steelhead a mordu. Un coup ferme permet de stabiliser l'hameçon. Bien tenue, la canne absorbera une partie de la pression. Pour accentuer encore cette absorption, on tient la canne près de l'anneau du talon. Si un poisson mord au moment où vous êtes en "wading", vous essaierez, si possible, de regagner la rive, car vous contrôlerez mieux si vous êtes stable.

Un superbe spécimen
Cette fabuleuse steelhead (ci-dessous) mesure 95 cm de long et 45 cm de circonférence. Elle pèse environ 8 kg. Vous soutiendrez mieux le poisson si vous le tenez par la queue et sous le ventre.

Relâcher la prise
Soutenez doucement la tête du poisson (ci-dessous) et dirigez-le dans le courant pour le remettre en eau courante : ainsi, vous rendrez à la rivière une précieuse steelhead.

Mini-nymphe (Teeny)
Une mouche "Pheasant-tail" (à gauche) dont l'on disposera en différentes couleurs. Efficace en eaux peu profondes et par beau temps, assortie d'une ligne claire et d'une tactique à la petite mouche.

L'Ombre

L'OMBRE A UN COMPORTEMENT alimentaire, et une réaction aux artificielles de rivière pierreuse différents de la truite. Une fois accrochée une huitaine de fois, la truite arc-en-ciel devient inattrapable; l'ombre, lui peut être pris et relâcher jusqu'à dix fois, même en une seule saison.
Son habitat est le même que celui de la truite, son régime alimentaire aussi. Néanmoins, alors que truites arc-en-ciel et farios se retrouvent à tous les niveaux du réseau de la rivière, l'ombre a tendance à préférer soit les nymphes de fond, les caddis enfouies, les larves et les crevettes, soit l'alimentation en surface. S'il se nourrit de mouches flottantes, l'ombre se tiendra volontiers dans le fond, là où des divergences de courants parmi rochers et pierres permettent une évolution plus aisée.

Les Réactions aux Artificielles

L'angle de vision de l'ombre comprend la surface et peut engendrer une réaction de glissement vers le haut à partir de profondeurs considérables au moment où il veut attraper une proie flottante. La mouche sèche sera donc acceptée par l'ombre en position presque verticale, contrairement à la truie.
En général, l'ombre accepte les artificielles plus vite que la truite. Il faut donc une action d'immersion plus rapide. L'ombre monte vite et en angle: il manque donc souvent l'artificielle. En revanche, si vous relancez de façon judicieuse, il remontera. La bouche de l'ombre est plus tendre que celle de la truite : l'amorçage sera donc moins ferme.

L'Europe et l'Amérique du Nord

Le défi lancé par l'ombre européen (*Thymallus thymallus*) a bouti à la la prolifération de tactiques et de modèles de mouches. La forme nord-américaine, *Thymallus arcticus*, est beaucoup moins répandue, et, en conséquence, plus valorisée à cause de sa belle couleur argentée. On la retrouve en lacs aussi bien qu'en rivières, et on la pêche volontiers à la mouche.

Investigations préliminaires
Commencez votre journée (ci-dessus) en explorant les zones les plus proches de la berge (eaux calmes et poches d'eau). C'est là que le poisson mange volontiers des caddis femelles mortes après la ponte de la veille au soir.

Le lancer basculé
Là où la végétation interdit le lancer arrière, on utilisera un lancer jeté roulé ou lancer basculé (ci-dessus) pour atteindre le milieu de la rivière. On laissera dériver la mouche jusqu'à ce qu'un remous surface signale la prise d'un ombre.

La tension

Un ombre amorcé utilisera volontiers, pour se battre, la résistance du courant à sa grande nageoire dorsale en forme de voile (à gauche). En relâchant la ligne et en tenant la canne haut, vous le forcerez à faire surface. A ce moment, il se peut qu'il fasse un bond spectaculaire et provoque quelques problèmes s'il atterrit sur une pointe de 1,5 kg. A ce moment, relâchez encore de la ligne. Une tension lente et constante de la canne vous permettra de ramener le poisson. Sur la photo, on aperçoit une caddis adulte à duvet accrochée à la mâchoire supérieure.

Abréger la bagarre

Si vous exercez une pression optimale, vous abrégerez la lutte et le poisson sera moins tendu (ci-dessous). L'épuisette est utile, mais rarement nécessaire si vous pêchez en wading et si vous relâchez votre poisson.

Une réaction variable

Un ombre de 1,5 kg pêché dans la Traun et remis à l'eau (ci-dessous). Quand l'ombre consomme un insecte spécifique, on utilisera l'artificielle correspondante.

LA PETITE TRUITE D'EAUX DORMANTES

TOUS LES PÊCHEURS N'APPRÉCIENT PAS la traque au poisson en petites étendues d'eau calme. Certains pêcheurs à la mouche sont franchement opposés à l'idée d'attraper une grosse truite en de tels lieux, car ils affirment qu'elle sera trop facile à prendre. Mais en ces lieux, les truites apprennent vite, et c'est tout un art que de les amener à accepter la mouche artificielle. Ce talent ne peut s'acquérir qu'en observant attentivement les eaux claires et en se familiarisant avec le détail des itinéraires, des cachettes favorites et des faiblesses de ces grandes truites d'eau dormante.
Le temps que vous consacrerez à la reconnaissance de ce type d'eaux sera rarement gâché. Tout aussi essentielle que la localisation du poisson, la capacité du pêcheur à lancer sa mouche de façon précise exactement là où s'alimente la truite.

Discrétion et camouflage
Des vêtements de couleur neutre, la mise à couvert sur la berge quand c'est possible, afin de "rompre" la silhouette, tout cela vous permettra de mieux scruter les bords profonds du lac (à gauche). Si l'eau est profonde, la truite en maraude s'approche très près du bord. La canne à mouche sera toujours prête, afin de pouvoir à tout moment pratiquer un lancer rapide et précis. On gardera dans la main gauche une quantité de ligne suffisante pour couvrir le poisson le plus éloigné.

Améliorer ses capacités d'observation
Des eaux cristallines à calcaire filtré (ci-dessus) vous permettent d'observer de près les truites convoitées, et même de les traquer individuellement, généralement à l'aide de nymphes lestées. Pour une meilleure observation, portez un chapeau à larges bords et des lunettes à verres polarisés. Pour voir la truite sous l'eau, même à grande profondeur, voici le "truc" : apprenez à percer du regard la surface plutôt que la considérer comme une barrière impénétrable.

Exploitez la tension latérale
Un poisson amorcé à courte distance (ci-dessous) tentera de s'enfuir vers les buissons. En utilisant la tension latérale (c'est-à-dire en tenant la canne parallèle à l'eau) vous pourrez retourner la truite et la forcer à remonter à la surface. A ce stade, on ramènera la canne droite pour contrer la pression exercée sur le bout de ligne fragile et d'absorber les chocs.

Le moment critique
Penchez-vous pour ne pas effrayer la truite (à droite) : à ce moment crucial, il est probable qu'elle va paniquer. L'épuisette est immergée, prête à recueillir la proie. La canne est bien droite ; elle guide le poisson vers l'épuisette, mais elle est aussi prête à servir d'absorbeur de choc en cas de dernier sursaut du poisson.

Pour ramener le poisson à terre
Une truite d'environ 2 kg est prise dans l'épuisette, prête à être ramenée (ci-dessous). Avec des truites de cette taille, on ne soulève jamais l'épuisette. On la glisse vers soi, le bord juste au-dessus de la surface, puis on agrippe le bord et on lève à la verticale. On évitera d'utiliser le manche. Une fois à terre, on ôte l'hameçon au forceps. Soit on remet le poisson à l'eau, soit on le tue rapidement, comme il convient.

Oreille de lièvre Cockwill
Ce modèle de crevette (à gauche) convient à toutes les méthodes de pêche à la mouche.

REGAL

Le Montage des Mouches

Rien ne remplace la satisfaction que l'on éprouve lorsqu'on prend un poisson avec une mouche que l'on a montée, et parfois même inventée, soi-même. Cependant, le fait de monter ses propres mouches offre bien d'autres avantages. On peut déterminer l'aspect de son modèle, imiter la forme et la teinte précises de l'insecte naturel que l'on aura observé en pêchant, tout en tenant également compte des conditions et variations locales.

Ce dont vous avez besoin tient en peu de chose : un petit atelier, un bon éclairage, quelques équipements et une sélection de base des matériaux nécessaires. Dans le passé, les mouches étaient confectionnées à partir de matériaux naturels — plumes et fourrures —, certains étant devenus indisponibles parce que prélevés sur des espèces désormais protégées. Des matériaux de substitution ont été trouvés, et de nouveaux matériaux synthétiques voient constamment le jour, favorisant la diversification des modèles.

On monte une mouche en enroulant des matériaux l'un après l'autre de façon à créer la queue, le corps, les ailes et les hackles. Tous ces matériaux sont maintenus en place par un fil de montage en continu, que l'on noue une fois la mouche achevée. Les techniques de montage des corps, des ailes et des hackles diffèrent selon les insectes que l'on désire imiter et les matériaux que l'on utilise. Une fois les techniques de base maîtrisées, vous serez en mesure de monter n'importe quel type de modèle, et même de mettre au point votre propre mouche. Pour commencer, il est préférable de monter des modèles simples afin de se familiariser avec la manipulation des matériaux. Il est judicieux de monter plusieurs exemplaires de chaque modèle afin de s'entraîner et de perfectionner les techniques de montage adaptées aux artificielles avec lesquelles vous pêcherez.

DU DÉMARRAGE AU NŒUD FINAL

VOUS N'AVEZ PAS BESOIN d'un équipement très lourd pour monter vos propres modèles, mais de quelques outils essentiels. Un étau de montage s'avère indispensable, car il laisse les mains libres pour monter la mouche.

Equipement de montage des mouches (à droite) :

A *Aligne-poil*
B *Aiguille à dubbing*
C *Finisseur*
D *Pince à hackle*
E *Porte-bobine (grande taille)*
F *Porte-bobine (petite taille)*
G *Dubbing twister*
H *Ciseaux fins aiguisés*
I *Pince à hackle à longue pointe*
J *Pinces brucelles*
K *Passe-fil*

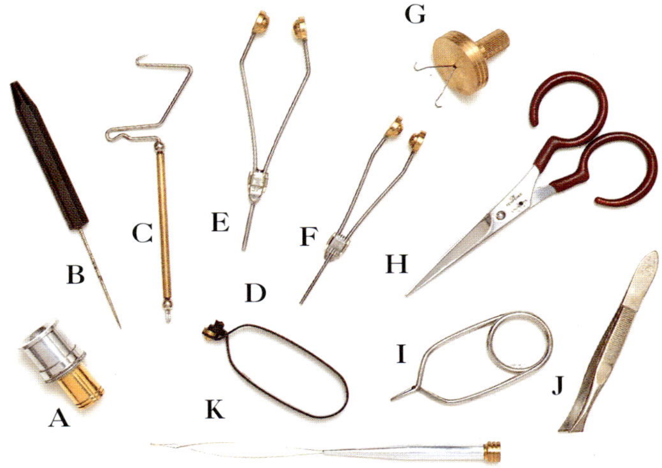

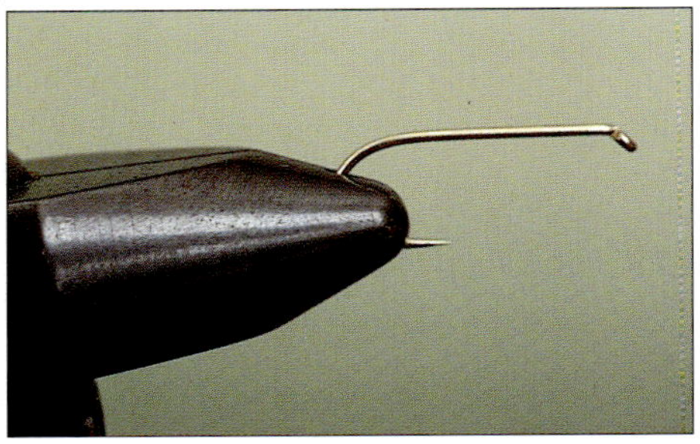

Certains étaux tiennent tout seuls (ci-dessus), tandis que d'autres se fixent sur une table. Les mâchoires de l'étau s'ouvrent au moyen d'une vis ou d'un mécanisme de levier.

Voici la position de l'hameçon au début du montage (ci-dessus). Dissimulez la pointe de l'hameçon à l'intérieur de l'étau afin de ne pas l'endommager.

UTILISATION D'UN FINISSEUR

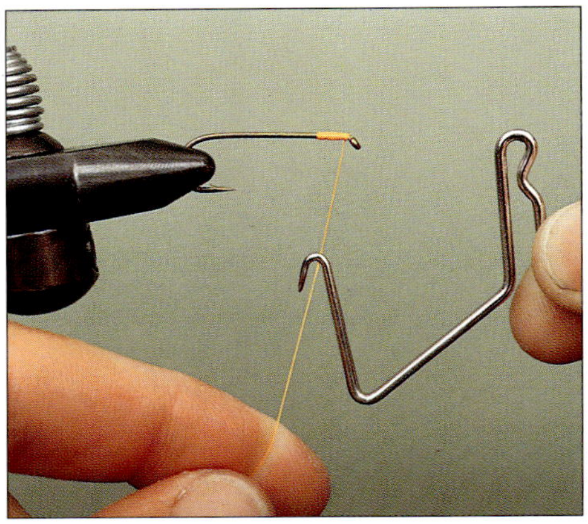

1 Tendez le fil de montage et faites-le passer dans la petite boucle du finisseur.

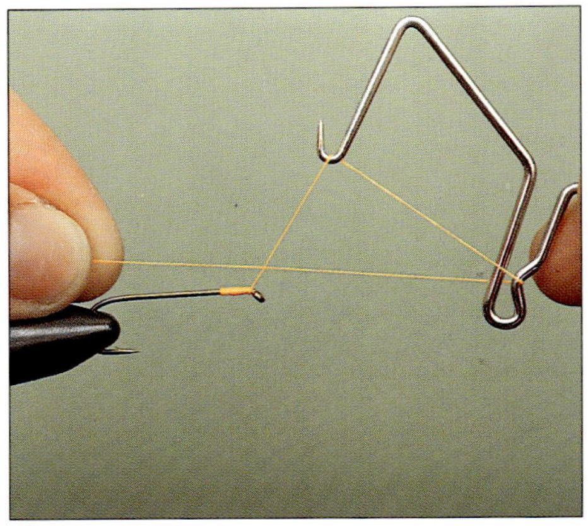

2 Retournez le finisseur au-dessus de l'hameçon, en faisant passer le fil dans la boucle inférieure.

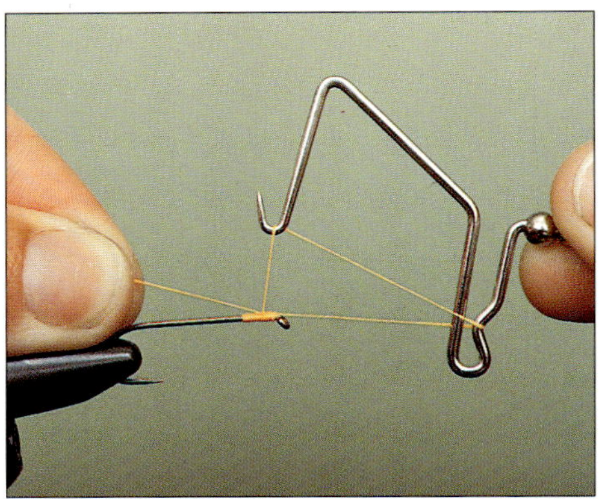

3 Bloquez le fil contre l'hameçon et faites tourner le finisseur quatre ou cinq fois autour de la tige de l'hameçon.

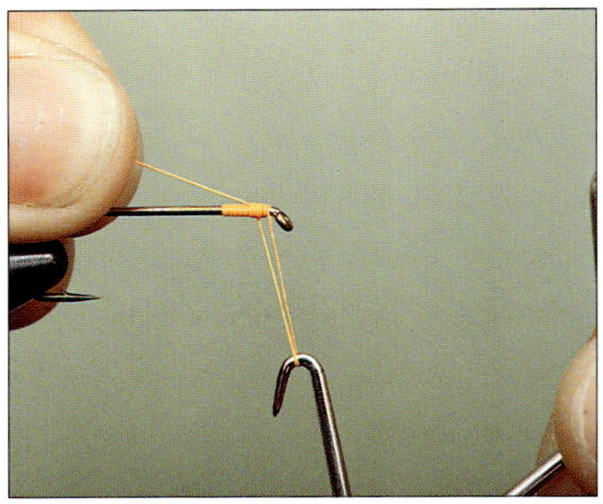

4 Tirez sur le fil jusqu'à ce que la boucle soit dirigée vers le haut. Coupez et appliquez une goutte de vernis.

Vous avez besoin d'une paire de ciseaux aiguisés, d'un porte-bobine pour le fil de montage, d'une aiguille à dubbing et de pinces à hackle. Le finisseur sert à nouer le fil lorsque la mouche est achevée.
Le démarrage et le nœud final peuvent être réalisés aussi bien à la main qu'à l'aide d'outils. Le montage d'une mouche est achevé au moyen d'un nœud final. Cette méthode consiste à enrouler le fil de montage sur lui-même en effectuant au moins trois tours. Elle forme la tête de la mouche et maintient le fil de montage. Les différentes phases de ce processus sont les mêmes, que vous utilisiez un outil ou non. Mais lorsque vous exécutez le nœud final à la main, vous devez former une boucle avec le fil autour de vos deux premiers doigts.

Début de Montage

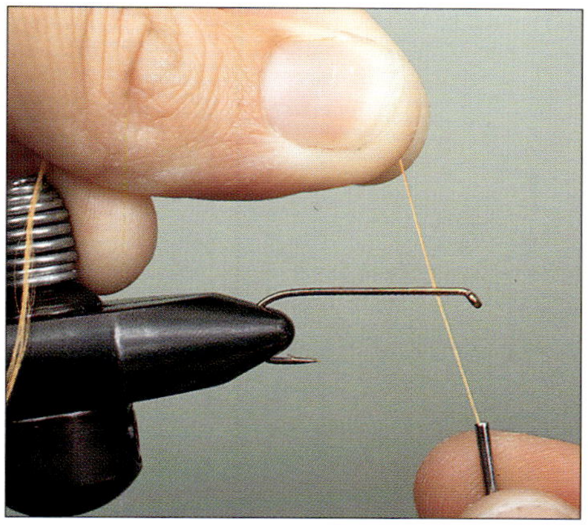

1 Placez le fil tendu contre la tige de l'hameçon. Maintenez fermement l'extrémité libre.

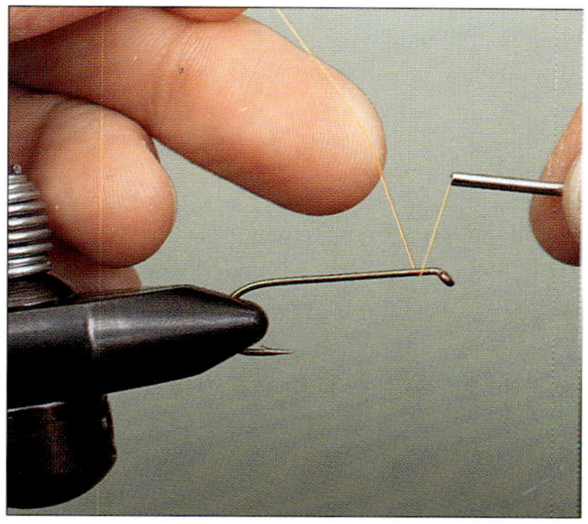

2 Enroulez le fil autour de la tige.

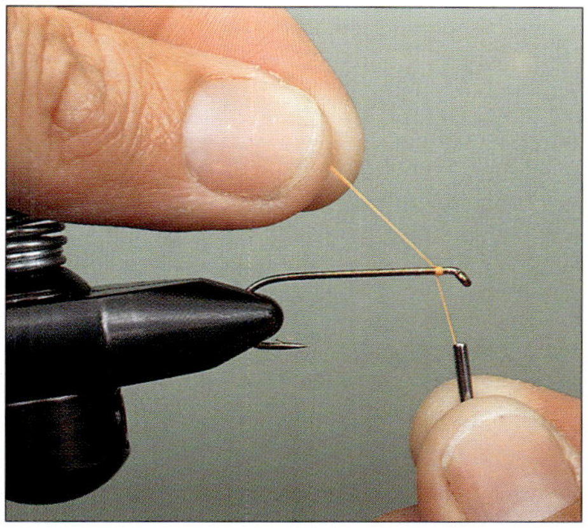

1 Nœud final exécuté à la main : Faites environ quatre tours autour de l'hameçon afin de maintenir fermement l'extrémité libre de celui-ci.

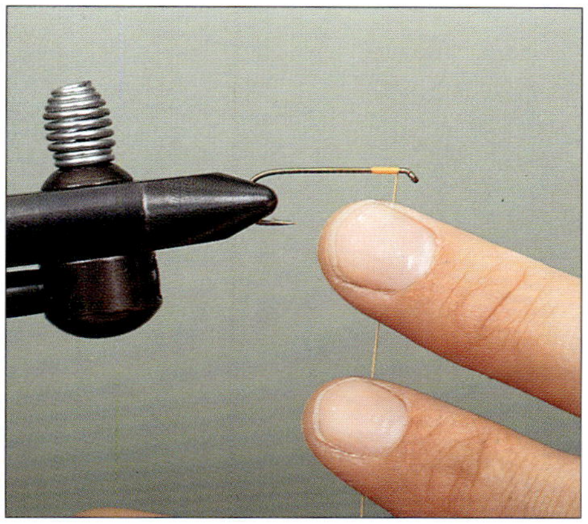

2 En tendant le fil, placez deux doigts contre le fil, le dos de la main vers vous.

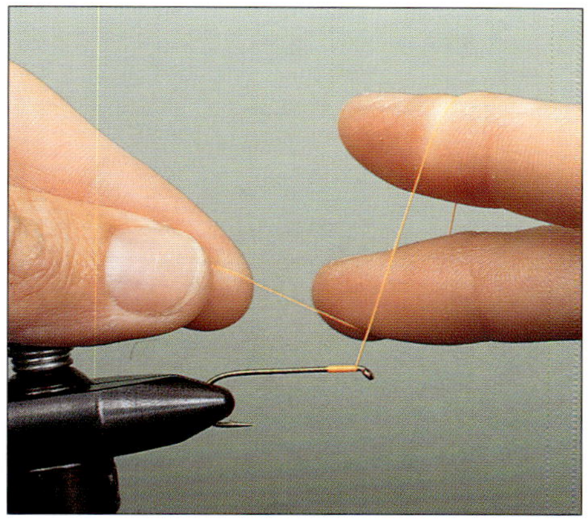

3 Pour former une boucle, tournez votre main de 180°, en faisant passer le fil sous le doigt du dessous.

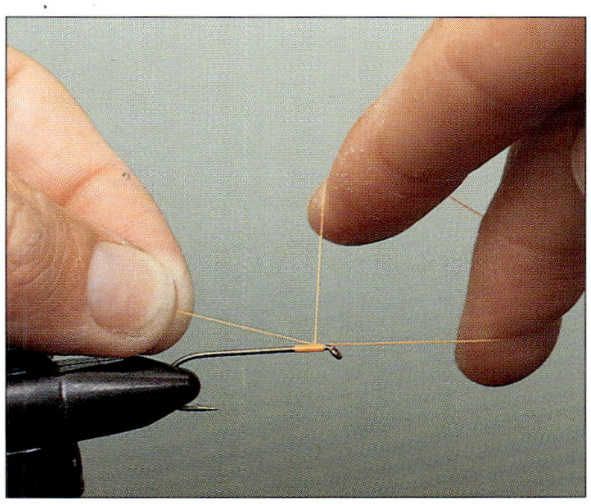

4 Passez votre main quatre ou cinq fois autour de la tige, en bloquant le fil contre l'hameçon.

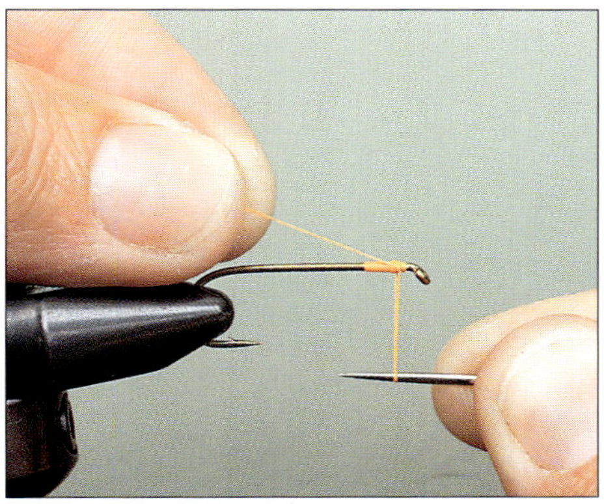

5 Utilisez une aiguille à dubbing pour garder la boucle tendue pendant que vous tirez sur le fil, puis coupez.

Hairy Prince
La tête de ce modèle (ci-dessus) a été vernie pour être protégée et avoir un meilleur aspect.

QUEUES

LES QUEUES SONT NOUÉES à la courbure de l'hameçon. La partie la plus difficile consiste à faire tenir le matériau au-dessus de la tige. Il faut donc le maintenir par plusieurs tours serrés de fil de montage, en pressant ce dernier contre l'hameçon avec le pouce. Cette méthode est également employée pour fixer les ailes parallèlement à l'hameçon.
De nombreux matériaux sont utilisés pour la confection des corps de mouches (se reporter aux pages 240 à 277 pour les composants de chaque mouche). Il peut s'agir de soie floche, de poil, de tinsel, de herl de paon ou d'autruche, ainsi que de matériaux synthétiques tels que l'Antron, le Lurex, le polythène, le polypropylène, le Latex, le Haretron et le Plastazote.
Aujourd'hui, les soies floches peuvent être en soie naturelle ou synthétique. Quel que soit le matériau utilisé, il est enroulé en plusieurs couches le long de la tige de l'hameçon, afin de constituer un corps uniforme. Il ne faut pas oublier de laisser suffisamment d'espace au niveau de l'œillet pour le hackle et la tête.

MONTAGE DE LA QUEUE

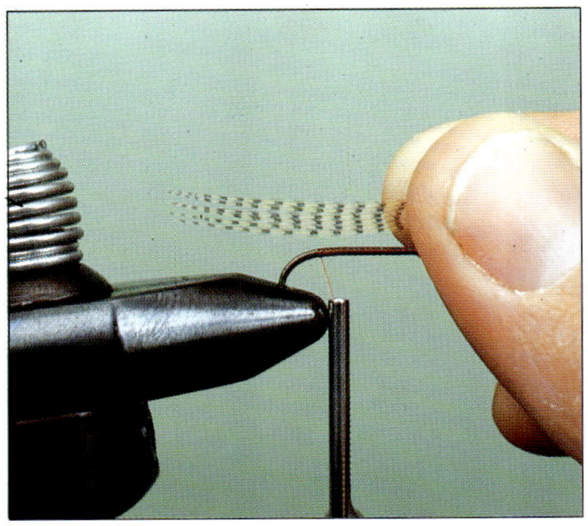

1 La queue doit être positionnée au-dessus de la tige de l'hameçon, parallèlement à cette dernière, et dépasser à l'arrière de l'hameçon.

2 Fixez la queue au niveau de la courbure de l'hameçon avec quatre ou cinq tours de fil de montage. Coupez.

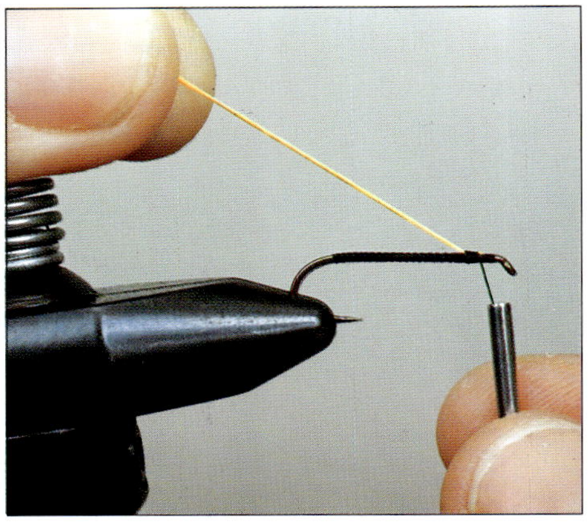

1 entourez la tige de fil de montage jusqu'à l'œillet. Maintenez la première extrémité de soie floche avec quelques tours de fil.

2 Enroulez la soie floche avec soin sur la sous-couche de fil de montage, de manière uniforme.

GE Nymph
Un corps en fibres de plume enroulées (ci-dessus).

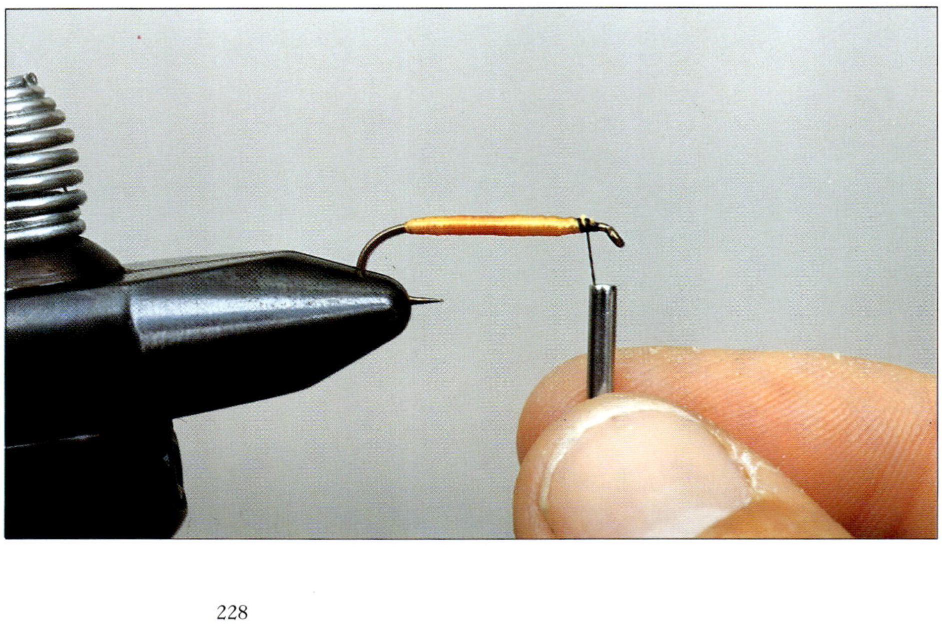

3 Pincez la seconde extrémité de la soie floche avec quelques tours de fil, et coupez l'excédent de matériau.

CORPS

Les corps en poil sont montés selon d'une méthode nommée dubbing. Les fibres de poil sont en effet trop courtes pour être enroulées telles quelles autour de la tige.

La méthode du dubbing est la suivante : prenez une poignée de fibres et formez une boule. Ebouriffez les fibres puis roulez-les de façon à obtenir un fuseau fin et allongé. On peut également vriller la soie de montage. Choisissez la méthode qui aboutit au meilleur résultat.

On peut monter le thorax de la même manière, mais il faut rajouter des matériaux (voir page 236) pour augmenter le volume. Les fibres très courtes peuvent être appliquées à l'aide d'un crochet à dubbing (voir page 231).

Lorsqu'on utilise des matériaux plats tels que le Latex ou le Tinsel pour confectionner un corps, il faut toujours prendre soin de les enrouler de manière uniforme afin qu'ils se chevauchent légèrement. Seules les finitions lisses et régulières créent un modèle réaliste qui imite si fidèlement l'insecte naturel que les truites les plus méfiantes s'y laissent prendre.

DUBBING

1 Prenez une petite poignée de poils et ébouriffez les fibres avec vos doigts.

2 Roulez le matériau de dubbing entre votre pouce et votre index dans une seule direction afin d'obtenir un fuseau uniforme.

3 Enroulez le dubbing autour de la tige de l'hameçon. Un corps en dubbing ne doit être ni trop volumineux ni trop velu, et il ne faut donc pas utiliser une trop grande quantité de matériau. Pour le cerclage, vous pouvez utiliser une aiguille à dubbing pour ébouriffer certaines fibres.

1 **Matériaux plats :** fixez une extrémité du matériau utilisé pour le corps contre les fibres de la queue.

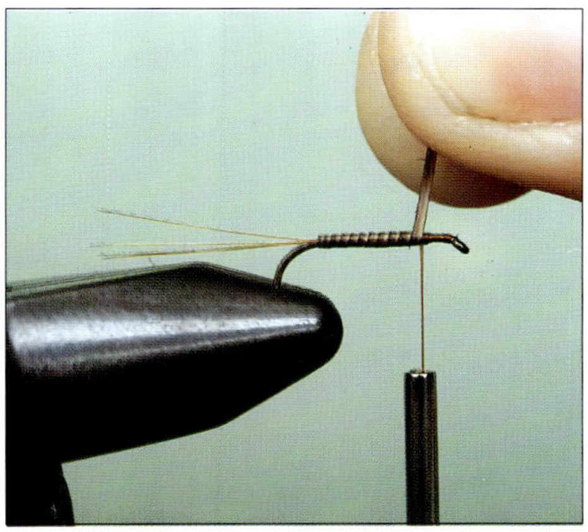

2 Enroulez le matériau en le faisant se chevaucher. Stoppez près de l'œillet et nouez. Coupez l'excédent de matériau.

Sedge Pupa
Un corps en dubbing avec un mélange d'Antron.

HACKLES

LES HACKLES IMITENT LES PATTES ET LES AILES d'une mouche. Ils sont confectionnés avec différents matériaux, bien que les plumes soient le plus couramment utilisées. Les hackles des mouches sèches sont formés de plumes de coq rigides qui aident le modèle à flotter à la surface de l'eau. En revanche, le hackle d'une mouche noyée ne doit pas empêcher cette dernière de couler, et doit conserver sa mobilité. Les hackles des mouches noyées sont donc montés à partir de plumes de poule souples moins flottables, ou de fourrure.

Pour faire correspondre la taille du hackle avec celle de l'hameçon, la longueur de fibre du hackle doit être égale au double de la largeur de l'ouverture de l'hameçon. Positionnez le hackle à angle droit par rapport à l'hameçon, la partie supérieure faisant face à la tête de la mouche. Maintenez fermement l'hameçon et gardez cette position pendant l'enroulement. S'il vrille, choisissez-en un autre et recommencez.

Les hackles simples des mouches sèches et noyées sont montés en collerette. Ils sont enroulés puis fermement fixés. Un faux hackle est un hackle qui ne couvre que le sous-corps de la mouche, la partie supérieure pouvant être coupée après le montage.

HACKLE DE NYMPHE

1 Après avoir confectionné le corps, pincez un morceau de plume, qui formera le sac alaire. Montez ensuite le hackle.

2 Ajoutez du dubbing pour le thorax. Rabattez le rachis de la plume sur le thorax et fixez. Pour la finition, reportez-vous à la page 236 sur les sacs alaires.

HACKLE SIMPLE D'UNE MOUCHE SÈCHE

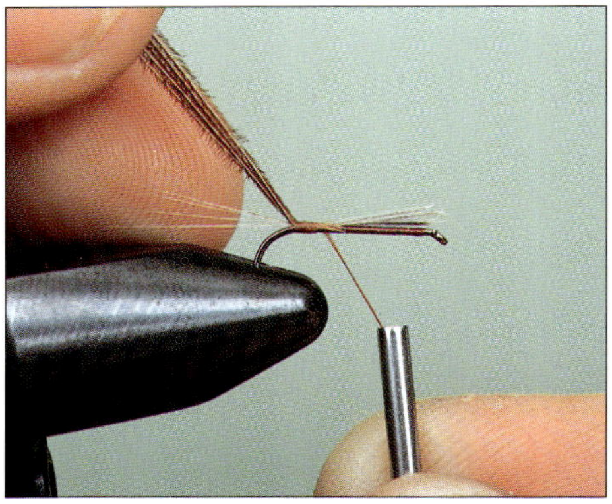

1 Les fibres de plume sont pincées au même endroit que la queue, c'est-à-dire à la courbure de l'hameçon.

2 Les fibres sont enroulées plusieurs fois autour du corps, jusqu'à l'œillet.

3 Otez les fibres à la base du hackle et fixez-le sur le corps avec quelques tours de fil de montage.

4 Saisissez le hackle avec la pince à hackle et faites deux ou trois tours autour de la hampe de l'hameçon.

5 Enroulez le fil de montage autour des fibres de hackle, nouez l'extrémité et coupez. Puis effectuez un nœud final.

UTILISATION D'UN CROCHET À DUBBLING POUR CONFECTIONNER UN FAUX HACKLE

1 Formez une boucle avec le fil de montage et emprisonnez les fibres de fourrure à l'intérieur.

2 Fermez la boucle afin de maintenir les fibres serrées.

3 Faites deux ou trois tours autour de la tige de l'hameçon et nouez. Enlevez la partie supérieure du hackle pour former le thorax.

PALMER

UN HACKLE EN PALMER s'étend tout le long du corps de la mouche afin de lui donner du volume. On le retrouve sur les mouches sèches et noyées. Il renforce la mobilité de la mouche noyée et améliore la flottabilité de la mouche sèche.
Le hackle est choisi de la même manière que pour les autres plumes (voir ci-contre). On retire les fibres à la base du quill pour le rendre plus facile à monter.

HACKLE SIMPLE D'UNE MOUCHE SÈCHE

1 Fixez le matériau pour le corps au niveau de la queue avec du Tinsel ou du fil métallique.

2 Enroulez le matériau pour le corps et le fil de montage vers l'œillet et pincez le hackle.

3 Enroulez le hackle le long de la tige jusqu'à la queue, en spires espacées mais tendues.

4 Le fil métallique/Tinsel fixe le hackle au niveau de la queue avant d'être à nouveau enroulé autour des fibres du hackle, en direction de l'œillet.

5 Le fil métallique/Tinsel maintient fermement le hackle le long du corps. Tout excédent de matériau est enlevé.

AILES

IL EXISTE DIFFÉRENTES FAÇONS DE MONTER DES AILES afin d'imiter les divers stades du cycle de vie des insectes naturels. Dans certains modèles, tels que les leurres, les ailes doivent donner l'impression que la mouche bouge et vit une fois dans l'eau. On utilise également différents matériaux naturels tels que les plumes, les pointes de hackle, les fibres de hackle et les poils, ou encore des matériaux synthétiques, dont la diversité permet au monteur de créer des mouches artificielles encore plus convaincantes.

Adams
Une mouche sèche avec des ailes en pointes de hackle et un corps en dubbing.

AILES EN FIBRES DE PLUME

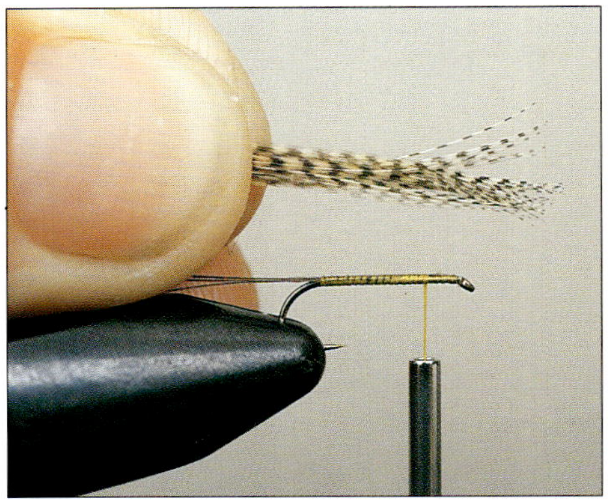

1 Arrachez une pincée de fibres d'une plume. Faites-la légèrement dépasser de la courbure de l'hameçon.

2 Fixez les fibres près de l'œillet de l'hameçon avec quelques tours de fil de montage.

3 Divisez en deux la poignée de fibres. Enroulez le fil en traçant une figure en forme de huit.

4 Ce montage en forme de huit a produit une mouche traditionnelle à ailes en V.

AILES EN POINTES DE HACKLE

1 Positionnez deux plumes identiques de chaque côté de la hampe. Fixez-les avec trois tours de fil de montage.

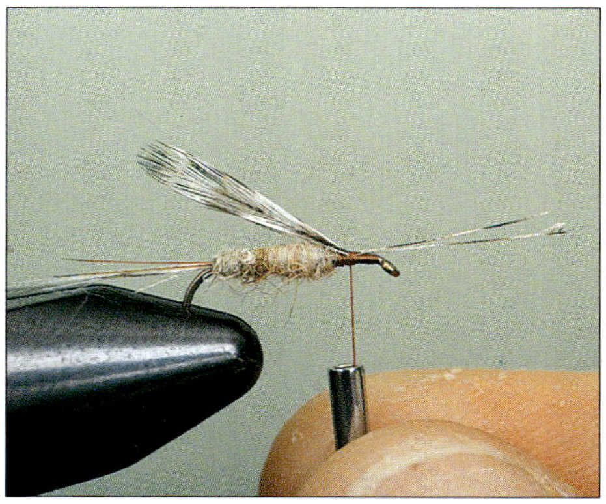

2 Enroulez le fil en traçant des figures en forme de huit autour des plumes pour les séparer et les dresser.

3 Voici des ailes en pointes de hackle.

Ailes des Mouches Sèches

Les fibres de plume sont utilisées pour confectionner les petits modèles, et peuvent être montées en V au-dessus de la tige. Les pointes souples de hackle de poule sont réservées aux ailes des imagos de mouches de mai, qui doivent flotter dans le film de surface.
Les ailes en poil assurent également une bonne flottabilité. Leurs fibres doivent être coupées à la même longueur.
Le polypropylène est un matériau synthétique populaire. Matériau transparent utilisé pour le montage des modèles no-hackle, il permet à ces derniers de flotter dans le film de surface.
En fonction de l'insecte à imiter, les ailes de la mouche sèche peuvent adopter des positions différentes. En enroulant le fil de montage à l'avant et à l'arrière des ailes, on obtient une position verticale ; en traçant une figure en forme de huit avec le fil, on obtient une position semi-verticale ou même horizontale, qui rappelle celle d'un insecte mort.

Ailes en Poils

1 Les fibres doivent dépasser à l'avant de l'œillet sur environ les deux tiers de la longueur de la hampe de l'hameçon.

2 Enroulez le fil à l'avant des fibres pour qu'elles se dressent. Montage en forme de huit.

3 On ajoute le corps et le hackle pour compléter la mouche.

Gulper Adams
La version parachute de l'Adams, avec une aile en polypropylène.

Ailes en Polypropylène

1 Commencez par monter le corps.

2 Pincez le morceau de polypropylène sur le hameçon avec un tour de fil. Tracez une figure en forme de huit pour le fixer solidement.

3 Taillez les ailes à la longueur voulue et utilisez une aiguille à dubbing pour disperser les fibres.

YEUX PLOMBÉS & LEURRES

LES YEUX PLOMBÉS existent en différentes tailles et permettent de lester une mouche. Le marabout est une plume très souple prélevée sur les pattes des dindes. Très mobile, ce matériau palpite dans l'eau et attire la truite. Ses couleurs fluorescentes sont très visibles, et les leurres équipés d'ailes en marabout sont très prenants en eau dormante. Les ailes en poil bougent mieux en eau vive.

FIXATION DES YEUX PLOMBÉS

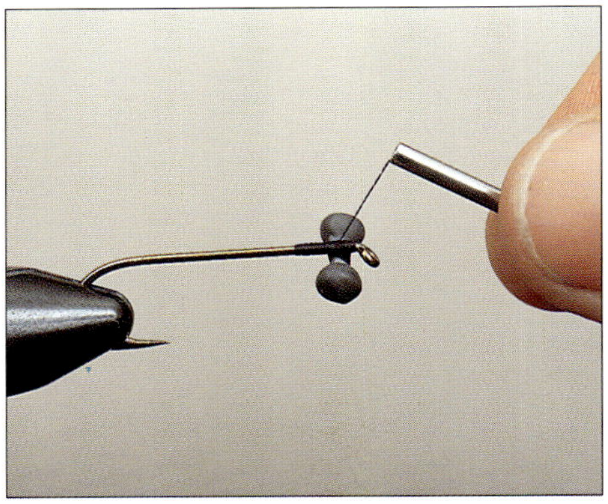

1 Placez la paire d'yeux sous la hampe de l'hameçon. Fixez-la en traçant des figures en forme de huit avec le fil de montage.

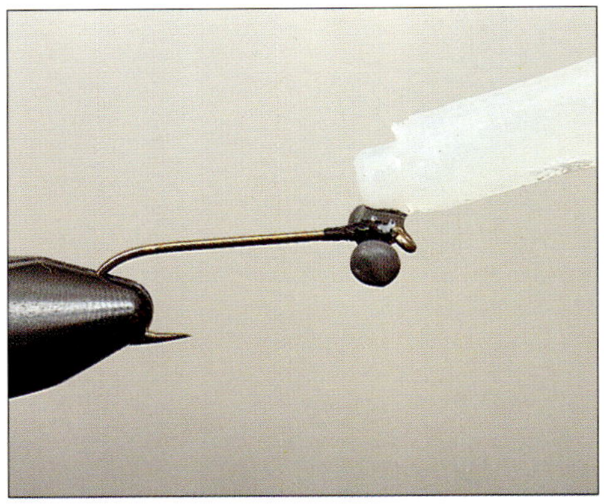

2 Le montage peut être renforcé en ajoutant un peu de colle.

1 **Ailes en marabout :** Arrachez une pincée de fibres d'une plume de marabout.

2 Positionnez les fibres en veillant à ce que leur longueur coïncide avec celle de la queue.

3 Enroulez le fil de montage en spires serrées. Découpez en diagonale l'excédent de marabout.

AILE EN POILS

1 Egalisez les fibres et positionnez-les de manière à ce qu'elles atteignent la courbure de l'hameçon.

2 Pincez les fibres avec plusieurs tours de fil.

3 Découpez en diagonale l'excédent de matériau, et recouvrez l'extrémité de plusieurs tours de fil.

AILES EN QUILL

ON DISPOSE D'UNE GRANDE VARIÉTÉ DE POILS pour le montage des mouches sèches. La décoloration et la coloration du poil d'écureuil ont produit une gamme impressionnante de couleurs vives. Plus le choix des couleurs est grand, plus l'imitation sera réussie. Pour de plus amples détails sur les matériaux et leur utilisation dans le montage de modèles particuliers, reportez-vous au Répertoire des formules de montage, pages 240 à 277.

Lorsque vous prélevez une pincée de fibres, prenez soin de les couper droit afin qu'elles soient de même longueur. Toute irrégularité dans la silhouette de la mouche artificielle risquerait d'inquiéter la truite, ce qui explique que la taille des fibres doive être très précise.

La méthode de montage décrite ici indique comment confectionner les ailes en quill d'une mouche noyée. Les deux sections de plume doivent être prélevées sur deux plumes identiques afin que les ailes soient identiques en taille, en forme et en couleur.

Pour le montage des mouches noyées, les dessous des plumes se font face. Ainsi, lorsque les ailes sont en position, leur courbure fait que leurs pointes se touchent.

AILES DE MOUCHE NOYÉE EN QUILL

1 Prélevez deux morceaux sur deux plumes d'aile identiques.

2 Placez-les au-dessus de l'hameçon, leur extrémité coïncidant avec la fin de la hampe.

3 La taille et la forme des deux sections de plume doivent être identiques.

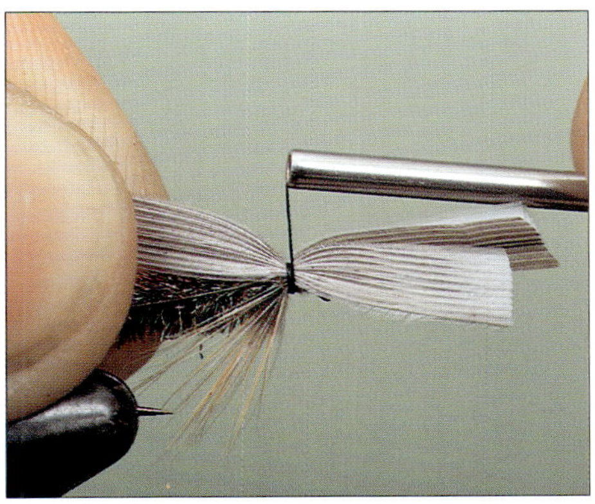

4 Positionnez les deux morceaux de plume et pincez-les avec le fil de montage (voir montage des queues, page 228).

5 Effectuez le nœud final à la main ou à l'aide du finisseur pour confectionner la tête de la mouche.

6 Des ailes concaves forment une mouche noyée (ci-dessus). Des ailes convexes forment une mouche sèche.

LESTAGE & SACS ALAIRES

POUR ALOURDIR UNE MOUCHE, on peut ajouter des yeux plombés (voir page 234) ou enrouler un fil en plomb sous le montage. Cette technique est connue sous le nom de lestage ou plombage. Confectionnés à partir de fibres de plume, les sacs alaires imitent un insecte au stade nymphal, avec les ailes à l'intérieur du corps. On monte une mouche noyée en formant le corps, en ajoutant ensuite un hackle puis en effectuant un nœud final.

PLOMBAGE

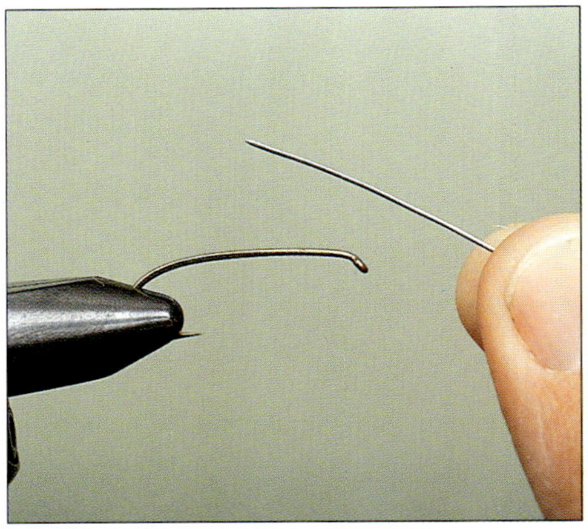

1 Prenez un fil de plomb de la même épaisseur que celle de la tige de l'hameçon.

2 Enroulez le fil au centre de la hampe, coupez.

1 Sac alaire double : Fixez les fibres de plume sur le corps et formez le thorax (voir corps en dubbing, page 229).

2 Rabattez la section de plume sur le thorax et fixez-la.

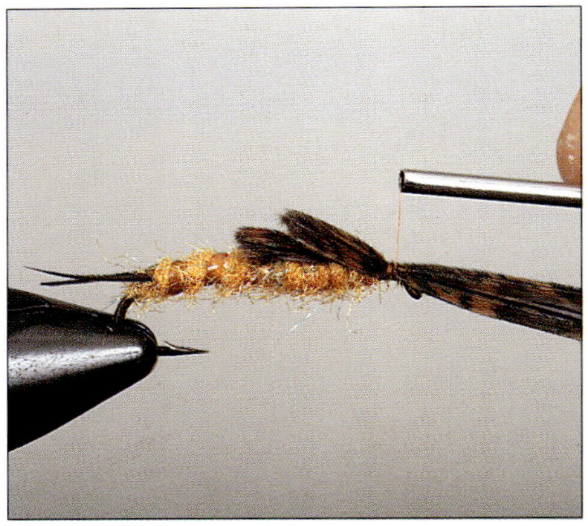

3 Répétez l'opération afin d'obtenir deux sacs alaires, puis faites le nœud final.

Hare's-Ear Nymph
Modèle lesté avec sac alaire.

1 Sac alaire simple : Fixez une section de plume pour le sac alaire après avoir confectionné le corps.

2 Formez le thorax, puis rabattez la section de plume par-dessus. Fixez et coupez l'excédent de matériau.

MOUCHE NOYÉE SIMPLE

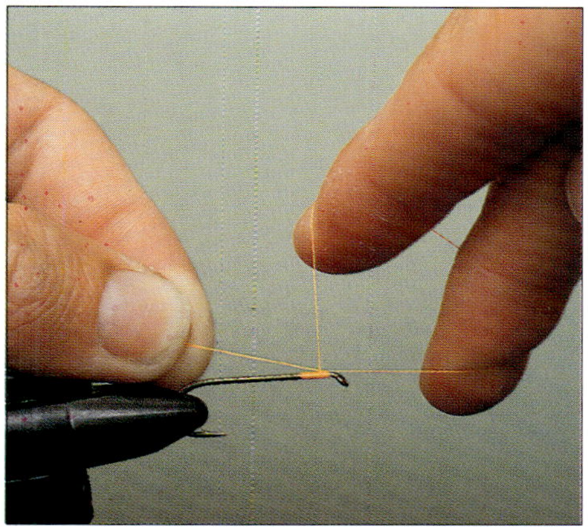

1 Enroulez le fil de montage pour commencer la mouche.

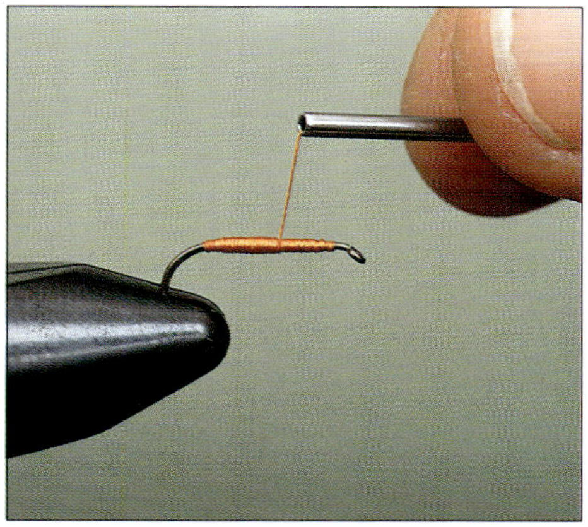

2 Formez le corps en partant de l'œillet, jusqu'à la courbure.

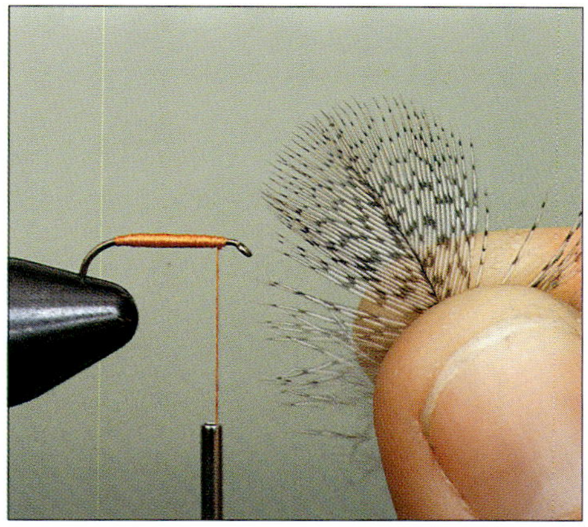

3 Prenez une plume de poule souple et peignez les fibres afin qu'elles soient perpendiculaires au rachis.

4 Pincez le hackle au niveau de l'œillet.

5 Enroulez deux ou trois fois le hackle autour de la tige de l'hameçon. Fixez avec le fil de montage, et coupez l'excédent.

6 Confectionnez une tête pour finir.

Partridge and Orange
Une mouche noyée simple peu fournie.

Cove Black Spider
Cette simple imitation de moucheron possède un corps en soie noire et un hackle en plume de poule.

AILES MATUKA & TÊTES EN MUDDLER

LA MÉTHODE DE MONTAGE MATUKA tient son nom de l'oiseau néo-zélandais dont les plumes étaient utilisées pour confectionner les premiers modèles de ce style. Ce type d'aile en forme de crête peut être accompagné d'un hackle en collerette et d'un nœud final représentant la tête de la mouche.
Le poil de cerf est un matériau creux et flottant qui convient parfaitement au montage des têtes en muddler. Il permet d'obtenir la forme précise voulue.

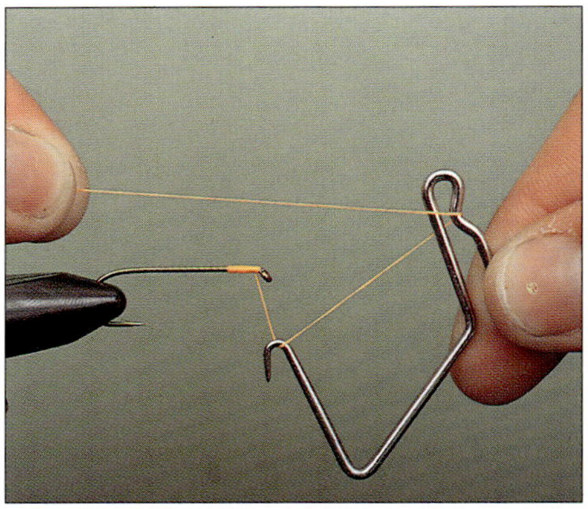

1 Ailes matuka : Le montage de la mouche commence à la main ou à l'aide d'un finisseur.

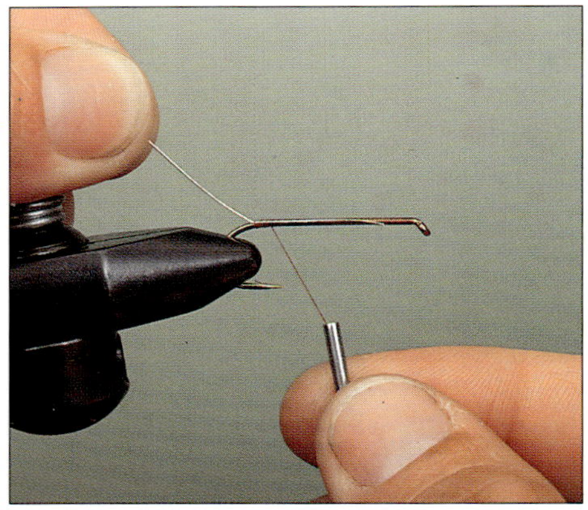

2 Enroulez le fil de montage jusqu'à la courbure de l'hameçon, pincez le matériau pour le corps et le fil de cerclage, puis ramenez le fil de montage vers l'œillet.

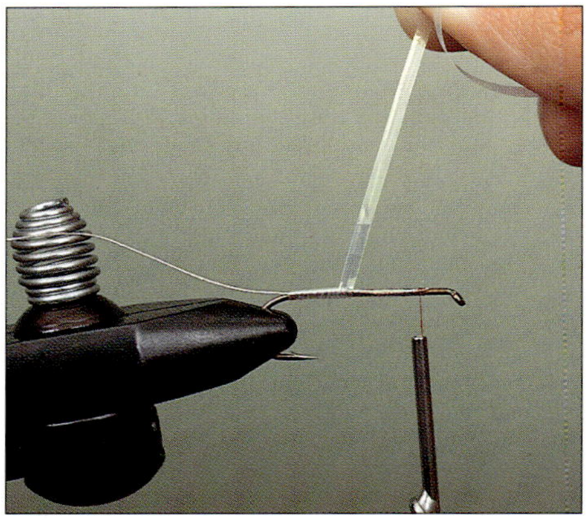

3 Formez le corps en laissant de côté le fil de cerclage.

4 Prenez un morceau de fourrure de lapin assez large pour couvrir la moitié de la largeur de l'hameçon ainsi que la moitié de la longueur de la tige.

5 Fixez solidement l'aile au niveau de l'œillet.

Mink Zonker
Modèle Matuka avec un corps en fourrure.

6 Prenez l'autre extrémité de l'aile entre votre doigt et votre pouce afin de plaquer l'aile le long du corps. Enroulez le fil de cerclage le long de l'hameçon en spires régulières et espacées.

7 Séparez les fibres avec votre main libre. Faites six ou sept tours le long du corps pour maintenir l'aile en place. Nouez le cerclage et coupez l'excédent de matériau.

1 Tête en muddler : Prenez une petite touffe de poils de cerf en s'assurant qu'ils sont de même longueur.

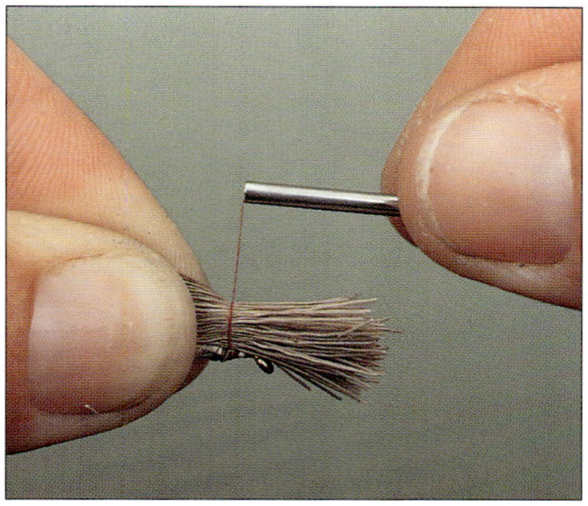

2 Fixez-la au niveau de l'œillet avec deux tours de fil de montage non serrés.

3 Faites encore quelques tours, puis tirez le fil vers le bas en serrant, afin que les poils s'évasent.

4 Rabattez les poils en arrière et maintenez-les en place avec quelques tours de fil.

5 Rajoutez des touffes de poils jusqu'à ce que le fossé entre le corps et l'œillet de l'hameçon soit comblé. Faites un nœud final.

6 Coupez les poils avec des ciseaux aiguisés, en laissant quelques poils plus longs à l'arrière afin de recouvrir le corps.

7 Plus la tête est grande, plus le modèle flottera. Il ne faut donc pas couper trop courts les poils des mouches sèches, au contraire des mouches noyées.

Woolhead Sculpin
Le poil de cerf a été remplacé par de la laine pour former une silhouette dense.

Répertoire des Formules de Montage

La pêche à la mouche n'est pas seulement un sport, mais également un art, celui du montage. Ce domaine, qui suscitait autrefois l'intérêt d'une minorité, a connu une évolution fulgurante. Des associations et des clubs ont fleuri de par le monde pour s'y consacrer à part entière, et ont été le théâtre d'authentiques innovations.

L'imitation exacte des formes de nourriture fait l'objet d'une recherche très active. A un moment où à un autre, chaque monteur s'efforce de reproduire chaque détail de l'insecte naturel, et la recherche de matériaux adéquats ne connaît plus de limites. Cependant, il est intéressant de constater qu'en dépit de ce grand réalisme, ce sont souvent les mouches simples qui donnent les meilleurs résultats. Mettez une mouche dans un évier rempli d'eau, et vous aurez une idée approximative de son comportement dans une rivière ou dans un lac. Les couleurs s'assombrissent, les hackles et autres matériaux s'aplatissent, altérant la silhouette de la mouche. Très peu de matériaux sont en fait nécessaires pour monter une mouche, mais il est difficile de résister à la variété qui nous est offerte. Autrefois, on utilisait des plumes d'aigles, de condors, de hiboux et d'autres espèces. La fourrure de phoque servait à confectionner les corps, et les poils d'ours les ailes. Des matériaux synthétiques de substitution sont aujourd'hui disponibles. La nécessité de protéger les espèces a conduit à la découverte de nouveaux matériaux tels que l'Antron, une fibre de nylon qui emprisonne les bulles d'air et semble respirer, et la mousse micro-cellulaire, qui procure une bonne flottabilité. Le secret d'un montage réussi réside dans la maîtrise des règles de base et dans l'expérimentation du plus grand nombre de modèles possible. La pêche à la mouche trouve son expression la plus noble dans le fait d'abuser une truite avec son propre modèle, créé avec des matériaux, un étau, quelques outils et un esprit curieux.

VOIR PAGES 80-1

Modèles Steelhead classiques

NOM DE LA MOUCHE	HAMEÇON	SOIE	QUEUE	CERCLAGE	CORPS	AILE	HACKLE
Spruce	N°4 à 12, tige longue	Noire	Pointe de herl de paon	Néant	Soie floche ou laine rouge, herk de paon	Plumes badger	Badger
Orange Comet	Mouche sèche à saumon Wilson, N°4 à 10	Noire	Queue de daim orange	Néant	Tinsel ovale doré avec deux yeux argentés en forme de perle	Néant	Long hackle de coq orange
Mickey Finn	N° 4 à 12, tige longue	Noire	Néant	Néant	Tube en Mylar argenté	Queue de daim jaune et rouge	Néant
Burlap	N° 4 à 10, longue tige	Noire	Queue de daim gris/brun	Néant	Toile enroulée en spires serrées ou dubbing crème	Néant	Grisonnant long
Grizzly King	Mouche à saumon pour eau peu profonde, N° 4 à 12	Noire	Fibres d'écureuil roux	Tinsel ovale doré	Soie floche noire	Queue de daim brune	Grisonnant long
Silver Hilton	Mouche à saumon pour eau peu profonde, N° 4 à 12	Noire	Colvert argenté	Tinsel ovale argenté	Chenille noire	Hackles grisonnants	Grisonnant long
Black Ghost	N° 4 à 12, longue tige	Noire	Hackle de coq jaune	Mylar plat argenté	Soie floche noire	Hackles de coq blancs	Hackle de coq jaune
Parchamene Belle	Mouche à saumon pour eau peu profonde, N° 4 à 12	Noire	Plume blanche et rouge	Tinsel argenté	Mohair ou soie floche jaune	Quill	Néant

Steelhead

MOUCHES INCITATIVES & IMITATIVES

VOIR PAGES 82-3

NOM DE LA MOUCHE	HAMEÇON	SOIE	QUEUE	CERCLAGE	CORPS	AILE	HACKLE
Flash Fly	Mouche à saumon pour eau peu profonde, N°2 à 12	Noire	Flashabou argenté	Néant	Tinsel ovale argenté	Marabout rose	Coq rouge
Ferry Canyon	Mouche à saumon pour eau peu profonde, N° 4 à 12	Noire	Laine ou soie floche rouge fluorescent	Tinsel ovale argenté	Chenille noire	Marabout violet	Poule noire
Flamingo Zonker	O'Shaughnessy N° 2 à 6	Rouge	Brins de mylar	Néant	Tube de Mylar argenté	Fourrure de lapin rose	Néant
Bomber (Finlande)	Mouche sèche à saumon de Wilson, N° 6 à 14	Crème	Queue de veau blanche	Hackle bleu-gris en palmer	Fourrure de phoque crème ou substitut	Ours polaire ou substitut	Grison-nant
Popsicle	Mouche à saumon pour eau peu profonde, N°4 à 12	Rouge fluorescent	Néant	Chenille orange fluorescent	Chenille orange fluorescent	Marabout orange	Lapin violet aéré
Bear-Hair Bugger	N° 4 à 12 longue tige (lesté)	Noire	Poil d'ours brun/noir	Tinsel ovale argenté	Chenille noire	Néant	Coq noir long
Teeny Nymph	Mouche à saumon pour eau peu profonde, N° 4 à 14	Identique au corps	Néant	Fil de cuivre optionnel	Fibres de queue de faisan	Néant	Extrémité des fibres de queue de faisan
Flesh Fly	0'Shaughnessy, N° 2 à 6	Crème	Néant	Tinsel argenté	Soie floche blanche	Néant	Néant
Egg-Sucking Leech	Nickel tige longue, N°2 à 10	Orange	Néant	Tinsel argenté	Mylar plat perlé optionnel	Lapin naturel	Coq orange
Wooly Bugger (Original)	N°2 à 6, longue tige	Noire	Plume de marabout noire	Coq noir en palmer	Chenille noire	Néant	Néant
Magic Sam	Mouche à saumon pour eau peu profonde, N°2 à 8	Noire	Red gill en plastique	Néant	Identique à la queue	Marabout blanc et jaune	Coq jaune
Muskrat Strip	N°2 à 6, longue tige	Noire	Néant	Tinsel ovale argenté	Mylar plat perlé	Rat musqué	Soie floche rouge
Purple Wooly Bugger/Egg-Sucking Leech	N°2 à 6, longue tige	Noire	Marabout violet	Hackle de coq noir en palmer	Chenille violet foncé	Néant	Néant
Mouse	Hameçon à bars, taille 2	N'importe quelle couleur, résistante	Fine bande de peau de chamois	Néant	Longues fibres de poil de corps de cerf	Néant	Néant

VOIR PAGES 84-5

Steelhead
MOUCHES SÈCHES ET MOUCHES EN FORME D'ŒUF

NOM DE LA MOUCHE	HAMEÇON	SOIE	QUEUE	CERCLAGE	CORPS	AILE	HACKLE
Rusty Bomber	Mouche sèche à saumon Wilson, N°6 à 10	Noire	Ecureuil roux	Coq cree roux	Poils de cerf couleur rouille	Fibres d'écureuil roux	Néant
Oversize Troth Elk Hair Caddis	Mouche sèche à saumon Wilson, N°8 à 12	Crème	Néant	Coq couleur feu en palmer	Haretron vert	Poils d'élan	Néant
Steelhead Caddis	Mouche sèche à saumon Wilson, N°6 à 10	Noire ou orange	Néant	Néant	Antron orange/rouille	Dinde brune	Néant
Grease-Liner	Mouche sèche à saumon Wilson ou hameçon pour eau peu profonde, N°4 à 10	Noire ou orange	Fibres de poil de cerf	Cree roux en palmer	Antron ou Poly II rouille	Poils d'élan ou de cerf	Comme pour l'aile
Water-Walker	Mouche sèche à saumon Wilson, N°6 à 10	Noire	Fibres de poil de cerf noires	Néant	Poils de cerf aérés	Queue de veau	Poils de cerf
Egg Fly	N°2 à 8, oeillet vertical Mustad	Orange	Néant	Néant	Laine orange, blanche ou chartreuse	Néant	Néant
Fall Favourite	Mouche à saumon pour eau peu profonde ou Wilson, N°4 à 12	Rouge fluorescent	Néant	Tinsel ovale argenté	Nylon plat argenté	Ecureuil orange	Coq rouge ou orange
Egg-Roe Cluster	Mouche à saumon pour eau peu profonde, N°4 à 8	Rouge fluorescent	Néant	Tinsel ovale argenté	Chenille couleur feu	Laine couleur pêche, jaune d'œuf	Flashabou perlé
Polar Shrimp	Mouche à saumon pour eau peu profonde, N°4 à 10	Rouge	Hackle de coq rouge/orange	Tinsel ovale argenté	Chenille orange	Poils d'ours polaire ou queue de veau	Hackle de coq rouge
Father's Bright Roe	Mouche à saumon pour eau peu profonde	Rouge fluorescent	Plume de marabout blanche	Néant	Chenille rouge et blanche	Laine couleur pêche/laitance	Néant
Green Roe	Mouche à saumon pour eau peu profonde, N°4 à 8	Rouge	Néant	Tinsel ovale argenté	Chenille chartreuse	Laine chartreuse	Flashabou perlé
Pink Deviant	Mouche à saumon pour eau peu profonde, N°4 à 10	Rouge fluorescent	Laine rouge cerise/magenta	Tinsel ovale argenté	Chenille blanche	Ecureuil rose fluorescent	Hackle de coq rouge
Skykomish Sunrise	Mouche à saumon pour eau peu profonde, N°4 à 12	Rouge fluorescent	Hackle de coq rouge et jaune	T insel ovale argenté	Chenille couleur feu	Queue de daim ou de veau blanche	Coq rouge/orange
Babine Special	Mouche à saumon pour eau peu profonde, N°6 à 10	Noire	Hackle de coq rouge	Tinsel ovale argenté	Soie floche rouge	Queue de daim ou de veau blanche	Hackle de coq rouge
Umpqua Special	Mouche à saumon pour eau peu profonde, N°4 à 12	Rouge	Hackle de coq blanc	Tinsel ovale argenté	Soie floche rouge et jaune	Queue de daim rouge sur blanc	Collerette couleur feu
Admiral	Mouche à saumon pour eau peu profonde, N°4 à 12	Noire	Hackle de coq rouge	Tinsel ovale argenté	Soie floche rouge	Queue de daim ou de veau	Coq rouge
Alaska Alexander	Mouche à saumon pour eau peu profonde, N°4 à 8	Rouge fluorescent	Ours polaire ou substitut	Néant	Chenille rouge et blanche	Lureflash fluorescent	Autour de l'hameçon

Mouches classiques des réservoirs

VOIR PAGES 88-9

NOM DE LA MOUCHE	HAMEÇON	SOIE	QUEUE	CERCLAGE	CORPS	AILE	HACKLE
Black Spider	N°10 à 14	Noire	Néant	Fil argenté fin	Soie noire	Néant	Poule noire
Iven's Brown-and-Green Nymph	N°6 à 10	Brune	4 brins de herl de paon	Tinsel ovale doré	Herl d'autruche teint en vert et brun, surmonté d'herl de paon, longeant également le corps	Néant	Tête en herl de paon
Midge Pupa	N°10 à 16	Noire	Voir hackle	Rachis de hackle de coq blanc	Fibres de plume ou soie de montage noires, horax en herl de paon bronze (autres couleurs : rouge-vert olive-orange)	Néant	Coq blanc
Black-and-Peacock Spider	N°6 à 12	Noire	Néant	Soie floche noire	Sous-corps en soie floche noire, recouvert de 3 ou 4 brins de herl de paon bronze	Néant	Poule noire
Amber Nymph	N°10 à 14	Noire	Néant	Soie de montage (optionnelle)	Soie floche ou fourrure de phoque ambre épaisses, avec un thorax en fourrure de phoque brune	Plume gris-brun pour le sac alaire	Poule miel
Ombusdman	N°8 à 10, longue tige	Marron	Néant	Fil de cuivre fin	Herl de paon bronze recouvert de plumes d'aile de poule tachetées de couleur foncée enveloppant partiellement le corps	Néant	Coq ou poule marron
Jersey Herd	N°6 à 12, longue tige	Marron	Herl de paon bronze	Néant	Sous-corps en tinsel couleur cuivre en forme de cigare, recouvert de 12 brins de herl de paon bronze	Néant	Herl de paon
Grenadier	N°12 à 16	Rouge	Néant	Tinsel ovale doré	Soie floche ou fourrure de phoque orange	Néant	Coq couleur feu
Chomper (série)	N°10 à 12	Marron	Néant	Néant	3 ou 4 brins de herl d'autruche sous un sac alaire en raphia	Néant	Néant
Cove's Pheasant Tail	N°8 à 12	Marron	Néant	Fil de cuivre fin	10 ou 12 fibres de plume de queue de faisan, avec un thorax en bourre de fourrure bleue de lapin sauvage	Néant	Néant
Collyer's Brown Nymph	N°10 à 12	Marron	Pointes de fibres de plume de coq faisan	Tinsel ovale doré	Fibres de plume de queue de faisan, avec un thorax en herl d'autruche teinté noisette	Duvet de coq faisan, d'autruche	Néant
Buzzer	N°10 à 12	Noire	Néant	Fil plat doré	Laine noire filée	Soie floche blanche	Néant
Baby Doll	N°6 à 10, longue tige	Noire	Laine du corps	Néant	Laine blanche fluorescente pour le dos, le corps et la queue	Néant	Tête en soie de montage noire
Sweeney Todd	N°6 à 14, longue tige	Noire	Néant	Tinsel plat argenté	Soie floche noire	Queue d'écureuil noire	Fibres de plume cramoisies
Appetizer	Taille 6, longue tige	Noire	Hackle de coq et plumes de poitrail de canard colvert	Tinsel ovale argenté fin	Chenille blanche	Marabout blanc, écureuil gris	Hackle monté en gorge, comme pour la queue
Black-and-Orange Marabou	Taille 8, longue tige	Noire	Fibres de hackle de coq oranges	Tinsel ovale doré	Tinsel plat doré	Marabout noir, jungle cock	Comme pour la queue
Muddler Minnow	N°6 à 12	Marron	Sections de plume de dinde brune	Tinsel ovale doré	Tinsel plat doré	Ecureuil, dinde brune	Tête en poil de chevreuil

VOIR PAGES 90-1

Réservoirs
NYMPHES DE FOND

NOM DE LA MOUCHE	HAMEÇON	SOIE	QUEUE	CERCLAGE	CORPS	AILE	HACKLE
Reed Nymph	N°10 à 12, longue tige	Marron	Fibres de plume de coq badger	Fil de cuivre fin	Sous-corps lesté recouvert de herl de paon et d'une carapace en queue de faisan	Néant	Plume badger couleur feu ou miel
Bead-Eyed Montana	N°6 à 10	Noire	Touffe de marabout noire	Tinsel ovale argenté	Chenille noire pour les deux tiers et chenille jaune fluorescent pour le reste	Néant	Œil en forme de perle ou bille de chaîne couleur argent
Harris Stick	N°10 à 12, longue tige	Chamois	Marabout noir	Tinsel ovale doré fin	Sous-corps en fil de plomb vernis, recouvert de fourrure de lièvre naturelle	Néant	Coq rouge, fourrure de lapin ambre
Stick Fly	N°8 à 10, longue tige	Noire	Néant	Fil cuivré ou doré	Fibres de plume de queue de faisan, herls de cygne olive, herl de paon vert. Thorax en soie floche jaune	Néant	Coq
Green Butt Tadpole	N°6 à 8	Noire	Fibres de marabout noires	Tinsel ovale argenté	Butt en chenille vert fluorescent, chenille noire. Existe en version lestée ou non lestée.	Néant	Néant
Minky	Capt. Hamilton N°6	Marron	Soie floche verte, Flashabou perlé	Tinsel ovale doré	Fourrure de face de lièvre mélangée	Vison pour le style Matuka	Hackle monté à l'avant de l'aile
Short Green Tag Stick	N°10 à 16	Marron	Néant	Fil fin en laiton	Fibres de plume de queue de coq faisan	Néant	Hackle de coq brun
Bewick's Booby	Taille 10	Noire	Touffe de marabout noire	Tinsel ovale argenté	Butt en soie floche jaune fluorescent, fibres de marabout noires aérées, autres couleurs: orange, jaune et blanc	Néant	Boules Plastazote en nylon
Wooly Worm	N°8 à 12	Noire	Touffe de soie floche ou laine rouge fluorescent	Fil ovale argenté	Chenille noire, dos en herl de paon	Néant	Hackle grisonnant monté en palmer
Hoglouse	N°10 à 12	Marron	Fibres de plume de perdrix	Néant	Fourrure de face de lièvre avec la carapace en plume de dinde brune enduite d'époxy, montée en trois sections doublées	Néant	Plume de perdrix brune
Randall's Dragon	N°4 à 12, longue tige	Olive	Pointes de plumes d'oie teintes en olive	Monofilament plat transparent	40% de fourrure de lapin olive et 60% de fourrure de phoque verte, taillée court après le cerclage. Idem pour le thorax.	Sac alaire en quill de canard olive	Plume d'oie
Deep Pupa	Hameçon à moucheron, N°10 à 14	Noire	Butt en soie floche rouge DFM	Même soie floche que pour le butt	Corps et thorax en fourrure de phoque noire	Flashabou perlé	Tête en bourre de fourrure de lapin
Hot-Spot Pheasant Tail	N°8 à 14, longue tige	Noire	Pointes de fibres de plume de queue de faisan	Fil de cuivre fin	Fibres de plume de queue de faisan avec un thorax en fourrure de phoque jaune	Néant	Mêmes fibres de plume de queue de faisan que pour les pattes
Hairy Prince Green Butt	Hameçon à larves Tiemco, N°8 à 16	Marron	Plume d'oie brune, butt vert en option	Fil plat doré	Fourrure de face de lièvre mélangée	Pointes de plumes d'oie blanches	Couleur feu
Fraser Booby Nymph	N°8 à 10	Marron	Plume de marabout blanche	Tinsel ovale argenté	Fourrure de face de lièvre dépouillée de ses poils longs	Néant	Boules en Plastazote de nylon
Eyed Damsel II	N°8 à 12, longue tige	Olive	Pointes de hackle couleur olive	Fil de cuivre	Fourrure de phoque verte ou marabout en dubbing, avec un thorax en fourrure de phoque rouge et olive	Sac alaire en raphia vert	Plume de poitrail de canard colvert olive
Corixa	N°10 à 12	Marron	Néant	Fil métallique fin argenté	Soie floche blanche	Quill d'aile de poule	Tête jaune citron

Réservoirs
NYMPHES ET PUPES

VOIR PAGES 92-3

NOM DE LA MOUCHE	HAMEÇON	SOIE	QUEUE	CERCLAGE	CORPS	AILE	HACKLE
Filoplume Damsel	Hameçon à larves Tiemco longue tige, N°8 à 10	Olive	Plume de marabout olive	Fil métallique argenté	Fibres de marabout olive enroulées le long de la hampe avec un thorax en filoplume teint couleur olive	Néant	Herl de paon badger
Long-Shank Hare's Ear	N°10 à 14	Marron	Soie floche blanc fluorescent	Tinsel doré moyen plat	Fourrures de face de lièvre mélangées en dubbing et taillées court	Néant	Néant
Gold-Ribbed Hare's Ear	N°10 à 14, tige longue	Marron	Touffe de poils longs	Fil doré fin et plat	Oreille de lièvre, toutes teintes	Néant	Poule couleur feu
Butcher Nymph	N°10 à 12	Noire	Fibres teintes en rouge	Tinsel argenté moyen plat	Corps et thorax en fourrure de phoque noire	Sac alaire en plume de canard colvert brune	Hackle rouge
Diawl Bach	Taille 12, tige longue	Marron	Fibres de hackle de coq brun	Néant	Herl de paon	Néant	Hackle de poule brun
GE Nymph	N°12 à 14, eau peu profonde	Olive	Fibres de plume de colvert brunes	Fil métallique fin doré	Fibres de plume avec un thorax en fourrure de lapin couleur olive	Sac alaire en fibres de plume de poule couleur olive	Hackle en gorge comme pour la queue
Yellow Olive	N°12 à 14	Olive	Plume de crête de faisan doré	Fil métallique fin doré	Soie floche jaune phosphorescent	Sac alaire en plume de couleur sombre	Hackle olive monté en gorge
Green-Eared Pheasant Tail	N°10 à 12	Marron	Fibres de plume de queue de faisan	Fil de cuivre	Fibres de plume de queue de faisan avec deux oreilles en soie floche vert fluorescent. Thorax en herl de paon	Sac alaire en fibres de plume de queue de faisan	Néant
Mason's Pheasant Tail	N°10 à 14, eau moyennement profonde	Marron	Fibres de queue de faisan	Tinsel ovale doré	Fibres de plume de queue de faisan pour le corps, le thorax et le sac alaire	Néant	Hackle badger monté en gorge
White-Hackle Pheasant Tail	N°10 à 16	Marron	Fibres de plume de queue de faisan	Fil métallique fin doré	Fibres de plume de queue de faisan avec un thorax en fourrure de phoque verte	Néant	Hackle de poule blanc
Lurex Spider	N°10 à 14	Noire	Néant	Fil métallique fin argenté	Soie floche noire	Néant	Poule noire
BP Buzzer	N°12 à 14	Noire	Néant	Fil métallique fin argenté	Fourrure de phoque noire taillée court	Sac alaire en fibres de plume de queue de faisan	Néant
Carnhill Poly-Rib Buzzer	Hameçon à moucheron, N°12 à 14	Bordeaux	Néant	Polythène transparent	Fibres de plume de cygne bordeaux, plume d'oie blanche, thorax en fourrure de phoque bordeaux	Sac alaire en fibres de plume de cygne	Filaments de laine blancs
Deer-Hair Midge	N°10 à 14	Noire	Néant	Fil métallique argenté fin	Fourrure de phoque noire taillée court	Néant	Néant
Cove's Sedge Pupa	N°10 à 14	Olive	Néant	Fil fin plat et doré	Dos des fibres de plume de queue de faisan avec un corps en fourrure de phoque vert pâle et un thorax en bourre de lapin sauvage	Néant	Néant
Fraser Sedge Pupa	N°10 à 12	Marron	Néant	Soie floche jaune	Fourrure de phoque ambre filée, jaune au thorax	Sac alaire en plume de poule faisane	Néant
Jorgensen Fur Caddis Pupa	N°10 à 12	Marron	Néant	Néant	Fourrure brune en dubbing serré pour le corps et le thorax, taillé court	Sections de plumes de colvert	Poitrail de perdrix

VOIR PAGES
94-5

Réservoirs
EMERGENTES

NOM DE LA MOUCHE	HAMEÇON	SOIE	QUEUE	CERCLAGE	CORPS	AILE	HACKLE
Deer-Hair Emerger	Taille 12, tige longue	Marron	Néant	Néant	Fibres de plume de queue de coq faisan	Néant	Gibier rouge ou coq cree
Grafham Muddled Emerger	N°10 à 14	Noire	Néant	Néant	Fibres de plume d'oie teintées noir avec un thorax en Ethafoam noir	Canard gris	Coq noir
Jardine Emerger	N°12 à 16	Noire	Néant	Néant	Bourre de lapin bleue	Néant	Plume badger marquée
Timberline Emerger	N°10 à 14	Rouge	Néant	Néant	Fourrure de phoque orange ou substitut	Néant	Cree
Sparkle Pupa	N°12 à 16	Olive	Néant	Néant	Fourrure de phoque olive foncé ou substitut	Plume cul-de-canard	Coq blanc
Sienna Sedge	N°12 à 16	Primevère	Fibres de hackle de coq couleur feu	Fil métallique doré fin	Soie floche primevère foncée avec de la cire pour tirer vers la couleur olive	Colvert gris	Feu
Invicta	N°10 à 14	Orange	Néant	Tinsel plat doré	Butt chromé et fourrure de phoque jaune ou substitut	Section de plumes d'aile d'oie blanches	Cree roux
Olive Seal's-Fur Nymph	N°10 à 16	Marron	Néant	Néant	Fourrure de phoque olive foncé ou substitut imitant l'insecte éclosant	Néant	Feu
Suspender Midge Pupa	N°10 à 14	Noire	Néant	Néant	Fourrure de phoque noire	Fibres d'Antron blanches	Néant
Pike's Suspender	N°10 à 16	Noire	Butt en Mylar argenté	Bande de polythène	Fourrure de phoque noire ou substitut	Plume cul-de-canard	Coq noir
Carnhill Adult Buzzer	N°10 à 18	Marron	Butt en fourrure de phoque rouge fluorescent	Néant	Oreille de lièvre en dubbing	Hackle de coq bleu-gris	Hackle de coq cree
Bristol Emerger	N°12 à 20	Noire	Néant	Fine bande de Polythène	Fourrure de phoque noire ou substitut, tête en Ethafoam	Fibres de poils d'élan ocres	Coq noir naturel
Brown Emerger	N°10 à 20	Marron	Néant	Néant	Fourrure d'oreille de lièvre en dubbing mant la tête, butt en soie floche jaune	Néant	Palmer couleur feu
Wadham's Hare's Ear	N°8 à 10	Verte	Néant	Néant	Poil de cerf naturel retaillé, sous-corps fourrure de phoque vert foncé ou substitut	Fibres de plume de coq	Coq rouille
Chironomid Pupa	N°8 à 12	Marron	Néant	Nylon chromé	Herl d'autruche couleur cannelle	Plumes de flanc de perdrix	Coq roux en palmer
Orange JC	N°10 à 18	Marron	Néant	Hackle de coq brun	Dubbing brun en Haretron ou Poly II	Néant	Pointes de plumes de coq couleur feu
Deer-Hair Hatching Buzzer	N°10 à 18	Marron	Néant	Hackle de coq brun	Dubbing brun en Haretron ou Poly II	Pointes de hackle de coq cree	Voir cerclage

Réservoirs

Mouches Sèches des Réservoirs

Voir Pages 96-7

Nom de la Mouche	Hameçon	Soie	Queue	Cerclage	Corps	Aile	Hackle
Daddy Longlegs	N°8 à 12, tige longue	Marron	Néant	Soie de montage	Fibres de plume ou d'Antron couleur chamois-roux	2 pointes de hackle couleur feu	Queue de faisan couleur feu
Hawthorn	Taille 10	Noire	Néant	Fil métallique argenté très fin	Herl de paon	Pointes de hackle bleu-gris montées en V	Coq noir, cygne noir
Grey Duster	N°12 à 14	Marron	Néant	Néant	Fourrure de lapin sauvage marron mélangée àde la bourre bleue, pour un ensemble gris	Néant	Badger
Grafham Hopper	N°10 à 14	Ecarlate	Néant	Néant	Fourrure de phoque écarlate	Fibres de plume de queue de faisan	Hackle couleur feu
Lake/Pond Olive Dun	N°12 à 16	Marron	Fibres de plume de colvert gris/brun	Fil métallique doré très fin	Herl de condor gris pâle, légèrement imprégné d'acide picrique	Plumes de poule d'eau bleu/gris	Miel pâle
Greenwell's Glory	N°10 à 14	Jaune	Néant	Fil métallique doré fin	Soie floche jaune	Sections de plumes de merle, d'étourneau ou de colvert	Coch-Y-Bondhu
Bristol Hopper	N°10 à 12	Rouge	Butt chromé jaune	Fil de cuivre plat coloré	Fourrure de phoque rousse/ambre	Néant	Tête en coq rouge
Bob's Bits	N°10 à 14	Noire	Néant	Néant	Fourrure de phoque olive	Fibre de plume d'oie et de cygne blanche	Hackle couleur feu
Black Bob	N°10 à 12	Noire	Néant	Néant	Fibres d'Haretron noires cardées	Néant	Néant
Para Midge	N°12 à 18	Noire	Néant	Tinsel argenté	Tinsel plat argenté enroulé à la courburede l'hameçon. Fourrure de phoque noire jusqu'à l'oeillet	Plume cul-de-canard montée à la verticale	Coq noir
Hare's-Face Midge	N°10 à 14	Marron	Néant	Fil de laiton fin	Pointe en soie floche rouge fluorescent et reste du corps en dubbing de face de lièvre	Cul-de-canard	Hackle de coq couleur feu
Realistic Dry Midge	N°12 à 18	Noire	Néant	Polythène	Fourrure de phoque ou Haretron couleur noir, sous du Plastazote noir	Pointes de hackle de coq bleu-gris	Hackle de coq noir
Elk-Hair Caddis	N°8 à 10	Marron	Butt jaune fluorescent	Néant	Dubbing synthétique olive	Poils d'élan naturels	Coq brun en palmer
Goddard and Henry Sedge	N°8 à 12, longue tige	Verte	Néant	Néant	Poils de cerf aérés retaillés sur la hampe, fourrure de phoque vert foncé	Néant	2 hackles de coq couleur rouille
Saville's Super Sedge	N°8 à 12	Marron	Néant	Nylon jaune DRF	Herl d'autruche teint en cannelle avec un hackle de coq jaune monté en palmer	Sections de plumes d'aile de poule faisane	Comme pour le corps
Grouse-Wing	N°10 à 18	Marron	Néant	Néant	Haretron brun (autres couleurs pour imiter diverses espèces)	Plumes de perdrix brunes	Hackle couleur feu monté en palmer
Spent Caddis	N°10 à 12	Marron	Néant	Néant	Fourrure de phoque marron/gris	Faisan doré	Hackle roux

VOIR PAGES 98-9

Réservoirs
INNOVATIONS

NOM DE LA MOUCHE	HAMEÇON	SOIE	QUEUE	CERCLAGE	CORPS	AILE	HACKLE
St Clements	Taille 10, longue tige	Jaune	Marabout orange et jaune mélangé	Fil métallique ovale argenté	Brins de chenille oranges et jaunes	Marabout orange et jaune	Hackles de selle en palmer
Flat Roach	Taille 12, longue tige	Blanche	Ecureuil, coq orange, Flashabou	Néant	Poils de cerf aérés taillés à la forme plate du poisson, corps marqué au feutre Pantone	Néant	Néant
Concrete Bowl	N°6 à 10, longue tige	Noire	Plume de marabout noire	Tinsel ovale argenté	Butt à l'extrémité de la queue	Néant	Chenille jaune phosphorescent
Grizzly Nobbler	Dog-nobbler	Blanche	Marabout blanc	Tinsel ovale fin argenté	Fil perlé	Néant	Hackle de coq grisonnant
Carnhill Nobbler	N°6 à 10	Orange	Plume de marabout orange	Fil ovale fin doré	Chenille orange (également en noir et vertou blanc et vert)	Néant	Coq orange
Pink Panther	N°6 à 10, longue tige	Blanche	Plume de marabout rose vif	Tinsel argenté moyen plat	Fourrure de phoque rose vif	Néant	Néant
Cat's Whisker	Taille 6, longue tige	Noire	Plume de marabout blanche	Fil ovale fin argenté	Chenille jaune fluorescent	Plume de marabout blanche	2 billes de chaîne pour les yeux, tête noire
Datchet Razzler	N°6 à 10, longue tige	Jaune	Marabout jaune	Néant	Ethafoam jaune collé sur la tige et taillé à la forme du poisson	Néant	Collerette et tête en poils de cerf
Rabbit Zonker	N°6 à 10, longue tige	Rouge	Fin du matériau utilisé pour le corps	Néant	Mylar perlé large	Lapin sauvage pincé à la queue et à la tête	Néant
Shipman's Buzzer	N°10 à 14	Marron	Nylon blanc fluorescent	Mylar perlé	Fourrure de phoque marron ardent ou substitut	Néant	Filaments comme pour la queue
Green-Butt Griddle Bug	N°6 à 12, longue tige	Noire	Caoutchouc blanc	Fil plat argenté	Chenille noire avec un butt en chenille verte sur corps plombé	Néant	Pattes et antennes identiques à la queue
Mink Spuddler	N°4 à 10, longue tige	Blanche	Néant	Fil ovale argenté	Haretron blanc	Bande de vison blanche montée en style Matuka	Poils de cerf colorés
Oakham Orange (Perlé)	N°10 à 14	Orange	Soie floche orange fluorescent	Fil métallique fin doré	Tinsel plat doré	Néant	Hackle de coq orange
Bewl Green	N°8 à 10	Vert-olive	Fibres de hackle de coq olive foncé	Fil de cuivre lourd	Fourrure de phoque olive foncé en dubbing, ou substitut	Néant	Hackle olive clair en palmer
Fiery Grenadier	N°10 à 14	Blanche	Soie floche orange fluorescent	Fil métallique fin doré	Fourrure de phoque orange ou substitut	Néant	Gibier mâle rouge naturel en palmer
Flashback Nymph	N°10 à 18	Marron	Fibres de hackle brunes	Fil métallique doré	Fourrure de lièvre marron naturelle avec une carapace et un thorax en Flashabou perlé	Néant	Hackle de perdrix monté en gorge
Fidget	Taille 12, longue tige	Blanche	Comme pour le hackle	Néant	Fil Phildar Sunset perlé	Queue de daim, Plastazote	Hackle de coq

Réservoirs

LEURRES ET MOUCHES INCITATIVES

VOIR PAGES 100-1

NOM DE LA MOUCHE	HAMEÇON	SOIE	QUEUE	CERCLAGE	CORPS	AILE	HACKLE
The Waggy	N°6 à 8, longue tige	Noire	Caoutchouc noir	Tinsel plat argenté	Chenille noire	Marabout noir	Coq noir, plumes vertes
Black Chenille	N°6 à 10, tige longue	Noire	Fibres de hackle noires	Tinsel plat argenté	Chenille noire	Hackle de coq noir	Fibres de hackle noires
Appetizer	N°6 à 10 en tandem, longue tige	Noire	Fibres de hackle oranges et vertes	Tinsel plat argenté	Chenille blanche	Ecureuil et marabout	Monté en gorge comme la queue
Rabbit Viva	N°6 à 10, longue tige	Noire	Soie floche vert fluorescent	Tinsel plat argenté	Chenille noire	Fourrure de lapin montée en style Matuka	Plume noire de selle de poule
Goldie	Taille 10 en tandem, tige longue	Noire	Fibres de hackle jaunes	Fil métallique doré	Tinsel plat doré	Poils de chèvre noirs et jaunes	Hackle de selle jaune
Rasputin	N°6 à 8, tige longue	Marron	Partie du dos du corps	Néant	Dos et queue en fibres de dinde tachetées de brun, corps en mousse Plastazote taillée et collée sur la hampe	Néant	Hackle de selle jaune clair
Whiskey Fly	N°6 à 10, longue tige	Orange	Orange fluorescent	Voir corps	Tinsel plat argenté cerclé de soie floche fluorescente orange, le tout vernis	Queue de veau, antennes en Flashabou	Orange
Muddlerine	Tige Waddington avec triple hameçon	Rouge	Poils cristallins perlés	Néant	Tube de Mylar doré	Queue d'écureuil gris	Collerette en poils de cerf taillés
Jack Frost	N°6 à 10, longue tige	Blanche	Laine cramoisie	Néant	Laine fluorescente blanche couverte d'une bandelette de polythène	Plume de marabout blanche	Hackles de selle blancs et rouges
Minnow Streamer (Mâle)	N°6 à 10, longue tige	Vert-olive	Fibres de hackle bleu-gris	Tinsel ovale argenté	Soie floche fluorescente blanche	Hackles de coq olive montés dos à dos	Hackle rouge monté en gorge
Floating Fry	N°6 à 10, longue tige	Blanche	Ethafoam taillé à la forme de la queue du poisson	Tinsel plat argenté	Mylar perlé sur un sous-corps en Ethafoam	Néant	Tête noire, yeux blancs
Leprechaun	N°6 à 10, longue tige	Noire	Fibres de hackle vertes	Néant	Chenille couleur citron-vert fluorescent	Hackles de coq verts montés dos à dos	Hackle vert monté en gorge
Sinfoil's Fry	N°8 à 12, longue tige	Noire	Néant	Tinsel plat doré	Sous-corps en tinsel plat argenté, recouvert d'une bandelette en polythène montée en forme de cigare, avec une collerette en soie floche écarlate	Dos en plume de colvert brune	Tête noire, yeux blancs
Missionary	Taille 10, longue tige	Noire	Fibres de hackle de coq rouges	Néant	Chenille blanche	Colvert gris ou plume de poitrail de sarcelle	Hackle monté en gorge comme la queue

VOIR PAGES 102-3

Réservoirs
MOUCHES NOYÉES DE COMPÉTITION

NOM DE LA MOUCHE	HAMEÇON	SOIE	QUEUE	CERCLAGE	CORPS	AILE	HACKLE
Toffee-Paper Wickham	N°10 à 14	Marron	Néant	Fil de cuivre vert fin	Lurex vert ou similaire	Néant	Gibier rouge en palmer
Pearly Wickham	N°10 à 14	Blanche	Fibres de gibier mâle rouges	Fil métallique argenté fin	Flashabou perlé ou similaire	Néant	Gibier rouge clair en palmer
Red-Arsed Wickham	N°10 à 14	Marron	Soie floche rouge fluorescent	Fil métallique fin doré	Tinsel plat doré	Néant	Gibier rouge clair en palmer
Annabelle	N°10 à 16	Jaune	Soie floche jaune fluorescent	Fil métallique fin doré	Fil plat doré	Néant	Coq rouge, tête gri-sonnante
White Palmer	N°10 à 14	Blanche	Fibres de poils cristallines perlées	Fil métallique fin argenté	Soie floche fluorescente blanche	Néant	Coq rouge, tête gri-sonnante
JC Viva	N°6 à 10, longue tige	Noire	Laine vert fluorescent	Tinsel plat argenté	Chenille noire	Marabout, écureuil noir	Hackle de gibier ou couleur feu
Peach Booby	N°8 à 12	Rouge	Partie du matériau utilisé pour le corps	Néant	Laine couleur pêche enroulée le long de la tige et sur le dos	Néant	Tête noire ver-nie
Killer	N°10 à 12, tige standard ou longue	Marron ou vert-olive	Pointes de hackle de coq couleur olive	Fil de cuivre fin	Fourrure de phoque vert-olive ou substitut	Néant	Tête en billes de polythène
Vindaloo	N°10 à 14	Orange	Pointe teinte en orange	Fil métallique doré fin	Fourrure de phoque fluorescente écarlate ou substitut	Néant	Poitrail de perdrix olive
Toogood's White	N°8 à 12, tige longue	Rouge	Soie floche rouge fluorescent	Tinsel ovale argenté	Chenille blanche	Marabout blanc	Coq orange en palmer
Light Bulb	N°6 à 10, tige longue	Noire	Fibres de hackle jaune vif	Néant	Chenille blanche	Marabout et daim	Hackle rouge fluorescent monté en gorge
Orange Wiggler	N°10 à 12	Orange	Marabout orange	Fil doré large et plat	Butts en queue de marabout pour le corps	Néant	Tête jaune, yeux rouges
Mini Appetizer	N°6 à 8, tige longue	Noire	Hackle orange et vert, fibres de colvert	Tinsel ovale argenté	Chenille blanc fluorescent	Marabout blanc et écureuil	Néant
Pearly Hare's Ear	N°10 à 14	Rouge	Soie floche rouge, marabout blanc	Fil métallique fin argenté	Dubbing d'oreille de lièvre	Sac alaire en fibre de plume marron	Hackle monté en gorge comme la queue
Orange Priest	N°10 à 14	Orange	Soie floche fluorescente orange	Fil métallique doré optionnel	Tinsel plat doré	Néant	Hackle de poule orange peu fourni
Fluorescent Red Palmer	N°10 à 14	Rouge	Fibres de poils rouge fluorescent	Fil métallique fin doré	Fourrure de phoque rouge fluorescent ou substitut	Néant	Coq cou-leur feu en palmer
Peach Doll	N°10 à 12	Noire	Comme pour le corps	Néant	Laine couleur pêche	Néant	Tête noire

Petits plans d'eau
Grandes Nymphes

VOIR PAGES 104-5

NOM DE LA MOUCHE	HAMEÇON	SOIE	QUEUE	CERCLAGE	CORPS	AILE	HACKLE
Mayfly Nymph	N°8 à 12, tige longue	Marron	Queue de faisan marron	Fibres de plume de queue de faisan	Laine Angora	Fibres de plume de queue de faisan	Fibres de plume de queue de faisan
Fluorescent Green Montana	N°6 à 14, tige longue	Noire	Fibres de hackle de coq	Néant	Chenille noire	Chenille noire	Coq noir
Game Pie	N°8 à 14, tige longue	Marron	Marabout orange court	Tinsel ovale doré	Ecureuil gris	Fibres de plume de queue de faisan	Perdrix brune
Rabbit-Strip Damsel (Zonker)	N°8 à 10, tige standard	Olive	Lapin couleur olive	Néant	Mylar argenté, fourrure de phoque olive ou substitut	Paille olive	Perdrix vert-olive
Pulling Damsel	N°8 à 12, tige longue	Noire ou olive	Marabout olive foncé	Tinsel plat doré	Fourrure de phoque vert foncé ou substitut	Queue de faisan	Néant
Lambswool Damsel	N°8 à 12, tige longue	Olive ou marron	Fibres de plume d'oie couleur olive	Soie de montage orange	Laine bleue et orange	Néant	Perdrix olive
Blue Damsel	N°8 à 14, tige longue	Bleue ou noire	Néant	Néant	Herl d'autruche et fourrure de phoque bleus	Néant	Néant
Alder Larva	N°8 à 12, tige longue	Marron foncé	Marabout blanc	Fil métallique fin doré, marabout blanc	Oreille de lièvre et Antron couleur rouille	Fourrure de phoque marron/olive	Perdrix brune
Yellow Ears	N°10 à 12, t ige longue	Ocre, crème ou jaune	Marabou jaune	Mylar perlé plat, tinsel	Fourrure de phoque jaune ou substitut	Queue de faisan jaune	Hackle de coq jaune

VOIR PAGES
106-7

Petits plans d'eau

NYMPHES ET PETITES MOUCHES INCITATIVES

NOM DE LA MOUCHE	HAMEÇON	SOIE	QUEUE	CERCLAGE	CORPS	AILE	HACKLE
Brown Nobbler	N°10 à 12	Marron	Plume de marabout marron	Fil plat doré	Chenille brune	Néant	Coq roux
Orange Tadpole	N°8 à 12	Orange	Plume de marabout orange	Tinsel plat argenté	Chenille orange sur corps lesté	Néant	Plume de selle orange
Hern Worm	N°10 à 12	Marron	3 ou 4 fibres de plume de queue de faisan	Fil de cuivre fin	Restant des fibres de plume de queue de faisan utilisées pour la queue	Néant	Tête plombée
Yellow Nobbler	N°8 à 12	Noire	Marabout jaune	Fil ovale doré	Chenille jaune	Néant	Poule rousse et blanche
Pink Lady	N°8 à 12	Noire	Plume de marabout noire	Néant	Chenille noire avec un thorax en chenille rouge/rose	Néant	Néant
Wiggle-Tail Hare's Ear	N°10 à 12	Rouge	Petite plume de marabout rouge/orange	Fil doré moyen plat	Fibres de face de lièvre mélangées	Néant	Néant
Orange Cut-Down	N°10 à 12	Orange	Petite plume de marabout orange	Soie de montage	Restant des plumes de queue de maraboutenroulé autour de la hampe	Néant	Tête plombée
Wobble Worm	Hameçon pour vers N°10 à 14	Noire	Plume de marabout noire	Néant	Sous-corps en tinsel plat doré recouvert d'un dubbing de fourrure de phoque noire peu fourni	Néant	Tête jaune plombée
Viva Tadpole	N°8 à 10, tige longue	Noire	Plume de marabout noire	Tinsel ovale argenté	Chenille noire avec une tête en chenille verte	Néant	Néant
Patterson Red Spot	N°10 à 14	Olive	Néant	Fil métallique doré	Sous-corps en fil de plomb fin recouvert de mohair olive, de fourrure de phoque et de brins de laine rouges DFM taillés une fois montés	Bandelettes de plastique transparent	Néant
Phantom Pupa	N°10 à 14	Blanche	Néant	Fil métallique argenté	Fil métallique argenté	Néant	Plume de selle de poule blanche
Damp Crane Fly	N°10 à 12, tige longue	Marron	Néant	Fil de laiton fin	Fibre de plume de queue de coq faisan	Pointe de hackle cree	Hackle couleur feu
Yellow Corixa	N°12 à 14	Blanche	Fibres de plume blanches optionnelles	Fil métallique argenté	Soie floche blanche recouverte de polythène transparent, avec un thorax en fourrure de phoque ambre	Néant	Hackle badger
Lead Speck	N°12 à 14	Marron	Fibres de hackle de poule teintes en jaune	Néant	Fil de plomb fin vernis avec un thorax enfourrure de lapin teinte en jaune	Néant	Néant
Cockwill's Hare's-Ear Shrimp	N°10 à 14	Marron	Néant	Fil ovale argenté fin	Mélange de fourrure de face de lièvre, taillé court après le cerclage	Néant	Néant
Lead Bug	N°10 à 12	Jaune	Soie floche jaune	Néant	Fil de plomb vernis	Néant	Plume de selle de poule blanche
Green-Waisted White	N°10 à 14	Rouge	Marabout blanc	Fil plat argenté	Chenille blanche avec segment du milieu enchenille jaune	Néant	

Petits plans d'eau
Modèles Fantaisie

Voir Pages 108-9

Nom de la Mouche	Hameçon	Soie	Queue	Cerclage	Corps	Aile	Hackle
Voss Bark Nymph	N°10 à 12	Marron	Fibres de hackle de coq couleur crème	Néant	Fourrure de phoque olive avec thorax enfourrure de phoque marron/bordeaux	Néant	Coq rouge
Short DFM Green Partridge	N°12 à 14	Jaune	Néant	Néant	Soie floche DFM jaune	Néant	Perdrix
Brassy Pheasant Tail	N°10 à 12 avec tête de Roman Moser	Grise	Pointes de plumes de queue de faisan	Fil de cuivre	Fibres de plume de queue de faisan, têteen roulement à bille en laiton	Néant	Poule blanche
Orange Shrimp	Hameçon à vers N°10 à 12	Marron	Néant	Fil métal-lique ovale argenté	Fourrure de phoque orange avec une bandelette en polythène recouvrant un corps lesté	Néant	Néant
Barrie Welham (BW) Nymph	N°10 à 14	Noire	Poils fluores-cents rouges et jaunes	Fil ovale fin doré	Laine marron	Néant	Hackle de poule
Olive Dog-Nobbler	N°10 à 12, tige longue	Olive	Marabout olive	Néant	Fourrure de phoque olive ou dubbing de marabout olive	Néant	Néant
Original Mayfly Nymph	N°10 à 12, tige longue	Marron	Fibres de plume de queue de faisan	Néant	Herl d'autruche blanc avec 2 bandes de soie de montage au dessus de la morsure de l'hameçon	Néant	Néant
Red Diddy ou Rubber-Band Fly	Capt. Hamilton N°8	Rouge	Morceau d'une bande de caout-chouc rouge	Fil métallique fin doré	Soie floche ou fourrure de phoque cra-moisie taillée court	Fibres de plume de queue de faisan	Perdrix
Hinged Damsel	A l'arrière : Taille 12 tige longue A l'avant : Taille 10 standard. En tandem	Olive	Pointes de hackle de coq couleur olive	Fil de cuivre	Hameçon arrière en marabout ou herl d'autruche olive, hameçon avant identique avec un thorax en fibres de plume de queue de faisan	Néant	Coq orange
Orange Twinkle Nymph	N°8 à 12	Orange	Fibres de hackle de coq oranges	Tinsel ovale doré	Orange scintillant avec un thorax en fibres de plume de queue de faisan et un corps lesté	Néant	Perdrix
Twinkle Damsel	N°8 à 12	Olive	Fibres de hackle de coq couleur olive	Tinsel ovale doré	Olive scintillant	Néant	Néant
Fuzzy Crawler	N°8 à 12, tige longue	Marron	Fibres de fourrure de lièvre naturelle	Mono-filament aplati	Haretron marron. Le corps doit être plus large que le thorax et aplati. Tige de plume de queue de faisan	Néant	Néant
Dragonfly Nymph	N°4 à 8, moitié arrière lestée et aplatie	Marron	Marabout marron monté court	Fil de cuivre fin	Haretron marron	Néant	Néant
Peachy	N°10 à 12	Noire	Soie floche orange	Néant	Soie floche couleur pêche recouverte de soie floche orange	Marabout	Voir corps
Montana Wasp	N°10 à 12	Jaune fluorescent	Soie floche orange	Néant	Chenille jaune et noire avec un thorax recouvert de chenille noire et un hackle de coq noir	Néant	Coq noir
Montana Cat's Whisker	N°10 à 12	Rouge	Marabout vert fluorescent	Fil métallique fin argenté optionnel	Chenille blanche avec un thorax en chenille vert fluorescent recouvert de chenille noire	Néant	Coq noir
Poppet	N°10 à 12	Noire	Butt en soie floche jaune	Néant	Laine noire	Néant	Coq noir

VOIR PAGES 112-3

Rivières calcaires
Mouches classiques

Nom de la Mouche	Hameçon	Soie	Queue	Cerclage	Corps	Aile	Hackle
American Black Gnat	N°12 à 18	Noire	Fibres de hackle noires	Néant	Laine noire	Sections de plumes d'aile de col-vert grises	Coq noir
Grannom	N°12 à 16	Noire	Néant	Néant	Soie floche vert fluorescent, fourrure de taupe naturelle	Sections de plumes d'aile de poule faisane	Coq roux
Iron Blue Dun	N°12 à 16	Noire	Fibres de hackle de coq bleu-gris	Néant	Rayonne rouge, fourrure de taupe naturelle	Sections de plumes de colvert grises	Coq bleu-acier
Sherry Spinner	Taille 14	Couleur Xérès	Fibres de plume de queue de fai-san rouilles	Fil métallique fin doré	Soie floche orange	Hackle bleu-gris	Coq couleur roux clair
Tup's Indispensable	N°14 à 18	Jaune	Hackle de coq bleu-gris et brun	Néant	Soie floche jaune et rose clair	Poils de corps de veau blancs	Coq bleu-gris
Lunn's Caperer	N°14 à 18	Cramoisie	Néant	Néant	Herls de marabout et fibres de plume de cygne jaunes	Néant	Coq rouge de Rhode Island
Lunn's Yellow Boy	N°12 à 14	Orange pâle	Fibres de hackle de coq chamois pâle	Soie jaune	Rachis de hackle ou fourrure de phoque jaune	Hackle de coq chamois rose pâle	Coq rose pâle
Houghton Ruby	N°14 à 18	Cramoisie	3 fibres de hackle de coq bleu-gris	Néant	Rachis de hackle de coq rouge Rhode Island	2 pointes de hackle bleu-gris clair	Coq rouge Rhode Island
Red Spinner	N°14 à 16	Bordeaux	Fibre de hackle marron	Fil métallique ovale doré	Fourrure de phoque rouge vif ou bor-deaux	2 hackles bleu-gris ou rouille	Coq rouge naturel
Light Cahill	N°14 à 16	Jaune	Fibres de plume de coq couleur crème ou roux clair	Néant	Fourrure de renard ou de phoque crème	Plume de poitrail de carolin rayée	Coq crème
Pale Morning Dun Thorax	N°12 à 14	Jaune	Fibres de hackle de coq blanches	Néant	Haretron couleur soufre	Pincée de fibres de plume d'oie bleu-gris	Coq couleur crème pâle
Red Sedge	N°10 à 12	Rouge	Néant	Fil métallique argenté	Fourrure de lapin grise	Sections de plumes d'aile de colvert grises	Coq rouge
Pale Watery	N°14 à 16	Jaune	Fibres de hackle de coq bleu-gris clair	Néant	Fourrure de lapin jaune pâle	Pointes de hackle de poule bleu-gris clair	Coq bleu-gris clair
Greenwell's Glory	N°12 à 16	Jaune	Fibres de plume de coq jaunes	Fil métallique doré	Soie de montage jaune cirée	Plume d'aile d'étourneau ou de colvert	Couleur roux/feu
Blue-Winged Olive R.U	N°14 à 18	Noire	Gibier mâle rouge	Fil métallique fin doré	Fourrure de lapin grise	2 pointes de hackle bleu-gris	Gibier mâle rouge
Lunn's Particular	N°14 à 16	Cramoisie	Hackle de coq rouge Rhode Island	Néant	Rachis de hackle de coq rouge Rhode Island non teint	Pointes de plume bleu-gris	Rhode Island moyen
Ginger Quill	N°14 à 16	Noire	Fibres de plume de coq rouge naturelles	Néant	Quill d'oeil de paon rayé	Etourneau ou colvert	Coq rouge naturel

Rivières calcaires

MOUCHES DE MAI ADULTES

VOIR PAGES 114-5

NOM DE LA MOUCHE	HAMEÇON	SOIE	QUEUE	CERCLAGE	CORPS	AILE	HACKLE
Emerger	N°12 à 14, tige longue	Marron	Fibres de plume de queue de coq faisan	Soie de montage marron	Fourrure de lapin crème/marron clair, dubbing de poils de cerf, fibres de poils de cerf noires	Thorax en Spectraflash, poils de cerf	Néant
Lough Arrow	N°8 à 10	Marron	Fibres de plume de queue de coq faisan	Fil métallique doré	Fourrure de phoque olive dorée	Néant	Coq orange, colvert gris
Stillborn	N°8 à 12, tige longue	Marron	Fibres de fourrure de lièvre	Soie floche marron	Antron crème avec thorax en poils de cerf	Néant	Néant
Straddle Bug	N°10 à 12, tige longue	Marron	Fibres de plume de colvert brunes	Fil métallique fin doré	Raphia naturel avec herl de paon	Néant	Canard
Gosling	N°8 à 10	Jaune	Fibres de plume de queue de coq faisan	Fil métallique doré	Substitut de fourrure de phoque olive doré	Néant	Coq orange/col vert gris
Floating Nymph	N°12 à 14	Marron	Fibres de plume de carolin	Ficelle blanche	Mélange de fourrure de phoque et d'Antron couleur olive	Néant	Coq olive doré
Maitland's Hatching Mayfly	N°10 à 12, tige longue	Marron	Fibres de plume de queue de faisan	Fil de cuivre	Fibres de plume de queue de faisan à l'arrière et fourrure de phoque jaune/ olive ou substitut à l'avant	Poils de chevreuil	Roux pâle
Drowned May	N°10 à 12, tige longue	Noire	Fibres de quill d'oie brunes	Néant	Soie floche blanche, hackle badger	Néant	Plume de poitrail de pintade
French Partridge	Taille 12, tige longue	Marron	Fibres de plume de queue de faisan	Fil métallique doré	Raphia naturel avec coq olive en palmer	Néant	Perdrix
Nevamis	Taille 8, tige longue	Jaune	Fibres de plume de queue de coq faisan	Fil ovale doré	Fourrure de phoque crème ou substitut	Coq bleu-gris pâle	Coq miel
Shadow Fly	N°10 à 12, tige longue	Noire	Néant	Néant	Comme pour le hackle	Hackle roux	Gris
Lively Mayfly	Hameçon à vers taille 10	Cramoisie	Fibres de plume de queue de faisan	Soie de montage le long du corps	Corps détaché en fibres de poils de cerf blanches, thorax en fourrure de phoque crème	Carolin	Badger ou gris
Grey Wulff	N°8 à 14	Noire	Poils de cerf naturels	Néant	Rat musqué ou substitut	Poils de cerf	Coq
Fly-line Mayfly	N°10 à 12	Olive	Rachis de hackle marron clair	Soie de montage le long du corps	Soie flottante blanche cerclée de soie de montage	Poule badger	Grisonnant
Silhouette ou Thorax Dry Mayfly Dun	N°8 à 12	Noire	Fibre d'élan	Soie floche noire	Haretron marron clair	Oie bleue	Grisonnant
Green Drake Wulff	N°10 à 12	Noire	Fibres de poils de chevreuil	Soie floche jaune	Antron olive	Poils de chevreuil	Coq teint couleur olive
Lunn's Spent Gnat	N°10 à 12, tige longue	Marron	Fibres de quill de poule brunes	Fil métallique fin doré	Soie floche blanche ou laine de mouton naturelle	Plumes de poule blanches	Perdrix ou coq

VOIR PAGES 116-7

Rivières calcaires

NYMPHES

NOM DE LA MOUCHE	HAMEÇON	SOIE	QUEUE	CERCLAGE	CORPS	AILE	HACKLE
Killer Bug	N°10 à 16	Néant	Néant	Néant	Sous-corps en fil de plomb fin recouvert de laine cardée beige en forme de cigare, finition en fil de cuivre	Néant	Néant
Shrimper	N°10 à 14	Olive	Néant	Fil métallique fin doré	Fourrure de phoque olive et bordeaux ou substitut, carapace en polythène, corps lesté	Néant	Olive en palmer
Sawyer's Pheasant Tail	N°12 à 16	Fil de cuivre fin	Fibres de plume de queue de coq faisan	Néant	Sous-corps en fil de cuivre avec un renflement pour le thorax, recouvert de fibres de plume de queue de faisan	Sac alaire en fibres de plume de queue de faisan	Néant
Pink Shrimp	N°10 à 14	Orange	Fibres de plume de colvert grises	Néant	Mélange de fourrure de phoque ou de lapin rose et grise taillée court	Néant	Néant
Hoglouse	N°10 à 12	Olive	Colvert/carolin marron	Fil métallique fin doré	Fourrure de face de lièvre	Dinde brune	Néant
Troth Pheasant-Tail	N°10 à 20	Noire	Fibres de plume de colvert brunes	Fil métallique fin doré	Fibres de plume de queue de faisan pour le corps et le sac alaire, avec un thorax en herl de paon	Néant	Néant
Gerr-Off	N°10 à 14	Marron	Néant	Néant	Fourrure de phoque marron/olive et rose mélangée, bandelette de polythène transparente	Néant	Néant
Blue-Winged Olive Nymph	N°10 à 14, tige longue	Marron	Fibres de plume de colvert brunes teintes couleur olive	Soie de montage marron	Fourrure de lapin moyenne olive avec quelques fibres de plume de colvert pour figurer les pattes	Néant	Néant
Squirrel Nymph	N°12 à 14	Marron	Fibres de plume brunes	Fil de cuivre	Dubbing court de fourrure d'écureuil	Néant	Néant
Grey Goose	N°12 à 16	Néant	Pointes de plumes de faisan dorées	Fil de cuivre	Sous-corps en fil de cuivre recouvert de fibres de plume d'oie grises enroulées avec du fil de cuivre	Thorax en fibres de plume d'oie	Néant
GE Nymph	N°12 à 14	Marron	Plume de poitrail de perdrix de France	Fil de cuivre	Fibres de plume olive, thorax en plume noire, fourrure de taupe olive	Néant	Néant
Green Squirrel	N°12 à 14	Olive	Fibres de plume brunes	Néant	Fourrure de corps d'écureuil olive	Fibres de plume de queue de faisan, avecorax en fourrure d'écureuil	Néant
PVC	N°10 à 14	Marron	Pointes de plumes de faisan doré	Néant	Bande PVC enroulée sur des fibres de plume olive	Queue de faisan, thorax en plume	Néant
Hatching Buzzer	N°10 à 16	Marron	Néant	Soie floche orange/rouge, fil métallique argenté	Fibres de plume de teinte appropriée, thorax noir/olive, fourrure de lapin sauvage	Néant	Hackle noir
Bow-Tie Buzzer	N°12 à 16	Marron	Fibres de queue de faisan	Lurex argenté	Sous-corps en fil de cuivre doré, recouvert de tinsel plat argenté, lui-même recouvert de fibres de plume de queue de faisan	Néant	Néant
Gold-Ribbed Hare's-Ear	N°12 à 16	Marron	Fibres de plume de poitrail de colvert	Fil doré fin et plat	Face de lièvre, thorax en queue de faisan	Néant	Néant
Poly-Rib Buzzer	N°10 à 14	Marron	Néant	Voir corps	Herl de paon bronze, thorax en polypropylène et dubbing d'Antron blanc	Néant	Néant

Rivières calcaires ÉMERGENTES

VOIR PAGES 118-9

NOM DE LA MOUCHE	HAMEÇON	SOIE	QUEUE	CERCLAGE	CORPS	AILE	HACKLE
Grey Suspender Pupa	N°10 à 14, tige longue	Noire	Fibres de hackle grisonnantes	Soie de montage noire	Bourre de lapin grise avec thorax en fourrure olive	Néant	Néant
March Brown Floating Nymph	N°10 à 14	Marron	Carolin jaune citron	Néant	Fourrure de lièvre avec boucle d'Antron	Comme pour la queue	Néant
Moser Emerging Caddis/Sedge	Hameçon Moser N°10 à 12, sans ardillon	Marron	Néant	Fil fin argenté	Fourrure de phoque olive, orange et marron	Cul-de-canard avec boucle d'Antron	Cul-de-canard
Cream Suspender	N°12 à 18	Blanche	Fibres de hackle crèmes ou blanches	Néant	Antron ou fourrure de phoque	Polyball	Néant
Stillborn Olive	N°12 à 18	Olive	Fibres de quill d'oie blanches ou crèmes	Néant	Fourrure de phoque olive clair	Fibres de quill blanc/crème	Néant
Red Sedge Emerger	N°12 à 14	Marron	Néant	Fil métallique fin doré	Fourrure de lapin marron foncé	Thorax en fourrure de lapin, aile de colvert	Néant
Floating Nymph (Jardine)	Taille 14	Marron	Fibres de plume de carolin	Fibres de ficelle blanche	Antron olive foncée	Néant	Coq olive doré
Kaufmann Floating Nymph	N°12 à 20	Couleur du corps	Fibres de hackle gris foncé	Soie de montage d'une couleur contrastante	Soie floche Antron	Sac alaire synthétique gris foncé	Néant
Emerger II (Jardine)	N°12 à 20	Marron	Fibres de hackle bleu-gris clair séparées	Néant	Fourrure de phoque marron olive	Néant	Poule bleu-gris clair
Last Light Special	N°12 à 20	Marron	Néant	Néant	Fourrure de lapin teinte en marron olive avec de la soie floche Antron jaune	Néant	Coq roux
Goddard's Suspender Pupa	N°12 à 16	Marron	Filaments de soie floche	Tinsel argenté fin et plat	Fourrure de phoque teinte en marron olive, thorax en herl de paon bronze	Néant	Néant
Emerging March Brown	N°12 à 14	Marron	Quelques fibres de poil de cerf	Fil métallique fin doré	Dubbing de poils de cerf	Soie floche Antron	Néant
Collyer Deer-Hair Midge Pupa	N°12 à 14	Marron	Filaments de laine blanche	Fil plat argenté moyen	Herl d'autruche marron orangé	Néant	Néant
Carnhill's Adult Buzzer	N°12 à 16	Marron	Néant	Monofilament plat et transparent	Fourrure de phoque couleur olive foncé	Aile de colvert grise	Hackle vert-olive
Muskrat Emerger	N°12 à 14	Marron	Poils ou hackle teints couleur miel	Néant	Rat musqué	Cul-de-canard	Néant
Raider	N°12 à 14	Olive	Soie floche blanche	Néant	Rat musqué	Néant	Plume de selle rousse
Little Green Midge	N°14 à 20	Olive	Néant	Néant	Fourrure de phoque fine olive clair	Cul de canard	Olive clair

VOIR PAGES
120-1

Rivières calcaires

MOUCHES ADULTES FLOTTANTES

NOM DE LA MOUCHE	HAMEÇON	SOIE	QUEUE	CERCLAGE	CORPS	AILE	HACKLE
Gulper Adams	N°12 à 18	Noire	Fibres de hackle grises et brunes mélangées	Néant	Bourre de lapin ou de rat musqué bleue	Polypropylène blanc	Grisonnant
Sparkler	N°14 à 18	Noire	Fibres de hackle de coq bleu-gris	Néant	Fourrure de lapin gris ou vert-olive clair	Fil étincelant	Fourrure bleue
Loop-Wing Adams	N°12 à 18	Noire	Fibres de hackle marron et gris clair	Néant	Poly II gris ou bourre de lapin bleue	Deux plumes de colvert argentées	Hackle grisonnant
Mill Evening Dun	N°14 à 18	Noire	Fibres de hackle badger	Néant	Poils de cerf, tinsel fin doré	Sections de plumes d'aile d'étourneau divisées	Hackle grisonnant
Funnel Dun	N°12 à 18	Olive	Fibres de coq brunes montées sur la courbure	Néant	Fourrure de phoque olive clair ou substitut avec de la fourrure plus foncée autour du thorax	Néant	Hackle de coq
Adams	N°14 à 22	Grise	Fibres de hackle brunes et grises mélangées	Néant	Rat musqué ou matériau synthétique équivalent bleu-gris	Pointes de hackle grisonnantes	Coq gris/brun
Beacon Beige	N°14 à 18	Marron	Fibres de plume de coq de Plymouth	Néant	Quill d'oeil de paon	Néant	Coq Indien/de Plymouth
Sparkle Dun	N°12 à 20	Olive	Fil étincelant	Néant	Fourrure de phoque ou de lapin olive clair	Fibres de poils de corps de cerf marron clair	Néant
Harrop Dun	N°12 à 20	Olive	Fibres de coq brunes	Néant	Fourrure olive clair	Poils de corps de cerf marron clair aérés	Hackle de coq marron clair
Duck's Dun	N°14 à 22	Marron	Fibres de hackle de coq badger	Néant	Fourrure olive clair	Pincée de fibres de plume cul-de-canard	Antennes en hackle de coq gris
Micro Caddis	N°18 à 24	Marron	Néant	Néant	Dubbing fin de fourrure de lapin grise	Fibres de plume de perdrix	Fibres de plume de coq brunes
Upside-Down Dun	N°14 à 20	Olive	Longues fibres de plume de coq grises ou bleu-acier	Néant	Haretron olive	Plumes cul-de-canard	Hackle de coq olive
Kite's Imperial	N°14 à 18	Pourpre	Fibres de hackle grises ou brunes	Fil métallique fin doré	Héron naturel ou substitut avec un thorax derrière le hackle	Néant	Hackle brun ou miel
Fluttering Caddis	N°12 à 16	Grise	Néant	Néant	Rat musqué ou fourrure de substitution	Gris-bleu, poils de queue de vison	Gris-bleu clair
No-Hackle Dun	N°12 à 22	Olive	Microfibres transparentes divisées	Néant	Dubbing synthétique olive	Sections de plume d'aile de colvert grises	Néant
Para Dun	N°16 à 20	Marron clair	Microfibres transparentes divisées	Néant	Dubbing gris sur les deux tiers, dubbing jaune clair pour le tiers restant, au niveau du thorax	Poignée de fibres de plume cul-de-canard	Bleu-acier en parachute
Tent-Wing Caddis	N°12 à 18	Marron	Néant	Néant	Fourrure de coq gris clair ou blanche	Section de plume de poule faisane	Coq brun

Rivières calcaires
ÉMERGENTES

VOIR PAGES 122-3

NOM DE LA MOUCHE	HAMEÇON	SOIE	QUEUE	CERCLAGE	CORPS	AILE	HACKLE
Richard Walker's Sedge	N°10 à 12	Noisette	Butt de laine orange DFM	Fil métallique fin doré	Fourrure de ventre de lapin ou herl d'autruche couleur noisette	Gibier mâle rouge	Hackle de coq brun
Polywing Spinner	N°12 à 16	Crème	Fibres de hackle couleur crème	Soie de montage	Fourrure de phoque	Fibres en polythène	Néant
Brown Miller	N°10 à 16	Marron	Néant	Néant	Queue de veau dorée	Néant	Voir corps
Terry's Terror	N°10 à 16	Marron	Queue de daim rouge et jaune	Lurex cuivré	Herl de paon	Néant	Gibier mâle rouge
Fallen Spinner	N°14 à 18	Marron	Fibres de hackle couleur crème	Soie de montage	Poly II brun foncé	Néant	Hackle de poule blanc
Depositing Caddis	N°12 à 14, tige longue	Marron	Néant	Soie de montage	Fourrure de phoque vert-olive	Quill de poule faisane	Coq roux en palmer
Sunset Spinner	N°14 à 18	Marron pourpré	Poils raides blancs	Lurex	Poly II rouille/rouge/brun	Hackles de coq bleu-gris	Voir aile
Patterson Sunk Spinner	N°12 à 16	Cramoisie	Moustaches de lièvre ou crinière de cheval	Moustaches de lièvre	Sous-corps en fil de cuivre et monofilaments en nylon	Hackle badger	Voir aile
Jardine's Sunk Spinner	N°12 à 14	Olive	Poils raides blancs	Néant	Fourrure de phoque olive	Néant	Plume de selle badger
Rust Spinner	N°18 à 24	Orange	Fibres de hackle de coq blanches	Néant	Fourrure de lapin rouille	Hackle de coq blanc	Néant
Caenis Fallen Spinner	N°20 à 24	Marron	Poils raides blancs	Néant	Fourrure de lapin grise	Poils cristallins	Coq bleu-gris
Sparkle Spinner	N°12 à 14	Marron	Fil étincelant	Néant	Dubbing de fourrure de lapin rouge	Marabout noir	Coq noir
White Wing (Noir)	N°18 à 22	Noire	Fibres de plume de coq noires	Soie de montage	Dubbing de polypropylène blanc	Soie floche blanche	Bleu-gris
Poly Caenis	N°18 à 24	Blanche	Fibres de hackle blanches	Néant	Dubbing de fourrure marron	Fibres gris-bleu	Hackle complet couleur crème
Baetis Spinner	N°14 à 18	Blanche	Queue de daim blanche	Néant	Herl couleur crème	Fibres couleur crème	Grisonnant
Angler's Curse	N°18 à 24	Noire	Fibres de hackle blanches	Néant	Hackle marron et gris	Pointe de hackle grisonnante	Brun/gris
Adams Midge	N°16 à 20	Noire	Fibres grisonnantes de coq brun	Néant	Rat musqué	Pointes de hackle grisonnantes	Brun/gris

VOIR PAGES 124-5

Rivières calcaires
INSECTES TERRESTRES

NOM DE LA MOUCHE	HAMEÇON	SOIE	QUEUE	CERCLAGE	CORPS	AILE	HACKLE
Hawthorn Fly	N°12 à 14	Noire	Néant	Néant	Soie de montage noire, fibres de plume de queue de faisan noires	Hackle blanc	Coq noir
Black Spider	N°12 à 16	Bordeaux	Néant	Néant	Soie de montage bordeaux	Néant	Coq noir
Halford Black Gnat	N°14 à 22	Noire	Néant	Néant	Soie de montage noire	Colvert gris	Coq noir
Letort Cricket	N°10 à 12	Noire	Néant	Néant	Laine ou fourrure de lapin noire	Quill d'oie	Néant
Black Ant	N°12 à 26	Noire	Néant	Néant	Polypropylène noir	Néant	Voir corps
Black Beetle	N°12 à 20	Noire	Néant	Néant	Herl de paon, quill de colvert	Néant	Coq noir
Soldier Beetle	N°12 à 14	Rouge	Gibier mâle rouge	Néant	Fourrure de phoque orange/rouge	Néant	Gibier mâle
Ladybird	N°14 à 16	Noire	Néant	Néant	Herl de paon bronze	Queue de faisan	Coq noir
Black Midge	N°18 à 26	Noire	Fibres de hackle noires	Néant	Fourrure de lapin noire	Néant	Coq noir
Inchworm	N°10 à 12	Vert insecte	Voir corps	Soie de montage vert insecte	Poils de cerf couleur vert insecte	Néant	Néant
Brown Ant	N°12 à 20	Marron	Néant	Néant	Fourrure de lapin brune	Colvert	Voir corps
Brown Midge	N°18 à 26	Marron	Fibres de hacklebrunes	Néant	Fourrure de lapin brune	Néant	Coq roux
Crowe Beetle	N°10 à 14	Noire	Néant	Néant	Poils de cerf noirs	Néant	Néant
McMurray Ant	N°14 à 22	Noire	Néant	Néant	Bois de balsa et monofilament	Néant	Coq noir rouge
Black Emerger	N°12 à 18	Noire	Néant	Fil métallique fin argenté	Fourrure de phoque noire	Poils d'élan	Néant
Flying Ant	N°12 à 18	Noire	Néant	Néant	Fourrure de phoque et poils de cerf noirs	Colvert	Coq noir
Ethafoam Beetle	N°12 à 14	Noire	Néant	Néant	Fourrure de phoque et Ethafoam noirs	Néant	Coq noir

Torrents
Mouches classiques

VOIR PAGES 128-9

NOM DE LA MOUCHE	HAMEÇON	SOIE	QUEUE	CERCLAGE	CORPS	AILE	HACKLE
Adams Irresistible	N°12 à 16	Noire	Fibres de crins d'élan	Néant	Poils de cerf naturels taillés	Hackle grisonnant	Brun et gris
Renegade	N°12 à 16	Noire	Petit butt en Lurex doré	Néant	Herl de paon	Néant	Coq marron/ blanc
Wickham's Fancy	N°12 à 16	Marron	Fibres de hackle de gibier mâle rousses	Fil métallique doré	Lurex ou Mylar plat doré	Etourneau ou colvert	Gibier roux/rouge
Grey Wulff	N°12 à 16	Noire	Fibres de poils de chevreuil	Néant	Fourrure de lapin grise	Fibres de poils de chevreuil	Coq gris
Black Gnat	N°12 à 16	Noire	Néant	Fil métallique fin argenté	Soie floche noire	Etourneau ou colvert	Coq noir
Coch-Y-Bondhu	N°10 à 12	Noire	Brins de poils de cerf noirs	Néant	Petit butt en tinsel plat doré et herl de paon bronze	Néant	Hackle Coch-Y-Bondhu
Bi-Visible	N°10 à 14	Noire	Néant	Néant	Voir hackle	Néant	Coq noir
Alder	N°10 à 16	Noire	Néant	Néant	Herl de paon magenta	Poule brune	Coq noir
Coachman	N°10 à 14	Noire	Perdrix brune	Néant	Herl de	Oie blanche	Gibier mâle rouge
March Brown	N°12 à 16	Marron	Néant	Soie floche jaune et fil métallique fin doré	Lapin gris, soie floche rayonne jaune	Poule	Perdrix brune
Partridge & Orange	N°12 à 16	Noire	Néant	Néant	Soie floche	Néant	Perdrix brune
Greenwell's Glory	N°12 à 16	Jaune cirée	Perdrix brune	Fil métallique doré	Soie jaune cirée	Merle	Couleur feu
Silver March Brown	N°12 à 16	Marron	Néant	Tinsel ovale	Fil plat argenté	Poule f aisane	Perdrix brune
Hare's Lug	N°12 à 16	Marron	Néant	Fil métallique fin doré	Fourrure de face de lièvre	Néant	Pluvier doré
Snipe &	N°12 à 16	Pourpre	Néant	Néant	Soie de montage pourpre	Néant	Plume de poitrail de bécassine
Black Spider	N°12 à 16	Cramoisie	Néant	Néant	Soie floche cramoisie	Néant	Hackle de poule noir
Red Tag	N°10 à 16	Marron	Laine rouge	Néant	Herl de paon	Néant	Gibier mâle

VOIR PAGES
130-1

Torrents
PETITES NYMPHES

NOM DE LA MOUCHE	HAMEÇON	SOIE	QUEUE	CERCLAGE	CORPS	AILE	HACKLE
Small Green Caddis	N°12 à 14	Marron	Néant	Fil métallique fin doré	Fourrure de lapin vert insecte, thorax enfourrure de lapin marron clair	Colvert	Perdrix brune
Amber Longhorn Pupa (Emergente)	N°10 à 18	Marron	Néant	Lurex plat orange ou rouge	Fourrure de phoque ambre/orange	Perdrix	Perdrix brune
Traun Red-Spot Shrimp (Scud)	Sedge N°8 à 14	Olive	Fourrure du corps	Fil métallique doré	Sous-corps en fil de plomb avec du mohair de la fourrure de phoque couleur olive	Néant	Fourrure du corps sous l'hameçon
Traun Pupa	Sedge N°8 à 14	Noire	Néant	Néant	Fourrure de phoque jaune, thorax en fourrure de phoque rouge foncé	Aile imprimée	Néant
Glitter Pupa	Sedge 10 à 14	Marron	Néant	Fil métallique doré, Flashabou	Antron couleur crème	Néant	Néant
Straw Shrimp	Sedge 10 à 12	Olive	Hackle olive	Fil métallique ovale doré	Sous-corps en fil de plomb fin	Néant	Hackle de coq en palmer
Deep Olive Pupa	N°12 à 20	Olive	Néant		Sous-corps en fourrure de phoque olive et rouille, recouvert d'Antron olive	Poils de cerf	Néant
Muskrat (Pellis)	N°10 à 12	Marron	Hackle de coq brun	Fil métallique fin argenté	Rat musqué ou lapin marron	Néant	Hackle de coq brun
All-Purpose Dark (Orvis)	N°8 à 12, tige longue	Marron	Hackle de coq faisan	Fil métallique fin doré	Fourrure de lapin brune moyenne	Fibres de plume de queue de faisan	Hackle en
Hendrickson	N°10 à 12	Blanche	Perdrix brune	Soie floche rayonne brune	Fourrure de lapin marron et rose	Fibres de plume de perdrix	Perdrix
Marabou Nymph	N°8 à 12, tige longue	Noire	Crin d'élan	Fil métallique fin doré	Marabout noir	Crin d'élan	Néant
Mahogany Nymph	N°10 à 12	Marron	Coq faisan	Soie floche rayonne marron	Fourrure de phoque couleur acajou	Fibres de plume de perdrix	Néant
Light Cahill	N°10 à 14	Blanche	Canard mandarin	Néant	Laine crème/gris pâle	Néant	Poitrail de canard mandarin
Filoplume Mayfly Nymph	N°10 à 12	Marron	Coq faisan	Fil métallique fin doré	Marabout olive	Filoplume de marabout olive	Néant
Copper Nymph	N°10 à 12	Marron	Faisan doré	Néant	Corps en fil de cuivre, tête en fourrure de phoque marron	Néant	Néant
Adams Flashback	N°10 à 12	Marron	Hackle grisonnant	Fil métallique fin argenté	Fourrure marron foncé	Néant	Hackle gris-bleu monté en tête
March Brown	N°16 à 20	Marron	Fibres de plume de queue de faisan	Fil métallique fin doré	Fibres de plume de queue de faisan, fourrure de face de lièvre	Aile de dinde brune	Perdrix brune

Torrents
NYMPHES LOURDES

VOIR PAGES 132-3

NOM DE LA MOUCHE	HAMEÇON	SOIE	QUEUE	CERCLAGE	CORPS	AILE	HACKLE
Tellico Nymph	N°8 à 16, tige longue	Noire	Hackle de pintade naturel	Herl de paon	Sous-corps en fil de plomb, recouvert de rayonne jaune	Néant	Hackle de coq brun
Bread Crust	N°10 à 12, tige longue	Orange	Néant	Lurex argenté et Swan-nundaze	Sous-corps en fil de plomb fin, recouvert de laine orange vif	Néant	Poule grise
Montana Nymph	N°8 à 12, tige longue	Noire	Pointes de hackle noires	Néant	Chenille noire, thorax en chenille jaune	Sac alaire en chenille noire	Néant
Prince	N°10 à 12, tige longue	Marron	Pointes de plume d'oie marron	Lurex doré	Herl de paon, pointes de plumes d'oie blanches	Néant	Hackle de coq brun
Zug Bug	N°10 à 12, tige longue	Rouge	Fibres de plume de paon	Lurex doré	Corps lesté, herl de paon bronze	Sections de plumes de colvert jaune citron	Hackle de coq brun
Large Black Stone	N°10 à 12, tige longue	Marron	Pointes de plumes d'oie	Mono-filament transparent	Fourrure de phoque noire, queues de dindes pointes blanches	Néant	Néant
Girdle Bug	N°6 à 10, tige longue	Noire	Bandelettes en caout-chouc noires ou blanches	Néant	Chenille noire, pattes et antennes en caoutchouc blanc	Néant	Néant
Ted's Stonefly	N°4 à 10, tige longue	Marron	Pointes de plumes d'oie marron	Néant	Chenille marron, thorax en chenille orange avec un hackle noir enroulé autour	Néant	Néant
Bottom-Scratcher	N°14 à 16, tige longue	Noire ou jaune	Plume de marabout noire	Néant	Fourrure de face de lièvre, thorax en dubbing de poils de cerf	Néant	Tête dorée
Cream Crawler	Taille 4, tige longue	Jaune ou crème	Néant	Mono-filament transparent	Herl d'autruche et fourrure de phoque couleur crème	Sections de quill d'oie	Néant
Dave's Stonefly Nymph	N°4 à 14	Noire	Pointes de plumes d'oie teintes	Mono-filament jaune	Antron, fourrure de phoque jaune	Poule faisane	Comme pour l'aile
Casual Dress	N°6 à 12	Marron	Plume d'oie rayée marron	Néant	Rat musqué	Herl d'autruche noir	Rat mus-qué
Kaufmann Stone	N°2 à 10	Noire	Pointes de plume d'oie noires	Mono-filament marron foncé	Fourrure de phoque et de lapin marron foncé pour le corps et le thorax, antennes en plume d'oie marron rayée	Sac alaire en plume de dinde tachetée	Néant
Box Canyon Stone	N°2 à 8	Marron	Pointes de plumes d'oie	Néant	Sous-corps lesté, corps en laine noire, hackle de coq en palmer	Sac alaire en plume de dinde tachetée	Herl d'autruche
Golden Stone Nymph	N°2 à 10, tige longue	Crème ou blanche	Dinde brune	Soie ocre	Sous-corps en laine couleur crème, carapace en dinde brune	Fibres de plume de queue de faisan	Dinde brune
Orvis Stone	N°2 à 10, tige longue	Noire, brune ou olive	Perdrix brune	Soie ocre	Haretron marron ou olive	Paille suisse marron	Faisan à collier
Early Brown Stone	N°10 à 16, tige longue	Crème	Perdrix brune	Mono-filament transparent	Fourrure de lièvre brune et grise	Queue de dinde	Hackle brun

VOIR PAGES 134-5

Torrents
STREAMERS

NOM DE LA MOUCHE	HAMEÇON	SOIE	QUEUE	CERCLAGE	CORPS	AILE	HACKLE
Colorado Gold Muddlerbou	N°2 à 8	Marron	Néant	Néant	Fourrure de phoque jaune/orange sur des poils de cerf blancs aérés et taillés	Marabout marron/ orange	Néant
White Marabou Muddler	N°4 à 10	Grise	Fibres de hackle rouges	Néant	Tinsel plat argenté avec une tête en poils de cerf naturels	Marabout blanc	Néant
Belgian Sculpin	N°4 à 10	Marron	2 hackles cree	Tinsel ovale doré	Fourrure de phoque chamois, tête en poils de cerf aérés	Perdrix brune	Néant
Muddled Black Mink Zonker	N°4 à 10	Noire	Néant	Néant	Antron noir, tête en poils de cerf taillés	Vison naturel	Néant
Troth Bullhead	N°2 à 8	Marron	Poils de cerf blancs, marabout noir	Néant	Sous-corps lesté, poils de cerf blancs et dos en marabout noir, tête en poils de cerfs aérés	Voir corps	Néant
Black Zonker	N°6 à 12, tige longue	Noire	Fibres de Mylar à l'extrémité du corps	Néant	Mylar noir	Lapin noir	Néant
Pulsata	N°6 à	Marron	Néant	Néant	Fourrure de lapin naturelle, tête en poils de cerf aérés	Lapin naturel	Néant
Wooly Worm (marron)	N°8 à 12, tige longue	Marron	Fibres de hackle écarlates	Néant	Chenille marron	Néant	Coq roux en palmer
Wooly Bugger	N°6 à 12, tige longue	Cramoisie	Fibres de marabout noires	Néant	Chenille noire	Néant	Coq noir en palmer
Threadfin Shad	N°6 à 10	Blanche	Voir corps	Néant	Corps en tube Mylar argenté, marabout marron, tête blanche et yeux peints	Néant	Néant
Furnace Matuka Variant	N°6 à 10	Noire	Hackles couleur	Tinsel plat argenté	2/3 rouge, 1/3 soie floche verte	Voir queue	Poils de cerf
Olive Matuka	N°6 à	Noire	Hackles olive doré	Fil ovale doré	Laine ou fourrure de phoque olive	Voir queue	Poule olive doré
Royal Coachman Bucktail Streamer	N°8 à 10	Noire	Pointes de plumes de faisan dorées	Néant	Butt en herl de paon bronze, thorax en soie floche rouge	Poils blancs	Coq rouge naturel
Silver Darter	N°4 à 10	Noire	Néant	Néant	Corps en Mylar argenté avec petit butt rouge	Hackle badger	Fibres de plume de paon

Torrents
MOUCHES SÈCHES

VOIR PAGES 136-7

NOM DE LA MOUCHE	HAMEÇON	SOIE	QUEUE	CERCLAGE	CORPS	AILE	HACKLE
Sofa Pillow	N°6 à 8	Ocre	Poils d'élan oranges	Néant	Fil de polypropylène orange	Poils d'élan	Hackle roux
White Wulff	N°10 à 16	Blanche	Queue de veau blanche	Néant	Fourrure de lapin blanche	Poils de queue ou de corps de veau blancs	Coq badger
Stonefly Roger	N°10 à 12	Olive	Néant	Soie floche rayonne jaune	Fourrure de phoque olive	Hackle grisonnant	Coq badger
Grizzly Wulff	N°10 à 16	Marron	Poils de chevreuil naturels	Néant	Soie floche rayonne jaune	Poils de chevreuil naturels	Brun et gris
Royal Wulff	N°10 à 16	Marron	Poils d'élan naturels	Néant	2/3 de herl de paon, 1/3 de soie floche rayonne	Queue de veau blanche	Coq brun
Golden Stone	N°10 à 12	Marron	Poils d'élan	Néant	Soie floche rayonne jaune	Poils d'élan	Hackle cree en palmer
Yellow Humpy ou Goofus Bug	N°8 à 20	Marron	Poils d'élan	Néant	Soie floche rayonne jaune	Poils d'élan	Brun et gris
Rat-Faces McDougal	N°10 à 16	Grise	Gibier mâle rouge	Néant	Poils de cerf naturels aérés et taillés	Hackle de gibier rouge	Hackle de gibier rouge
Irresistible Wulff	N°10 à 16	Marron	Gibier mâle rouge	Néant	Poils de cerf taillés	Queue de veau blanche	Gibier mâle rouge
Fluttering Caddis	N°10 à 16	Marron	Néant	Fil métallique fin doré	Queue de coq faisan	Hackle de coq brun	Coq brun
March Brown (Sèche)	N°10 à 16	Marron	Hackle de coq et perdrix	Néant	Bourre de lièvre brune et grise	Poule faisane	Coq brun
Goddard Caddis	N°8 à 12, tige longue	Verte	Néant	Néant	Poils de cerf aérés	Néant	Hackle de coq grisrouille
Henryville Special	N°10 à 12	Marron	Néant	Néant	Soie floche rayonne verte	Colvert	Coq grisonnant
Olive Dun	N°12 à 16	Olive	Fibres de hackle gris-olive	Fil de cuivre fin	Fourrure de phoque ou de taupe moyenne couleur olive	Etourneau, merle ou colvert	Coq olive
Troth Elk-Hair Caddis	N°10 à 18	Marron	Néant	Néant	Fourrure de face de lièvre	Poils d'élan couleur ocre	Hackle brun en palmer
Coachman	N°10 à 16	Noire	Néant	Néant	Herl de paon	Néant	Coq blanc et rouge
Badger Hackle	N°10 à 16	Noire	Hackle de coq roux	Néant	Tinsel plat argenté	Néant	Coq badger

VOIR PAGES
138-9

Torrents

GRANDES MOUCHES SÈCHES ET NYMPHES

NOM DE LA MOUCHE	HAMEÇON	SOIE	QUEUE	CERCLAGE	CORPS	AILE	HACKLE
Goddard Caddis	N°4 à 10	Marron	Néant	Néant	Poils de cerf naturels, dubbing de fourrurede phoque verte	Néant	Hackle de gibier mâle rouge
Henry's Fork Hopper	N°8 à 12	Jaune cirée	Néant	Néant	Fibres de poils de croupe d'élan crèmes	Poils de cerf et plume de poule	Néant
Daddy Longlegs	N°12 à 14, tige longue	Marron	Néant	Néant	Raphia naturel enveloppé d'une bandelette de polythène	Pointes de hackle cree	Coq brun
Moser's Adult Stone	N°6 à 10, tige longue	Marron	Néant	Néant	Poils de cerf marron et marron foncé	Pointe de plume d'oie imprimée	Néant
Joe's Hopper	N°10 à 12, tige longue	Marron	Hackle de coq rouge	Néant	Poils de cerf jaunes taillés	Dinde à pointe blanche	Coq gris et brun
Extended-Body Daddy Longlegs	N°12 à 14, tige longue	Marron	Néant	Néant	Poils de cerf bruns, soie de montage marron, tête peinte en rouge	Pointe de hackle couleur feu	Gibier mâle rouge
Yellow Stone	N°6 à 10, tige longue	Jaune	Néant	Néant	Fourrure de phoque jaune, poils d'élan bruns, corps jaune émail	Aile imprimée	Néant
Dave's Hopper	N°10 à 12, tige longue	Marron foncé	Queue de daim rouge vif	Voir hackle	Laine jaune foncé, tête en poils de cerf olive, fibres de plume de queue de coq faisan	Dinde à pointe blanche	Hackle brun en palmer
Hoolet	N°6 à 10	Noire	Néant	Fil de cuivre fin	Herl de paon	Quill de poule marron foncé	Gibier mâle rouge foncé
Stimulator	N°6 à 16	Orange recirée	Poils de corps de cerf	Néant	Polypropylène orange, thorax en fourrure de lapin orange foncé	Néant	Hackle roux
Simulator	N°4 à 10	Couleur identique à celle du corps	Quill d'oie	Fil de cuivre	Laine de chèvre angora et Haretron	Poils d'élan	Hackle de dos
Fluttering Golden Stone	N°6 à 8	Jaune cirée	Néant	Néant	Fil synthétique jaune	Hackle de poule gris/noir	Hackle de dos roux
Little Black Stonefly	N°10 à 18	Noire	Vison noir	Néant	Dubbing de fourrure de vison noire	Hackle de poule gris	Hackle noir
Bitch Creek	N°4 à 8	Noire	Filaments de caoutchouc blancs	Voir corps	Sous-corps lesté, recouvert de chenille noire, verte et orange	Néant	Coq roux
MacSalmon	N°2 à 8	Marron	Néant	Néant	Fil macramé orange, tête en poils de cerf marron foncé	Crins de cheval blancs	Néant
Caterpillar	N°10 à 16	Olive	Néant	Fil métallique fin argenté	Sous-corps en soie floche verte, herl de paon	Néant	Hackle roux
Black Stone	N°4 à 10	Marron	Pointes de plumes d'oie brunes	Swan-nundaze correspon-dant	Haretron noir, aile de dinde, antennes en quill d'oie	Néant	Néant

Les mouches du monde entier
Australie & Nouvelle-Zélande

VOIR PAGES 140-1

NOM DE LA MOUCHE	HAMEÇON	SOIE	QUEUE	CERCLAGE	CORPS	AILE	HACKLE
Black Matuka	N°4 à 8	Noire	Fibres de hackle de selle de coq rouge	Tinsel ovale argenté	Chenille noire	Hackles de poule noirs montés en crête	Poule noire
Rabbit	N°6 à 10	Noire	Néant	Fil ovale doré	Chenille noire	Lapin gris/blanc	Néant
Hare & Copper	N°10 à 14	Noire	Fibres de fourrure de lièvre	Fil de cuivre	Sous-corps lesté, dubbing de fourrure de lièvre	Pincée de fibres de fourrure de lapin	Néant
Cordallid	N°6 à 10	Marron	Néant	Néant	Poils de cerf marron taillés pour former le corps et la tête	Fibres de poils de cerf brunes	Néant
Mrs Simpson	N°4 à 10	Noire	Fibres de queue d'écureuil noires	Néant	Chenille noire	Plumes de coq faisan	Néant
Governor Nymph	N°10 à 12	Noire	Fibres de hackle de gibier mâle rouge	Néant	Soie floche rouge avec herl de paon	Sac alaire en poule faisane	Hackle monté en gorge comme pour la queue
Horned Caddis	N°10 à 12	Noire	Néant	Fil métallique argenté	Fourrure de lapin grise avec thorax en fourrure de lapin blanche	Néant	Néant
Parson's Glory	N°8 à 10	Noire	Deux pointes de hackle cree	Tinsel ovale argenté	Chenille orange	Hackles de coq monté en style Matuka	Cree clair

VOIR PAGES 142-3

Les mouches du monde entier

ALLEMAGNE & AUTRICHE

NOM DE LA MOUCHE	HAMEÇON	SOIE	QUEUE	CERCLAGE	CORPS	AILE	HACKLE
Woelfe Emergent Caddis	N°10 à 16	Marron	Néant	Spectraflash perlé	Abdomen en Haretron olive, thorax en marabout marron	Aile de sedge de la rivière Traun taillée à la forme voulue	Néant
Deer-Hair Emerger	N°10 à 14, RM sans ardillon	Marron	Néant	Néant	Poils de cerf, avec l'aile en fil synthétique, fibres taillés court	Néant	Néant
Gold-Head Pupa	N°10 à 18	Marron	Néant	Néant	Corps irisé recouvert d'un dubbing de poils de cerf derrière la tête en forme de perle dorée	Voir corps	Néant
Moser Sedge Pupa	N°10 à 14	Marron	Néant	Néant	Abdomen ambre et thorax ocre irisés	Néant	Roux cree
Female Caddis	N°10 à 16	Marron	Néant	Néant	Corps gris avec un thorax recouvert de mousse Polycelon doublée	Néant	Néant
Gold-Head Pupa II	N°10 à 18	Olive	Néant	Néant	Dubbing irisé olive foncé avec un thorax en fibres de poils de corps de cerf olive mélangées	Poils de cerf bruns dressés vers l'avant	Néant
Balloon Caddis	N°10 à 16	Jaune	Néant	Néant	Antron marron avec une tête en mousse Polycelon jaune	Néant	Néant
Dark Caddis	N°10 à 14, tige longue	Noire	Noire	Noire	Dubbing de fibres de poils de cerf mélangées gris et gris foncé	Poils de corps de cerf bruns	Comme pour le corps, taillées court
Light Caddis	N°10 à 14, tige longue	Marron	Néant	Néant	Fibres de poils de corps de cerf mélangées marron clair et marron foncé	Paille suisse marquée au feutre gris	Comme pour le corps, taillées court
Chironomid Pupa	N°12 à 18, RM, pointe en flêche	Noire	Néant	Raphia blanc séparé	Raphia noir, thorax en poils de corps de cerf marron/gris clair et gris foncé	Paille suisse marquée au feutre Pantone	Néant
Grayling N°1	N°16 à 20	Blanche	Néant	Néant	Antron couleur ambre	2 morceaux de raphia blanc	Petit hackle de coq crème
Traun-Wing Caddis	N°12 à 20, Jardine	Marron	Néant	Néant	Haretron marron en palmer avec un hackle de coq marron clair	Flashabou perlé	Comme pour le corps
Sparkle (Baetis/Ephemerella) Nymph	N°14 à 20, RM, pointe en flèche	Marron	3 ou 4 fibres de plume de jungle cock	Néant	Abdomen en Haretron brun-olive, thorax en dubbing marron foncé irisé	Néant	Néant
"F" Fly	N°14 à 20	Olive	Néant	Néant	Herl de paon bronze	Plume cul-de-canard	Néant
Gammerus	Hameçon pour nymphe vivante de Jardin, N°12 à 20	Marron	Néant	Mono-filament marron	Poils de cerf fins gris et fourrure de phoque ou substitut crème, carapace en paille suisse olive	Néant	Néant
Numiades Nymph	N°12 à 14	Noire	2 ou 3 fibres de plume de queue de faisan	Néant	Quill ou substitut, thorax en herl d'autruche jaune et vert mélangé	Néant	Néant
Antron Dry Emerger	N°10 à 18	Olive	Néant	Néant	Antron mélangé olive et gris foncé	Polypropylène gris	Coq grisonnant

Les mouches du monde entier

FRANCE, ESPAGNE, ITALIE & YOUGOSLAVIE

VOIR PAGES 144-5

NOM DE LA MOUCHE	HAMEÇON	SOIE	QUEUE	CERCLAGE	CORPS	AILE	HACKLE
Cocchetto Nymph	N°14 à 16	Noire	Néant	Hackle rouge naturel	Dubbing de cocon de phalène	Néant	Hackle non taillé
Précieuse	N°12 à 18	Grise ou noire	Fibres de hackle grises	Tinsel argenté	Dubbing synthétique gris	Néant	Fibres courtes gris cendré
Pallaretta	Taille 12	Noire ou brune	Néant	Soie noire	Soie jaune vernie	Néant	Bleu-gris foncé
Ossolina Emerger	N°14 à 16	Noire	Néant	Néant	Néant	Néant	Hackle roux pâle
The Dormouse Nymph	N°10 à 14	Noire	Fibres de queue de loir	Néant	Fourrure de queue de loir	Néant	Néant
Mave	N°12 à 14	Jaune pâle	Néant	Primevère	Pourpre	Néant	Hackle tacheté
Valsesiana	N°10 à 18	Pourpre	Néant	Néant	Pourpre	Néant	Poule noire
Bartellini Spider	N°16 à 20	Rouge	Néant	Néant	Soie rouge fluorescent	Néant	Poule blanche
La Rue	N°16 à 18	Marron	Néant	Soie marron	Soie olive clair	Une seule, tachetée brun/gris	Hackle brun court
"F" Fly	N°10 à 18	Noire, grise, olive ou jaune	Néant	Néant	Soie de montage ou herl de héron	Petite plume de glande de canard	Comme pour l'aile
Verana Amarillo	N°12 à 14	Primevère	Bleu-gris, moyenne	Néant	Fibre d'oie/de cygne jaune, fibre verte	Néant	Bleu-gris, moyen
Oliva	N°12 à 14	Primevère	Néant	Néant	Dubbing de fourrure ou synthétique olive	Néant	Plume de poule grise souple
Hoz Seca	Taille 14	Marron clair	Bleu-gris, moyenne	Fil de cuivre fin	Fourrure synthétique olive	Poly-propylène gris	Bleu et rouge clair
Moustique 1	N°14 à 16	Marron ou noire	Fibres de hackle gris-bleu	Néant	Soie floche jaune	Pointes de hackle gris-bleu	Plume de canard verte
Ucero	N°10 à 12	Rouge	Fil de poly-propylène	Soie de montage marron	Dubbing en polypropylène cannelle	Néant	Fil syn-thétique penchant vers l'arrière
Tajo	N°14 à 16	Primevère	Bleu- gris, moyenne	Néant	Soie orange vernie	Poly-propylène gris	Bleu-gris
Univeral Caddis	N°10 à 12	Noire	Néant	Néant	Bandelette PVC vert clair	Quill d'aile de faisan	Coq rouge naturel

VOIR PAGES 146-7

Les mouches du monde entier

SCANDINAVIE

NOM DE LA MOUCHE	HAMEÇON	SOIE	QUEUE	CERCLAGE	CORPS	AILE	HACKLE
Rhyacophila Pupa	Hameçon à vers taille 12	Marron	Néant	Mono-filament olive 3,6kg	Dubbing d'Antron olive bien brossé	Néant	Hackle en grouse
Nalle Puh/Stone (sombre)	Taille 12, tige standard	Noire	Néant	Néant	Fil polypropylène noir enroulé, avec un hackle de coq noir naturel en palmer	Ours polaire ou brun	Coq noir
Orange Pupa	N°8 à 10, tige longue	Marron	Néant	Fil métal-lique fin doré	Sous-corps en plomb optionnel, les 3/4 arrière en Antron pêche/orange, dub-bing	Néant	Néant
Rhyacophila Larva	Taille 12, tige longue	Marron	Néant	Mono-filament jaune 1,8kg	Bandelette PVC transparente sur un corps en dubbing d'Antron olive	Sac alaire en plume de faisan tachetée	Néant
Nelson Caddis	Taille 14, tige longue	Marron	Néant	Néant	Dubbing de polypropylène couleur cannelle	Pointes de poils de cerf naturelles grisonnantes	Gibier mâle rouge
Green-Antron Pupa	Taille 10, tige longue	Marron	Néant	Mono-filament olive 3,6kg	Dubbing d'Antron vert-olive clair bien brossé	Néant	Marabout d'autruche en grouse
Nalle Puh	Taille 6, tige longue	Orange	Néant	Néant	Fil de polypropylène orange enroulé en palmer, avec du gibier mâle moyen rouge	Poils d'ours polaire teints en brun	Coq rouge
VA-Sedge	Taille 14, tige longue	Marron	Néant	Néant	Herl marron foncé enroulé sur un sous-corps en forme de cigare	Ailes de phrygane synthétiques	Gibier mâle rouge foncé
Racklehane	Taille 10, tige standard	Marron foncé	Néant	Néant	Dubbing de fourrure de phoque moyenne ou de substitut olive	Ours polaire brun et jaune	Néant
Dragonfly Nymph	Taille 12, tige longue	Olive	Pointes de marabout couleur olive	Mono-filament transparent	Marabout olive	Queue de coq faisan	Néant
Grouse-Wing Sculpin	N°1 à 2, tige longue	Olive	Extrémités de deux plumes en grouse	Tinsel, mono filament de 2,7kg	Mohair ou substitut en phoque jaune sale et orange, appliqué avec un crochet à dubbing	Ailes en grouse	Hackle taillé en grouse
Mysis Relicta	Hameçon pour nymphe nageante Tiemco taille 12 (400T)	Blanche	Pointes de marabout blanches	Mylar perlé	Marabout blanc	Néant	Coq blanc
Stonefly Nymph	Taille 12, tige longue	Olive	2 pointes de fibres de plume foncées	Fil métal-lique argenté	Soie floche jaune et soie de montage orange, fibre de plume sombre enroulée en haut du corps	Fibres de plumes sombres disposées en couches	Néant
Flat-Head Sculpin	N°2 à 4, tige longue	Marron	Extrémités de deux plumes en grouse	Fil métal-lique argenté	Dubbing de polypropylène (monté avec uncrochet à dubbing), brun sale sur les 3/5, orange sur 1/5 et écarlate sur 1/5	Fibres en grouse, style Matuka	Plumes en grouse
Paraleptophlebia Nymph	Taille 12, tige longue	Marron	Fibres de plume de queue de coq faisan	Fil métal-lique fin argenté	Marabout ou herl d'autruche gris, plume de poule ou de dinde tachetée, enroulée en haut du corps avec le fil de cerclage	Sac alaire en fibres de plume	Néant
Muskrat Muddled Zonker	N°2 à 4, tige longue	Marron	Extrémité d'une bande de rat mus-qué zonker	Fil métal-lique argenté lourd	Bande souple de rat musqué ocre enroulée en haut du corps avec le fil de cerclage, style Matuka	Soie floche rouge	Soie floche rouge
Perch Fly	N°2 à 4, tige longue	Grise	Fibres de hackle de coq écarlates	Tinsel ovale doré	Marabout ou plume secondaire de couleur grise, enroulés avec un crochet à dubbing	Bande de lapin	Coq écarlate

Les mouches du monde entier

PAYS DE GALLES

VOIR PAGES 148-9

NOM DE LA MOUCHE	HAMEÇON	SOIE	QUEUE	CERCLAGE	CORPS	AILE	HACKLE
Dog's Body	N°12 à 16	Marron	Fibres de plume de queue de coq faisan	Fil ovale doré	Poils de chien couleur chameau	Néant	Coq Plymouth et coq rouge
Daiwl Bach	N°10 à 12	Noire	Fibres brunes	Néant	Herl de paon	Néant	Hackle de poule
Conway Red	N°6 à 10, tige longue	Noire	Néant	Soie floche rouge ou tinsel plat rouge	Soie floche noire	Poils badger	Coq bleu-gris
Herefordshire Alder	N°12 à 14	Noire	Fibres bleu-gris	Néant	Fibres de plume de queue de faisan	Néant	Miel
Harry Tom	N°8 à 10	Marron	Fibres couleur miel	Fil métallique argenté	Fourrure de lapin naturelle	Colvert	Hackel noir monté en gorge
Moc's Cert	N°6 à 10, tige longue	Noire	Néant	Fil ovale argenté	Tinsel plat argenté	Ecureuil ou joues de jungle cock noirs	Hackle de poule noir
Williams' Favourite	N°12 à 14	Noire	Moustaches noires	Fil métallique argenté	Soie floche noire	Néant	Plume de coq faisan
Haul-A-Gwynt	N°12 à 14	Noire	Néant	Néant	Herl d'autruche noir	Corbeau noir ou substitut	Miel
Dai Ben	N°6 à 10	Noire	Fibres couleur miel	Tinsel plat argenté	Fourrure de lapin	Néant	Coq couleur feu
Teifi Terror	N°8 à 10	Noire	Hackle couleur feu	Fil métallique doré	Soie floche noire	Néant	Coch-Y-Bondhu
Coch-Y-Bondhu	N°12 à 14	Cramoisie	Néant	Néant	Herl de paon bronze	Néant	Perdrix, coq bordeaux
Welsh Partridge	N°12 à 16	Noire	Perdrix brune	Tinsel ovale doré	Fourrure de phoque bordeaux	Néant	Hackle de coq rouge
Red Tag	N°10 à 12	Noire	Laine rouge	Fil métallique doré	Herl de paon, fil métallique doré optionnel	Néant	Poule bleu-gris
Lewis' Grannom	N°14 à 18	Verte	Néant	Néant	Taupe olive	Néant	Cou de perdrix gris
Kell's Blue	N°12 à 14	Pourpre	Coq bleu-gris	Tinsel ovale doré	Herl de héron ou substitut	Néant	Coch-Y-Bondhu
Yorke's Favourite	N°10 à 14	Noire	Quill de cygne/d'oie rouge	Néant	Herl de paon	Néant	Badger bien marqué
Grey Duster	N°12 à 16	Marron	Néant	Néant	Fourrure de lapin naturelle avec bourre bleue	Néant	Néant

VOIR PAGES
150-1

Les mouches du monde entier

TRUITE DE MER

NOM DE LA MOUCHE	HAMEÇON	SOIE	QUEUE	CERCLAGE	CORPS	AILE	HACKLE
Blackie (Waddington)	Waddington	Noire	Néant	Néant	Tube en Mylar argenté, queue de daim noire	Néant	Néant
Surface Lure	N°4 à 10	Noire	Prolongation du corps	Néant	Ethafoam, herl de paon noir surmonté d'une queue de daim bleue	Néant	Néant
Ruane's Fancy	N°8 à 14, triple	Noire	Néant	Néant	Néant	Pointe de plume de faisan doré couleur bleu nuit	Néant
Terror	Deux tailles 10 en tandem	Noire	Substitut d'ibis rouge sur la mouche arrière	Néant	Tinsel plat argenté	Cygne bleu et joues de sarcelle	Néant
Goldie	N°6 à 10, tige longue	Noire	Fibres de hackle jaunes	Fil métallique doré	Tinsel plat doré	Poils de chèvre jaunes et noirs	Fibres de plume de coq jaunes
Peter Ross	Hameçon arrière N°8 à 10 Hameçon avant N°6 à 8	Noire	Pointes de plume de faisan doré	Tinsel ovale argenté sur la mouche de devant seulement	Tinsel plat argenté pour la mouche arrière, substitut de fourrure de phoque rouge pour la mouche avant	Pointes de hackle grisonnantes	Hackle de poule noir
Headley's Speck	N°14 à 18, triple	Rouge	Néant	Néant	Néant	Néant	Hackle de coq noir
Medicine (Colvert)	N°4 à 6	Rouge	Néant	Tinsel ovale argenté optionnel	Tinsel plat argenté	Colvert marron foncé	Coq bleu clair
Wickham's Fancy	N°12 à 16	Marron	Fibres de hackle de coq rousses	Tinsel ovale doré	Tinsel plat doré	Canard gris	Coq roux ou rouge clair
BA-Pretty	N°12 à 14	Noire	Fibres bleu-gris clair	Néant	Fil doré plat	Néant	Bleu-gris
Flashabou Alexandra	N°8 à 12	Noire	Bandelettes de Flashabou perlé	Tinsel ovale argenté	Tinsel plat argenté	Paon, ibis, jungle cock	Coq ou poule noir
Bloody Butcher	N°8 à 14	Noire	Ibis rouge ou substitut	Néant	Tinsel plat argenté	Sections de plumes de colvert bleues	Coq rouge
Loch Ordie (Dapping)	N°10 à 12	Noire	Néant	Néant	Néant	Néant	Hackles de gibier mâle
Silver Invicta	N°10 à 14	Noire	Plume de crête de faisan doré	Néant	Tinsel plat argenté	Poul faisane	Néant
Red Stuart	N°10 à 12	Noire	Fibres de hackle de coq rouge	Néant	Tinsel plat doré	Poils de chèvre teints en rouge	Coq en palmer teint en rouge
Red Palmer (Dapping)	N°10 à 14	Noire	Néant	Fil métallique doré	Laine ou fourrure de phoque rouge	Néant	Gibier mâle en palmer

Les mouches du monde entier

ÉCOSSE

VOIR PAGES 152-3

NOM DE LA MOUCHE	HAMEÇON	SOIE	QUEUE	CERCLAGE	CORPS	AILE	HACKLE
Doobry	N°10 à 12	Noire	Soie fluorescente rouge	Fil métallique fin doré	Fil plat or-laiton	Néant	Coq noir en palmer
Loch Ordie	N°10 à 12	Noire	Néant	Néant	Voir hackle	Néant	Hackles de poule
Kate McLaren	N°10 à 12	Marron	Plume de poitrail de faisan doré	Tinsel ovale argenté	Dubbing de fourrure noire	Néant	Coq noir
Clan Chief	N°10 à 12	Noire	Soie floche rouge et jaune	Tinsel ovale argenté	Dubbing de fourrure noire	Néant	Coq noir et cramoisi
Ke-He	N°10 à 12	Noire	Laine rouge et pointes de plumes de faisan	Fil métal-lique doré	Herl de paon bronze	Néant	Poule rouge
Zulu	N°10 à 12	Noire	Laine rouge	Tinsel plat doré ou argenté	Dubbing de fourrure noire	Néant	Coq noir
Goat's Toe	N°10 à 12	Noire	Butt plat doré avec queue en laine rouge	Fil plat doré	Herl de paon bronze	Néant	Paon bleu
Black Ke-He	N°10 à 12	Noire	Laine rouge et pointes de plumes de faisan	Fil métallique doré	Herl de paon bronze	Néant	Poule noire
Blue-Tag Red Palmer	N°10 à 12	Ecarlate	Bleu de Cambridge	Tinsel ovale doré	Fourrure de phoque rouge	Néant	Coq roux
Heckham Peckham	N°10 à 12	Noire	Pointes de plumes de faisan doré	Tinsel ovale doré	Fourrure de phoque rouge	Colvert	Coq noir
Black Pennell	N°10 à 12	Noire	Pointes de plumes de faisan doré	Tinsel ovale argenté	Tinsel ovale argenté, soie floche noire	Néant	Coq noir
Machair Claret	N°10 à 12	Noire	Pointes de plumes de faisan doré	Fil métallique doré	Soie floche noire et bordeaux	Néant	Coq noir
McLeod's Olive	N°10 à 14	Olive	Queue dorée, fibres de hackle de poule couleur olive	Néant	Fourrure de phoque olive	Violine	Poule olive
Malloch's Favourite	N°10 à 14	Marron	Queue argentée, fibres de perdrix grises	Néant	Quill rayé	Carolin	Poule bleu-gris
White-Hackled Invicta	N°10 à 14	Marron	Plume de crête de faisan doré	Fil métallique doré	Fourrure de phoque jaune	Poule faisane	Coq brun-rouge
Burleigh	N°10 à 14	Marron	Fibres de hackle de poule rousses	Fil métallique doré	Soie floche jaune cirée	Violine	Poule rousse
Yellow Owl	N°10 à 16	Noire	Poule faisane	Soie floche noire	Soie floche jaune	Poule faisane	Perdrix brune

VOIR PAGES 154-5

Les mouches du monde entier

IRLANDE

NOM DE LA MOUCHE	HAMEÇON	SOIE	QUEUE	CERCLAGE	CORPS	AILE	HACKLE
Gosling (Sam Anderson)	N°8 à 12	Jaune	Fibres de plume de queue de coq faisan	Fil métallique doré	Fourrure de phoque olive doré ou jaune	Néant	Coq orange
Green Peter	N°8 à 12	Olive	Néant	Tinsel ovale fin doré	Fourrure de lapin verte	Poule faisane	Poule olive
Olive Bumble	N°10 à 12	Jaune	Fibres de plume de queue de faisan doré	Lurex doré	Fourrure de phoque olive doré	Néant	Coq olive
Mayfly Nymph	N°10 à 12	Olive	Fibres de plume de queue de coq faisan	Fil métallique argenté	Tinsel plat argenté	Néant	Coq marron clair
Bibio	N°10 à 14	Noire	Néant	Tinsel fin et plat argenté	Fourrure de phoque noire	Néant	Coq noir
Claret Bumble	N°10 à 12	Bordeaux	Fibres de pointes de plumes de faisan doré	Tinsel ovale doré	Fourrure de phoque bordeaux	Néant	Coq noir et bordeaux
Murrough	N°10 à 12	Noire	Néant	Fil métallique fin doré	Fourrure de phoque bordeaux	Queue de dinde à pointe blanche	Coq brun
Melvin Bumbling Bibio	N°8 à 14	Néant	Néant	Fil fin et ovale argenté	Mylar argenté, fourrure de phoque rouge et noire	Néant	Coq et poule noirs
Connemara Black	N°6 à 12	Noire	Pointes de plumes de faisan doré	Fil métallique fin argenté	Fourrure de phoque noire	Colvert bronze	Coq noir, geai bleu
Melvin Olive	N°8 à 12	Noire	Pointes de plumes de faisan doré	Fil ovale doré	Fourrure de phoque olive	Canard gris	Coq olive doré
Balinderry Olive	N°6 à 12	Marron	Pointes de plumes de faisan doré	Fil plat doré enroulé en spires serrées	Fourrure de phoque olive doré	Cygne rouge, colvert	Hackle badger roux ou miel
Fiery Brown	N°8 à 12	Marron	Gibier mâle rouge	Tinsel ovale doré	Fourrure de phoque marron ardent	Colvert bronze	Gibier mâle rouge
Kingsmill	N°8 à 12	Marron	Plume de crête d faisan doré	Fil métallique argenté	Soie floche vert fluorescent, herl d'autruche	Queue de cygne	Poule noire
Irish Mallard & Claret	N°6 à 12	Bordeaux	Pointes de plumes de faisan doré	Fil ovale doré	Fourrure de phoque bordeaux	Carolin	Bordeaux
Sooty Olive	N°10 à 12	Olive	Pointes de plumes de faisan doré	Fil ovale doré	Fourrure de phoque olive foncé	Colvert bronze	Olive foncé
Melvin ou Rogan's Extractor	N°8 à 10	Marron	Fibres de plumes de faisan rouge doré	Fil ovale doré	Tinsel plat doré	Colvert tacheté	Coq jaune citron
Hare's Ear	N°10 à 12	Marron	Longues fibres de face de lièvre	Tinsel ovale doré	Fourrure de face de lièvre	Colvert gris	Comme pour la queue

Les mouches du monde entier
AMÉRIQUE DU NORD

VOIR PAGES 156-7

NOM DE LA MOUCHE	HAMEÇON	SOIE	QUEUE	CERCLAGE	CORPS	AILE	HACKLE
White Marabou Muddler	N°4 à 8	Noire	Coq rouge scintillant	Néant	Tinsel plat argenté avec des poils de cerf aérés taillés à la forme de la tête	Plume de marabout blanche	Néant
Royal Coachman	N°8 à 14	Noire	Pointes de plumes de faisan doré	Néant	Herl de paon bronze avec de la soie floche rouge au centre	Oie blanche	Hackle de coq ou de poule rouge naturel
Grey Ghost	N°4 à 10	Noire	Néant	Tinsel plat argenté	Soie floche orange	Hackles de coq gris, queue de daim blanche	Queue de daim blanche
Thunder Creek	N°6 à 12	Blanche	Voir Aile	Néant	Tinsel argenté bosselé	Queue de daim brune	Néant
Royal Coachman Trude	N°10 à 18	Noire	Pointes de plumes de faisan doré	Néant	Herl de paon divisé par une bande de soie floche rouge	Queue de veau blanche	Coq brun
Zonker Sculpin	N°2 à 6	Noire	Brins de Flashabou perlé	Fil métallique doré	Sous-corps lesté en fourrure de phoque noire ou substitut	Bande de lapin noire zonker	Néant
Dave's Chamois Leech	Hameçon à saumons pour eau peu profonde, N°2 à 10	Olive	Bande de peau de chamois ovale olive	Néant	Haretron et chamois couleur olive	Néant	Longues fibres de plume de perdrix
Dark Hendrickson	N°10 à 16	Noire	Carolin	Néant	Dubbing de fourrure de rat musqué	Fibres de plume de carolin	Bronze moyen
Light Cahill	N°10 à 18	Jaune	Carolin	Néant	Dubbing de fourrure crème	Fibres de plume de carolin	Poule roux clair
Filoplume Mayfly Emerger	N°14 à 16	Noire	Carolin	Néant	Bourre de lapin et fourrure de corps d'écureuil gris-roux	Faisan gris	Hackle de perdrix brun
Cut-Wing Dun	N°12 à 16	Noire	Fibre de hackle de coq	Néant	Fourrure de lièvre ou Antron olive	Néant	Bleu gris
Carey Special	N°4 à 12	Noire	Fibres de plume de poitrail de faisan à collier	Tinsel fin et plat argenté	Chenille marron	Néant	Faisan à collier
Brook's Stonefly	N°2 à 8, 4 x L	Noire	Fibre de quill de corbeau	Fil de cuivre	Fourrure de phoque noire ou substitut	Néant	Autruche grison-nante
Polywing Spinner	N°14 à 16	Noire	Queues lar-gement espacées	Néant	Dubbing synthétique couleur rouille	Fil synthétique gris pâle ou blanc	Néant
Muskrat-Wiggle Nymph	Arrière : N°12 à 16, oeillet vertical Avant : N°12 à 18, oeillet vers le bas	Grise	Carolin	Fil cuivré ou doré	Dubbing de fourrure de corps de rat musqué	Quill d'aile de colvert	Carolin
Quill Gordon	N°14 à 18	Primevère	Bleu gris	Néant	Quill d'oeil de paon	Fibres de plume de carolin	Coq bleu gris
Foam Ant	N°10 à 14	Noire	Néant	Néant	Ethafoam noir taillé à la forme voulue	Néant	Poule noire

Notes du traducteur
Abréviations relatives aux hameçons : ***LS = Long Shank = Tige longue • SS = Standard Shank = Tige standard • LW = Low Water = eau peu profonde • MW = Medium Water = eau moyennement profonde • FW = ? • WG = ? • UE = ? page 260 • ED = ? page 274 • Raffine = raffia ? (raphia) page 270 • Numaides ou numiades = ? page 270.***

LES NŒUDS

1. NŒUD D'AIGUILLE. Sert à réunir l'extrémité du bout de ligne et le talon.

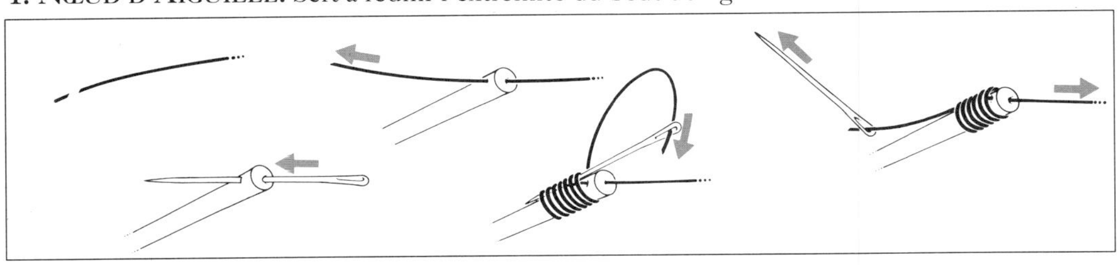

2. NŒUD DE CHIRURGIEN, BOUCLE OU NŒUD D'EAU. Sert à réunir deux morceaux de nylon.

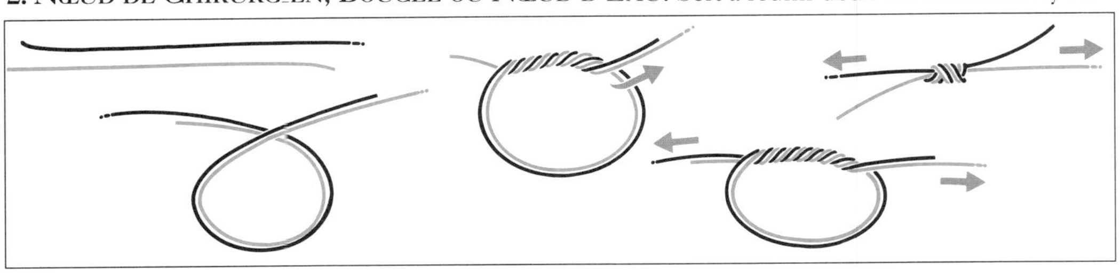

3. NŒUD DOUBLE GRINNER. Sert à réunir deux morceaux de nylon.

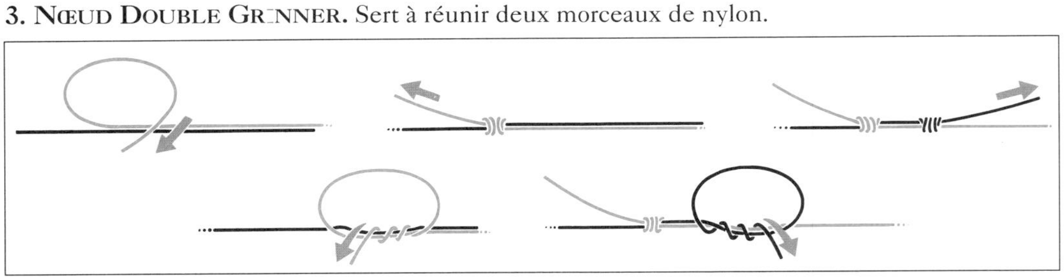

4. NŒUD TURLE. Sert à fixer la mouche à la pointe.

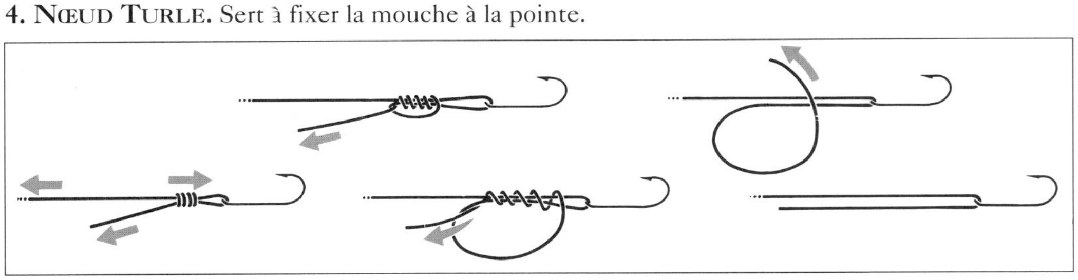

5. NŒUD GRINNER. Sert à fixer la mouche à la pointe et/ou au bout de ligne.

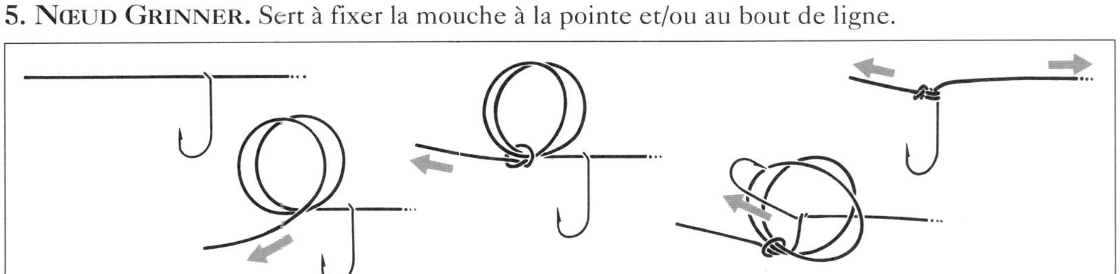

Répertoire Géographique

Voici ma sélection personnelle de lieux pour la pêche à la mouche, dans le monde entier.

ANGLETERRE
Rivières:
L'Avon (Wiltshire)
L'Eden (Cumbria)
L'Itchen (Hampshire)
La Test (Hampshire)
La Wharfe (West Yorkshire)
La Wye (Derbyshire)

Lacs/Retenues
Avington (Hampshire)
Chew and Blangdon (Avon)
Dever Springs (Hampshire)
Grafham Water (Cambridgeshire)
Rockbourne
(Hampshire/Wiltshire)
Rutland Water (Leicestershire)

PAYS DE GALLES
Rivières:
Llyn Brenig, Clwyd
La Conway (Gwywedd)
La Dee (Clwyd)
La Mownow (Hereford/Gwent)
La Vrynway (Powys)
La Usk (Gwent/Powys)

ÉCOSSE
Rivières:
La Don (Aberdeenshire)
La Tweed (Borders)

Lochs:
Loch Assynt (Sundertherland)
Loch Array et Swaney (Orkney)
Loch Levan (Kinross)
Loch St. John (Caithness)

IRLANDE
Loughs:
Lough Carra (Mayo)
Lough Melvin (Leitrim)
Lough Corrib (Galway)
Lough Derg (Clare)
Lough Arrow (Sligo)
Lough Sheelin (Cavan)

AUTRICHE
La Erlauf (Bavière)
La Lammer (Salzbourg)
La Traun
La Gmunden
La Salza (Salzbourg)

ALLEMAGNE
La Berbach (Forêt noire)
L'Isar (Bavière)
La Kinzing (Forêt noire)
La Traun (Bavière)
La Wiesont (Bavière)
La Wolf (Forêt noire)

FRANCE
La Cure (Avallon)
Le Lot (Lozère)
Le Gave d'Osseau, (Pyrénées)
Le Gave d'Oloran au-dessus de Pont-de-Dognen,
(Pyrénées orientales)

ITALIE
Région de Bolzano
Région des Dolomites
Région du Trentin

ESPAGNE
Le Durro (partie haute)
Région de l'Ebre
Région de la Narcea
Région du Segura
Région du Sil (partie haute)

FINLANDE
La Tenojoki (Borders)
Région de Kuusamo
Région de Hossa et de Kylmaluoma
Région des pêcheries Prurajarvi
Région de Saarharvi

NORVÈGE
L'Andselven (Voss)
La Kistefoss (Voss)
La Voss (Voss)
Le Vosso et ses affluents
Les lacs Drammen et Vikersund
Les lacs Mjosa et Gjovik

YOUGOSLAVIE
La Soca (Bovec)
La Focamea (Région de Drina)
La Konjic (Région de Neretva)
Licko Lesche, région de Gacha
Urosevac/Région de Brezdvica

AUSTRALIE
Lac Eucumbene (NSW)
Lagon Little Pine (Tasmanie)
Lac Peddar (Tasmanie)
Rivière Yarra (Victoria)

NOUVELLE ZÉLANDE
La Motu (North Island)
Ruakituri (North Island)
Région de Rotarua (North Island)
Matuura (South Island
Lagons Ben Avon (South Island)
La Waitaki (South Island)

CANADA
La Bow, Calgary (Alberta)
Région de Kamloops (Brit. Columbia)
La Blackwater (Brit. Columbia)
God's River (Manitoba)
Toute la région de Terre-Neuve et du Labrador

ÉTATS-UNIS
La Frying Pan (Colorado)
Le Beaverkill, les Catskills
L'Etat de New York
Le Parc de Yellowstone (Montana)
Hat Creek (Califormie)
Silver Creek (Idaho)
Lac Ausable (Michigan)

ALASKA
Allagwak (Kenai Peninsur)
Rivière Kenai, Lac Skilak
Talarik Creek, Iliamnba
Rivière Naknek, Sitka
Port Banks, Eva Creek, Sitka

Adresses

Voici une liste d'adresses utiles de fournisseurs et d'associations de pêche à la mouche.

ANCGE
(Association nationale des chasseurs de gibier d'eau)
124 avenue de Wagram
75017 Paris.
Tél. 47 63 02 32

FIAAPP
(Fédération Interdépartementale des associations agréées de pêche et de pisciculture)
83 rue Léon Frot.
75011 Paris.
Tél. 43 48 36 34

Motillon
(articles toutes pêches, catalogue sur demande).
83 bis rue de l'Abbé Groult.
75015 Paris.
Tél. 48 28 58 94.

Halieutours
(voyages pêche).
Michel Henry - BP 49 - 69741 Genas Cedex.
Tél. 78 90 15 10

Esox
(magasin pêches sportives).
3 rue Ernest Billiet.
92600 Asnières.
Tél. 47 90 16 15.

Copémer et Copérivière
(catalogues produits).
Z.I., 8 rue François Arago,
92168 Antony Cedex

VMC
(hameçons),
90120 Morvillars.

RIME
(équipement).
17 chaussée Jules Ferry B.P. 23.
80097 Amiens Cedex

GLOSSAIRE

Action
Ce terme désigne le mode de fonctionnement d'une canne, en particulier au moment du lancer. Une canne à action d'extrémité sera très souple au bout ; une canne à action intégrale sera souple à partir du milieu jusqu'au manche. Les cannes à action intermédiaire sont souples du milieu jusqu'à l'extrémité.

Action complète
Action de la canne en réponse à la tension exercée par le poisson, ou tension du lancer produite par une inclinaison progressive à partir du bout jusqu'au manche. Porte également le nom d'action progressive.

Action de pointe
Action d'une canne en réponse à la tension exercée par le poisson, ou tension du lancer produite par une inclinaison localisée uniquement à la pointe.

AFTM
Association of Fishing Tackle Manufacturers (Association des fabricants de matériel de pêche). La norme AFTM détermine une notation de poids pour les lignes à mouche, ce qui permet de les assortir à la canne. Aux Etats-Unis, cette échelle est parfois évoquée sous le nom de AFTMA (American Fishing Tackle Manufacturers Association).

Ailes à plat
Ailes de mouches artificielles en pointes de hackle (ou en polypropylène) montées horizontalement à angle droit par rapport au corps, pour suggérer un insecte mort.

Ailes divisées
Ailes de mouches artificielles formant un "V", dressées à la verticale ou penchées en arrière ou en avant. Elles sont le plus couramment composées de quills d'ailes (plumes primaires et secondaires des colverts/ sarcelles).

Ailes inversées
Ailes artificielles montées de façon à se tenir en avant de la tête, en pointant à l'opposé de l'hameçon (série de mouches Wulff).

Ailes roulées
Ailes d'une mouche artificielle (il s'agit en général de modèles de sedges) confectionnées avec la fibre roulée d'une plume d'aile ou de queue.

Ailes verticales
Ailes d'une mouche artificielle montée à la verticale, dont les pointes ne se touchent pas.

Amorçage (Mauvais)
Se dit de tout amorçage au cours duquel le poisson est accroché par une autre partie du corps que la bouche.

Anneau
La ligne passe par des anneaux disposés sur la canne. Ces anneaux ont la forme d'un serpent. Ils sont faits de chrome dur ou de tungstène, de silicone ou de Puji PTFE.

Araignée
Mouche artificielle comportant des hackles longs par rapport à l'hameçon, permettant ainsi de le faire atterrir très légèrement sur l'eau ; mouche noyée originaire du nord de l'Angleterre.

Bas de ligne
Morceau de nylon effilé mécaniquement, réparti en plusieurs sections de différents diamètres ou bien fait d'un unique morceau. Permet de réunir la soie à mouche et la mouche. Il est plus discret que la ligne à mouche, très volumineuse, et permet d'effectuer des présentations délicates. En le rallongeant, puis en utilisant une ligne flottante, on peut couvrir de plus grandes profondeurs.

Boobying
Tactique réservée aux eaux dormantes et utilisant une mouche flottante sur bout de ligne court et ligne Hi-D à immersion très rapide. On laisse traîner la mouche sur le fond.

Bout de ligne
Petit morceau de ligne auquel est fixée la mouche sèche, attaché au bas de ligne entre la pointe et la soie à mouche. Certains bas de ligne ont déjà des bouts de ligne, mais on peut fixer ces derniers à un bas de ligne simple à l'aide d'un nœud de type "blood". On utilisera un, deux ou trois bouts de ligne.

Chalkstream
Partie d'une rivière jaillissant d'une source située parmi des collines calcaires. L'eau des chalkstreams, claire, riche en êtres vivants, abrite souvent des truites. Elle coule de façon régulière et garde un niveau constant car elle est peu affectée par les chutes de pluie.

Chute d'imagos
Période spécifique, généralement en soirée, durant laquelle les femelles tombent dans l'eau pour pondre et mourir.

Ciblée (Pêche)
Méthode de localisation, de traque et de lancer en direction d'un poisson isolé, pratiquée lorsque l'on vise une espèce et pas une autre.

Compara (Mouche)
Une mouche sèche imitative créée par Al Caucci et Bob Nastasi. Elle flotte grâce à ses ailes en poils en forme d'éventail et possède un corps en dubbing avec des couleurs primaires.

Contrôle
Dans un moulinet, dispositif de cliquet ou autre système servant à varier la résistance de la ligne lorsqu'elle est tirée par un poisson en fuite.

Contrôle de la ligne
Technique utilisée pour contrôler la vitesse d'évolution d'une mouche en rivière. Après le poser de la mouche, la ligne supplémentaire est jetée en amont ou en aval sur l'eau, sans imprimer de secousse à la mouche. Le contrôle en aval a généralement pour conséquence un relâchement de la ligne : la mouche évolue plus lentement. En amont au contraire, le contrôle augmente la vitesse de la mouche.

Contrôle par le bord
Pression imprimée par le doigt sur le bord de la bobine du moulinet afin de contrôler la ligne lorsqu'on relève un poisson qui a mordu du côté extérieur de la bobine du moulinet.

Courbure
Technique qui consiste à pratiquer une courbe dans la ligne sans perturber la mouche ou le bas de ligne afin d'obtenir un lancer à dérive plus lente, vers l'aval, ou une dérive plus rapide vers l'amont; ou encore courbure en amont lancée au cours d'une pêche à la nymphe. Quand la boucle flottante de la ligne se redresse, la truite a été prise et il faut amorcer.

Cuiller à moelle
Longue cuiller que l'on introduit dans l'œsophage du poisson mort afin de prélever et d'examiner le contenu de l'estomac. La pompe stomacale a un fonctionnement comparable, mais permet de travailler sur poisson vivant et de libérer ce dernier sans lui avoir fait de mal.

Dapping
Cette technique consiste à utiliser le vent pour faire onduler la ligne devant le pêcheur et faire légèrement rebondir la mouche au-dessus de l'eau.

Dégel
Période où les eaux d'une rivière, libérées de la glace et de la neige, recommencent à s'écouler.

Dérive
Méthode de pêche à la mouche qui consiste à utiliser uniquement le courant pour porter la mouche, sans autre mouvement de la part du pêcheur. On l'utilise aussi bien pour les mouches sèches que pour les mouches noyées.

Dérive (Pêche à la)
Forme de pêche en bateau. On laisse le bateau dériver dans le vent. Voir "style Loch".

Dérouler
Tirer la ligne du moulinet en formant des boucles afin de préparer le lancer, ou tirer la ligne habilement en arrière lors du relevé lorsqu'on utilise des mouches incitatives.

Dérouler en arrière
Relevé rapide d'un streamer ou d'un leurre en eau dormante, permettant de ramener la ligne aux pieds du pêcheur et de relancer.

Dérouler et suspendre
Technique parfois utilisée en remplacement du "nymph and hang". Plutôt que d'utiliser un système imitatif, on met en place un dispositif de "feux de signalisation" (leurre orange, leurre noir, leurre jaune/blanc, etc., S10 standard - 14 standard) que l'on relève à l'aide d'une ligne Hi-D (extra-rapide) et que l'on laisse s'immerger. On procède alors à de longues tractions rapides, à une pause (la "suspension"). On répète l'opération jusqu'à ce que la soie approche la surface. A ce moment, on pratique une autre suspension.

Double queue de rat
Soie à mouche qui présente un renflement partant du milieu jusqu'aux deux extrémités. Elle peut être renversée lorsqu'elle présente des signes de fatigue.

Dragage
Ride de l'eau en forme de V provoquée par la mouche sèche qui évolue de façon peu naturelle sur la surface au lieu de dériver avec le courant. En général, la truite se montre découragée devant une telle présentation.

Drogue
Ce dispositif ressemble à un parachute subaquatique. Il ralentit le bateau si nécessaire. On l'utilise pour la pêche en loch, maintenu par une corde et fixé au milieu du bateau.

"Drop-off" (Pêche en)
Changement brusque de profondeur en eau dormante, par exemple lorsque d'une profondeur de 1m on passe brusquement à 3 m. En début de saison, ces endroits sont parfaits pour la pêche.

Dubbing
La fourrure (fourrure de phoque ou substitut, soie synthétique, Antron) est mêlée à la soie de montage avant d'être enroulée autour de l'hameçon afin de former le corps d'une mouche artificielle.

Eau acide / Eau alcaline
L'acidité ou alcalinité de l'eau se mesure sur une échelle de pH 0 à 14. Le pH de l'eau pure est de 7. Toutes les valeurs inférieures indiquent une plus grande acidité. Les valeurs supérieures indiquent une plus grande alcalinité. Pour la truite, la meilleure eau sera alcaline; l'eau acide lui est moins favorable dans la mesure où elle amoindrit la quantité d'organismes dont elle s'alimente .

Eau colorée
Eau de rivière ou de ruisseau qui, agitée par la pluie, prend la couleur du fond.

Eclair
Le corps en tinsel ou l'aile en Flashabou d'une mouche artificielle attirent la truite. Le réfléchissement de cannes très vernies ou la surface brillante de certaines soies ou de certains bas de lignes peuvent également effrayer le poisson.

Eclosion
Emergence de l'insecte de son enveloppe pupale, ou passage de l'état d'oeuf à celui de larve.

Eclosion (Hatch)
Apparition à la surface d'un grand nombre de mouches de la même espèce. Il faut alors imiter aussi fidèlement que possible l'espèce éclosante, quel que soit le stade de développement.

Emergente
Mouche artificielle imitant un insecte éclosant.

Enduit de flottaison
Substance — graisse ou silicone — utilisée pour améliorer la flottaison des mouches sèches, des soies et des bas de ligne.

Faux lancer
Technique de lancer qui permet de déployer davantage de ligne lors de chaque lancer avant sans toucher l'eau, jusqu'à atteindre le poisson.

Fenêtre
Champ de vision de la truite au moment où elle regarde en direction de la surface de l'eau.

Fuir (Faire)
Action d'effayer un poisson qui s'alimente en faisant du bruit, en projetant une ombre sur l'eau ou par tout autre moyen.

Guide
Compagnon ou garde-pêche d'un cours d'eau qui connaît bien le réseau aquatique et sait comment obtenir les meilleurs résultats. On le trouve surtout en Ecosse, en particulier dans les rivières à saumon; c'est là qu'on l'appelle "ghillie". Le guide, dans son acception large, est généralement associé à la pêche à la truite et à la steelhead. En territoire inconnu, ses conseils sont extrêmement précieux.

Hackle
Longue plume de coq ou de poule pointue enroulée autour de la hampe de l'hameçon et représentant les pattes et le thorax de l'insecte naturel. Les plumes de coq sont utilisées pour la confection des mouches sèches car leurs pointes rigides assurent une bonne flottaison. Plus souples, les plumes de poule servent à monter les hackles des mouches noyées.

Hackle en palmer
Méthode d'enroulement d'un hackle de coq (le plus souvent) autour de la hampe de l'hameçon, "emprisonné" ensuite par du tinsel enroulé dans le sens inverse ou laissé tel quel pour donner du volume.

Halage
Technique utilisée lors du lancer. On accélère la ligne au moment des lancers avant et arrière en la tirant très fort avec la main de ligne.

Hampe
Portion droite, ou tige, de l'hameçon située entre la courbure et l'oeillet.

Hatch
Emergence simultanée à la surface d'un grand nombre de mouches de même espèce. On s'efforcera d'imiter le mieux possible l'espèce en question, à tous les stades.

Imago
Mouche éphémère adulte. Egalement connue sous le nom de spinner ou mouche parfaite.

Imitative (Mouche)
Mouche artificielle reproduisant un insecte naturel.

Incitative (Mouche)
Mouche artificielle conçue pour provoquer l'agressivité du poisson et non pour imiter fidèlement un insecte naturel.

Intervalle
Distance entre la pointe de l'hameçon et sa queue.

Jeu
Action de soumettre le poisson jusqu'à ce qu'on puisse le ramener à terre en toute sécurité.

Lancer court
Forme traditionnelle de la pêche en loch. A plusieurs reprises, on lance au-dessus de l'eau un train de trois ou quatre mouches et, par l'action d'une canne longue, on les ramène. On trouvera rarement une longueur de ligne supérieure à 3-5m dépassant de l'anneau.

Lancer projeté
Technique utilisée pour augmenter la portée du lancer et permettre une chute en douceur de la ligne et de la mouche sur l'eau. La ligne déroulée du moulinet forme des boucles et est maintenue dans la main (ou encore déposée à terre ou à la surface de l'eau). On la libère au moment où la mouche approche de l'eau.

Larve
Forme subaquatique de certaines espèces d'insectes.

Leurre
Mouche noyée de grande taille conçue pour suggérer les divers alevins dont se nourrissent les truites, ou pour attirer la truite, par le caractère voyant de sa forme ou de sa couleur.

Leurre en tandem
Un leurre possédant deux hameçons tournés dans la même direction, joints par des monofilaments afin de créer un modèle extra-long.

Ligature
Méthode consistant à emprisonner un hackle sur la hampe de l'hameçon au moyen d'enroulements répétés de soie ou de fil métallique fin.

Ligne de "réserve"
Monofilament de nylon, de Dacron tressé ou autre référencé 6,8-9 kg dépassant d'une bobine de moulinet à mouche, sous la ligne à mouche, qui empêche cette dernière de s'emmêler et de former des boucles. Le "backing" est également efficace lorsqu'on a accroché une grosse prise et que le poisson déroule la totalité de la ligne.

Ligne flottante
Ligne à mouche plus légère que l'eau, qui flotte à la surface. Utilisée pour présenter une mouche sèche ou subaquatique.

Ligne parallèle
Soie à mouche de même diamètre sur toute la longueur.

Limite de prises
Nombre ou poids maximum de poissons autorisés par les autorités responsables d'une réserve ou d'un cours d'eau.

Loch (Pêche de Style)
Technique de pêche en bateau pour les lochs et les grandes étendues d'eaux dormante. On dirige le bateau contre le vent puis, en partant d'une position de travers, on le laisse dériver avec le vent. Généralement, deux pêcheurs lancent des trains de mouches noyées à courte distance. Par vent fort, l'usage d'une "drogue" permet de ralentir le mouvement.

Longue ligne (Pêche à la)
Méthode de pêche à la dérive en travers réservée aux vastes étendues d'eaux dormantes — terme inventé par les pêcheurs à la mouche de Bristol qui utilisent des lignes flottantes, de longs bouts de ligne et des nymphes avec une telle efficacité que leur méthode est maintenant largement utilisée ailleurs.

Ménisque
Légère concavité à la surface d'une eau dormante.

Modèle agitateur
Une mouche sèche ou noyée qui attire le poisson en agitant la surface de l'eau lorsqu'elle est ramenée ou balancée en travers du courant.

Modèle d'ensemble
Modèle artificiel général imitant divers insectes naturels.

Montée
Ce terme décrit aussi bien l'action accomplie par une truite isolée qui remonte à la surface pour attraper une mouche ou un autre insecte, les vaguelettes qu'elle forme ou une abondante montée d'insectes qui serviront d'aliments à la truite, surtout le soir, d'où le terme "montée du soir".

Montée (La pêche à la)
Technique qui consiste à lancer à l'emplacement où le poisson remonte pour chercher sa nourriture à la surface.

Montée en tête-à-queue
Montée de la truite vers une mouche adulte ou presqu'adulte à la surface de l'eau ou juste en-dessous.

Montaison
Groupe de steelheads ou de truites de mer s'acheminant vers une rivière pour y pondre ; ce terme désigne aussi le premier déplacement de la proie.

Mouvement d'immersion et de traction
Mouvement imprimé à la mouche (naturelle ou artificielle) au moment où elle s'achemine vers l'eau en une progression zigzaguante, entrecoupé par des pauses.

Mouvements en forme de huit
Méthode qui consiste àimprimer à la mouche, lors du relevé, un mouvement stable et ferme en enroulant des morceaux de ligne dans la paume de la main de ligne.

Nether-Avon (Style)
Autre dénomination de la méthode Sawyer à la nymphe, qui consiste à lancer une nymphe lestée en aval de la truite, parfois utilisée en même temps que la technique de la prise induite.

Nœud à vaguelettes
Très populaires auprès des pêcheurs de saumon ou de steelhead,ce nœud a pour effet de faire ressortir la mouche à angle droit du bout de ligne. Ainsi, elle flottera en travers du courant.

Northampton (Style)
Egalement connu sous le nom de "balayage latéral" ou "pêche au gouvernail". Le bateau dérive étrave vers l'avant, tandis que le(s) pêcheur(s) lance(nt) à angle droit en direction du bateau. La ligne décrit un arc large puis aboutit en arrière de la poupe, d'où on la relève. On utilise cette méthode avec la plupart des lignes, mais surtout les lignes plombées, les lignes flottantes ou à densité neutre, par temps calme et avec des mouches imitatives.

Noyée (Mouche)
Mouche artificielle conçue pour être posée sous la surface.

Nymphe
Terme générique désignant le stade de développement de l 'insecte compris entre l'œuf et l'éclosion, durant lequel l'insecte vit sous l'eau. Il désigne également un modèle de mouche imitant un insecte à ce stade précis, posé sous la surface.

"Nymph and hang" (Technique)
Cette récente variante de la pêche en loch (dérive en travers) utilise un train de deux ou trois pupes de moucheron, avec ou sans mouche incitative au niveau supérieur, sur une ligne Hi-D. Un relevé lent imitera la montée des mouches naturelles. Cette technique est efficace par temps clair ou froid.

Odging
Terme propre à la pêche de berge en retenue qui décrit comment, si les eaux sont tranquilles, le pêcheur peut lancer une longueur considérable de ligne flottante (20-30 m), puis marcher le long de la berge tout en confectionnant un gros nœud ou une courbe sur la ligne, avant de relever.

Oscillation
Technique qui permet d'immerger à plusieurs reprises une mouche lestée en-dessous de l'extrémité de la canne, puis de la faire monter devant la truite pour la forcer à mordre.

Parachute (Mouche)
Mouche sèche dont le hackle est monté en parachute afin qu'elle puisse reposer parallèlement à la surface de l'eau et sembler naturelle vue d'en bas.

Période (Mauvaise)
Périodes durant lesquelles la truite est incommodée par une température aquatique trop élevée. Elle recherche la fraîcheur à grande profondeur, et devient lymphatique, se désintéressant de la nourriture. Durant ces périodes, le seul moyen de l'attraper est de pêcher lentement et en profondeur.

Pierre (Mouche de)
Nom commun regroupant les diverses espèces de grandes mouches aquatiques appartenant à la famille des Plécoptères.

Pinces à hackle
Elles permettent de maintenir fermement la pointe du hackle durant le montage de la mouche.

Plongeante (Ligne)
Soie à mouche existant en diverses densités, conçue pour s'immerger à différentes vitesses — basse, moyenne et rapide. Certaines soies à immersion très rapides sont dites plombées.

Pointe
Fine section terminale du bas de ligne qui lui est souvent réunie par un nœud,, d'une longueur de 30-45 cm, à laquelle est fixée la mouche. On l'appelle aussi "tippet".

Pointe (Mouche de)
Elle occupe la position la plus basse dans un train de mouches.

Pointe plongeante
Soie flottante dont les trois derniers mètres s'immergent afin de permettre une présentation de la mouche juste sous la surface.

Pointes de hackle
Les hackles rigides issus de plumes de coq sont utilisés pour représenter les ailes de l'insecte naturel.

Pointe (Tippet)
La mouche est fixée à la pointe, fine extrémité du bas de ligne, souvent reliée à ce dernier par un noeud, dont la longueur est le plus souvent comprise entre 30 et 45 cm.

"Polaroid" (Pêche)
Terme australien décrivant un style de pêche en eau peu profonde, où l'on traque la truite avant de lancer.

Ponte
Ponte des œufs sur, au-dessus ou au-dessous de la surface de l'eau.

Posé
Mode d'atterrissage ou de passage dans l'eau d'une mouche artificielle.

Prêtre
Bâton court et lesté utilisé pour administrer un coup violent (les "derniers sacrements", d'où le nom de l'instrument) à l'arrière de la tête du poisson, juste derrière les yeux.

Prise induite
Lente élévation de la canne visant à ramener vers la surface une mouche artificielle.

Pupe
Stade du développement des insectes ailés compris entre le stade larvaire et la maturité.

Ramené
Action de ramener une truite dans une épuisette ou dans la main.

Reach mend
(voir courbure)
Terme de lancer qui consiste à bouger la canne soudainement vers la gauche ou la droite au cours de sa trajectoire vers l'avant afin de produire une courbe ou un arc.

Relevé
Action de ramener la mouche sèche, la nymphe ou le leurre vers le pêcheur de sorte qu'il peut être tiré hors de l'eau et relancé. Lorsqu'on utilise une mouche sèche ou subaquatique, on relève soit en tirant la ligne avec l'index et le pouce de la main de ligne à travers le vide formé par l'index de la main de canne qui repose sur la canne, soit en pratiquant un mouvement en forme de huit. Nymphes et leurres seront relevés par des mouvements de vitesses diverses, avec des pauses de durée variable.

Reposer un poisson (Laisser)
Ignorer provisoirement un poisson qui a échappé à l'hameçon jusqu'à ce qu'il reprenne confiance et revienne manger.

Reprise
Technique consistant à traîner une grosse mouche noyée ou un leurre au bout d'une ligne plongeante derrière un bateau en mouvement. On ne pratique pas de relevé, et c'est la vitesse du bateau qui détermine la rapidité de la mouche.
Technique souvent utilisée lorsqu'on veut couvrir une vaste zone où aucun contact avec le poisson n'a été établi par les méthodes conventionnelles.
Cette pratique est interdite presque partout, sauf dans les grands lochs et les lacs.

Réserve à renouvellement
Réserve à truites régulièrement réapprovisionnée afin de maintenir une population suffisante pour garantir un exercice agréable du sport de pêche.

Résistance à la rupture
Note de résistance attribuée par le fabricant à la ligne sèche. La ligne sera plus fragile si elle est mouillée ou si elle comporte des nœuds.

Retournement
Action du bout de ligne et de la mouche avant qu'ils ne touchent l'eau.

Rivière pierreuse
Rivière à tendance acide, à lit de pierres et/ou de rochers, comportant peu de végétation. On les trouve généralement dans les régions montagneuses ou les zones de collines. Ce sont les précipitations qui constituent leurs flux parfois considérables.

Rivières alimentées par la pluie
Voir rivières pierreuses.

Sauteuse (Mouche)
La mouche qui occupe la position la plus haute dans un train de mouches noyées. Elle danse à la surface de l'eau.

Sèche (Mouche)
Mouche artificielle conçue pour être posée à la surface de l'eau.

Smutting
Forme de montée ou truite se nourrissant de minuscules insectes, généralement par temps très chaud.

Soie à fuseau décalé vers l'avant
Soie à mouche mesurant en principe entre 9 m et 12 m, attachée à une ligne courante en nylon et servant à effectuer de longs lancers.

Spinner
Mouche éphémère adulte également appelée imago. Ce terme désigne également l'insecte femelle gisant inerte à la surface de l'eau après avoir pondu ses oeufs. Utilisé familièrement, ce terme fait référence à un appât.

Streamer
Mouche artificielle noyée ou leurre dotés de longues ailes en poils ou en plumes dépassant la courbure de l'hameçon. Le streamer imite la crevette, l'alevin ou tout autre petit poisson.

Subimago
Mouche imparfaite de la famille des éphémères (mouche de mai), passée du stade nymphal à l'éclosion à la surface de l'eau. Elle se caractérise par la couleur gris terne de ses ailes et de son corps.

Surface (Mouche de)
Mouche sèche agitant l'eau lorsqu'elle est tirée à la surface.

Talon
Ce terme désigne à la fois le bas de la canne, là où apparaissent le nom du fabricant et le numéro et la partie épaisse du bout de ligne, dont la première partie rejoint la ligne à mouche. La résistance à la rupture (b.s.) est généralement de 9-10 kg mono, mais il peut s'agir d'une section tressée.

Tourbillon
Emplacement des eaux moins turbulent que les eaux environnantes, situé au point de rencontre des courants ou de deux ruisseaux.

Train de mouches
Deux, trois ou quatre mouches noyées fixées au même bas de ligne par des monofilaments en nylon courts connus sous le nom de potences. La mouche occupant la position la plus basse est la mouche de pointe, celle du milieu est appelée mouche intermédiaire, et celle du haut, qui rebondit à la surface de l'eau, est la mouche sauteuse.

Traque
Action de rester hors de vue de la proie lors de la pêche en rivière, mais aussi en eaux dormantes claires de petites dimensions. La traque implique de savoir se fondre dans l'environnement, sans jamais créer de note discordante sur la berge.

Trou d'eau
Etendue d'eau arrondie et large située sur une rivière, généralement située immédiatement après des tourbillons rapides et étroits. C'est là que les aliments provenant de l'aval se concentrent. Ces lieux constituent souvent des repaires de poissons, ainsi que des lieux de repos à l'abri des courants.

Tube flottant
Bateau gonflable utilisé pour la pêche en lacs et en rivières.

Vaguelettes (Mouche à)
Mouche flottante remuant en travers du courant et agitant la surface de l'eau.

Voûte
Bosse formée par la nageoire dorsale de la truite au moment où elle s'alimente à la surface. Cette bosse crée un remous dans l'eau, qui trahit la présence d'une truite à la poursuite d'une nymphe.

Weight forward (WF)
Soie à mouche dans laquelle le poids est concentré à l'avant.

Zone
Place occupée par la truite dans l'eau. Il peut s'agir d'une zone de repos ou de protection contre les prédateurs, d'une zone d'alimentation — peu de protection mais bonnes réserves alimentaires, ou d'une zone mixte — offrant à la fois alimentation et protection.

Remerciements

La couverture d'un livre ne saurait, hélas, refléter les efforts et l'esprit de corps
de tous ceux qui ont contribué à en façonner le contenu.
Ceux-là sont les héros méconnus sans lesquels aucun livre,
et surtout pas celui-ci, ne serait possible.
Je ne les remercierai jamais assez.

L'histoire. Alan Clout et sa collection d'équipement ancien.
La proie. Jo Beer m'a apporté une aide inestimable, ainsi que la direction des réserves qui m'ont donné les pleins pouvoirs, à moi comme à Peter Gathercole.
L'équipement. Hardy Bros., de Pall Mall (Londres), et surtout John Gibson ;
The Orvis Co. Inc., en particulier John Russell et Richard Banbury qui ont eu la patience de répondre sans préavis à mes questions les plus étranges ;
Sage Rods, en particulier Leeda Tackle, Air Cel et Wet Cel, Philip Parkinson de Airflo Lines, pour leur généreux soutien ;
Paul Vekemans, extraordinaire et singulier fabricant belge de moulinets.
La mouche. Barry Unwin de Fulling Mill Flies,
m'a aidé plus qu'il n'est possible d'imaginer.
Stan Headley pour les modèles écossais; Juha Pusa,
Veli Autti et tous ceux qui m'ont aidé pour la partie consacrée à la Finlande ;
Tony Deacon, qui a assuré la recherche des mouches anciennes et leur montage ;
John Hatherel pour ses recherches infatigables.
Eaux et tactiques. Roger Thom du Rutland (Angleterre) ;
Chris Klee et son personnel de Chew Valley ;
le personnel de Bewl Water et de Bew Bridge lors du concours de pêche à la mouche Kentish Stour Benson and Hedges,
et en particulier John Ketley. Brian Leadbetter,
Angus Warhouse et tous ceux qui m'ont permis, ainsi qu'à Peter,
de perturber leur routine et de jouer de l'appareil photo et de la canne à mouche.
La prise. Avant tout, Jim Teeny, pêcheur de steelhead par excellence,
dont l'aide s'est révélée inestimable.
Egalement Roman Moser, pêcheur à la mouche sur la Traun,
qui a fait de l'Autriche le point culminant de ce livre ;
Harold du Wirt am Bach, Gumunden, qui a supporté le chaos engendré par
Jardine et Gathercole ; et Peter Cockwill, chasseur de truite devant l'Eternel.

Je souhaite également remercier mon ami très cher,
Peter Gathercole,
dont le savoir faire photographique m'a ébloui.
Ainsi que Sandy Leventon qui est à l'origine du projet,
et David Lamb qui l'a rendu possible.
Merci à Nick Harris et Carolyn King pour leurs conseils;
pour leur soutien professionnel et leurs encouragements,
merci à Corinne Hall, Caroline Murray et Liza Bruml,
qui ont travaillé sans relâche à ce projet.
Les mots ne suffisent pas à remercier celle qui a
patiemment dactylographié le manuscrit, mon épouse Carole,
dont les encouragements ont ensoleillé les jours moroses et rendu
plus clairs encore les jours favorables.
Enfin, merci à la truite, sans laquelle toute autre chose
serait de toute façon superflue.

CRÉDITS PHOTOGRAPHIQUES

L'éditeur voudrait remercier Joanna King et Catherine O'Rourke pour leur recherche iconographique, ainsi que les agences suivantes, qui nous ont aimablement autorisés à reproduire certaines photographies :

Heather Angel : 28 (milieu droite)

Ardea : Jean-Paul Ferré : 32 en bas à droite/ John Mason 45 en haut à droite/
P. Morris : 44 en haut, au centre (cartouche).

P. Cockwill : 19 en haut à droite, 56 en bas à gauche

C.M. Dixon : 6 centre

Mary Evans : 241 centre

Michael Holford : 4 en haut au centre, 8 en bas au centre, 9 au centre gauche,
9 au centre droite.

The Hunting and Fishing Library : 2, 7 centre, 16, 76, 159 centre, 9 centre droite.

Charles Jardine : 35 centre gauche

Frank Lane Picture Agency : Silvestris Muller 45 en bas à gauche/
Mike Rose : 45 en bas à droite.

Collection Mansell : 10 bas centre.

Oxford Scientific Films :
G.I. Bernard : 43 en haut à droite, 46 en haut à droite, 47 en bas à droite (cartouche)/
Dr. J.A.L. Cooke : 38 en bas à gauche, 40 centre gauche, 42 en haut à droite (cartouche)/
Frederick Ehrenstrom : 47 en haut à droite/
H.L. Fox : 41 en haut à droite, 44 en bas à droite/
Peter Gathercole : 46 en haut à droite (cartouche) /
Michael Leach : 47 en bas à gauche/
Colin Milkins : 38 centre; 40 en bas à gauche, 40 en bas à droite, 46 en bas à gauche,
47 en bas à droite/ Stan Osolinski : 48 en bas à gauche/
Peter O'Toole : 44 en bas à gauche, 48 en haut au centre/
John Paling : 4, centre/ Peter Parks : 46 en bas au centre/
Frithjof Skikke : 48 en bas à droite/ David Thomson : 49 en bas au centre/
Barrie Watts : 48 à droite au centre/ David Wright : 41 en bas à gauche.
Animals, Animals — Breck P. Kent : 28 centre, 33 centre droite.
OKAPIA – Ake Lindau : 32 en bas à gauche.

Planet Earth : Robert Juriet 35 en bas à droite/ Ken Lucas 34 en bas à droite,
35 centre droite/ Mark Mattock : 21 en bas à droite/
Gilbert von Ryckevorsel : 36 centre.

Survival Anglia : Jeff Foott : 34 en bas à gauche.
Teeny Nymph Company Jim Teeny: 218 en haut à gauche, 218 en bas au centre,
219 en haut à gauche, 219 en bas à gauche, 219 en bas à droite.

ZEFA : Streichan : 25 en haut à droite/
F. Damm : 26 en bas à gauche.